李景源　李为善　等著

毛泽东

方法论导论

中国社会科学出版社

图书在版编目（CIP）数据

毛泽东方法论导论／李景源等著 . —北京：中国社会科学出版社，2019.4
（2024.1重印）
ISBN 978 – 7 – 5203 – 3742 – 7

Ⅰ.①毛…　Ⅱ.①李…　Ⅲ.①毛泽东思想—方法论—研究
Ⅳ.①A841.63

中国版本图书馆 CIP 数据核字（2018）第 282236 号

出 版 人	赵剑英	
责任编辑	王　琪	
责任校对	王　龙	
责任印制	王　超	

出　　版	中国社会科学出版社
社　　址	北京鼓楼西大街甲 158 号
邮　　编	100720
网　　址	http://www.csspw.cn
发 行 部	010 – 84083685
门 市 部	010 – 84029450
经　　销	新华书店及其他书店

印　　刷	北京君升印刷有限公司
装　　订	廊坊市广阳区广增装订厂
版　　次	2019 年 4 月第 1 版
印　　次	2024 年 1 月第 5 次印刷

开　　本	710×1000　1/16
印　　张	27.75
插　　页	2
字　　数	361 千字
定　　价	118.00 元

前　　言

马克思主义哲学与西方传统哲学的根本区别之一，是其革命性和实践性的科学统一，是其世界观和方法论的完满统一，因而是无产阶级及其政党认识世界和改造世界强大的思想武器。

毛泽东是一个伟大的马克思主义者，他一生对马克思主义哲学的传播、运用和发展做出了重大贡献。强调哲学的方法论功能是毛泽东哲学观的基本特征，关注马克思主义哲学的方法论功能是他的一贯思想。早在 1937 年，他在《辩证法唯物论（讲授提纲）》中，就对世界观与方法论的关系做了清晰的说明。他认为，辩证法、唯物论既是无产阶级的宇宙观，同时也是无产阶级认识周围世界的方法和革命行动的方法，它是宇宙观和方法论的一致体。唯物主义的辩证法是马克思主义的科学方法论，是认识的方法，因而它就是世界观。拿了这个世界观反过去看世界，就是方法论。此外，并没有别的什么单独的方法论。所以在马克思主义者手里，世界观和方法论是一个东西，辩证法、认识论、论理学也是一个东西。

在毛泽东眼里，哲学是伟大的认识工具。诚如他在给何干之的信中所说："我的工具不够，今年还只能作工具的研究，即研究哲学、经济学、列宁主义，而以哲学为主。"在延安整风期间，他在《致中央研究组及高级研究组》的信中强调，我党高级干部的理论学习应"以研究思想方法论为主"。

此后，毛泽东始终强调哲学的方法论功能。20 世纪 60 年代，毛泽东多次指出哲学就是认识论。1963 年 5 月，他在杭州会议上的讲话中指出，唯物论、唯心论、世界观、辩证法，都是讲认识论。1964 年 8 月，他在关于哲学问题的谈话中说，什么是哲学？哲学就是认识论，别的没有。这些论述既是毛泽东的哲学观，同时也是他对自己的哲学思想特点最透彻的说明。

毛泽东哲学思想是世界观和方法论的统一，善于从哲学方法论的高度提出和解决问题是毛泽东哲学思想整个体系的鲜明特征。在毛泽东的理论著述中，有关哲学方法论方面的著述，包括思想方法、工作方法、领导方法内容的篇章和题目，占有相当的数量和显著的位置。毛泽东的哲学观和方法论思想不仅体现在他的专门哲学著述中，而且贯穿在他的全部著作，包括政治、军事、经济、文化、党建等方面的著作中，因而也体现在他领导中国革命和建设的全部实践活动中。在毛泽东的带动下，把哲学作为认识问题的方法论已成为中国共产党人的优良传统。

邓小平等老一辈革命家根据自己学习和运用毛泽东思想的经验，特别强调要学习马克思主义哲学，即学习辩证唯物主义和历史唯物主义的思想方法、工作方法。邓小平在 1981 年 3 月 26 日同《关于建国以来党的若干历史问题的决议》起草小组负责同志谈话时，就从提高干部的思想方法和工作方法的高度，强调学习哲学的重要性。他说："我们的干部中很多人不懂哲学，很需要从思想方法、工作方法上提高一步。"陈云在 1987 年 7 月 17 日同当时一位中央领导人谈话时，也特别强调要提倡学哲学。他说："要把我们的党和国家领导好，最要紧的，是要把领导干部的思想方法搞对头，这就要学习马克思主义哲学。"

党的十九大把十八大以来党的理论创新成果概括为习近平新时代中国特色社会主义思想，实现了党的指导思想的又一次与时俱进。

这一指导思想为发展马克思主义做出了原创性贡献，蕴含着丰富的哲学思想。习近平始终强调把学习掌握马克思主义哲学作为看家本领，注意解决好世界观、人生观、价值观这个"总开关"问题。他在庆祝改革开放40周年大会上的讲话中指出，必须坚持辩证唯物主义和历史唯物主义世界观和方法论，正确处理改革发展稳定关系。改革开放40年的实践启示我们：我国是一个大国，决不能在根本性问题上出现颠覆性错误。我们坚持加强党的领导和尊重人民首创精神相结合，坚持"摸着石头过河"和顶层设计相结合，坚持问题导向和目标导向相统一，坚持试点先行和全面推进相促进，既鼓励大胆试、大胆闯，又坚持实事求是、善作善成，确保了改革开放行稳致远。这些话深刻揭示了马克思主义哲学和方法论，是指引中国特色社会主义伟大事业胜利前进的锐利思想武器。

这本《毛泽东方法论导论》属于1992年度国家社会科学基金资助项目，是为纪念毛泽东同志诞辰100周年而写作的。全书由李景源、李为善、陈中立撰写，由当代中国出版社于1993年出版。现应广大读者的要求，由中国社会科学出版社再版。为保持原书风格，此次再版时只是将原有的注释进行了修订。另外，将作者近年来发表的两篇论文作为附录放在书后，供读者参考。在本书再版过程中，先后得到赵剑英社长等诸位领导的重视和指导，喻苗、王琪同志在审读和编辑工作中付出了艰辛的努力，在此一并表示衷心的谢意。本书的不当之处，敬请读者不吝赐教。

李景源

2018 年 12 月 26 日

原版前言

这本《毛泽东方法论导论》是 1992 年度国家社会科学基金资助的研究项目，是为纪念毛泽东同志诞辰一百周年而写作的。全书是在李景源的主持下，由中国社会科学院哲学研究所辩证唯物主义研究室的部分人员集体撰写的。

马克思主义哲学永不枯竭的生命力，就在于它的实践性，它内在地要求同各国具体实践相结合。毛泽东哲学思想是这一普遍原理和中国革命实践相结合的产物。马克思主义哲学的实践性使之具有鲜明的方法论特征。毛泽东哲学思想中最富于创造性的部分，就是把马克思主义哲学变为在实际斗争中起指导作用的世界观、方法论，即把这个世界观转化为在具体实践中发挥作用的方法论体系。把马克思主义哲学变为以思想方法为核心的方法论系统，是毛泽东哲学理论创造的主旋律。这一创造使马克思主义哲学改造世界的职能更具体、全面地展现出来。深入地探讨这一方法论体系结构的形成和发展，指出它在马克思主义哲学发展史上的地位和作用，有助于更好地揭示马克思主义哲学发展演化的趋势，揭示哲学理论向方法论转化的规律性。

邓小平同志在 1989 年 5 月的一次谈话中指出："多年来，存在一个对马克思主义、社会主义的理解问题。从马克思以后一百多年，究竟发生了什么变化？在变化的条件下，如何认识和发展马克思主义？没有搞清楚。绝不能要求马克思解决他去世之后一百年、两百年、上千年所产生的问题。列宁同样也不能承担他去世以后五十年、一百年所出现的事情，不能要求他解决这些问题。真正的马克思列宁主义者必须根据现在的情况，认识、继承和发展马列主义。"①

把马克思主义当作教条还是方法，这是国际共产主义运动和我们党内思想路线斗争的焦点之一。从完整体系的角度、方法论的角度来把握和运用马克思主义理论，既是毛泽东哲学思想的主要特色，也是中国共产党的优秀思想传统。由毛泽东创立的以实事求是为根本点的方法论体系，是我们党取得民主革命胜利的思想保证。在当前，我们正面临着建设有中国特色的社会主义这一伟大历史任务。邓小平提出的建设有中国特色的社会主义理论是解放思想、实事求是的产物。解放思想、实事求是的思想路线是这一理论的精髓。我们改革开放的成功，不是靠"本本"，而是靠实践，靠解放思想、实事求是。从思想路线和方法论的高度上总结我们党七十多年来正反两方面的经验教训，是关系到马克思主义的历史命运、社会主义兴衰的重要理论命题和实践课题，是马克思主义理论工作者义不容辞的责任。

近年来，有关毛泽东方法论方面的研究，已引起国内外学者的重视。本书不同于一般的教科书，它主要是围绕方法论问题作专题性研究，研究毛泽东在主观与客观、理论与实践、领导和群众等基本问题上，为我们党提供了哪些富于理论创造又行之有效的方法论原则，着重研究在贯彻实事求是思想路线过程中所涉及的一些方法论问题。为此，本书增加了一些以往研究较少的方面，对实事求是过程中理性思维方法等若干问题作了专题探讨，对邓小平在历史新

---

① 《邓小平关于建设有中国特色社会主义的论述专题摘编》，中央文献出版社1992年版，第24页。

时期里对党的思想路线的丰富和发展作了专章论述。

　　本书在写作过程中，曾参阅了国内外有关的著作、论文和资料，同有关专家、学者进行了学术讨论和交流，从中受到许多有益的启发。本书的出版得到了当代中国出版社的大力支持，唐合俭同志和默明哲同志在审阅和编辑工作中付出了辛勤的劳动，何祚榕同志审阅了书稿，提出了许多宝贵的意见，并为本书的润色付出了辛勤的劳动，谨此一并表示诚挚的谢意！本书的不足之处，希望读者不吝赐教。

目　　录

第一章　毛泽东方法论的形成

　　把哲学作为理论又作为方法是马克思主义哲学的基本特征。毛泽东是一个创造性的马克思主义者，也是一个务实的革命家。他不仅是马克思主义中国化的倡导者和奠基人，而且是使理论与实践相统一的典范。他对马克思主义哲学的独特贡献，是在长期革命斗争中充分体现并发挥了世界观、认识论、方法论的统一这个本质特性，把马克思主义哲学具体化为科学的思想路线，具体化为思想方法、工作方法和领导方法。深入地考察毛泽东哲学思想这一根本性特点，揭示毛泽东方法论形成的特殊时代背景和发展道路，指出这一贡献的历史价值和文化意义，是当代研究和发展毛泽东思想的重大课题。

第一节　毛泽东哲学思想的方法论特征

　　在马克思主义哲学发展史上，毛泽东哲学区别于经典作家的地方，是他更强调哲学与具体实践的结合，在世界观与方法论相统一的基点上，把主要精力放在建构科学的方法论方面。可以毫不夸张地说，毛泽东对马克思主义哲学的发挥和发展主要表现在哲学方法论方面。"思想方法论"是毛泽东哲学思想中最富有独创性的部分。人们普遍认为，毛泽东哲学具有显著的方法论特征。

一　毛泽东发挥哲学方法论功能的历史原因

毛泽东哲学的方法论特点是中国革命的理论表现。毛泽东对马克思主义哲学的继承和运用主要集中在方法论方面，这首先与中国革命的复杂性相关联。

首先，中国革命的复杂性要求我们党必须善于掌握马克思主义的立场、观点和方法，来分析和解决中国革命的特殊任务，找到中国革命的特殊道路。众所周知，马克思主义是立足于欧美发达资本主义国家，以产业无产阶级为主体的革命理论。与此不同，中国是一个以农民和小资产阶级为基本群众，以自然经济的生产方式为主要特征的落后国家。其中，民族资本主义发展缓慢，产业无产阶级的力量相对弱小，近代以来又逐渐沦为外国帝国主义的半殖民地。要使马克思主义适应政治上和经济上极度落后的中国革命实际，这是一项极为特殊、极其困难的事业。中国共产党是在列宁领导的共产国际的指导和帮助下成立的，列宁针对世界东方落后国家的具体情况，曾原则上指明了殖民地和半殖民地解放运动的战略策略的一般原理，明确了这些国家的主要任务是反对帝国主义和它们所支持的中世纪残余制度。由此可知，中国革命既不同于18—19世纪欧洲的资产阶级民主革命和1917年2月的俄国资产阶级的民主革命，也不同于俄国十月社会主义革命，它是发生在经济制度极度落后的半封建、半殖民地国家的革命。由中国国情所决定的革命的复杂性，使中国共产党人面临着"一个全世界共产主义者所没有遇到过的任务"[①]，解决这些任务的方

[①] 列宁：《在全俄东部各民族共产党组织第二次代表大会上的报告》，《列宁选集》第4卷，人民出版社1972年版，第104页。

法，"无论在哪一部共产主义书本里都找不到"①。要完成这个任务，就要求革命者勇于创造，具有足够的革命勇气和从事巨大的理论创造。其中最主要的，是从中国的具体实际出发，创造性地掌握和运用马克思主义的立场、观点和方法，制定出符合中国革命需要的理论、路线、方针和政策。

其次，我们党特别注意哲学方法论的研究和应用还与中国革命的主要形式是以武装的革命反对武装的反革命这种特点有关。中国革命的主要特点是武装斗争，武装斗争的残酷性和曲折性，要求我们党必须时刻注意革命方法和斗争策略的正确性。中国革命的敌人是异常强大的，要战胜这样强大的敌人必然要经历残酷的长期斗争。在这期间，工人运动和农民运动的发动和组织，革命统一战线的建立和破裂，武装斗争的战略和战术的制定和变换，革命斗争形式的多样性及其随形势的变化而转变，革命中心工作的转移和对中国革命特殊道路的探求，中国革命所展现的这一幕幕波澜壮阔的历史画卷，是世界现代史上任何一个国家的人民革命斗争所无法比拟的。特别是1924—1927年大革命时期和1927—1937年土地革命时期所经历的两次大的胜利和两次大的失败，深刻地教育了中国共产党和中国人民，积累了极其丰富的经验和教训。错误和挫折不仅仅是耻辱，而且也是一笔宝贵的财富。历史证明，错误常常是正确的先导，流血的和不流血的、成功的和失败的经验，不仅为新民主主义革命理论和总路线的形成准备了充分的主观条件，而且孕育了保证这一总路线顺利实现的思想路线和领导方法。列宁曾经说过，在革命时期，把哲学基本理论问题放在首要地位，通过哲学"整顿"、消化丰富的革命教训，是一个

---

① 列宁：《在全俄东部各民族共产党组织第二次代表大会上的报告》，《列宁选集》第4卷，人民出版社1972年版，第105页。

政党完全成熟的标志。[①] 政党及其领导人把哲学方法论作为重点反思的对象，正是该政党和它的领导人作为自觉的认识主体对革命斗争实施科学指导的最根本的特征。

毛泽东哲学的方法论特征与党内两条路线斗争的性质和特点紧密相连。从历史上看，毛泽东哲学思想主要是在同党内的主观主义尤其是教条主义思想的斗争中形成和发展起来的。中国革命的极端复杂性对思维方式、思想方法提出了极高的要求。它要求中国共产党人必须懂得用马克思主义的精神实质，而不是用个别词句来解决中国革命的实际问题。毛泽东的高明，就在于他深得马克思主义的精髓，把马克思主义不是当作剪裁各种历史事实的现成公式，而是作为研究现实和历史的方法，对革命所发生的社会历史条件作特殊的分析。很显然，这种方法就是毛泽东所一贯坚持的实事求是的方法、抓矛盾特殊性的方法。抓特殊性，这是马克思主义普遍原理与中国革命具体实践相结合的关节点和基本途径。其时，党内流行的主观主义和教条主义把一般原理奉若神明，鼓吹要百分之百地执行国际路线，恰恰是一点儿也不懂得真理的具体性和历史性的幼稚做法。这种主观主义、教条主义思潮极大地危害了中国革命，它不仅切断、颠倒了主客观之间的正常联系和关系，而且破坏了革命队伍内部的团结（在党内搞残酷斗争、无情打击）；在策略上以"中间势力"为主要敌人，孤立了自己。这表明，主观主义、教条主义思潮在一定历史时期内成为理论与实践相结合的主要思想障碍。要把马克思主义中国化，首要的前提是克服人们头脑中的主观主义和教条主义；要推进马克思主义与中国革命的结合进程，首先要善于提出和解决"结合"

---

① 参见列宁《我们的取消派》，《列宁全集》第 20 卷，人民出版社 1989 年版，第 129—136 页。

的方法论问题。党内两条思想路线斗争的尖锐性和严重性，是毛泽东把哲学思考重心转向思想方法的历史根据。

具体地说，毛泽东的哲学并不是书斋哲学，他热衷于哲学的研究，目的是解决中国的出路问题。他之所以最终选择了马克思主义，主要是确信它能够为中华民族的独立和解放指明前进的方向。但是，指明中国社会的历史趋势并不等于就找到了中国革命的具体道路。对这一点，毛泽东有比较清醒的认识。早在井冈山时期，他就对陈毅、杨勇等人说过：不能设想马、恩、列、斯把解决一切问题的方案都替我们准备得好好的，让我们坐享其成，我们要深入实际，向群众学习，独立地解决问题。① 在这种情况下，以毛泽东为代表的中国共产党人在实现把马克思主义与中国革命相结合这个根本问题上肩负着两方面的重任：第一，在马克思主义所揭示的社会历史运动的普遍规律的指导下，找到中国革命的特殊道路，这个任务本身就要求把一般原理作为革命方法，进一步研究中国革命的实际问题。第二，鉴于党的干部和广大革命群众文化素质较低、理论准备较差的实际状况，在提出革命任务的同时，必须回答"怎么做"的问题，为广大干部、群众提供正确的行动方法。所以，毛泽东对中国革命问题的探讨总是从对中国革命特殊规律的研究转向"怎样行动"的研究。重视解决完成革命任务的方法论问题是毛泽东哲学思想的基本特色。

二　善于从方法论的高度提出和解决问题是毛泽东思想整个体系的特征

善于从哲学方法论的高度提出和解决问题是毛泽东思想整个

---

① 参见杨勇《伟大的马克思主义创造精神》，《学习毛泽东》，上海人民出版社1979年版，第114页。

体系的特征，这一特征必然首先体现在他的若干篇哲学著作中。以《实践论》《矛盾论》为例，"两论"是在中国革命中产生的最主要的马克思主义哲学著作，但同时它们也是教育干部、群众学习和掌握思想方法的基本教材。为什么这样说呢？这可以从毛泽东在这一时期活动的重心上看出来。毛泽东在1942年延安整风前后，在理论著述活动中主要作了三个方面的工作：第一，到延安后发奋读书、研究哲学，所读书目的内容集中在认识论、辩证法、思想方法论方面。其原因正如他1939年所说，是鉴于"工具"不够用，所以主要是"作工具的研究"①。第二，开展党史讨论和整风运动，为整风运动写下一系列文章和文件，其核心内容是反对主观主义，明确指出学风、党风、文风都是"思想方法问题"，反复阐述理论与实际相结合是马克思主义最根本的思想方法。第三，组织和领导思想方法学习小组，建议编选关于经典作家的《思想方法论》一书，提出研究理论和哲学要以"思想方法论为主"②。从毛泽东上述理论和实践活动线索上看，他写作"两论"的主导思想就是要使全党明了怎样才算掌握了马克思主义，怎样使马克思主义与中国革命的具体实践相结合这个根本问题，即为什么要实行"结合"以及怎样实现"结合"的问题。因此，"两论"对马克思主义哲学的贡献与其说在理论观点方面，不如说是在方法论方面。以《矛盾论》为例，毛泽东写这篇文章就是"以扫除教条主义思想为主要目标"，因为教条主义"不了解研究当前具体实际的矛盾的特殊性，对于我们指导革命实践的发展有何等重要的意义"，不懂得"不同质的矛盾，只有用不同质的方法才能解

---

① 毛泽东：《致何干之》，《毛泽东书信选集》，人民出版社1983年版，第136页。
② 毛泽东：《致中央研究组及高级研究组》，《毛泽东书信选集》，人民出版社1983年版，第189页。

决"。我们学习辩证法的宇宙观，就是要善于去分析各种事物的矛盾运动，掌握"解决矛盾的方法"。由于毛泽东写作"两论"的任务并不是照本宣科地讲解马克思主义的"本本"和条文，所以在论述方法上也不像哲学教科书那样把所有的哲学问题拿来重述一遍，而是根据实际存在的教条主义倾向，突出地阐明了认识和实践、矛盾问题的精髓等迫切问题。毛泽东的《中国革命战争的战略问题》一文历来被看作经典的哲学教材，从写作的时序上看，它也是"两论"的准备性著作，"两论"是对它所作的哲学提炼和升华。这一著作的要旨也是从方法论角度来写的。书中对战争规律探讨的侧重点并不是一般的规律，而是中国革命战争的特殊规律，尤其是放在"指导规律"即战略战术方面。他明确提出指导战争有一套特殊的方法，"什么方法呢，那就是熟知敌我双方各方面的情况，找出其行动规律，并且应用这些规律于自己的行动"[1]，并提出"指导战争的规律，就是战争的游泳术"[2]。所谓游泳术也就是方法论，战略战术就是指导战争的方法论。所以，我们完全有理由把《中国革命战争的战略问题》看作一篇方法论的著作。

毛泽东首先是一个革命家，然后才是一个哲学家、理论家。他的方法论思想更具体、更生动地表现在其有关军事、政治、经济、文化、党务等方面，尤其是有关领导方法、工作方法的论著中。毛泽东不仅强调思想方法是第一个重要的问题，而且十分注意把较为抽象的思想方法转化为具体的工作方法，把他的哲学方法论拓展到一个新的领域，使之带有突出的实践性和可操作性。几乎在中国革命的每一个历史阶段，毛泽东都要提醒全党注意思

---

[1] 毛泽东：《中国革命战争的战略问题》，《毛泽东选集》第 1 卷，人民出版社 1991 年版，第 178。

[2] 同上书，第 183 页。

想方法和工作方法问题。在土地革命时期，他先后写下了《反对本本主义》《必须注意经济工作》《关心群众生活，注意工作方法》等文章，尖锐地提出了任务与方法的关系问题，阐明了工作方法的重要性。在抗日战争和解放战争期间，毛泽东又写下了《〈农村调查〉的序言和跋》《关于领导方法的若干问题》《党委会的工作方法》等著作，提出了一般和个别相结合、领导和群众相结合等一系列领导方法和工作方法。全国解放以后，在总结工作经验的基础上，他又先后主持制定了《工作方法六十条（草案）》和《工作方法十六条》。几十年来，毛泽东一直倡导学习和运用马克思主义的思想方法，他把马克思主义哲学原理融会贯通于中国革命的伟大斗争中，运用生动易懂的语言，对一系列行之有效的工作方法进行总结和提炼，使之变为广大干部的工作方法。毛泽东关于思想方法和工作方法的论述以及他本人所体现的领导艺术，对马克思主义哲学的发展来说是一种独创性的贡献。

三 强调方法论功能是毛泽东哲学观的基本趋向

讲毛泽东对方法论的贡献，不能忘了考察他的哲学观。所谓哲学观就是对哲学的本质和功能的基本观念或看法。就我们所接触到的资料来看，强调马克思主义哲学的方法论功能是毛泽东的一贯思想。早在1937年，他在《辩证法唯物论（讲授提纲）》中就对世界观和方法论的关系作了明确的说明：辩证法唯物论是无产阶级的宇宙观，同时又是无产阶级认识周围世界的方法和革命行动的方法，它是宇宙观和方法论的一致体。他还说：唯物主义的辩证法是马克思主义的科学方法论，是认识的方法，然而它就是世界观。拿了这个世界观转过去看世界，这就是方法论。此外，并没有别的什么单独的方法论。所以在马克思主义者手里，世界观和方法论是一个东西，辩证法、认识论、论理学也是一个东西。

此后，毛泽东在不同的场合、针对不同的问题有感而发，多次重申了上面的经典论述。1955 年 3 月他在党的全国代表会议上说，马克思主义有几门学问，但基础的东西是马克思主义哲学，"这个东西没有学通，我们就没有共同的语言，没有共同的方法"。在 1958 年 3 月的成都会议上，他又指出：方法问题，第一是唯物论，第二是辩证法。在 1960 年 3 月的天津会议上他再一次谈到这个问题：哲学是一种方法，是一种架子，不懂得这个架子，办事就要差一些，想问题就要差一些。后来他进一步表述了哲学就是认识论的思想。1963 年 5 月，他在杭州会议上说：唯物论、唯心论、世界观、辩证法，都是讲的认识论。1964 年 8 月，他在北戴河的一次哲学谈话中又指出：什么叫哲学？哲学就是认识论，别的没有。这一论断是毛泽东运用哲学指导工作的基本经验的总结和概括。当然，他在这里讲的认识论是指广义的认识论，是从功能角度对哲学本质的一种把握，与前面所说的"世界观和方法论是一个东西"，"辩证法、认识论、论理学也是一个东西"的思路是一样的。这一点与经典作家对哲学功能的看法是一致的，只是更加强调了哲学作为认识世界和改造世界的科学方法论的功能意义。

毛泽东把哲学看作广义的认识论、看作认识问题的方法论，这种对哲学本质和功能的独特理解既是对中国革命经验的深刻总结，也是对自己一生钻研、运用和发挥哲学理论的极好概括。在 1921 年 11 月新民学会长沙会友会上谈到个人的志趣时，他曾明确表示"喜研究哲学"①，并从那时起就明确地把哲学作为指导中国革命的方法论。他不仅是这样说的，也是这样做的。在毛泽东的理论著述中，有关哲学方法论方面的，包括思想方法、工作方法

① 毛泽东：《新民学会会务报告》（第 2 号），《新民学会文献汇编》，湖南人民出版社 1980 年版，第 150 页。

和领导方法内容的篇章和条目，占有相当的数量和显著的位置。当然，毛泽东的哲学观不仅体现在他的理论著述中，而且体现在领导中国革命和建设的全部活动中。在毛泽东的带动下，把哲学作为认识问题的方法论已成为中国共产党人的优良传统。

总结中国共产党几十年的理论和实践经验，其中很重要的一条，就是强调把握马克思主义理论中的立场、观点和方法，尤其强调把马克思主义哲学作为党的思想路线、思想方法和工作方法来学习和运用。自觉地把马克思主义哲学世界观作为革命和建设的指导思想和方法论，是我们党三代领导集体所共有的特色。

第二节　毛泽东方法论的形成道路

毛泽东在一系列著作中，在解决军事、政治、经济、文化问题的时候，总是注意把问题提到哲学和方法论的高度来解决，这一点构成了他的理性思考的特色，有关这一方面我们在上面已经谈到。毫无疑问，决定毛泽东思想方法论特征的东西主要是我们党面临的历史任务和历史条件。但是，贯穿在毛泽东一生的革命活动中的这个特点本质上是一种主观的能力。要探究毛泽东的世界观—方法论思维的主观能力的形成何以可能，就要把历史条件和主观努力统一起来，看看毛泽东在历史活动的熔炉中是怎样一步步锻造出自己的方法论武器的。很显然，阐明毛泽东是如何重视、研究和运用哲学思维的历史和逻辑的过程，对于我们更加自觉地坚持和发展党的思想路线具有重要的现实意义。

一　学哲学的目的是改造现社会

毛泽东在青年时代就树立了救国救民的远大理想，他把哲学、伦理学当作改造社会的理论基础和方法论工具，对研修哲学倾注了毕生的精力。在毛泽东的早期文稿中，给人印象最深的是他对改造中国社会的根本途径孜孜不倦地探索，这是他早年关心哲学的主要动因。

例如，他在读泡尔生《伦理学原理》的批语中，绝大部分是抒发自己对人生观、历史观和宇宙观的见解。他在批语中曾把"惟改变之事如何进行"作为思考的中心问题之一，并认为"知也，信也，行也，为吾人精神活动之三步骤"。把哲学知识看作指导人类活动最重要的知识："人类之有进步、有革命、有改过之精神，则全为依靠新知之指导而活动者也。"① 尽管当时他所指的主要是道德哲学。1917 年 8 月他寄给黎锦熙一封长信，致函的主旨是向黎讨教做学问的方法。在信中，毛泽东洋洋洒洒、淋漓尽致地阐述了自己对哲学的见解。这封信是今天研究毛泽东哲学观不可多得的素材。在信中，他明确地提出，改良派的主张"是从枝节入手"，由于"本源未得"，所作所为与现社会的根本改造"背道而驰"。因而他主张"本源者，宇宙之真理"，改造中国要"以大本大源为号召"，"从哲学、伦理学入手，改造哲学，改造伦理学，根本上变换全国之思想"。在毛泽东看来，济时昌国要以本源治世，立志也要立本源之志，只有求得大本大源之真理，才能立鸿鹄之志："真欲立志"，"必先研究哲学、伦理学，以其所得真理，奉以为己身言动之准，立之为前途之鹄；再择其合于此鹄之事，尽力为之，以为达到之方，始谓之有志也"②。毛泽东把研究哲学、探讨大本大源看作安身处世之道，

---

① 毛泽东：《〈伦理学原理〉批注》，《毛泽东早期文稿》，湖南出版社 1990 年版，第 227 页。

② 毛泽东：《致黎锦熙信》，《毛泽东早期文稿》，湖南出版社 1990 年版，第 86 页。

决心"只将全幅工夫，向大本大源处探讨"，并把普及哲学、使"人人有哲学见解"作为自己的奋斗目标。[①] 从这里可以窥见毛泽东一生强调思想路线，强调哲学的解放和普及哲学思想的最初萌芽和理想。

五四运动以前，毛泽东把探讨大本大源视为安身立命之所，看作立天下之大本、重塑国人精神的根本。此时对哲学批判探索功能的理解还比较抽象。随着他走上社会、投身现实的斗争实践，就日益把哲学看作"实行社会改造的准备"，把对"本源"的探求变为对"主义"的寻求和选择。虽然出发点还是一样的，即把研究哲学与改造中国统一起来，但其筹谋实践改造的倾向日益明晰。1920年2月，他在致陶毅的信中指出："我觉得好多人讲改造，却只是空泛的一个目标。究竟要改造到那一步田地（即终极目的）？用什么方法达到？自己或同志从那一个地方下手？这些问题，有详细研究的却很少。""我们想要达到一种目的（改造），非讲究适当的方法不可。"[②] 这里所说的"方法"并非在细枝末节而是在根本途径的意义上讲的，是对"主义"的寻求。1920年3月，毛泽东在给周世钊的信中说"现在我于种种主义，种种学说，都还没有得到一个比较明了的概念"[③]，并表示要通过对各种主义的研究，去做好他日所必要的基础事业。1921年1月1日，新民学会会员举行新年大会，研讨"改造中国与世界"的道路和方法等问题。会上毛泽东将当时世界上改造社会的"主义"和方法概括为五种，即社会政策、社会

---

① 参见毛泽东《致黎锦熙信》，《毛泽东早期文稿》，湖南出版社1990年版，第87—88页。

② 毛泽东：《致陶毅信》，《毛泽东早期文稿》，湖南出版社1990年版，第464—465页。

③ 毛泽东：《致周世钊信》，《毛泽东早期文稿》，湖南出版社1990年版，第474页。

民主主义、激进方法的共产主义、温和方法的共产主义和无政府主义，并逐一作出了批判性评价："社会政策，是补苴罅漏的政策，不成办法。社会民主主义，借议会为改造工具，但事实上议会的立法总是保护有产阶级的。无政府主义否认权力，这种主义，恐怕永世都做不到。温和方法的共产主义，如罗素所主张极端的自由，放任资本家，亦是永世做不到的。急烈方法的共产主义，即所谓劳农主义，用阶级专政的方法，是可以预计效果的。故最宜采用。"[①] 同年 1 月 2 日，毛泽东在给蔡和森的信中赞同采用马克思主义的方法，提出"唯物史观是吾党哲学的根据"[②] 这一重要结论，这是他对外采的各种主义、思潮、学说进行了解、比较、批判之后作出的自觉选择。

毛泽东在成为职业革命家以后的较长一段时期里已无暇再回到纯哲理的学术研究上来，但这丝毫不表明他已失去了青年时代的"经纶天下之大经，立天下之大本的意趣"。恰恰相反，他对学习哲学和马克思主义的兴趣更浓厚了，中国革命任务的艰巨性和复杂性，迫切要求中国共产党人运用马克思主义的哲学方法论来解决本国革命所遇到的实际问题。事实上，毛泽东所处的历史条件促使他一生都在高度重视和倡导马克思主义哲学的研究和普及。土地革命初期，在残酷的斗争环境中，毛泽东时刻不忘马克思主义基本理论和哲学的研究。1929 年 11 月 28 日，他在给中央的信中写道："惟党员理论常识太低，须赶急进行教育。除请中央将党内出版物（布报，《红旗》，《列宁主义概论》，《俄国革命运动史》等，我们一点都未得到）寄来

---

① 毛泽东：《新民学会会务报告》（第 2 号），《新民学会文献汇编》，湖南人民出版社 1980 年版，第 141 页。

② 毛泽东：《致蔡和森》，《毛泽东书信选集》，人民出版社 1983 年版，第 15 页。

外，另请购书一批……我们望得书报如饥如渴，务请勿以事小弃置。"① 他还给当时的中央负责人李立三写信说："我知识饥荒到十分，请你时常寄书报给我。"② 毛泽东千方百计收寻马克思主义著作给人留下难忘的印象。《反杜林论》的中译本，是1932年红军打漳州时，他亲自在县城里收集到的。他非常珍爱这本书，在长征途中一直带在身边。这本书的译者吴黎平到中央苏区后，毛泽东非常高兴，多次约他谈《反杜林论》中的理论问题。在延安时期，毛泽东为了系统总结历史经验，从思想路线上肃清"左"倾教条主义的影响，潜心研读了一系列经典著作和马克思主义学者的著作，正如他自己所说，为了答复"狭隘经验论"的攻击，"我因此，到延安就发奋读书"。斯诺在《西行漫记》中写道："毛泽东是个认真研究哲学的人。我有一阵子每天晚上都去见他，向他采访共产党的历史，有一次一个客人带了几本哲学新书来给他，于是毛泽东就要求我改期再谈。他花了三四夜的功夫专心读了这几本书，在这期间，他似乎是什么都不管了。"③ 斯诺的访谈，是在1936年10月间的事情。在同一个月，毛泽东还去函请求在西安的叶剑英等人帮助购买"真正通俗而有价值的"哲学等方面的书籍。1937年，他接到李达寄来的《社会学大纲》后，阅读了十遍，称赞这本书是中国人自己写的第一本马克思主义哲学教科书，并向延安哲学研究会和抗日军政大学推荐。毛泽东在延安期间的理论学习和创造活动，重点仍在哲学方面，其目的在于解决自己和全党

① 毛泽东：《致中共中央》，《毛泽东书信选集》，人民出版社1983年版，第26—27页。

② 毛泽东：《致李立三》，《毛泽东书信选集》，人民出版社1983年版，第28页。

③ ［美］埃德加·斯诺：《西行漫记》，董乐山译，生活·读书·新知三联书店1979年版，第67页。

的思想方法问题。诚如他在给何干之的信中所说："我的工具不够，今年还只能作工具的研究，即研究哲学，经济学，列宁主义，而以哲学为主。"①

综上所述，毛泽东终其一生都在孜孜不倦地研究哲学，由于他对马克思主义哲学有很深的理解，所以在实际工作中运用起来挥洒自如、得心应手，他为中国革命和建设所写下的一系列哲学方法论著作正是厚积薄发的产物。

二 实践与毛泽东世界观的转变

毛泽东对哲学有很高的悟性和素养，与此同时，在湘土学风的影响下又表现出强烈的实践理性和务实精神。哲学的头脑特别是实践理性是毛泽东实现世界观的转变和形成有特色的方法论体系的主体素质。

早年在新民学会会员中流传着"蔡和森是理论家，毛泽东是实践家"的评语。这说明，毛泽东重视实践的品格，在青年时期的修学储能时代就已经显露出来，引起了人们注意。早在1913年下半年的《讲堂录》中，就记载了他对以实事求是为特征的湘学传统的认同。他在笔记中写下了这样的话："古者为学，重在行事"，"闭门求学，其学无用"。②他对曾国藩的求实学风尤为推崇，把曾氏所言"实则不说大话，不好虚名，不行架空之事，不谈过高之理"③作为自己的座右铭。在1917—1918年写下的《〈伦理学原理〉批注》中，毛泽东重视实践的思想又有了进一步

---

① 毛泽东：《致何干之》，《毛泽东书信选集》，人民出版社1983年版，第136页。

② 毛泽东：《讲堂录》，《毛泽东早期文稿》，湖南出版社1990年版，第586—587页。

③ 同上书，第581页。

的发展。他在批语中写道："学皆起于实践"，"伦理学之正鹄在实践"，"吾人须以实践至善为义务"。①

毛泽东力主学理与实践的统一并非一时的心血来潮，而是源于他对旧教育体制切骨入髓的认识。1917 年下半年，他在提议由第一师范学校学友会教育研究部来主办工人夜学时的发言即为一例。他指出："现时学校大弊，在与社会打成两橛，犹鸿沟之分东西"，"学校之人与社会之人，自来不通情愫"，"学生近之，社会远之，学生亲之，社会离之，永无联结契合之日"。由此，毛泽东力主办工人夜校，一者可以"造成新国民及有开拓能力之人材"，二者可以使师范生有"实习之场"。② 1938 年 3 月 15 日，毛泽东曾对抗大学员说：社会也是学校，一切要在工作中学习。学习的书也有两种：有字的讲义是书，"无字之书"——社会上的一切也是书。③ 这是他对自己从青年时代就深入社会、了解社会情况的总结。1917 年夏，他邀约同学萧子升，利用暑假，以"游学"方式游历了长沙等五县农村，了解底层群众的生产和生活。1918 年夏，又同蔡和森到益阳等县农村进行实地考察。毛泽东历来把"周知社会"作为学理的组成部分，批评有些人"很少踏着人生社会的实际说话"。同年夏，毛泽东在省立第一师范学校毕业，此时正值中国第二次留学高潮兴起。他一方面宣称自己是一个主张大留学政策的人，主张"我们同志，应该散于世界各处去考察，

---

① 毛泽东：《〈伦理学原理〉批注》，《毛泽东早期文稿》，湖南出版社 1990 年版，第 118、132、238 页。

② 参见毛泽东《夜学日志首卷》，《毛泽东早期文稿》，湖南出版社 1990 年版，第 96—97 页。

③ 参见龚育之、逄先知、石仲景《毛泽东的读书生活》，生活·读书·新知三联书店 1986 年版，第 263 页。

天涯海角都要去人"①。另一方面，在"留学和做事的分配"上，又主张"也要有人留在本国，研究本国的问题。我觉得关于自己的国家，我所知道的还太少，假使我把时间花费在本国，则对本国更为有利"②。他在给周世钊的信中说："吾人如果要在现今的世界稍为尽一点力，当然脱不开'中国'这个地盘。关于这地盘内的情形，似不可不加以实地的调查，及研究。"③

除了调查研究以外，毛泽东还十分注重交往实践。早在1915年9月，他在致萧子升的信中就说："友不博则见不广，少年学问寡成，壮岁事功难立"④，表示求友之心甚热。他以"二十八画生"的名义，发出《征友启事》，当时应征者之一的罗章龙说："看了启事，我觉得在当年，这是一种不平凡的举动。"⑤ 尽管当时征友不多，却由此结识了一批学友。此后，他日益认识到，要对中国实行根本的改造，决不能"人自为战"，而要有共同的准备，要联合起来，结合同志，共同切磋琢磨，探求真理。交往实践对毛泽东世界观的转变产生了重大影响，他在五四运动前后，两次赴北京等地同李大钊和陈独秀的交往，是他接受马克思主义和走上革命道路的重要契机。后来，毛泽东曾回忆说："陈独秀和李大钊他们两人都是中国最有才华的知识界的领袖。我在李大钊手下在国立北京大学当图书助理员的时候，就迅速地朝着马克思

---

① 毛泽东：《致陶毅信》，《毛泽东早期文稿》，湖南出版社1990年版，第465页。

② 周世钊：《湘江的怒吼》，《光辉的五四》，中国青年出版社1959年版，第65页。

③ 毛泽东：《致周世钊信》，《毛泽东早期文稿》，湖南出版社1990年版，第474页。

④ 毛泽东：《致萧子升信》，《毛泽东早期文稿》，湖南出版社1990年版，第28页。

⑤ 罗章龙：《回忆新民学会——由湖南到北京》，《"一大"前后》（二），人民出版社1980年版，第256页。

主义的方向发展。陈独秀对于我在这方面的兴趣也是很有帮助的。我第二次到上海去的时候，曾经和陈独秀讨论我读过的马克思主义书籍。谈他自己的信仰的那些话，在我一生中可能是关键性的这个时期，对我产生了深刻的印象。"①

1919 年到 1920 年这两年对毛泽东的一生来说，的确是一个"关键性的"时期。因为在这个时候，他不仅通过各种途径更多地了解了马克思主义理论，而且通过考察和实验对"种种主义"也有了一个明确的了解，尤其是他亲自参与和领导的"驱张"运动和湖南农治运动的失败，更给他留下难以磨灭的印象。正是现实中政治斗争实践的经验和教训使他最终确立了对马克思主义的信仰。

国内外一些学者在谈到毛泽东世界观转变的原因时，多半把它看作一个纯主观的过程，从文化心理结构方面寻找原因。他们把中国的文化传统和观念遗产看作毛泽东接受和理解马克思主义的"前结构"，用中国传统的实用理性来说明毛泽东本人何以接受了马克思主义的唯物论，用毛泽东的"动""变""斗"来解释他何以接受了唯物辩证法和阶级斗争学说。甚至有人以此为根据，认为马克思主义中国化就是马克思主义封建化。应当怎样评价上述说法呢？很显然，毛泽东世界观的转变是多种因素促成的，对这一转变进行系统分析是必要的，其中就包括传统文化对实现这种转变的影响，这是毫无疑问的。对这后一个问题进行实事求是的分析，对我们理解毛泽东晚年的错误也是有帮助的。问题是，采用文化学分析方法和心理意向解释方法都不能脱离当时的历史现实，不能离开他本人在特定历史条件下的具体活动过程。

---

① ［美］埃德加·斯诺：《西行漫记》，董乐山译，生活·读书·新知三联书店 1979 年版，第 132—133 页。

　　毛泽东世界观转变的时期，正是他对各种"主义"兼收并蓄的时期。五四运动前后，不仅马克思主义，而且杜威的实用主义、基尔特的社会主义、克鲁泡特金的无政府主义、罗素的改良主义以及社会民主主义，都像潮水一般地涌入中国。在此期间，毛泽东对各种学说都曾涉猎和研究，对于有些学说不仅从理论上探讨，而且亲自参与某些"主义"指导下的活动。应当承认，在毛泽东世界观转变的时期，其理性活动的主要特征是开放的，而不是闭合的。从科学认识角度来看，所谓闭合的理性活动是指以已有认知背景和认知图式为框架的活动，而开放的理性活动则是以超出原有认知结构为特征的认识活动。当时，毛泽东对各种"主义"之所以感兴趣，正因为它们不符合传统观念。正如毛泽东所说：那时，求进步的中国人，只要是西方的新道理，什么书也看。解放后，当毛泽东看到他在青年时代读过的《伦理学原理》时说："这本书的道理也不那么正确，它不是纯粹的。唯物论，而是心物二元论。只因那时我们学的都是唯心论一派的学说，一旦接触一点唯物论的东西，就觉得很新颖，很有道理，越读越觉得有趣味。"① 由于对各种学说的兼收并蓄，在毛泽东的内心深处充满矛盾。如果从认知结构入手进行分析，首先应当注意到认知图式内部的矛盾，正是这种图式内部的矛盾推动毛泽东去探索。把认识图式简单化为某种单一的传统和遗产的做法是不足取的。

　　搞单一图式论的人既然没有看到毛泽东文化心理结构的矛盾性，也就不理解各种错误学说对毛泽东世界观转变的意义。我们认为，在一定条件下，这种种思潮对于毛泽东最终接受马克思主义是极有帮助的。这个"一定条件"就是对实践经验的及时总结。正如毛泽东在后来所说的："我劝在座的同志，你们如果懂得唯物

① 转引自周世钊《毛主席青年时期的几个故事》，《新苗》1958 年第 9 期。

主义和辩证法，那就还需要补学一点它的对立面唯心主义和形而上学。……不懂得唯心主义和形而上学，没有同这些反面的东西作过斗争，你那个唯物主义和辩证法是不巩固的。我们有些共产党员、共产党的知识分子的缺点，恰恰是对于反面的东西知道得太少。"

如果我们承认是认知结构的内在矛盾推动着毛泽东世界观的转变，那就必须回答解决这种矛盾的基础和动力究竟是什么的问题。这个问题既是揭示其世界观变化奥秘的钥匙，也是探讨其方法论形成的根本途径。这就回到了毛泽东本人的实践活动上来了。我们知道，当时对毛泽东影响较大的理论思潮主要有新村主义和工读主义、无政府主义和点滴改良的实用主义。对这些主义他不仅信奉过，而且还亲身从事实验。1918 年夏从湖南第一师范毕业后，他和蔡和森等人在岳麓山上设工读同志会，从事半耕半读。他第二次到北京，又怀着很大的兴趣参观了北京工读互助团第三组，并给周世钊写信，也想办一个"工读互助团"。在五四运动中，毛泽东在《湘江评论》上所发表的创刊宣言中明确主张"忠告运动"和"呼声革命"，并追随胡适的思想在长沙发起成立了"问题研究会"。此后，毛泽东发起并领导了震动全国的"驱张"运动和"湖南自治"运动。所有这一切，都曾给青年毛泽东带来美好的希望。人们不禁要问，是什么促使他毅然抛弃了上述希望，扭转了一个时期以来主宰他行动的思维定势？不是别的，正是这一系列运动的失败。兴起于全国各地的工读互助团的破产，他先后主编的《湘江评论》和《新湖南》周刊被查封，以及后来的"驱张"请愿未果和湖南自治运动的失败，使毛泽东从梦中惊醒。他认识到，所有这些主张都是理论上说得好听，事实上是做不到的。"驱张"运动的失败使他认识到"一张敬尧去，百张敬尧方环伺欲来"，"还是换汤不换药"。湖南自治运动的失败成为毛泽东世界观转变的契机。他在 1920 年 11 月给向警予的信中说:我"已看透了。政治界暮气已深,腐败已甚,政治改良一途,可谓绝无希望。吾人惟有不理一切,另辟道路,另造环境一法"①。他在同年 12 月 1 日给蔡和森的信中赞同他所提出的走无产阶级革命道路的主张,并表示:"俄国式的革命,是无可如何的山穷水尽诸路皆走不通了的一个变化。""走俄国人的路"成了当时中国的先进分子的共同选择。1960 年 6 月 21 日,毛泽东在接见一个国家代表团谈到自己的经历时说:"后来是客观环境逼得我同周围的人组织共产主义小组,研究马列主义。"②

毛泽东是在"一切别的东西都试验过了,都失败了"之后,才转向马克思主义的。他本人的实践经历及其认识的转变具有代表性。1920 年 3 月,北京互助团第一组因经济问题无法维持而解散,作为成员之一的施存统由此得出两点结论:"(一)要改造社会,必须从根本上谋全体的改造,枝枝节节地一部分的改造是不中用的。(二)社会没有改造以前,不能试验新生活,不论工读互助团和新村。"③ 可见五四时期一部分知识分子对空想试验的追求、失败及反思,也展现出人们接受马克思主义所共有的一种历史逻辑。

怎样理解实践在毛泽东世界观转变中所起的决定作用呢?实际上,当毛泽东说他对种种主义兼收并蓄、难以鉴别优劣而异常苦闷时,固然有对马克思主义理论知之不多的情况存在,但更主要的还在于他手中缺少判断各种主义优劣的方法论武器。在付诸

---

① 毛泽东:《致向警予信》,《毛泽东早期文稿》,湖南出版社 1990 年版,第548 页。

② 《长沙共产主义小组综述》,《共产主义小组》(下),中共党史资料出版社 1987 年版,第 473 页。

③ 施存统:《"工读互助团"底实验和教训》,《五四时期的社团》(二),生活・读书・新知三联书店 1979 年版,第 439 页。

实践之前，这种种主义不仅都是在"理论上说得通"的，而且甚至比马克思主义还易于为人们所接受。正因为如此，他才乐此不疲地投身于这种种改革方案中去。现实斗争无可挽回的失败及俄国十月革命的成功，从正反两个方面教育了他，使他从此掌握了一种新的方法论——实践检验方法。他在批评罗素的演说、唯理论、无政府主义以及德谟克拉西主义时的主要依据，就是这些主义"理论上说得通，事实上做不到"①；而他赞同无产阶级革命和专政的方法，也是由于它是可以预计效果的，故最宜采用。把是否做得到作为评价理论的主要标准这一方法论原则不仅影响了毛泽东世界观的转变，而且影响了他一生的事业，使他的思想带有明显的实践方法论特征。

上述分析表明，毛泽东世界观的转变不是只在头脑中发生的抽象的思想过程，而是当时在中西文化各种思潮交汇、冲突的大潮中发生的现实过程。在他的思想深处不仅涌动着中国文化的传统，还有传入中国的西方资产阶级民主主义文化的新学，这一切构成了毛泽东接受、认知图式中的复杂矛盾。应当把毛泽东世界观的转变看作一种辩证的转化过程，而不是某两种抽象思想的简单对接。其中，图式内部的正反两种因素的此消彼长，新学与旧学、传统与现实的冲突，对马克思主义的接受和认识结构功能的转换，离开社会实践这个决定性的环节，就无法实现。

三　实践与毛泽东方法论的形成

我们党的历史表明，从选择马克思主义到把它中国化，其间隔着一个很长的距离。要把马克思主义中国化，找到改造中国的

---

① 《新民学会会员通信集》第 3 集，《新民学会文献汇编》，湖南人民出版社 1980 年版，第 103 页。

根本道路，还要解决一个怎样"结合"的课题。毛泽东的方法论就是在解决如何把普遍原理与中国革命具体实际相结合的实践中产生和发展起来的。

马克思主义与中国实际相结合，不仅是中国革命的客观要求，而且也是马克思主义这一理论本身发展的要求。因此，把两者相结合，这是一个不以人的意志为转移的客观历史过程，是当代中国社会向共产党提出的最重大的历史课题。要完成这一课题，不仅要有中国共产党人的集体努力，而且要求党的领导核心具备深厚的理论基础和非凡的实践能力。实现结合所必备的主体能力在毛泽东身上人格化了。毛泽东既有深邃的哲学头脑，又具有强烈的求实精神，这使他能够站在马克思主义中国化的最前列，在实际斗争中发现并抓住理论与实际统一的"结合点"。

在党的高层领导人中间，为什么唯有毛泽东在理论与实践的统一问题上做得最好？我们认为，正是哲学家的头脑和务实能力非凡地统一，使他更善于把普遍原理和具体实际及其实践结合起来。在理论和实际、理论和实践的关系中，有决定意义的部分是中国的具体实际及其实践，抓住了这一点，就抓住了结合的基础性环节。事实表明，无论是对马克思主义理论的认识，还是对中国革命具体规律的把握，都离不开革命实践、离不开对中国社会状况的调查和了解。调查研究、实事求是、在斗争中创造新局面等环节在毛泽东思想科学体系的形成中起着至关重要的作用。同样地，实践及其对实践经验的自觉总结是毛泽东哲学、方法论形成的最主要的因素，他的富有特色的思想方法论就是在正反两方面实践经验的撞击下逐步形成的。《关于建国以来党的若干历史问题的决议》中指出："以毛泽东同志为主要代表的中国共产党人，根据马克思列宁主义的基本原理，把中国长期革命实践中的一系列独创性经验作了理论概括，形成了适合中国情况的科学的指导思想。"① 这个概括同样适用于毛泽东的方法论思想的形成过程。下面我们着重分析一下毛泽东是如何从实践经验入手认识到思想路线的重要性，并提出以实践为本位的理论与实际相结合的方法论思想的。

对湖南农民运动的考察实践使毛泽东初步意识到必须解决思想路线问题，才能领导革命胜利。大革命后期，农民运动蓬勃发展，引起国民党右派的极度恐慌，他们攻击农民运动"糟得很"。党内以陈独秀为代表的右倾投降主义者，被这种反动叫嚣所吓倒，也指责农民运动过火。针对这种情况，毛泽东下决心到湖南调查农民运动。1927 年 2 月 16 日，他在给中央的报告中指出："在各县乡下所见所闻与在汉口在长沙所见所闻几乎全不同，始发见我们从前对农运政策处置上几个颇大的错误点。"② 后来，他在"八七"会议的发言中进一步从思想路线上作了总结："当我未到长沙之先，对党完全站在地主方面的决议无由反对，及到长沙后仍无法答复此问题。直到在湖南住了三十多天，才完全改变了我的态度。我曾将我的意见在湖南作了一个报告，同时向中央也作了一个报告，但此报告在湖南生了影响，对中央则毫无影响。广大的党内党外的群众要革命，党的指导却不革命，实在有点反革命的嫌疑。这个意见是农民指挥着我成立的。我素以为领袖同志的意见是对的，所以结果我未十分坚持我的意见。……湖南这次失败，可说完全由于书生主观的错误。"③ 此次对农民运动的深入调查活动，不仅使毛泽东看清了我们党在农运政策上的

---

① 《〈关于建国以来党的若干历史问题的决议〉注释本》（修订本），人民出版社 1985 年版，第 46 页。

② 金冲及：《毛泽东传（1893—1949）》，中央文献出版社 2004 年版，第 131 页。

③ 《毛泽东著作选读》上册，人民出版社 1986 年版，第 24 页。

错误所在，看清了农民问题实质是土地问题，而且认识到脱离群众的斗争实际、对实际情况盲目无知是导致路线错误的重要根源。

　　毛泽东1961年3月在谈到《反对本本主义》这篇文章时曾说：这篇文章是经过一番大斗争写出来的。这些有关中国革命根本问题的争论和斗争使毛泽东更加认识到思想路线和思想方法的极端重要性。[①] 1930年以前，毛泽东与当时中央的分歧集中表现在如何选择中国革命道路的问题上。他在实现世界观的转变以后，对于民主革命的具体道路进行了艰苦的探索，从主张俄国式革命到支持农民运动再到提出枪杆子里面出政权，以及从"上山"的建议到上井冈山建立"农民武装割据"，对中国式革命道路的认识一步步从抽象到具体，为农村包围城市道路理论的形成奠定了坚实的基础。对于这一崭新的课题，毛泽东始终坚持从实际出发、实事求是，从斗争中创造新局面的思想路线。但是，毛泽东的这种实事求是的科学态度却被共产国际和当时的中央负责人看作对国际共产主义运动经验的背离。1927年前后，共产国际公开要求各国共产党必须无条件地用俄国革命经验指导革命。当毛泽东在秋收起义后依据实际情况，毅然实行战略退却，适时地由进攻大城市向农村转移、建立农村割据时，共产国际代表却从城市中心论的既定模式出发，把毛泽东的正确主张斥为"最可耻的背叛与临阵脱逃"，当时的中央也立即给了毛泽东以严厉的处分。面对重重压力，毛泽东没有低头。如果说，在大革命时期，在如何对待农民运动问题上，他未十分坚持自己的正确意见，但这时在如何确定工作重心、选择革命道路问题上，他却"深信我们执行的是

---

　　① 参见董边等编《毛泽东和他的秘书田家英》，中央文献出版社1990年版，第39页。

正确的路线"①。"左"倾盲动主义的城市暴动接连失败，而农村的武装割据却取得成功，进一步证明了攻打大城市的命令是错误的，尤其是湖南省委代表杜修经强行执行省委命令、拉一部分队伍往湘南攻打彬州失败，进一步证明了攻打大城市的方案是错误的、毛泽东等人主张建立农村武装割据是正确的。为此，毛泽东多次批评中央和湖南省委主观主义指导的错误。他指出：八月失败完全在于一部分同志采取了错误的路线所致，湖南省委代表不察当时环境，只知形式地执行湖南省委的命令，其错误实在非常之大。湖南省委在"数星期内，曾三变其主张"②，每次都说是"绝对正确"的方针，而且要"毫不犹豫"地执行，我们接到"这样硬性的指示，不从则迹近违抗，从则明知失败，真是不好处。……这种痛苦的经验，是值得我们时时记着的"③。

此后，毛泽东明显地强调了运用世界观—方法论分析方法来看待党内路线斗争的自觉性。其表现是，1929 年 6 月 14 日他在给林彪的信中，首次使用同政治路线相对应的"思想路线"的概念，④ 这一概念正是用世界观—方法论分析的基本术语。1929 年 12 月，毛泽东写下了《关于纠正党内的错误思想》一文，此文的目的是要"对党员作正确路线的教育"。这里的"正确路线"就是使思想"科学化"的路线，就是应用马克思主义的方法的路线。在文中，他明确指出，"对于政治形势的主观主义的分析和对于工作的主观主义的指导，其必然的结果，不是机会主义，就是盲动

---

① ［美］埃德加·斯诺：《西行漫记》，董乐山译，生活·读书·新知三联书店 1979 年版，第 142 页。

② 毛泽东：《井冈山的斗争》，《毛泽东选集》第 1 卷，人民出版社 1991 年版，第 79 页。

③ 同上书，第 80 页。

④ 参见石仲泉《毛泽东思想方法论的历史透视——纪念中国共产党成立七十周年》，《哲学研究》1991 年第 7 期。

主义"。1930 年 5 月写下的《反对本本主义》一文是他首次对党内斗争所作的哲学方法论的分析和总结。他在文中突出强调了"共产党人从斗争中创造新局面的思想路线"。为什么要在斗争中创造新局面呢？因为"共产党的正确而不动摇的斗争策略，决不是少数人坐在房子里能够产生的，它是要在群众的斗争过程中才能产生的，这就是说要在实际经验中才能产生"。调查研究在毛泽东把马克思主义与中国实际相结合的过程中起了决定性的作用，他在文章中对此作了高度评价："怎样纠正这种本本主义？只有向实际情况作调查"，"中国革命斗争的胜利要靠中国同志了解中国情况"，并向人们发出了"到群众中作实际调查去"的伟大号召。这篇文章从实事求是、群众路线、独立自主等方面初步提出和论证了党的思想路线的基本内容，为毛泽东思想方法论的建构作了奠基性的工作。

在中国革命实践的曲折发展中，毛泽东提出的以实事求是、群众路线和独立自主为主要内容的思想路线同书生式的主观主义思想路线进行了长期的斗争。两种思想路线和思想方法的斗争主要表现在三个方面：第一，马克思列宁主义理论与中国革命实践的关系。第二，外国经验模式与中国国情的关系。第三，上级（包括共产国际、中央领导机关、省委以及上级机关的特派员、巡视员）的指示与当地具体情况的关系。斗争的焦点是教条主义地对待革命理论和上级指示还是把普遍原理和一般原则同革命实际相结合。由于我们党在整体上理论水平不高，尤其共产国际要各国共产党必须"无条件地遵守最严格的国际纪律"，要"毫不迟疑"地执行共产国际的任何指示的组织原则，进一步助长了党内的教条主义倾向，使"左"右倾机会主义路线在党内统治达数年之久。正是中国革命历程在 20 世纪二三十年代的两次胜利又两次失败的经验教训，从正反两方面教育了全党，使人们认识到，不从中国的实际出发，一味听从别人的指挥，把外采的洋教条当作圣物接受下来的盲从态度，其后果必然是要断送中国革命。与此同时，毛泽东以实事求是为核心的思想路线也在实践斗争中逐步完善起来了。到达陕北后，毛泽东为了使全党尽快成熟起来，以极大的毅力在艰苦的条件下从事理论著述，先后写下了《中国革命战争的战略问题》《实践论》《矛盾论》《〈共产党人〉发刊词》《中国革命和中国共产党》《新民主主义论》等一系列理论著作，从军事路线、思想路线、政治路线等方面批判分析了"左"的错误路线，从而极大地推动了马克思主义中国化的进程。在整风运动期间，一批高质量的思想方法和工作方法的理论著作，如《〈农村调查〉的序言和跋》《改造我们的学习》《关于农村调查》《整顿党的作风》《如何研究中共党史》《关于领导方法的若干问题》等陆续发表，并在后来的岁月里对方法论的体系内容作了大量的条目式的补充和完善，最终形成了具有中国特色的马克思主义方法论的体系。

毛泽东的方法论是通过长期的革命斗争实践建立起来的。中国革命的斗争实践是把马克思主义普遍原理同中国的具体实际相结合的桥梁和途径，作为这一结合的哲学概括的方法论，当然也离不开这个最主要的环节和最重要的基础。毛泽东方法论的形成过程表明，世界观转化为方法论只有通过实践环节才能实现。一方面，把马克思主义的哲学世界观转变为思想路线和思想方法离不开实践的需要以及对这一实践经验的总结；另一方面，把思想方法具体化为领导方法、工作方法，也只有通过实践才产生必要性和现实性。离开实践这个环节，我们就无法把握世界观向方法论以及思想方法向工作方法转化的历史条件和客观逻辑。

毛泽东的方法论作为一种认识和理论的成果，从形成到升华、从成熟到多方面具体展开，正如毛泽东一贯认为的，必然经过实践和认识的多次反复、领导和群众的结合的循环以及从个别到一般再到个别的往返流动。这种历史的轨迹最终以逻辑的格的形式确定下来，体现在方法论体系的结构中。这种内在结构的层次性和有序性的形成是毛泽东方法论成熟的重要标志。毛泽东的方法论从实质上说属于哲学方法论，不同于自然科学方法论。即使是其中的"个别方法"（如蹲点、抓两头带中间）也带有哲学的性质。所以，从内容和功能上看，它是以思想方法为核心，以领导方法、工作方法、研究方法为内容的方法论体系，它适用于政治、经济、军事、文化等各个领域。从结构分析的角度看，这个方法论的体系大致包括三个层次。第一个层次是世界观分析层次，在这方面起分析功能的范畴有：立场、观点、方法，思想路线，思想方法，思想科学，指导规律等。这些范畴在建构方法论体系时起着概念工具的作用。第二个层次是原则性或一般性方法层次，这是毛泽东方法论的核心层次，它由一系列综合性范畴所组成，如实事求是、调查研究、矛盾分析、群众路线、独立自主等。作为方法论范畴，它们有一个共同特点，即往往具有把主观和客观、理论和实践统一起来的特征。它们是由于人们突出了世界观对活动的主观指导意义而形成的，是世界观术语的转化形态。第三个层次是具体方法层次，它们多半是原则性或一般性方法的具体化。如调查研究就可以具体化为"走马看花"、开调查会、"解剖麻雀"等方法；矛盾分析可以具体化为两点论、重点论等方法。

综上所述，科学的实践观是我们理解毛泽东方法论形成的钥匙。说到底，党的思想路线就是要解决主观和客观、理论和实际、领导和群众的关系问题，一句话，就是要解决观念、本本与人民群众历史实践的关系问题。上述矛盾既然是在实践中产生的，也只有通过实践才能解决。在这一点上，毛泽东和马克思是相通的。马克思在创立唯物史观时就指出，这种历史观和唯心史观不同，它不是在每个时代中寻找某种范畴，而是始终站在现实历史的基础上，不是从观念出发来解释实践，而是从物质实践出发来解释观念的东西。毛泽东早在《反对本本主义》中就把实事求是表述为"在斗争中创造新局面"，后来又在《关于农村调查》中进一步提出："应当从实践中找出事物运动的规律来，产生新的理论。"① 科学的实践观也是我们党在改革开放的历史新时期里恢复和发展思想路线的历史起点。邓小平不仅把实践标准看作思想路线的重要内容，而且把科学的实践观看作有中国特色的社会主义理论的精髓。他在 1992 年春南方谈话中说：我们改革开放的成功，不是靠本本，而是靠实践，靠实事求是。所以，党和人民的革命和建设的实践，不仅是科学的思想路线形成和发展的源泉，也是我们党实现两次历史性飞跃的客观基础。

第三节　毛泽东方法论是党和人民集体智慧的结晶

党的十一届六中全会通过的《关于建国以来党的若干历史问题的决议》，在高度评价了毛泽东的伟大历史功绩的基础上，明确指出：毛泽东思想不仅"是马克思列宁主义在中国的运用和发展，是被实践证明了的关于中国革命的正确的理论原则和经验总结"，亦"是中国共产党集体智慧的结晶"。② 突出强调马克思主义同中

---

① 毛泽东：《关于农村调查》，《毛泽东农村调查文集》，人民出版社 1982 年版，第 25 页。

② 《〈关于建国以来党的若干历史问题的决议〉注释本》（修订本），人民出版社 1985 年版，第 47 页。

国革命实际相结合的过程是由中国共产党的集体来实现的，这个结合的科学成果是集体智慧的结晶，这是对毛泽东思想及其方法论形成和发展的最科学、最全面、最深刻的阐述。

众所周知，毛泽东在长达半个多世纪的革命生涯中，为中国人民解放事业建立了不朽的功勋。他不仅是党和人民军队的创始人之一，而且最先在农村创建了根据地，找到了中国革命胜利的道路。他是伟大的中国共产党和中国人民的最杰出代表，他出色地完成了把马克思主义同中国实际相结合这一件特殊困难的事业，为我们党制定了把民主革命引向胜利、引向社会主义道路的路线、方针和政策。中国的新民主主义革命，就其规模之广阔、时间之长久、情况之复杂、道路之曲折来说，在世界近现代史上是独一无二的，每当历史的转变关头，毛泽东总是表现出深邃的历史眼光和卓越的领导才能，多次把党和革命从危难中挽救过来。由于他个人的坚韧不拔的努力，中华民族在政治上获得了彻底的解放，中华民族的思想理论水平也提到了从未有过的高度。正如中共十一届六中全会的决议所指出的，在党的许多杰出领袖中，毛泽东属于首位，在毛泽东思想的形成和发展中，毛泽东起了决定性的作用，毛泽东的科学著作是毛泽东思想的集中概括。这样评价是恰如其分的。肯定毛泽东本人在创立毛泽东思想及其方法论中的主要作用和肯定它们是集体奋斗的结晶在逻辑上并不矛盾，这是同一个问题的两个相互联系的方面，两者缺一不可。肯定毛泽东思想及其方法论是集体智慧的结晶，这不仅仅是一个认识论的命题，也是一个历史唯物论的命题。它包含着个人和集体、个人和党、领导和群众的关系问题。正确地把握毛泽东个人的天赋、才能和集体奋斗的辩证关系，是科学、准确地理解毛泽东方法论形成的本质以及在新的历史条件下发展和丰富这一方法论必不可少的方面。

一 毛泽东思想及其方法论产生于党和人民的集体奋斗中

毛泽东思想及其方法论是党和人民集体智慧的产物，是我们党和毛泽东本人一贯坚持的观点。早在 20 世纪 40 年代初期，当理论工作者和党的领导人提出"毛泽东思想"或毛泽东的"思想体系"概念时，毛泽东就及时而明确地指出，毛泽东思想是全党集体智慧的结晶，自己不过是一个代表。1956 年 9 月，他在党的八大预备会议上谈到自己的著作时说：1921 年建党后，经过了 14 年，牺牲了许多党员、干部，吃了很多苦头，才懂得了如何处理党内关系、党外关系，学会走群众路线，不经过那些斗争，我的那些文章也写不出来。1960 年年底，他在审阅中央军委关于政治工作的决议时，在文件论述毛泽东思想如何形成的地方，亲笔增加了"在党和人民的集体奋斗中"一句话。1964 年 3 月，他在谈到《毛泽东选集》时说"毛选"不是他个人的。这是血的著作。……"毛选"里的这些东西，是群众教给我们的，是付出了流血牺牲的代价的。① 毛泽东多次谈到自己的著作同群众斗争实践的关系、同正反两方面实践经验的关系，把"毛选"看作鲜血凝成的著作，这绝不是偶然的，从中可以体会到他的彻底的唯物主义精神。

上节已指出，毛泽东思想及其方法论是以实践活动为基础形成的，是在革命斗争中发展的。但是，这里的实践绝不是毛泽东的个人奋斗或个人行为，而是党领导的千百万人民群众的历史性实践。伟大的新民主主义革命是亿万农民翻身求解放的运动，广大人民群众不仅是实践活动的主体，也是认识活动的

---

① 参见石仲泉《毛泽东的艰辛开拓》，中共党史资料出版社 1990 年版，第 325 页；董边等编《毛泽东和他的秘书田家英》，中央文献出版社 1990 年版，第 19 页。

主体。因此，从根本上说，毛泽东的著作是对党和人民群众在长期的革命斗争中创造出来的丰富经验的理论总结。马克思主义基本原理与中国革命的具体实践相结合，既是中国共产党和中国革命的一条基本经验，也是毛泽东思想形成和发展的基本途径。毛泽东的基本理论及其著作体现了他本人的理论探索同党领导人民革命斗争实践的统一。党和人民群众的艰苦卓绝的历史性实践不仅是毛泽东新民主主义革命理论和路线的源泉，也是他的科学方法论形成的源泉。只有从历史实践的角度来把握他的思想和著作，才能如实地把它们理解为党和人民集体奋斗的结晶。

毛泽东在谈到革命理论和路线、方针、政策的形成过程时反复强调向群众学习、调查研究的重要性，他自己对农村的阶级状况，就是经过了六七年时间的调查研究才有了大概的了解。他把调查研究看作"比较什么大学还要高明的学校"[1]，而真正有经验的群众则是最可敬的先生。除了向群众调查之外，他又特别强调在干中学习、在做的过程中找出经验并上升到理论。这里的干和做都是指党和人民的历史性实践。1941年9月他在一次谈话中指出："我们应当从实践中找出事物运动的规律来，产生新的理论。……从实践中不断地充实自己的理论。"[2] 一个月之后，他在做思想方法问题的报告中再次指出，真理是从实践中得来的，把客观实践分析清楚了，就能获得真理。这些话不仅表明实践及其经验是理论认识的基本来源和主要研究对象，而且揭示了毛泽东思想及其著作的秘密诞生地。他的许多方法论的著作有的就是及

---

① 毛泽东：《〈农村调查〉的序言和跋》，《毛泽东农村调查文集》，人民出版社1982年版，第16页。

② 毛泽东：《关于农村调查》，《毛泽东农村调查文集》，人民出版社1982年版，第25页。

时地总结了人民群众在斗争中所创造的好经验。例如,《关心群众生活,注意工作方法》一文就是认真总结长冈乡和才溪乡政府的成功经验后写出来的。

毛泽东在上井冈山时曾经说过:"军旅之事,未知学也,我不是武人,文人只能运笔杆子,不能动枪。秀才造反三年不成,当师长有点玄乎。"① 但由于他注意调查研究和善于总结实践经验(其中包括"山大王"的经验),很快就提出了游击战的"十六字诀"。1929 年 4 月 5 日,他在给中央的信中说:"我们三年来从斗争中所得的战术,真是和古今中外的战术都不同。"② 为什么呢?就是因为"十六字诀"战术原则是在粉碎敌人三次围攻的多次战斗中,通过总结成功和失败的经验教训而获得的,它体现了实事求是的唯物主义的用兵之道。如果说,游击战的战术原则只是总结了井冈山根据地的经验(其他革命根据地也创造了丰富经验,如方志敏领导的赣东北根据地提出了"五十三字诀",徐向前等人提出了七条战术原则,这些战术原则都丰富了人民战争的战略战术思想③),那么,作为毛泽东思想重要内容的"工农武装割据"的理论,则是在全面总结大革命失败和八一南昌起义、秋收起义、广州起义的教训,特别是各根据地共同创造的经验的成果。他在 1930 年年初写的《星星之火,可以燎原》中指出:"朱德毛泽东式、方志敏式之有根据地的,有计划地建设政权的,深入土地革命的,扩大人民武装的路

① 参见何长工《伟大的会师》,《井冈山革命根据地》,中共党史资料出版社 1987 年版,第 203 页。
② 毛泽东:《星星之火,可以燎原》,《毛泽东选集》第 1 卷,人民出版社 1991 年版,第 103—104 页。
③ 详见别朝田《毛泽东军事思想是集体智慧的结晶》,《毛泽东军事思想研究学术论文集》,解放军出版社 1984 年版,第 45—46 页。

线……无疑义地是正确的。"① 如果从思想史的角度开展纵向比较研究，我们就会发现，毛泽东的思想和著作在最初并不是很完善，而是随着革命斗争的发展不断地补充、修改，逐步从不完善到达完善。例如，毛泽东制定的"三大纪律、八项注意"，在起初提出时（即在秋收起义时）只有三大纪律，上井冈山以后听取了群众意见，才有了六项注意，直到1929年以后，"三大纪律、八项注意"才基本上确定了下来，但其内容仍然随着情况的变化而不断有所修改。毛泽东军事思想的发展也是这样，井冈山斗争初期提出了"十六字诀"，到了江西根据地第一次反"围剿"时提出了"诱敌深入"的方针，解放战争时期又提出了"十大军事原则"。从以上事例中我们可以生动地捕捉到毛泽东思想的形成和发展同伟大革命斗争实践之间的辩证关系。毛泽东思想作为一个完整的科学体系，它是在党所领导的千百万人民群众的革命实践中产生的，并在这个实践中得到检验、补充和修改的，是随着实践的发展而丰富和发展的。在本质上，毛泽东思想是对中国人民的伟大而丰富的革命实践的历史性总结。

二 党的其他领导人的理论活动对毛泽东思想形成的影响

一个伟大思想的诞生总是有其思想资料作为前提的。毛泽东思想及其方法论的形成不仅与党和人民的集体奋斗紧密地联系在一起，也同党的其他领导人的理论活动和党的理论工作者的研究成果紧密地结合在一起。在中共七大预备会议上的报告中，毛泽东明确地说："决议案上把好事都挂在我的账上，所以我对此要发

① 毛泽东：《星星之火，可以燎原》，《毛泽东选集》第1卷，人民出版社1991年版，第98页。

表点意见。写成代表，那还可以，如果只有我一个人，那就不成其为党了。"他还表示过这样的思想：我的思想是从大家来的，我把它综合起来，把它概括起来。①

新民主主义革命理论是毛泽东思想的基本内容，这一理论起始于党的第二次全国代表大会，直到 1935 年瓦窑堡会议才初步形成，历时近 14 年。这期间，经过胜利、失败和再胜利、再失败两次比较，我们党才基本认识了中国革命的客观规律，创立了具有中国特色的新民主主义理论的科学体系。这一理论是经过全党的努力和集体智慧的产物，其中毛泽东的理论贡献最为卓著。根据现有材料，毛泽东关于新民主主义革命理论的基本表述最早见于 1925 年 11 月填写的《少年中国学会改组委员会调查表》中。此后，他在《中国社会各阶级的分析》《国民党右派分离的原因及其对于革命前途的影响》《湖南农民运动考察报告》等文章中，对新民主主义革命的基本思想加以具体化，并在土地革命时期把上述思想变为具体政策加以实施。毛泽东的新民主主义革命思想的萌芽并不是凭空出现的，而是以党内众多领导人的思想成果为基础的。中共二大以后，陈独秀形成了"二次革命论"的思想，遭到瞿秋白、邓中夏等人的批评。瞿秋白在一系列文章中明确提出了如下基本观点：资产阶级民主革命必须由无产阶级领导方能取得胜利；这一革命的成功全赖两个阶级——无产阶级和农民，没有农民的参加，革命不能成功；革命取得胜利后建立无产阶级领导的"平民之革命民权独裁制"，这是"中国到社会主义的唯一道路"。瞿秋白的这些观点已经初步系统地表述了新民主主义革命的基本思想，代表了我们党在当时所能达到的理论水平。众所

---

① 参见石仲泉《毛泽东的艰辛开拓》，中共党史资料出版社 1990 年版，第 325、331 页。

周知，大革命时期，毛泽东的主要精力放在实际斗争方面，对革命理论的探索刚刚开始，他的上述思想或多或少受到了瞿秋白等人的影响，其表述和论证方法也与瞿秋白等人的文章相似。[①] 正因为瞿、毛两人在新民主主义革命基本思想上的一致，所以，瞿秋白积极支持发表《湖南农民运动考察报告》，并为其单行本作序，号召革命者向毛泽东学习。瞿秋白于 1927 年 2 月写了《中国革命中之共产党党内问题》一文，尖锐地批判了陈独秀右倾机会主义的错误，文中明确指出陈独秀等人的问题归结起来就是"书生主义"或"书生式的革命观"[②]，这种书生主义不去分析中国实际情况，按照"死公式"领导中国革命，这种主观脱离客观的"唯心主义"是同马克思主义背道而驰的。在八七会议上，毛泽东第一个发言，不仅从政治上批判了陈独秀的路线错误，而且从思想路线的角度进行了分析，指出大革命的失败"可说完全由于书生主观的错误"，其用语也同瞿秋白的表述相一致。毛泽东从思想路线方面进行思考显然受到了瞿秋白的启发。1950 年 12 月 31 日，毛泽东亲笔为《瞿秋白文集》题词："瞿秋白同志是肯用脑子想问题的，他是有思想的。"[③] 从一个侧面表达了他对瞿秋白的怀念之情。

在党内领导人中，另一个对毛泽东有重要影响的人物是周恩来。这不仅是指毛泽东在受到若干次的打击和处罚中，周恩来多次都尽其所能地保护了他，始终赞同他所代表的军事路线，而且是指两个人在重要哲学观点和思想方法论上的相互启发。例如，

---

① 参见唐宝林《早期中国共产党人对革命理论的探索》，《浙江学刊》1992 年第 2 期。

② 瞿秋白：《中国革命中之共产党党内问题》，《瞿秋白选集》，人民出版社 1985 年版，第 333 页。

③ 毛泽东：《为〈瞿秋白文集〉题》，《毛泽东题词墨迹选》，人民美术出版社、档案出版社 1984 年版，第 128—129 页。

1929 年秋，陈毅按照周恩来多次谈话的精神，代表中央起草了《中共中央给红军第四军前委的指示信》（即"九月来信"），"调查工作应切实去做"，"这个工作做得好，对于了解中国农村实际生活及帮助土地革命策略之决定有重大意义"；来信也专门论述了红军与群众的关系，指出红军筹款、没收地主豪绅财产，均要"经过群众路线"这一工作方式。这些重要的思想方法被毛泽东吸收在他起草的古田会议决议以及后来的《关于调查工作》（即《反对本本主义》）之中，并作了出色的发挥和具体化，从而对毛泽东思想方法论的形成起了重要作用。

众所周知，延安时期是毛泽东方法论思想走向成熟的时期。相对稳定的生活环境为毛泽东刻苦读书、致力于哲学研究和思想方法论系统的建构创造了条件。在此期间，他阅读了大量古今中外学家的著作，其中包括艾思奇和李达等人的哲学著作。对艾思奇的《大众哲学》和李达的《社会学大纲》等书，他曾在不同场合表示过赞许，并多次阅读。这对于他写作《实践论》和《矛盾论》显然不无帮助。此外，由他倡导的哲学座谈会、学学会等活动以及他与一些专业哲学工作者共同探讨一些重要的哲学问题（如对"矛盾论"曾讨论过多次），毫无疑问对毛泽东哲学思想的升华起了重要的推动作用。

三 毛泽东思想作为体系应包括其他领导人的理论成果

在毛泽东思想的形成和发展过程中，党的许多领导人和理论工作者以多种形式参与了这一思想体系的创造工作。有的领导人和理论工作者参与了毛泽东重要著作的写作，有的则对某些著作的修改、完善提供了中肯的意见，还有的则在整理、宣传毛泽东的重要哲学著作方面作出了自己的贡献。除此之外，党的其他领导人在指导中国革命和建设的过程中在某些领域作出了自己独特的贡献，他们的许多理论著作同样也是毛泽东思想体系的重要概括和阐述。离开了党的其他领导人对中国革命和建设事业的总体贡献，毛泽东个人的思想和著作作为一个思想体系而言就是不完整的。关于这一点，毛泽东本人有过多次申明。

在毛泽东的心目中，作为党的指导思想的毛泽东思想体系和他个人的思想是有区别的。正因为如此，他始终认为，作为指导思想的毛泽东思想是全党集体智慧的结晶，他个人只是这个领导集体的代表。对他个人的思想，他在多种场合均表示没有成熟，不是鼓吹的时候。例如，1943 年 4 月 22 日他在给何凯丰的信中说："我的思想（马列）自觉没有成熟，还是学习时候，不是鼓吹时候；要鼓吹只宜以某些片断去鼓吹（例如整风文件中的几件），不宜当作体系去鼓吹，因我的体系还没有成熟。"[①] 1948 年 8 月，毛泽东再次否定吴玉章关于"毛泽东主义"的提法，他说："不是什么'主要的要学毛泽东主义'，而是必须号召学生们学习马恩列斯的理论和中国革命的经验。这里所说的'中国革命经验'是包括中国共产党人（毛泽东也在内）根据马恩列斯理论所写的某些小册子及党中央各项规定路线和政策的文件在内。"[②] 把这两段话联系起来看，作为"中国革命经验"科学总结的毛泽东思想是他认可的，而这个科学总结正是全党集体智慧的产物，尽管毛泽东在其中起了决定性的作用，所以他认为毛泽东思想应当包括其他领导人的思想。1960 年编定《毛泽东选集》第 4 卷之后，他曾多次提议编辑刘少奇同志的选集。这件事从一个侧面反映出他并非把毛泽东思想只看作他一个人的思想。

---

① 毛泽东：《致何凯丰》，《毛泽东书信选集》，人民出版社 1983 年版，第 212 页。

② 毛泽东：《致吴玉章》，《毛泽东书信选集》，人民出版社 1983 年版，第 303 页。

　　毛泽东之所以强调党中央的文件和文献属于毛泽东思想的重要组成部分，其原因在于它们都是经过集体讨论的，有的文件、文献虽以他的名义发表，也是吸收、集中了大家的建议。特别是有关党的路线、方针、政策和一些重大决策，都凝结了党中央的集体智慧。对于别人的好思想、好做法，毛泽东从不埋没，经常提及。据师哲回忆，"毛泽东一连四五年常常提到邓小平1938年讲过的一句话：'一切都是辩证的，一切都是发展变化的。'他认为这句话很厉害，抓住了马克思主义的实质，富有哲理。①直到1957年他仍然说：'总之要照辩证法办事。这是邓小平同志讲的。我看，全党都要学习辩证法，提倡照辩证法办事。'"《工作方法六十条（草案）》是在1958年的杭州会议和南宁会议上，由他同中央和地方的领导同志共同汇集起来的。事后，他专门就此事作了说明："这是中央和地方同志1958年1月先后在杭州会议和南宁会议上共同商量的结果。这几十条，大部分是会议上同志们的发言启发了我，由我想了一想写成的；一部分是直接记录同志们的意见；有一个重要条文（关于规章制度）是由刘少奇同志和地方同志商定而由他起草的；由我直接提出的只占一部分。"②

　　毛泽东的上述说明讲清楚了认识过程中个人和集体的关系。毛泽东生活在党的集体当中，不仅他的观点、看法会激励和影响其他领导成员，其他成员的看法反过来也会影响他、推动他。任何伟大人物的思想都需要集体智慧的补充和熏陶，毛泽东的思想和著作也不例外。这方面最明显的例子是党的其他领导人对实事

---

　　① 参见师哲《在历史巨人身边（师哲回忆录）》，中央文献出版社1991年版，第238页。
　　② 转引自《〈关于建国以来党的若干历史问题的决议〉注释本》（修订本），人民出版社1985年版，第511页。

求是思想路线的补充和完善。众所周知，实事求是的思想路线是毛泽东亲自提倡和创立的，毛泽东的整个方法论可以说都是围绕这个中心建立起来的。尽管如此，我们还是应当历史地理解毛泽东的伟大贡献，即他主要开辟了认识和把握真理的道路，没有也不可能把一切都为我们准备好了。随着历史的推移和实践的发展，人们总会有新的发现和新的创造。在延安时期，毛泽东曾同陈云三次谈过要学哲学，通过学习，陈云认识到"实事求是"是毛泽东思想的根本点，他明确地提出了"不唯上、不唯书、只唯实"的主张，并在后来的岁月中，对如何坚持实事求是的问题作了不懈的探索，提出了许多重要见解，为党的哲学方法论增添了理论财富。陈云的理论贡献主要有两个：第一，明确提出实事求是的关键是把实事搞清楚，他说："讲实事求是，先要把'实事'搞清楚。"[①]"从实际出发的关键是，从片面的实际出发，还是从全面的实际出发？"他认为，实事求是难在弄清情况，"重要的是要把实际看完全，把情况弄清楚"[②]，实际情况不搞清楚，什么事情也搞不好。这些思想既继承了毛泽东对"实事求是"的论述，又有发挥和发展，把实事求是的关键和前提说得更加透彻。第二，在指出实事求是的唯物论前提的基础上又强调了辩证思维的重要性。陈云指出，毛主席说的实事求是，也就是唯物辩证法，这两者是一回事。他认为，实事求是的根本途径是"作调查研究工作"，而要如实地反映情况把事实看全面，就要坚持"交换、比较、反复"这个认识环节。他认为，"大家交换意见，是达到全面

---

① 陈云：《坚持按比例原则调整国民经济》，《陈云文选（1956—1985年）》，人民出版社1986年版，第226页。

② 陈云：《最要紧的是把思想方法搞对头》，《思想方法工作方法文选》，中央文献出版社1990年版，第347页。

认识的重要方法"；要善于对各种意见进行比较，"正确的分析，都是经过比较的"；"人们认识事物，往往不是一次就能完成的，需要有一个反复的过程"。这三个环节，"都是全面认识客观事物的方法"①。这样就从唯物论和辩证法的统一高度对实事求是作了新的概括和总结。

延安时期，毛泽东钻研哲学有一个重要的进展，就是增强了对理性思维方法的思考和运用，用分析和综合、抽象和具体等理性思维方法丰富和发展认识论，取得了重要的成果。在《关于农村调查》一文中，他就把调查研究同分析和综合、抽象和具体统一起来。在他看来，调查研究是调查实践环节和理论研究环节的统一，体现了完整的认识过程，包含着从感性具体到抽象再到理性具体的认识运动过程。需要指出的是，张闻天在随后写出的《出发归来记》中，对调查研究的思维行程作了进一步的理论概括，认为调查和研究的过程"就是认识这个事物的整个思想运动的过程，这就是从模糊的、笼统的具体印象到抽象，再从抽象到明确的、充满丰富内容的具体概念之认识过程"②。这一表述深化了毛泽东的从个别到一般再到个别的观点，进一步丰富和发展了我们党的调查研究理论。

众所周知，在改革开放的历史新时期里，邓小平对党的实事求是的思想路线的提炼、丰富和发展更是功勋卓著、彪炳千古的。邓小平不仅明确指出实事求是是毛泽东思想的出发点、根本点，是毛泽东思想的精髓，把实践标准引入了党的思想路线，而且鲜明地提出，要坚持实事求是，必须解放思想，解放思想就是使主

---

① 陈云：《最要紧的是把思想方法搞对头》，《思想方法工作方法文选》，中央文献出版社1990年版，第349页。

② 张闻天：《出发归来记》，《张闻天选集》，人民出版社1985年版，第337页。

观符合客观、理论联系实际，就是实事求是。① 正是由于党的领导集体在新的历史条件下对毛泽东思想的不断丰富、完善和发展，不断增添着新的思想内容，才使得它不因毛泽东本人的逝世而终结，才保证了它随着实践的发展而发展。

---

① 关于邓小平同志对毛泽东思想和方法论的贡献的论述，参见本书第十二章。

第二章　毛泽东方法论的基本问题

　　马克思主义普遍原理同中国革命具体实践相结合，是中国共产党和中国革命胜利的基本经验，也是毛泽东哲学思想及其方法论体系形成的基本途径。归根结底，毛泽东方法论的使命就在于解决中国革命的实际问题，就在于解决马克思主义和中国革命实际相结合的问题。伟大的实践产生伟大的理论，中国新民主主义革命和社会主义建设的伟大实践向中国共产党人提出了一系列重大的理论和实践问题，要求中国共产党人运用马克思主义的立场和方法加以解决。对这些问题的探索和解决构成毛泽东方法论思想最深厚的土壤。与此同时，在对中国革命基本问题解决的过程中总是遇到一些共性的问题，这些问题实质上是哲学问题即方法论的基本问题，对这些问题的哲学思考构成了毛泽东方法论的基本内容。这些基本问题或内容是：主观和客观的关系、理论和实践的关系、领导和群众的关系。当然，这些问题不是互不相关的，而是有机统一的。方法论总是以主客观的统一为内容和对象，主观和客观的关系问题是方法论的核心。但主客观的关系在方法论中不是抽象的（这是方法论与世界观的区别之处），而是具体的。主客观的关系总是具体表现为理论和实践的关系、领导和群众的关系。就是说，马克思主义哲学体系是本体论、认识论、方法论的统一体，方法论应当以特殊的形态体现着这种统一。这三个方面体现了毛泽东从思想路线上解决主观主义的基本思路，只有循此继进，我们才能完整地把握这一科学方法论的本质精神。

第一节　主观和客观的统一

1953 年春，毛泽东在总结中国革命经验时说：1942 年全党整风，才真正找到了一条根本指导原则，也可以说是中国革命胜利的道路，这就是主观和客观相一致。① 在改革开放的历史新时期，邓小平把实事求是看作毛泽东思想的根本点和精髓，明确地指出实事求是就是使思想和实际相符合，使主观和客观相符合。主张主观和客观的统一，是毛泽东思想的出发点，是我们党的思想路线的核心问题，也是对中国革命和建设经验的最概括的总结。因此，主观和客观相统一既是毛泽东哲学思想的逻辑起点，也是其方法论的基本精神，整个毛泽东哲学思想和方法论就是围绕这个问题展开的。

一　主观和客观的关系是贯穿毛泽东哲学思想和方法论的基本问题

通常人们把哲学基本问题表述为意识和存在、精神和物质的关系问题，而把在认识论、方法论和思想路线层次上的基本问题则表述为主观和客观的关系问题。说主观和客观的关系问题是毛泽东哲学思想及其方法论的基本问题，是有文献根据的。

———————

① 参见薄一波《崇敬和怀念——献给党诞生的六十周年》，《红旗》1981 年第 13 期。

毛泽东认为，哲学就是认识论。他同许多哲学家一样，从认识论上把世界区分为主体和客体、主观和客观两个方面。他指出："除了我们的头脑以外，一切都是客观实际的东西"①，"只有我们的头脑（思想）才是研究的主体"②。他把这种区分作为立论的出发点，指出人区别于物的主要特点。他说："一切事情是要人去做的……做就必须先有人根据客观事实，引出思想、道理、意见，提出计划、方针、政策、战略、战术，方能做得好。思想等等是主观的东西，做或行动是主观见之于客观的东西，都是人类特殊的能动性……是人之所以区别于物的特点。"③ 按照他的理解，人的活动与物不同，在于人对自己的活动有一种"主观指导的能力"，即马克思所说人在活动之前早在思想中有了活动的图样。无论总图样还是分图样，都是人脑这个"加工厂"按照客观实际情况加工出来的，任何英雄豪杰，他的思想、意见、计划、办法都只能是客观世界的反映。依据人们对主客观的不同态度，毛泽东从方法论的角度提出了两种根本对立的思想路线和思想方法，这就是实事求是与主观主义两种不同的路线和方法。他说："在人们的思想方法方面，实事求是和主观主义是对立的。"所谓实事求是，就是从实际出发，使主观符合客观的思想路线，而无论哪种形式的主观主义，都是颠倒、分裂主观和客观关系的思想路线。

主观和客观的关系问题是人在一切活动中遇到的最根本的矛盾，也是实际工作中的根本问题。哲学就是为解决这一根本问题

---

① 毛泽东：《中国革命战争的战略问题》，《毛泽东选集》第 1 卷，人民出版社 1991 年版，第 182 页。

② 同上。

③ 毛泽东：《论持久战》，《毛泽东选集》第 2 卷，人民出版社 1991 年版，第 477 页。

提供思想原则而具有方法论的意义，方法论科学总是把研究主观和客观相符合的规律性作为主要的研究对象，从而为主体提供在现实活动中实现主观和客观统一的指导原则和方法。毛泽东把主观和客观的矛盾看作决定革命活动是成功还是失败的最根本的原因。他说："人们犯错误，是由于缺乏一个贯穿一切的东西，这就是主观和客观的一致。"① 无产阶级及其政党所从事的一切活动，归结起来，就是认识世界和改造世界。从哲学上说，认识世界的过程就是解决主观和客观真理性的统一问题，改造世界则是实现主观和客观的价值性统一的问题。无论是认识世界还是改造世界，其任务都是解决主观和客观之间矛盾的过程。为此，毛泽东把坚持主观和客观相一致看作一切工作取得胜利的根本保证。他曾多次申明，按照实际情况决定工作方针，这是一切共产党员必须牢牢记住的最基本的思想方法和工作方法。他在分析战争中失败的教训时指出，人们犯错误的原因，就是因为战争或战斗的部署和指挥不适合当时当地的情况，"主观的指导和客观的实在情况不相符合，不对头，或者叫做没有解决主观和客观之间的矛盾"。他还说，人办一切事情都有比较的会办和比较的不会办之分，事情要求比较的会办，"这里的关键，就在于把主观和客观二者之间好好地符合起来"②。后来，他又在专门的哲学著作《实践论》中，对上述观点作了进一步的概括："人们要想得到工作的胜利即得到预想的结果，一定要使自己的思想合于客观外界的规律性，如果不合，就会在实践中失败。"③ 善于从世界观

---

① 薄一波：《崇敬和怀念——献给党诞生的六十周年》，《红旗》1981 年第 13 期。

② 毛泽东：《中国革命战争的战略问题》，《毛泽东选集》第 1 卷，人民出版社 1991 年版，第 179 页。

③ 毛泽东：《实践论》，《毛泽东选集》第 1 卷，人民出版社 1991 年版，第 284 页。

和方法论上提出问题和解决问题，在指导工作和总结经验的过程中始终坚持主观和客观相统一的原则，是毛泽东方法论思想的根本特色。

二 主观和客观相统一的原则是反对主观主义的锐利武器

毛泽东强调主观和客观的统一并把它看作保证革命事业成功的根本原则，是因为我们党内的主要危险是主观主义，两种思想路线的斗争集中在主观和客观的关系问题上。对于无产阶级及其政党来说，能否有效地防止和克服主观主义，是一个关系到革命和建设事业成败的大问题。在中国共产党的历史上，无论是陈独秀的右倾机会主义还是王明的"左"倾机会主义，都使革命事业遭受了严重挫折乃至失败。从思想路线角度看，这些大的政治错误都是主观主义所导致的。陈独秀以"书生主义"的态度，照搬西方资产阶级革命模式，提出"二次革命"论，放弃无产阶级领导权，推行右倾投降主义路线，使轰轰烈烈的大革命遭致失败。对中国革命危害最烈的王明路线也是"从书本出发"，他的那本关于两条路线的小册子就是从抄袭共产国际的各种决议而来，按他自己的说法，采用的是"从决议中来，到决议中去"的方法。这种不从中国实际出发而从决议出发的主观主义，使当时的革命根据地和红军损失了百分之九十，白区的党组织几乎损失了百分之百。马克思主义理论、共产国际决议和中国实际的关系，其实就是主观和客观的关系问题。把理论和决议神圣化、教条化，以为只要照搬照抄"本本"，就保证了革命的永久胜利，实质上就是否定了理论与实际相结合，就是割裂了主观和客观的关系。

主观主义是主观和客观统一原则的对立面。主观主义不仅表现在理论上，而且还表现在政治、军事形势的分析和指导工作方面。早在 1928 年 11 月，毛泽东就指出，"不顾主观力量的可能"① 而"分兵冒进"，是湘赣边界失败和红军第四军在湘南"八月失败"的根本原因。1930 年，他进一步明确指出："犯着革命急性病的同志们不切当地看大了革命的主观力量，而看小了反革命力量。这种估量，多半是从主观主义出发。其结果，无疑地是要走上盲动主义的道路。"② 1936 年，他在分析"左"倾机会主义在军事上提出的"全线出击""两个拳头打人""不打烂坛坛罐罐""六路分兵"等原则时，指出："无疑地，这全部的理论和实际都是错了的。这是主观主义。"③ 因为这些原则完全背离了敌强我弱这样一个客观事实。主观主义的基本特征是主观和客观相分裂、认识和实践相脱离。毛泽东明确指出，唯心论和机械唯物论、机会主义和冒险主义，都是以主观和客观相分裂、以认识和实践相脱离为特征的。陈独秀主义和王明路线，尽管他们对中国革命的基本问题以及对两个革命阶段的关系的主张相距甚远，但在思想方法上却如出一辙，均背离了党的实事求是的思想路线。

事实证明，主观主义是党内的主要危险。正如毛泽东所说："一切大的政治错误没有不是离开辩证唯物论的。"④ 为了保证革命的胜利，必须扫除革命队伍内部的主观主义。他的一系列重要著作都是在反对主观主义的斗争中写成的。

1929 年 12 月，他在《关于纠正党内的错误思想》一文中，

---

① 毛泽东：《井冈山的斗争》，《毛泽东选集》第 1 卷，人民出版社 1991 年版，第 58 页。

② 毛泽东：《星星之火，可以燎原》，《毛泽东选集》第 1 卷，人民出版社 1991 年版，第 99 页。

③ 毛泽东：《中国革命战争的战略问题》，《毛泽东选集》第 1 卷，人民出版社 1991 年版，第 206 页。

④ 《毛泽东哲学批注集》，中央文献出版社 1988 年版，第 311—312 页。

针对革命队伍内部的主观主义思想作风和思想方法专门写了一节"关于主观主义",明确指出,主观主义在某些党员中浓厚地存在,这对分析政治形势和指导工作都非常不利,必须教育党员用马克思列宁主义的方法代替主观主义的方法。他认为,马克思主义的方法,就是注重社会经济的调查和研究并以此来决定斗争的策略和工作的方法。1930年5月,他在《反对本本主义》一文中,明确地把调查研究同本本主义对立起来,把它们看作两种思想路线的集中表现,并再次强调离开实际调查就要产生唯心的阶级估量和唯心的工作指导,那么,它的结果,不是机会主义,便是盲动主义。毛泽东写于1937年的《实践论》和《矛盾论》,以克服主观主义和教条主义为目的,从哲学上阐述了党的思想路线和思想方法的理论基础,为批判主观主义思线路线提供了锐利的思想武器,《实践论》中指出:"人们要想得到工作的胜利即得到预想的结果,一定要使自己的思想合乎客观外界的规律性,如果不合,就会在实践中失败。"[1] 延安整风运动是毛泽东下决心解决党的思想路线是非问题而采取的重大决策。在此期间,他写了《改造我们的学习》《整顿党的作风》《反对党八股》等文章,把反对主观主义第一次提高到党性的高度,认为主观主义的方法与作风是共产党的大敌、是人民的大敌、是党性不纯的一种表现,只有打倒主观主义,革命才会胜利。这样,延安整风运动对于那时党内以主观和客观相分裂的主观主义,给予了致命的打击,使全党的思想统一到实事求是的思想方法和工作方法上来,为抗日战争和解放战争的胜利准备了最重要的思想和理论条件。

全国解放以后,革命和建设的任务错综复杂,尤其是经济建

---

[1] 毛泽东:《实践论》,《毛泽东选集》第1卷,人民出版社1991年版,第284页。

设工作对我党来说还是一个未被认识的必然王国。面对出现的新情况和新问题，毛泽东多次重申反对主观主义，努力使主观和客观相适合的问题。他在 1953 年 8 月的一篇讲话中指出："不反掉主观主义，革命和建设就不会成功。" 1956 年 8 月，他又指出，所谓犯错误，就是那个主观犯错误，那个思想不对头，主观和客观实际不相符合，"主观主义就是不从客观实际出发，不从现实可能性出发，而是从主观愿望出发"。尤其是 20 世纪 50 年代后期，国家经济工作发生严重失误以后，促使毛泽东从思想方法上寻找根源。他认识到，经济工作发生严重挫折，从思想上说，最根本的是忘记了实事求是的原则，失掉了调查研究传统。他呼吁，1961 年来个"实事求是"年、"调查研究"年。他了解到某些地区搞浮夸，虚报粮食产量，回过头来又拿不出粮食，拿人民的生命开玩笑的情况时说：我看，主观主义，就是自杀主义。[①] 1961 年 5 月，他在给张平化的信中再次强调："绝对禁止党委少数人不作调查，不同群众商量，关在房子里，作出害死人的主观主义的所谓政策。"[②] 1963 年 5 月，毛泽东在对社会主义经济建设规律探索过程中的经验教训进行了长时期的思考之后，挥笔写下了脍炙人口的千字短文《人的正确思想是从哪里来的？》，这篇哲学论文不仅明确提出了人的正确思想只能从社会的生产斗争、阶级斗争和科学实验这三项实践中来的重要思想，而且揭示了实践和认识的多次反复的过程，实质上是由物质到精神、由精神到物质的多次反复和转化的过程。这样，就从一个新的角度对主观和客观的具体的、历史的统一作了新的阐述和发挥。

_____

[①]　参见李坚真《难忘的教诲》，《学习毛泽东》，上海人民出版社 1979 年版，第 243 页。

[②]　毛泽东：《致张平化》，《毛泽东书信选集》，人民出版社 1983 年版，第 582 页。

三 主观和客观相统一是贯穿在毛泽东方法论体系中的核心思想

　　毛泽东把哲学方法论的基本问题表述为主观和客观的关系问题，完全符合党内和革命队伍内部思想路线和思想方法分歧和斗争的实际情况。就是说，我们党内所遇到的主要危险，并不是典型的唯心主义哲学理论和派别，而是在实际工作中表现出来的唯心主义倾向，即表现在思想方法和工作方法上的主观主义。思想方法上的片面性、绝对化是主观主义产生的重要的认识论根源。所以，"我们要反对主观主义，就要宣传唯物主义，就要宣传辩证法"①。为此，毛泽东在延安时期，深入地研读了一系列有关认识论和辩证法方面的哲学论著，针对主观主义割裂感性和理性、理论和实践、一般和个别、领导和群众的片面性，写下了《实践论》和《矛盾论》等著作，把主观主义的诸种表现提到世界观的高度加以分析，揭示其唯心主义和形而上学的本质，引导广大干部从认识论上吸取教训，自觉掌握辩证唯物论的思想方法。为了有效地防止和克服主观主义，毛泽东针对广大干部文化水平较低的实际状况，在世界观向方法论转化方面进行了艰苦的理论创造，建立了一整套极富特色的思想方法和工作方法，对马克思主义哲学方法论作出了重要的贡献。毛泽东方法论内容十分丰富，框架宏大，其体系的核心原则是实事求是。实事求是是毛泽东哲学思想和方法论的精髓和灵魂。矛盾分析、群众路线、独立自主、分析和综合、具体问题具体分析等方法都体现着实事求是原则。实事求是的原则就是主观和客观一致的原则。因此，从

---

　　① 毛泽东：《整顿党的作风》，《毛泽东选集》第3卷，人民出版社1991年版，第827页。

毛泽东方法论的层次结构来分析，无论是思想方法还是工作方法、原则性方法还是具体方法、认识方法还是理性思维方法，它们作为哲学原理的运用，都贯穿着主观和客观相统一的原则。它们或者是体现着对主观和客观的正确态度，或者是从不同角度和侧面指导人们认识世界和改造世界的规范和程序。毛泽东方法论是主观和客观统一原则的具体化，是我们党克服主观主义的思想武器。

　　总之，主观和客观的关系是毛泽东哲学方法论的基本问题。分析、解决主观和客观的矛盾是毛泽东方法论的逻辑起点和归宿。理所当然，着眼于解决这一矛盾的方法也就成为最基本的方法。邓小平引述毛泽东的话说："按照实际情况决定工作方针，这是一切共产党员所必须牢牢记住的最基本的思想方法、工作方法。实事求是，是毛泽东思想的出发点、根本点。这是唯物主义。"① 实事求是像一根红线一样，贯穿在毛泽东和老一辈革命家的文章、著述中，并明确地把它称作我们党的思想路线，这绝不是偶然的。因为，实事求是的唯物主义的科学态度是认识和改造世界的基础，一切其他方法都是建立在这个科学基础之上的。有些人常常问起矛盾分析方法同实事求是的关系，其实，这两种方法是内在统一的。一方面，实事求是的过程就是分析事物矛盾的过程。就此而言，马克思主义的基本方法就是矛盾分析的方法。另一方面，人们对客观事物矛盾的分析和解决，也不能离开主观和客观这一最基本的矛盾。从思想方法论的角度看，人们对自然领域、社会领域、思想领域的矛盾的认识和解决，也都是围绕主观和客观的矛盾这一主题展开的。主观和客观的矛盾渗透在一切生活领域，是

---

　　① 邓小平：《在全军政治工作会议上的讲话》，《邓小平文选》第 2 卷，人民出版社 1994 年版，第 114 页。

认识和实践活动中各种矛盾的总根源。这就是说，理论和实践的关系、领导和群众的关系、目的和方法的关系都是主观与客观的关系的具体化，是这一根本矛盾关系在革命和建设过程中的集中表现。要全面把握毛泽东方法论的研究对象，就要从这些不同的侧面作深入的分析。

第二节　理论和实际的结合

理论和实际的关系是主观和客观的关系的重要方面。就我们党的历史而言，理论和实际相联系是使主观和客观相统一的主要环节和根本途径。不过，这里的"实际"是广义的，它既包括客观存在的一切事物，也包括人们的行动即实践活动。因此，理论、实际的关系内在地包含着认识、理论和实践的关系。在毛泽东等老一辈革命家的著作中，理论和实际相联系同理论和实践相统一的含义是类似的，多数情况下可以互换使用。此外，同主观和客观的一般关系相比，理论和实际相结合的命题具有自己的特殊内容和问题结构。这些问题包括：理论的生命是什么？马克思主义为什么要中国化、具体化？理论指导实践的含义是什么？怎样才算真正把握了实际？对于中国共产党人来说，研究新情况、解决新问题的重要意义何在？理论和实际相结合的难点在哪里？怎样解决在理论中无法找到答案而在现实生活中又无法回避的崭新课题？这一系列问题使人们有理由把理论和实际的关系问题作为方法论中的又一重大问题提出来给予特别的注意和研究。

一　理论和实际的统一是毛泽东思想的根本原则

马克思主义的普遍原理与中国革命的具体实际相结合，是我们党领导中国人民取得革命胜利的一条根本经验，毛泽东思想是在这个结合的过程中产生的，是这个结合的产物。其中，毛泽东哲学思想是对这种结合的历史经验的哲学总结和概括。因此，马克思主义普遍原理同中国革命的具体实际相结合的历史过程规定了毛泽东哲学思想的基本特点或本质特征。具体地说，毛泽东哲学思想总结了中国革命的成功经验和失败教训，对理论和实际相统一的必要性，作了哲学的论证；对违背这个统一的主观主义，包括教条主义和经验主义倾向，进行了哲学的分析和批判；对如何把马克思主义的普遍原理同中国革命的具体实际相结合的问题，从哲学上给予了方法论的说明。所以，把理论和实际的关系问题看作毛泽东方法论的基本问题是顺理成章的。

理论和实践的统一成为毛泽东哲学思想的根本原则，这是由我们党所面对的历史任务和历史条件所决定的。十月革命一声炮响，给中国人民送来了马克思列宁主义，但是殖民地半殖民地国家如何进行民族民主革命、如何运用马克思列宁主义的普遍原理来解决现代中国革命中的基本问题——其中有许多是在世界马克思主义者面前从未提出过与解决过的新问题，这是一件特殊的事业。要把马克思列宁主义中国化，使之适合中国的经济、政治环境和特殊条件，中国人民需要新的思想武器，包括自己的哲学武器。中国革命的特殊性把这个结合的任务突出地摆在了中国共产党人的面前，中国革命要求哲学帮助它解决所遇到的理论和实际相统一的问题，毛泽东哲学思想是适应这个历史任务的要求而产生的，是在完成这个历史任务的过程中形成、发展和发挥作用的。

理论和实践统一是党的思想路线的基本内容，是贯彻党的思想路线的基本要求和基本保证。邓小平说："实事求是，一切从实际出发，理论联系实际，坚持实践是检验真理的标准，这就是我们党的思想路线。"① 其中，实事求是是党的思想路线的核心和灵魂，一切从实际出发是实事求是的基础和前提，理论联系实际是实事求是的根本环节和方法，在实践中检验和发展真理则是实事求是的途径和保证。实事求是是我们党的世界观和方法论，是我们党的根本的思想方法和工作方法。实事求是，从实际出发，理论联系实际是内在统一的。按毛泽东的说法，实事求是就是从实际事物中探求规律。但要了解规律，就要运用科学的世界观和方法论对实际材料进行深入的研究，就要做到理论联系实际，或理论和实际相统一。因此，实事求是的观点和方法就是理论和实际相统一的原则和方法。

二　理论和实际相分离是主观主义的根本特征

主观主义是一种错误的思想方法，它的基本特征是主观和客观相分裂，理论和实际相脱离。主观和客观相分裂是主观主义的实质，理论和实际相脱离则是主观主义最直接的原因和主要的表现。我们党从信仰马克思列宁主义到运用它来解决中国革命的实际问题，找到革命的正确道路，其间经历了多次反复，付出了巨大的代价。使革命失败的主观主义，其主要表现是教条主义和经验主义，它们的共同之处是不能正确处理理论和实际的关系。

教条主义者把马克思主义看作神物，遇到问题不是从实际出发、采取实事求是的态度，而是从本本和原则出发，主观地、公式地应用马克思主义。刘少奇在《清算党内的孟什维主义思想》一文中说："他们照例只在表面上承认马克思主义，口头上宣扬马克思主义，而不认识马克思主义的实质，不会实行马克思主义，

---

① 邓小平：《坚持党的路线，改进工作方法》，《邓小平文选》第 2 卷，人民出版社 1994 年版，第 278 页。

把马克思主义变成公式教条。他们在工作的时候，不拿经验与对实际工作的计算来做根据，而拿书本来做根据。他们在决定指示和方针的时候，不是从分析实际生活中去求得，而是从书本上、从历史上相象的事情或相同的事情里面去求得。他们言行不符，口讲马克思主义，而实际上做的就完全是非马克思主义。"① 教条主义者或者把书本上的字句看作包医百病的灵丹圣药，或者是固守一些现成的原则。在他们看来，掌握马克思主义，就是背诵现成的字句，碰到问题，便把相关的字句征引出来。他们完全混淆了马克思主义的"指导作用"和"现成答案"的本质区别。列宁说：从"一般真理的单纯逻辑发展中去寻找具体问题的答案，这是把马克思主义庸俗化，并且完全是对辩证唯物主义的嘲弄"②。

教条主义不仅表现在"唯书"的观念上，还表现在"唯上"的观念上。教条主义者对待上级指示采取形式主义的态度，盲目地表面上完全无异议地执行上级的决议。王明等人就主张要百分之百地执行共产国际的指示，认为凡是马恩列斯的话必须遵循，凡是共产国际的指示必须照办。这种对上级指示盲目执行的教条化态度对革命事业造成了极大的危害。在土地革命时期，我们党在党内的反倾向斗争中一直强调反右倾，在土地革命中强调反富农和富农路线，在统一战线问题上把中间势力看作最危险的敌人，以及混淆两个革命的政策界限、主张城市中心论等"左"的倾向和错误，或多或少都同党的领导人教条主义地执行共产国际的指示有关。

教条主义者的要害是理论脱离实际，他们自觉不自觉地把书

---

① 刘少奇：《清算党内的孟什维主义思想》，《刘少奇选集》上卷，人民出版社1981年版，第295—296页。

② 列宁：《俄国资本主义的发展》，《列宁全集》第3卷，人民出版社2013年版，第12页。

本与生活、理论和实际，一般和个别对立起来，不能正确地把握和处理二者之间的关系。在理论和实际的关系上，教条主义者看重理论而轻视实际。他们往往以马克思主义的解释者自居，以"中国的马克思、列宁"自居，装作马克思、列宁的姿态在党内出现，打着纯洁马克思主义理论的旗号，指责坚持从实际出发、实事求是路线的人是"狭隘经验论"。在他们看来，马克思主义都在书本上、字句里，山沟里不可能有马克思主义。当他们遇到实际问题时，总是拿书本来做根据。教条主义者不能把理论和实际结合起来，其原因在于他们不明白什么是理论的生命。田家英在谈到这个问题时说：理论不是教条，只有阉割了理论的生命才使它成为教条。什么是理论的生命？就是马克思主义的立场与方法，书本上的词字是它的躯壳，观察问题与解决问题的立场方法才是它的生命。① 教条主义者考虑问题的模式是，某国是那样的，某地方是那样的，我们不妨照例去做。教条主义通常是把一定条件下的真理，搬到另一种条件下去用；或是把适用一般条件下的真理，搬到特殊条件下去用。前者是搬公式，后者就是说空话。② 所以，毛泽东把教条主义叫作抽象的、口头的和形式上的"马克思主义"。他认为，真正的马克思主义，是要在群众生活、群众斗争里实际发生作用的活的马克思主义。只有把口头上的马克思主义变为实际生活里的马克思主义，才能克服教条主义，解决中国革命的问题。

教条主义和经验主义，两者都是主观主义，是从不同的两极发生的东西。经验主义与教条主义的区别，在于它不是从书本、原则出发，而是从狭隘的经验出发。经验主义和教条主义在思想

---

① 参见《田家英谈毛泽东思想》，四川人民出版社 1991 年版，第 324 页。
② 同上书，第 339 页。

方法上都是搞生搬硬套，一个是以书本为法宝，一个是以经验为法宝，它们都以错误的态度对待书本和经验。经验主义者往往自诩为"从实际出发"，他们的所谓"实际"不过是指个人的狭隘的实践经验。"经验主义者每以具有经验而自豪，实际上他们都以错误态度对待经验，不区别经验本身是否正确，不顾及情况的变化而被过了时的旧经验束缚起来，满足于片面的局部的知识，不将经验提高。"① 经验主义者割裂理论和实际的关系主要表现在三个方面。第一，经验主义局限于旧的经验，不去研究新情况、解决新问题、总结新经验。经验主义者不了解形势总是变化的，而经验总是从前的。他不能批判地估价自己的经验，不能经常检查自己的经验是否适合新的情况与新的要求。他把自己已经做过的事情，看作认识的终结。所以，经验主义者总是被旧的经验束缚起来，丧失了认识新鲜事物的兴趣和感觉。② 第二，经验主义者把认识局限于个人的直接经验，轻视普遍的、间接的经验，即轻视理论的学习和指导作用。他们往往只相信自己的经验，漠视别人的经验，更无视把感性经验普遍化和系统化的重要意义。所以，他们的许多好经验不能总结提高，就只有让它们闷在肚里，任其陈旧腐化。③ 第三，他们往往把工作和学习对立起来，把它们看作见不得面的冤家对头，总是以工作忙、任务重为借口拒绝理论学习。他们不懂得，只有通过学习掌握了马克思主义的立场和方法，才能把握客观过程的本质和规律，通观事物发展的过程和全局，才能创造出生动活泼的思想方法和工作方法。掌握马克思主义的立场和方法是共产党人完成一切革命工作的首要条件，是第一等重要的任务。经验主义者不懂得思想领导的重要，不会通过学习

---

① 《田家英谈毛泽东思想》，四川人民出版社 1991 年版，第 306—307 页。
② 同上。
③ 同上书，第 325 页。

来提高干部的认识能力和工作能力，他们奉为至宝的经验主义领导方法和工作方法使之成为眼界不开的实际主义和无头脑、无前途的事务主义者。

三　毛泽东对理论和实际统一原则的方法论贡献

毛泽东在把马克思主义普遍原理同中国革命具体实际相结合的过程中，不仅形成了一整套中国革命的理论、路线、方针和政策，而且形成了一系列使理论和实际相联系的方法以及有关这些方法的理论，对理论和实际相结合的问题，从方法论的角度进行了总结和概括。毛泽东关于理论和实际相统一的思想极为丰富，从《反对本本主义》算起，包括《实践论》《矛盾论》以及后来整顿"三风"的报告，可以说都是为论述这个根本原则，反对教条主义、经验主义倾向而写的。在这里，我们仅指出以下三点。

第一，结合中国革命的实际，明确阐述了理论联系实际的基本含义和特征。毛泽东在《整顿党的作风》一文中，从四个方面反复说明了理论与实际的关系。关于理论，他说，真正的理论在世界上只有一种，就是从客观实际抽出来又在客观实际中得到了证明的理论。关于理论工作，他说，要在实际斗争中进行详细的调查研究并引出理论性的结论来，然后把得到的结论又拿到实际斗争中去加以证明，这样的工作就叫理论工作。关于理论家，他说，能够真正领会马克思列宁主义的实质，真正领会它的立场、观点和方法，应用它去深刻地、科学地分析中国的实际问题，找出它的发展规律，这才是我们真正需要的理论家。关于理论联系实际，他指出，善于应用马克思列宁主义的立场、观点和方法，善于应用列宁斯大林关于中国革命的学说，进一步地从中国的历史实际和革命实践的认真研究中，在各方面作出合乎中国需要的理论性的创造，才叫作理论和实际相联系。① 从上述论述中可以看出，毛泽东把理论和实际的统一贯穿在理论、理论工作、理论家的定义当中，揭示了这些概念结构的本质关系。从中我们可以概括抽引出一些极有价值的思想：方法论的指导是马克思主义理论指导实践的主要含义；所谓理论和实际相结合，就是以马克思主义的立场、观点和方法为指导，把它应用于中国的具体环境，使之在中国具体化，在各方面作出合乎本国需要的理论性的创造。要做到理论联系实际，重要的是研究新情况、解决新问题，对于现实生活中出现的崭新课题，必须采取实事求是的态度，在实践的基础上进行新的理论创造，而不能用旧理论剪裁现实，束缚实践的发展。

第二，从哲学高度对理论和实际相结合作了概括和总结。理论和实际相结合是我们党一贯的思想原则，是马克思主义的最重要、最根本的原则，也是中国革命的根本经验。在党的历史上，马克思主义同中国实际相结合的两次历史性飞跃表明，理论和实际结合的过程，就是找到中国革命和建设的具体道路，制定出符合中国国情的路线、方针和政策的过程。从辩证法的角度看，理论和实际相结合就是共性和个性、理论和实践的统一过程。毛泽东深刻地揭示了一般和个别相互结合和转化的辩证法。首先，从一般到个别，并不单纯是运用理论解释现实，它还包括理论适应客观实际的过程。就是说，理论和实际相接触，并不是一个闭合的理性过程，而是一个开放的理性过程。闭合的理性就是把对象同化到已有的概念框架中，开放的理性虽然也以一定的理论为指导，但它却以超出已有的概念系统的界定为特征。开放的理性以

---

① 参见毛泽东《整顿党的作风》，《毛泽东选集》第 3 卷，人民出版社 1991 年版，第 817、814、820 页。

理论和实际的差别为前提，以解决理论和实践的矛盾为宗旨。所以，理论系统追随、适应客观实际而发展是基本的规律。这是毛泽东强调从实际出发、强调研究矛盾特殊性的根本用意所在。其次，从思维逻辑过程看，从一般到个别并不是只用演绎法，从一般原则中推演出个别，而是要把一般和个别结合起来，着重分析客观的具体条件和矛盾的特殊性，从中引出其固有的而不是臆造的规律性。用一般原理推论、注解实际，以及把马克思主义硬套到客观事物身上的做法是不行的。毛泽东曾详细地摘录了艾思奇的《哲学与生活》中的下述观点：不论从一般到个别，还是从个别到一般，我们的方法都是辩证法的。实事求是的逻辑方法是分析和综合、归纳和演绎的结合。① 最后，从一般到个别和从个别到一般，是人类认识过程的两个阶段性环节，二者缺一不可。从再认识的角度看，这两个环节其实是一个过程。因此，理论和实践的统一，既是理论规范、指导实践的过程，也是实践检验、发展、创造理论的过程。在我们党的历史上，理论和实践每一次成功的结合，都实现了理论上的重大突破，都丰富和发展了马克思主义，就证明了这一点。理论和实践相结合是坚持和发展马克思主义的统一。这是因为，理论和实践的统一，对于已有的理论而言，实践本身总是规范和超越的统一。每一次实践就其受理论指导而言，它是规范性的活动。但每一次新的社会实践又总是有新的东西出现，产生新的经验和理论。所以，理论联系实际的原则既是应用原有理论的方法论原则，同时它也是研究新情况和新问题的方法论原则。毛泽东把理论和实际、一般和个别、共性和个性的关系称作辩证法的精髓，充分地肯定了它们的方法论意义。

第三，毛泽东阐述了坚持这一根本原则的主要方法，把这一

① 参见《毛泽东哲学批注集》，中央文献出版社1988年版，第198—199页。

原则方法化。他所提倡的理论与实际相联系的根本方法主要是两个：一个是研究矛盾特殊性的方法；再一个就是调查研究的方法。对于后者，他指出，在全党推行调查研究的方法，是转变党的作风的基础的一环，是克服主观主义、本本主义的根本方法，是沟通理论和实际相联系的基本途径和桥梁。毛泽东把马克思主义理论具体化看作基本的方向，并在根本方法的基础上又提出了一些具体的方法。这些方法对于理论、路线、方针和政策落实于实际至关重要。例如，他针对唯书唯上的教条主义倾向，提出要把党的方针政策同本地区、本部门的实际情况相结合，反复强调要在上下级关系中落实这一原则的方法，这就是"一般集中、具体分散"的方法，即"一般的方针集中于上级；具体的行动按照具体情况实施之，下级有独立自主之权"。"越是地区广大，情况复杂，上下级距离很远，这种具体行动就越应加大其独立自主的权限，越应使之多带地方性，多切合地方情况的要求，以便培养下级和地方人员的独立工作能力。"① 针对经验主义轻视理论和党的政策的倾向，强调必须对其进行党的政策教育。针对经验主义只谈一些具体的政策而忽视党的总路线和总政策的事务主义倾向，强调要树立局部和全局，具体政策和总路线、总政策的对立统一观点。

第三节　领导和群众相结合

群众路线是我们党的根本的政治路线，也是根本的工作路

---

① 毛泽东：《抗日游击战争的战略问题》，《毛泽东选集》第2卷，人民出版社1991年版，第436页。

线，它和实事求是的思想路线是内在统一的。邓小平指出："毛泽东同志倡导的作风，群众路线和实事求是这两条是最根本的东西。"① 正确处理领导和群众的关系，是实现主观和客观的统一、理论和实践的统一的重要保证。《关于建国以来党的若干历史问题的决议》强调指出，群众路线是我们党长时期在敌强我弱的艰难环境里进行革命斗争的无比宝贵的历史经验的总结，是毛泽东思想活的灵魂之一，它"表现在毛泽东同志的全部科学著作中，表现在中国共产党人的革命活动中"。领导和群众的关系是主观和客观、理论和实践关系的重要方面，但是它具有自身特定的内涵。党的群众路线就是一切为了群众、一切依靠群众，从群众中来、到群众中去，在一切工作中坚持领导和群众相结合。很明显，在上述内容中包含方法论的一个重要命题，即科学和价值的关系问题。此外，领导和群众的关系问题不仅表现出主客体关系的内容，更体现了主体间的关系。领导和群众的关系包含着一般和个别、理论和实践的关系，也是它们相互统一的现实形式。因此，深入地把握领导和群众关系的方法论内涵，对于全面地理解毛泽东方法论、对于当前改革开放的实践，均具有重要意义。

一 领导和群众相结合的本质是科学和价值的统一

在马克思主义哲学中，认识论和历史观是统一的，科学原则和价值原则也是统一的。这个特点，在毛泽东身上体现得特别明显。在毛泽东的著作中，从实际出发和从群众出发是内在统一的。具体地说，在反对主观主义、教条主义的斗争中，他突出强调要

---

① 邓小平：《完整地准确地理解毛泽东思想》，《邓小平文选》第 2 卷，人民出版社 1994 年版，第 45 页。

从实际出发，从客观存在的规律出发；在反对官僚主义、命令主义和"左"倾急性病的斗争中，又反复强调要从群众出发。尽管这两个方面是针对不同的问题和倾向而提出的，但它们不是彼此分离的。在毛泽东的革命活动中，这两个方面是有机结合的。按照马克思的理解，人们的实践活动，既离不开客观规律的作用，也离不开人的需要尺度的参与。事物尺度和人的内在尺度的统一亦即科学与价值的统一，是主客体关系的本质内容。毛泽东同样把从实际出发和从群众出发的统一看作科学与价值的统一。因此，领导和群众的关系作为科学和价值的关系，就构成了方法论的基本问题之一。

毛泽东在《论合作社》一文中说："想问题从群众出发而又以群众为归宿，那就什么都能好办。"① 那么，什么是从群众出发呢？

首先，就是从群众的利益和需要出发。毛泽东曾多次指出，一切工作都要从群众的利益和需要出发。一切为了群众是共产党的宗旨。共产党从成立以来就是一个穷党，又是被国民党广泛地无孔不入地宣传为杀人放火、十恶不赦的人，奇怪的是，就是这样的一群人却获得了亿万人民群众的拥护。为什么呢？就是因为它没有私利。为人民群众谋利益，与人民群众同生死共存亡是我们党的政治优势，就此而言，"什么党派都是不能和共产党争群众的"②。毛泽东在1936年同斯诺谈话时，曾明确地谈到：谁得到了农民群众的拥护，谁就得到了中国；而谁解决了土地问题，谁就能得到农民群众的拥护。1924—1927年大革命时期，共产党和国民党曾同时提出了解决农民土地问题的纲领，但"只有我们共

---

① 毛泽东：《论合作社》，《毛泽东选集》，东北书店1948年版，第891页。
② 毛泽东：《星星之火，可以燎原》，《毛泽东选集》第1卷，人民出版社1991年版，第102页。

产党人把这项主张看得特别认真，不但口讲，而且实做"①。由此可见，一切从人民群众的利益出发、一切向人民群众负责是我们党全部活动的根本宗旨，也是一切从群众出发的根本内容。

其次，一切从群众出发，就是从群众的觉悟程度出发。毛泽东指出，凡属正确的任务、政策和工作作风，都是和当时当地的群众要求相适合的。要"根据群众的觉悟程度，去启发和提高群众的觉悟，在群众出于内心自愿的原则之下，帮助群众逐步地组织起来，逐步地展开为当时当地内外环境所许可的一切必要的斗争"②。有许多时候，群众在客观上虽然有了改革的需要，但在他们在主观上还没有这种觉悟，我们就要耐心等待，直到经过我们的工作，群众的多数有了觉悟，才去实行这种改革。从群众的需要出发和从觉悟程度出发是一致的。要从群众出发，就要从群众的需要和自愿出发，"这里是两条原则：一条是群众的实际上的需要，而不是我们脑子里头幻想出来的需要；一条是群众的自愿，由群众自己下决心，而不是由我们代替群众下决心"③。

从群众的利益和实际需要出发，是马克思主义重要的领导原则。马克思主义认为，人们奋斗所争取的一切，都同他们的实际利益相关。从群众的需要出发，必须把根本利益和当前利益、党的最高原则和群众的当前需要统一起来。中国共产党并不是单独代表农民的政党，但由于我们党制定和执行了土地纲领，为农民利益而认真奋斗，因而获得了广大农民的拥护，成了农民群众的领导者。所以，毛泽东认为，党要实现对广大群众的领导，首要

---

① 毛泽东：《论联合政府》，《毛泽东选集》第 3 卷，人民出版社 1991 年版，第 1075 页。
② 同上书，第 1095 页。
③ 毛泽东：《文化工作中的统一战线》，《毛泽东选集》第 3 卷，人民出版社1991 年版，第 1013 页。

的一条是对被领导者给予物质利益，至少不损害其利益。他的《关心群众生活，注意工作方法》《经济问题与财政问题》《组织起来》等文章贯穿着一个基本思想，就是要先以百分之九十的精力给群众以东西，再以百分之十的精力向群众要东西。他明确地指出："一切空话都是无用的，必须给人民以看得见的物质福利"，"我们的第一个方面的工作并不是向人民要东西，而是给人民以东西"。① 并说这是我们党的根本路线和根本政策。

从群众的需要出发和从群众的觉悟程度出发，是为了群众和依靠群众、教育群众和组织群众的统一。我们党的领导工作，就是领导群众的工作。毛泽东指出，马克思列宁主义的基本原理，就是要使群众认识自己的利益，并且团结起来为自己的利益而奋斗。"善于把党的政策变为群众的行动，善于使我们的每一个运动，每一个斗争，不但领导干部懂得，而且广大的群众都能懂得，都能掌握，这是一项马克思列宁主义的领导艺术。我们的工作犯不犯错误，其界限也在这里。"② 怎样使党的政策符合群众的需要而又变为群众自己的行动呢？就是要坚持从群众中来、到群众中去的领导方法，这就是通常所说的，以群众为依托，集中起来、坚持下去的科学的工作方法。毛泽东说："群众的意见与经验一定要作为我们政策的基础。因为人民能够教给我们许许多多的事情。我们的任务就是听从他们，学习并了解他们的经验、愿望、批评，确定他们所需的东西的总合，再作为政策交还给他们。"③ 当群众对自己的利益还缺乏自觉时，领导者的责任就是用适当的方法去

---

① 毛泽东：《必须给人民看得见的物质福利》，《毛泽东著作选读》下册，人民出版社 1986 年版，第 563 页。

② 毛泽东：《对晋绥日报编辑人员的谈话》，《毛泽东选集》第 4 卷，人民出版社 1991 年版，第 1319—1320 页。

③ 毛泽东：《与斯坦因的谈话》，转引自《田家英谈毛泽东思想》，四川人民出版社 1991 年版，第 264 页。

启发群众的自觉。当群众已经有了某种程度的觉悟时，领导者的责任是指导群众组织起来。集中群众的意见与经验制定党的路线和政策，通过群众的自觉和行动加以贯彻，再从群众的行动中取得新的经验，一步一步地引导群众为自己的根本利益而斗争，这就是我们党的领导方法和工作方法。

从群众出发又以群众为归宿既是中国共产党人的价值观，又是科学的领导方法。从群众出发又以群众为归宿同从群众中来、到群众中去是完全一致的。群众路线既是党的根本的政治路线，又是党的根本的组织路线；既体现了党的根本宗旨和立场，也体现了党的根本的工作路线和工作方法。因此，党的群众路线在内容上是科学和价值的统一。毛泽东在《在延安文艺座谈会上的讲话》一文中，曾明确地指出革命文艺是以最广大群众的利益为出发点的，文艺工作者只有同工农群众相结合，把群众的意见集中起来、加以提高，再使之回到群众中去，为群众所接受、所实践，"我们的文艺的政治性和真实性才能够完全一致"①。一切为了群众和一切依靠群众的统一，就是真理和价值的统一，它们构成了从群众中来、到群众中去的科学方法论的本质内容。从群众中来，既要广泛集中群众的智慧和经验，也要把握群众的需要和愿望。只有把这两个尺度统一起来，才能制定出既合规律性又合目的性的正确方针和政策来。到群众中去，就是把党的方针和政策化为群众的自觉行动，改造客观世界，并在实践中检验和充实党的方针和政策的过程。人的活动的本质功能是既要改造客观世界、又要实现人的价值，服从客观规律和满足人的需要构成了一切路线、方针、政策、目的、计划、方案的矛盾统一。所以，实践的检验

---

① 毛泽东：《在延安文艺座谈会上的讲话》，《毛泽东选集》第 3 卷，人民出版社 1991 年版，第 866—867 页。

过程也总是包括认识因素和价值因素两个方面。正如毛泽东把从实际出发同从群众出发相统一一样，他也把实践标准和生产力标准、真理标准和利益评价标准统一起来，并对这两者之间的相互关系给予了科学的解答。

二　领导和群众的关系是主体间关系的重要内容

人们的认识不仅是主体和客体相互作用的过程，也是不同主体间讨论、交流、争论、互补的过程。认识论不仅要把认识的对象作为一个有多重属性和结构的系统看待，也要把主体作为一个有层次的系统看待，尤其要研究主体间的关系结构对认识的影响。毛泽东的调查研究和群众路线的理论与方法，在主体和客体认识关系的基础上，进一步强调了不同主体间的对话对认识社会客体，制定党的路线、方针、政策的重要意义，以特殊形式对主体间关系理论赋予新的内容，这是对马克思主义认识论和方法论的重大补充和发展。对此，我们要给予应有的重视和研究。在这方面，毛泽东的主要贡献表现在以下三个方面。

第一，以领导和群众相结合为特色的主体间关系理论是以历史唯物主义原则为基础的。毛泽东把马克思主义关于人民群众历史作用的理论运用于中国革命的具体实际，运用于党的全部工作，从各个方面提出了群众主体论。毛泽东运用马克思主义的群众观点来考察党的政治建设，明确地提出了政治是指阶级的政治、群众的政治，不是所谓少数政治家的政治。政治专门家们只是千千万万的群众政治家的领袖，他们的任务在于把群众政治家的意见集中起来，加以提炼，再使之回到群众中去，为群众所接受、所实践。同样地，人民群众也是革命战争的主体。毛泽东指出，中国革命是什么人去干呢？革命的主体是什么呢？就是中国的老百姓。只有唤起民众，才能达到革命的目的。革命和革命战争均非一手一足的力量所能办到，革命战争是群众的战争，只有动员群众才能进行战争，只有依靠群众才能进行战争。他在阐述抗日战争的指导方针时指出，抗日战争是否胜利的关键是把抗日战争变为"群众战"，人民战争是挽救抗日危机的唯一道路。我们同国民党搞统一战线，着眼点还是在于创造一个发动群众、组织群众的国内环境。发动群众是统一战线巩固和发展的基本条件，是克服党内投降主义和民族投降主义的法宝。这样，毛泽东便在政治、军事、经济、文化等各个领域提出了以人民群众为依托的战略指导和方针政策，从各个侧面论述了党和群众、政府和群众、领导和群众的关系问题。由此可见，主体间的关系首先是社会历史观的基本问题，然后才是认识论和方法论的基本问题。

第二，以一系列论断丰富了主体系统论和层次论。毛泽东对马克思主义科学群众观进行了创造性的运用和发展，不仅在指导思想上确立了一切为了群众、一切依靠群众的群众观点，而且形成了一整套群众路线的认识方法和领导方法，从主体间关系角度丰富和发展了马克思主义认识论。人的本质及其认识的基础是人们之间的社会联系，认识主体的集体化趋向是现代认识的主要特征。对于综合性的课题如认识国情、把握革命和建设的规律而言，仅靠个人的实践和认识是无力完成的，必须依靠群众的实践和认识才能完成。在人类历史的发展过程中，交往活动和物质实践活动同是人类文化发展的基础和动力。毛泽东的贡献在于把人们的日常交往提高到认识路线、领导方法的高度，把它变为认识世界、改造世界必须遵循的规律，把它变为有明确目的性的认识程序加以提倡，把一种经验认识方法升华为科学认识的理论形态，这是一个重要的贡献。

主体间性的问题在当代科学哲学中是用来说明认识客观性的重要范畴，毛泽东的认识论本质上是社会认识论，他把领导和群众的关系作为主体系统的本质内容和结构，为马克思主义的主体间理论开创了新局面。在毛泽东看来，社会实践始终是千百万人民群众的实践，认识来源于实践和认识来源于群众是统一的。在此基础上，他提出了认识主体的层次论。毛泽东多次说过，认识来源于群众，领导机关要向群众的实践请教，要向群众寻求真理，理论、路线总要在群众那里发现。这充分说明，人民群众作为认识主体是主体系统中的基本层次和基础层次。群众及其实践是直接经验的信息源，而领导和领导机关则是对其提供的原材料进行理论加工的"加工厂"。毛泽东说："我们的领导机关，就制定路线、方针、政策和办法这一方面说来，只是一个加工工厂。大家知道，工厂没有原料就不能进行加工。没有数量上充分的和质量上适当的原料，就不可能制造出好的成品来。"[①] 连接领导和群众这两个层次的主体间的关系的桥梁和中介环节，就是调查研究和群众路线，即从群众中来、到群众中去的认识方法和领导方法。按照毛泽东的表述，领导人员的概念、判断、推理的形成过程，就是从群众中来的过程，就是将广大群众的分散的、无系统的意见，经过研究，化为集中的、系统的意见的过程。简言之，就是将群众的意见、看法化为领导的意见和看法。到群众中去的过程，就是把自己的观点和思想传达给群众，化为群众的意见和行动的过程。[②] 很明显，无论是从群众中来，还是到群众中去，都是主体间信息交流和对话的过程。但作为认识的不同阶段，对话双方的角色是不同的。从群众中来的传讯者是群众主体，领导者则是接受者，在到群众中去的过程中，两者的角色发生互换。这种对话

---

① 毛泽东：《在扩大的中央工作会议上的讲话》，《毛泽东著作选读》下册，人民出版社 1986 年版，第 819 页。

② 参见毛泽东《关于领导方法的若干问题》，《毛泽东选集》第 3 卷，人民出版社 1991 年版，第 899 页。

及其角色的互换的反复发生，都使领导和群众主体的认识提高了一步。

第三，把主体间关系制度化和方法化，强调民主集中制的认识论意义。我们党的民主集中制反映着党内的矛盾结构，是解决这一客观矛盾的组织原则。党内始终存在党与党员、上级和下级、领导和群众、中央与地方等矛盾关系。如果从认识论的角度来看，上述矛盾实质上就是认识主体间的矛盾。只有处理好不同认识主体间的矛盾，才能更好地处理和解决主体、客体的矛盾。

民主集中制和群众路线是内在统一的，民主集中制就是党内的群众路线。因此，民主集中制是坚持马克思主义认识论的组织保证。毛泽东指出："没有民主，意见不是从群众中来，就不可能制定出好的路线、方针、政策和办法。""如果没有民主，不了解下情，情况不明，不充分搜集各方面的意见，不使上下通气，只由上级领导机关凭着片面的或者不真实的材料决定问题，那就难免不是主观主义的，也就不可能达到统一认识，统一行动，不可能实现真正的集中。"[1] 邓小平也认为："从领导方法来说，只有从群众中来，才能到群众中去。没有民主基础上的集中制，既不能实行真正的从群众中来，也不能实行真正的到群众中去。"[2] 制定正确的路线、方针和政策，是无产阶级政党的主要职能，所谓党的领导，主要是指路线、方针、政策的领导。要实现党的科学决策，一个重要的方面就是实行群众路线，建立健全民主的决策和执行程序。事实一再证明，不同的认识主体因其知识水平和在实践活动中所处的地位不同，因而对客观对象的观察角度、层次

---

① 毛泽东：《在扩大的中央工作会议上的讲话》，《毛泽东著作选读》下册，人民出版社1986年版，第819、820页。
② 邓小平：《在扩大的中央工作会议上的讲话》，《邓小平文选》第1卷，人民出版社1994年版，第304—305页。

不同，对事物的把握方式和理解程度也不同。只有实现每一主体的民主权利，最大限度地调动他们的主动性、积极性，才能保证决策的科学性。

　　众所周知，民主集中制是由集体作出决策的制度，它的根本原则是少数服从多数的原则，重大问题的决定，要实行表决程序，按照多数人的意愿作出决定，这是决策科学化的重要保证。但在有的时候，真理却在少数人手里。所以，最能体现毛泽东方法论特色的，是他关于调动一切积极因素，以及化消极因素为积极因素的策略思想。这些被制度化、方法化的策略思想，进一步丰富和完善了他的主体间关系的认识理论。首先，在民主政治建设方面，毛泽东从中国的实际出发，提出共产党领导下的多党合作制度。他说："究竟是一个党好，还是几个党好？现在看来，恐怕是几个党好。"①"我们有意识地留下民主党派，让他们有发表意见的机会"②，尽可能把他们的积极性调动起来为社会主义服务。与此类似，在中央和地方的关系上，他提出有中央和地方两个积极性，比只有一个积极性好的重要思想。其次，在处理问题和决定政策的时候，要善于倾听不同的意见。他在谈到"多谋善断"的工作方法时，提出要谋于各种人，既要谋于身边的人，更要谋于广大群众；既要谋于跟自己意见相同的人，更要谋于与自己意见不同甚至反对过自己意见的人。多听不同的意见大有好处，这样可以避免片面性。最后，在订计划、办事情的时候，要多想几种方案。他指出，做事情，至少有两种方法：一种，达到目的比较慢一点、比较差一点；另一种，达到目的比较快一点、比较好一点。一个是速度问题，一个是质量问题。不是只考虑一种方法，经常要考虑两种方法，比如修铁路，选

---

　　① 毛泽东：《论十大关系》，《毛泽东著作选读》下册，人民出版社1986年版，第733页。
　　② 同上。

线路要有几种方案，在几条线路里选一条。可以有几种方法来比较，至少有两种方法来比较。这种从反面和各个侧面来考虑问题的方法，同别人互通情报、交换意见的方法，是毛泽东把群众路线化为具体工作方法的重要表现。

三　群众路线方法对马克思主义认识论的丰富和发展

群众路线是毛泽东哲学思想和方法论的基本内容之一。群众路线对毛泽东方法论的独特价值，是它揭示了认识主体间的相互关系，把个体的和领导者的实践融入人民群众的社会实践之中，把领导者和领导机关的认识和人民群众的认识统一起来。党的群众路线方法不仅把唯物主义历史观同认识论统一起来，而且从不同主体间的关系角度深化了认识过程的辩证法内容。

毛泽东深刻地揭示了群众路线的实行过程和认识过程的一致性，把"群众——领导——群众"看作"实践——认识——实践"的具体实现形式。首先，在毛泽东的方法论中，群众观点和实践观点是一致的，从群众出发和从实践出发的思想也是统一的。在毛泽东的著作中，人民群众既是历史活动的主体，也是认识活动的主体。千百万人民群众的革命实践是认识的来源，也是检验认识真理性的标准。正因为如此，他在讲到群众路线，讲到"向群众请教"① 和"向群众寻求真理"② 时，其用意也就是向群众的实践请教。其次，"从群众中来，到群众中去"的过程，同"从感性认识而能动地发展到理性认识，又从理性认识而能动地指导革命实践"的认识过程是同一个过程。"从群众中来"的过程，就是领导者深入群众的实践，把实践中产生的群众意见集中起来，

---

① 毛泽东：《致邓小平》，《毛泽东书信选集》，人民出版社 1983 年版，第 578 页。

② 同上书，第 579 页。

经过研究，变为领导者的意见，形成理论和政策。这个过程实质上就是从实践到认识、从感性认识能动地发展到理性认识的过程。"到群众中去"的过程，就是把已经形成的领导者的意见、化为群众的意见和行动，并在实践中检验和发展这些意见。这个过程也就是从理性认识能动地指导实践的过程。最后，群众路线作为党的根本的认识路线，以特殊的形式遵循着"实践——认识——实践"的公式。从实践到认识的过程主要揭示的是人类认识的普遍规律，而"从群众中来"主要指的是领导者的认识规律。在认识世界和改造世界的革命斗争中，领导者的实践活动主要通过群众主体的实践活动表现出来。所以，毛泽东指出："任何英雄豪杰，他的思想、意见、计划、办法，只能是客观世界的反映，其原料或半成品只能来自人民群众的实践中。"① 在"从群众中来"中，领导者的责任是将群众的意见（分散的无系统的意见）集中起来，经过研究，化为集中的系统的意见。很明显，群众和领导在感性认识和理性认识中起着不同的作用。正是基于这种认识层次和阶段的不同，毛泽东才明确地说："概念、判断的形成过程，推进的过程，就是'从群众中来'的过程。"② 与此同理，毛泽东之所以把认识到实践的飞跃称作"到群众中去"，也是由于群众是实践的主体，从群众路线角度看，由认识到实践的过程，是领导到群众中作宣传解释，化为群众的意见，使群众坚持下去，见之于行动，并在群众行动中考验这些意见是否正确。所以，毛泽东认为，"把自己的观点和思想传达给别人的过程，就是'到群众中去'的过程"③，就是将领导制成的完成品"交由人民群众去考验"的过

① 毛泽东：《改进学风和文风》，《思想方法工作方法文选》，中央文献出版社 1990 年版，第 377 页。
② 同上。
③ 同上。

程。毛泽东突出地强调群众路线，认为马克思主义的认识论"简单地说，就是从群众中来，到群众中去"①。这一观点正是建立在领导主体和群众主体的区分基础上的。毛泽东揭示了群众路线同"个别——一般——个别"的内在联系，指出一般号召和个别指导相结合的方法是由个别到一般、又由一般到个别这一认识规律的具体化。人类认识的基本过程除了从实践到认识、又从认识到实践之外，还表现为从个别到一般、又从一般到个别。毛泽东指出："这是两个认识的过程：一个是由特殊到一般，一个是由一般到特殊"，并认为这就是"马克思主义的认识论"②。正如实践和认识的结合在群众路线中表现为领导和群众的结合一样，一般和个别的关系也在群众路线中被具体化，这就是一般号召和个别指导相结合的方法。这一方法同从个别到一般、又从一般到个别既有同一的方面，又有差异的方面。一般和个别相结合的原则就是"从许多个别指导中形成一般意见（一般号召），又拿这一般意见到许多个别单位中去考验（不但自己这样做，而且告诉别人也这样做），然后集中新的经验（总结经验），做成新的指示去普遍地指导群众"③。很显然，这个方法就是由个别到一般、又由一般到个别两个认识过程的联结。区别在于，从个别到一般、又从一般到个别是整个人类认识秩序和过程的规律，而一般号召和个别指导相结合的原则强调的是"正确的领导意见"的形成规律。毛泽东一方面指明了一般和个别相结合的方法是群众路线这一基本的领导方法的组成部分；另一方面又指出，一般号召和个别指导这两

---

① 毛泽东：《向群众的实践请教》，《思想方法工作方法文选》，中央文献出版社1990年版，第444页。

② 毛泽东：《矛盾论》，《毛泽东选集》第1卷，人民出版社1991年版，第310页。

③ 毛泽东：《关于领导方法的若干问题》，《毛泽东选集》第3卷，人民出版社1991年版，第900页。

者都是领导的行为，提出这个方法的目的，是为了"形成正确的领导意见"和"领导意见之实行"的规律问题。[①] 所以，群众路线是我们党的根本的认识路线，着眼于领导者的认识规律和工作方法。所以，领导和群众相结合（包括一般号召和个别指导相结合）、实践和认识相结合、个别和一般相结合这三者是一致的，但又从不同的侧面（即两种主体的关系、两种活动的关系、两种认识客体的关系）论述了认识的辩证发展过程，完整地揭示了马克思主义认识论的丰富内涵。毛泽东从我们党担负的伟大历史使命着眼，把党的领导如何在群众斗争中认识和改造世界的规律和方法问题突出地加以强调，这是对马克思主义认识论的最出色的贡献。在研究毛泽东的方法论时，尤其应当注意这一点。

---

① 参见毛泽东《关于领导方法的若干问题》，《毛泽东选集》第 3 卷，人民出版社 1991 年版，第 899、900 页。

第三章　把握毛泽东方法论的基本原则

　　中国革命和建设的事业需要哲学的指导，毛泽东以毕生精力钻研马克思主义哲学，目的是为着解决中国革命的理论和策略而从中找立场、找观点、找方法的。事实证明，把马克思主义中国化是一个极为复杂的事情。在革命的征程中，中国共产党不仅要对付强大而凶恶的外国帝国主义、国内封建势力和反动派，而且还要与党内的机会主义者、教条主义者以及经验主义者的愚昧无知做斗争，每前进一步都要付出双倍的努力和代价。毛泽东方法论思想作为中国革命基本经验的哲学概括，在内容上既包括对结合的必要性的论证，也包括如何应用、如何结合的系统总结。要完整准确地把握毛泽东的方法论，固然要十分注意他对思想方法、工作方法、领导方法及其相互关系的具体论述，但更主要的还在于全面领会这个方法论系统所表达的基本观念和基本原则。正是这些基本观念和原则凝聚着他把世界观的基础理论转变为决策性方法的历史轨迹。抓住了这一点，我们就会透过许多不尽相同的具体论述抓住他在解决复杂的"结合"任务时的基本思路，在更深的层次上理解他把理论和实践结合起来的独特经验和方式。

第一节　以思想方法为主的建构原则

党的领导核心在思想上的成熟的标志之一，是自觉地把方法论作为独立思考的对象，我们党提出以思想方法为中介来实现理论与实际的结合，并把思想方法论建构为一门独立的学问，解决了马克思主义诞生以后如何继续发展的重大理论问题。毛泽东是方法论的大师，他以毕生的精力，提倡学习、掌握、运用哲学方法论，给人们留下深刻的印象。他在中共八届七中全会上的讲话中指出，所谓方法，无非就是思想方法和工作方法。思想方法和工作方法是互相结合的，思想方法不对头，工作方法也就不对头。这里表达了他对方法论体系核心的基本看法。深入研究他对思想方法的独到见解，对于我们把握他的方法论体系的内容是极有教益的。突出强调学习、掌握思想方法的重要性，也是我们现时党的领导集体，其中特别是邓小平的一贯思想。因此，把握毛泽东在这方面的论述，对今后坚持党的思想路线和思想方法、加强党的思想理论建设具有重要的现实意义。

一　毛泽东思想方法论的本质内容和基本特色

毛泽东哲学思想的主要历史贡献是从方法论的功能角度来看待马克思主义哲学，并在斗争实践中把它转换为一种符合革命斗争需要的思想方法论。这一转换从根本上说是近代以来在中国社会主要矛盾的推动下完成的。在中国近现代思想史上，始终贯穿着思想方法论变革的激烈争论，这绝不是偶然的。众所周知，近代中国由于经济和文化的落后，始终处于被侵略、受压迫和屈辱的地位。中国向何处去？这既是亟待解决的重大的社会实践问题，也是亟待解答的社会理论课题，它向中国知识界提出了探索科学的世界观和方法论的要求，这一要求内含着中国传统文化包括哲学理论内容与方法等方面的根本变革。贯穿于近代以来思想文化领域的古今中外之争，实质上是一场旷日持久的关于思维方式和思想方法变革的争论和较量。这一争论到五四运动前后，达到了顶点。思想方法的变革成为中国传统文化革新的主旋律，这是20世纪中国社会政治经济进入转型时期各种矛盾交织、激化在思想文化领域的集中反映。

主张传统思维方式和思想方法的变革，在新文化运动以后是大势所趋、人心所向。但细究起来，就思想方法的变革而言，在中国始终存在两种路径和两种观点：一种是持全盘西化论观点的人多半在政治上主张改良主义和走资本主义现代化道路，因而对现代西方哲学思潮的某些方法推崇备至，例如，胡适早在20世纪20年代就明确说过："我的唯一的目的是注重学问思想的方法。"他称自己的学术之作"无论是讲实验主义，是考证小说，是研究一个字的文法，都可说是方法论的文章"①。胡适将实验主义的方法运用于中国传统文化，提出了"重新估定一切价值"的口号，对促进知识界文化心态的转变起了重要作用。把西方哲学的方法运用于中国传统哲学，构筑新的哲学体系，最著名的应是冯友兰。冯友兰是《新理学》的提倡者，他在1948年曾发表文章说："过去20年中，我的同事和我，努力于将逻辑分析方法引进中国哲学，使中国哲学更理性主义些。"② 如果说，胡适等人所倡导的主要是纯学术的和逻辑分析的方法，那么，具有初步共产主义思想

---

① 胡适：《序例》，《胡适文存·二集》，上海亚东图书馆1924年版，第1—2页。

② 冯友兰、涂又光：《中国哲学与未来世界哲学》，《哲学研究》1987年第6期。

的知识分子和共产党人从一开始就从政治着手，寻求一种彻底改造中国的革命方法。马克思主义的早期传播者之一李大钊指出："由今言之，东洋文明既衰颓于静止之中，而西洋文明又疲命于物质之下"①，作为"第三种文明"发展起来的俄罗斯之文明，足以成为发扬东西方文化长处的媒介。瞿秋白也认为，东方与西方这两种文化"都有危害的病状"，唯有马克思主义开辟了"人类文化的新道路"②。

虽然倡导学术思想方法的变革在当时也是必要的，但只有抓住社会的主要矛盾并在解决这个主要矛盾的历史实践中，产生出来的思想方法才能真正成为一个民族的思想财富。马克思主义一开始传入中国，就表现出强大的生命力，其根本原因就在于它适应了中国社会变革的客观要求。毛泽东说："任何思想，如果不和客观的实际的事物相联系，如果没有客观存在的需要，如果不为人民群众所掌握，即使是最好的东西，即使是马克思列宁主义，也是不起作用的。"③

中国共产党从成立时起就投身中国人民革命的洪流之中，一开始就把马克思主义作为认识问题的方法论来掌握和运用，这个特点极其明显。李大钊是马克思主义在中国的第一传播者，他是最先提出要用唯物史观研究历史、观察中国现状的革命家。陈独秀转向马克思主义之后，也多次表示不能把革命理论当作"万应丸"和"消遣品"，而要把它运用到实际中去。他把马克思的基本精神归诸为两个方面，即"实际研究的精神"和"实际活动的

---

① 李大钊：《法俄革命之比较观》，《李大钊文集》上卷，人民出版社1984年版，第560页。
② 参见瞿秋白《赤都心史》，《瞿秋白文集》第1卷，人民文学出版社1985年版，第213页。
③ 毛泽东：《唯心历史观的破产》，《毛泽东选集》第4卷，人民出版社1991年版，第1515页。

精神"①，认为马克思主义的根本原则就是注重客观实际，而不是主观的幻想。瞿秋白1923年年初从苏联回国后，不但在《社会哲学概论》等一系列的论著中首次宣传辩证唯物主义哲学，而且明确地提出了马克思主义哲学是认识世界的"思想方法论"。艾思奇继《大众哲学》之后出版了《思想方法论》一书，他在书中明确指出辩证唯物论是最正确的关于思想方法的理论，它要求人们"在客观事实中去发现活的真理"，又要求人们"把原则在具体事实中去活用"。② 马克思主义哲学不是书斋哲学，而是认识世界、改造世界的科学方法论。坚持世界观和方法论的统一、理论和实践的统一，是中国共产党人的优良传统。这个传统在毛泽东身上得到了充分的体现。从根本上说，毛泽东思想是在应用中发展的马克思主义，是马克思主义与中国革命相结合的产物。它的根本使命是将马克思主义哲学转换为一种着眼于中国革命特点和发展规律的思想方法论。因此，毛泽东的思想方法论也就是理论和实际的结合论和实践论，他历来不赞同全盘西化论和中体西用论，而主张从实际需要出发，对古今中外一切有益的东西，不拘一格地拿来为革命斗争的实践服务。与此同时，他又注重具体实际的客观性和矛盾的特殊性，坚持实事求是和在斗争中创造新局面的思想路线。毛泽东与李大钊、瞿秋白、李达等人不同，他不但具有理论家的品格，能自觉地运用马克思主义分析中国的社会及其出路，更兼有实践家的品格。正是这种实践家的品格，使马克思主义哲学在他身上获得了个性化的发展，最终以毛泽东思想方法论的形态在中国发挥着作用。

为了解决中国社会的主要矛盾而选择了马克思主义，为了解

---

① 陈独秀：《马克思的两大精神》，《陈独秀文章选编》（中），生活·读书·新知三联书店1984年版，第177—178页。
② 艾思奇：《思想方法论》，上海生活书店1937年版，第33—34页。

决中国革命的理论问题和实际问题而从中找立场、观点和方法，是毛泽东建构思想方法论的历史起点。我们说毛泽东哲学思想主要是一种认识问题的方法论，是因为它的使命就在于解决中国革命的实际问题，它是适应党的历史任务的要求而提出的，是在解决这个历史任务的实际斗争中间形成和发展起来的。强调哲学和实际斗争相结合，强调在实际斗争中充分发挥哲学认识世界和改造世界的方法论功能，是毛泽东哲学思想的主要特色。许多研究者都指出，毛泽东是一个无产阶级的哲学家和革命家，但他同时又是中国革命运动的领袖。他在中国革命运动中的领袖地位，使之在哲学研究中具有一种独特的历史责任和广阔视野，也使他的哲学思考总是同他所指导的现实斗争有关。作为一个通达政治、洞悉全局和历史事变进程的革命领袖，他必然对哲学和理论思维抱有浓厚的兴趣，但由于他毕生置身革命斗争的旋涡之中，不可能有充裕的时间从事学术性的抽象思辨的研究。因而，处于他的理论活动的中心课题，始终是如何把革命的一般原理化为中国共产党人的思想路线和思想方法，来分析和解决中国革命和建设的现实问题。这是毛泽东始终关注和提倡思想方法论的本质内涵，也是他成功地实现民族思维方式的现代变革，产生了一般学者所无法企及的广泛、深远的社会影响的重要历史契机。

二 以思想方法论为主的研究原则

毛泽东在青年时代就树立了普及哲学的理想，他曾谈到要使"人人有哲学见解"，要从"根本上变换全国之思想"。投身革命后，特别是当他担负了党、政、军的领导人之后，上述抽象的抱负有了具体实际的内容，即解决革命队伍内部的思想路线和思想方法问题。我们在第一章中曾经提出，毛泽东哲学方法论不仅仅表现在他的专门哲学著作中，而且突出地表现在他对军事、政治、经济、思想文化、党务等方面的论著中，其中往往闪现着他实际运用和发展马克思主义认识论、辩证法的光辉。他在解决具体的政治、军事问题时，总是注意把它们提到哲学方法论的高度来解决。对于党内在政治、军事、组织上的路线分歧，他同样注意把它们同思想路线统一起来加以解决。具有重大历史意义的延安整风运动，就是一场思想路线、思想方法的教育运动。

毛泽东历来认为："掌握思想教育，是团结全党进行伟大政治斗争的中心环节。如果这个任务不解决，党的一切政治任务是不能完成的。"① 怎样掌握思想教育呢？就是抓立场、观点和方法的教育。从立场、观点、方法入手，是精通和运用马克思主义理论的关键环节。他在介绍自己的体会时说："我读马克思主义书籍也不多，作为专家是要读多一点的，我们没有那么多功夫，读少一点也可以，重要的是要注意研究方法。"② 毛泽东为解决党的思想路线和思想方法问题贡献了毕生的精力，给我们留下了宝贵的历史遗产，认真总结他在这方面的基本理论和实践，是极有教益的。

第一，强调学好哲学，重要的是从中学习立场、观点和方法。毛泽东始终把研究革命理论放在突出的位置上加以强调，认为没有革命的理论就没有中国革命的胜利。为此，他利用一切业余时间发奋读书。在土地革命初期，他多次向中央写信，谈到自己盼望得到书报如饥似渴。为了使全党系统地掌握马列主义理论，他主张成立编译部，大批翻译马恩列斯的著作，并提出有翻译能力的同志要"为全党着想，与其做地方工作，不如做翻译工作，学

① 毛泽东：《论联合政府》，《毛泽东选集》第3卷，人民出版社1991年版，第1094页。
② 《毛泽东新闻工作文选》，新华出版社1983年版，第193页。

个唐三藏及鲁迅，实是功德无量的"①。有的放矢地阅读革命理论，从中找立场、观点和方法是贯穿他一生的成功经验。他在总结自己的学习经验时说："记得我在 1920 年，第一次看了考茨基著的《阶级斗争》，陈望道翻译的《共产党宣言》，和一个英国人作的《社会主义史》，我才知道人类自有史以来就有阶级斗争，阶级斗争是社会发展的原动力，初步地得到认识问题的方法论。可是这些书上，并没有中国的湖南、湖北，也没有中国的蒋介石和陈独秀。我只取了它四个字：'阶级斗争'，老老实实地来开始研究实际的阶级斗争。"② 学习理论并从中掌握"认识问题的方法论"是他读书时的重要经验。毛泽东不仅自己这样做，还号召全党特别是党的高级干部也这样做。彭德怀曾回忆说：1933 年，"接到毛主席寄给我的一本《两个策略》，上面用铅笔写着（大意）：此书要在大革命时读着，就不会犯错误。在这以后不久，他又寄给我一本《"左派"幼稚病》（这两本书都是打漳州中学时得到的），他又在书上面写着：你看了从前送的那一本书，叫做知其一而不知其二；你看了《"左派"幼稚病》才会知道'左'与右同样有危害性"③。

毛泽东在一系列著作中强调学习理论关键是掌握马列主义的立场、观点和方法，认为它们是马克思主义理论的实质和灵魂，是中国共产党人用来观察国家命运的工具。1936 年，他在《中国革命战争的战略问题》中写道："我们应该学习的是布尔什维克的聪明。我们的眼力不够，应该借助于望远镜和显微镜。马克思主

---

① 毛泽东：《致何凯丰》，《毛泽东书信选集》，人民出版社 1983 年版，第 202 页。

② 毛泽东：《关于农村调查》，《毛泽东农村调查文集》，人民出版社 1982 年版，第 21—22 页。

③ 《彭德怀自述》，人民出版社 1981 年版，第 183 页。

义的方法就是政治上军事上的望远镜和显微镜。"① 他后来在《反对党八股》中又说:"使大家学会应用马克思主义的方法去观察问题、提出问题、分析问题和解决问题,我们所办的事才能办好,我们的革命事业才能胜利。"② 他在号召干部学理论时,强调学懂弄通的重要性。在延安整风期间,他明确表示,如果我们党的高级干部"读通了这些马恩列斯的著作,我们党就武装起来了"③。1963 年,他又提出"如果有二百个干部真正理解了马列主义就好了"④。他反复强调"读通了"和"真正理解了",就是着眼于掌握立场、观点和方法。凡是知晓毛泽东读书生活的人都谈到,他读马列著作认真、刻苦,甚至患病时躺在担架上读,有时通宵达旦。对许多重要书籍,他往往读几遍甚至十几遍。他为什么要下这么大的功夫? 就是为了能准确地把握书中阐述问题的立场、观点、方法,领会理论的精神实质。

刻苦读书并不是死读书、读死书。在号召干部学习马克思主义理论方面,他不仅在读书的内容、数量上作出明确的规定,亲自挑选应读书目,而且尤其强调读书方法,强调理论联系实际和独立思考的重要性。他历来认为,既要读有字的书,又要读无字的书,以求获得完全的知识。他也极力主张读书时要独立思考,不能把自己的头脑长在别人的脖子上。他明确说过,尽信书,则不如无书。这鲜明地表露出他不为书本所累的分析批判意识。1958 年,他给各级领导写信,建议读两本书:斯大林的《苏联社

① 毛泽东:《中国革命战争的战略问题》,《毛泽东选集》第 1 卷,人民出版社 1991 年版,第 212 页。
② 毛泽东:《反对党八股》,《毛泽东选集》第 3 卷,人民出版社 1991 年版,第 839 页。
③ 龚育之、逄先知、石仲泉:《毛泽东的读书生活》,生活·读书·新知三联书店 1986 年版,第 32—34 页。
④ 同上。

会主义经济问题》和《马恩列斯论共产主义社会》。要求"每人每本用心读三遍，随读随想，加以分析，哪些是正确的（我以为这是主要的）；哪些说得不正确，或者不大正确，或者模糊影响，作者对于所要说的问题，在某些点上，自己并不甚清楚"。"要联系中国社会主义经济革命和经济建设去读这两本书，使自己获得一个清醒的头脑，以利指导我们伟大的经济工作。"①

从学习内容上看，在延安整风运动前后，毛泽东更加强调学习哲学，他不仅自己带头学哲学、讲哲学，而且同陈云等人多次谈学哲学问题。在他的积极倡导下，延安成立了新哲学学会，由艾思奇出面编辑了《哲学选辑》一书。随着"整风"运动的开始，1941年8月，中央负责同志组织成立了思想方法学习小组，毛泽东亲自担任组长。9月底，中央又决定在各地区成立高级学习组。9月29日，毛泽东在给中央研究组和各地高级学习组的信中，明确提出"关于理论方面，暂时以研究思想方法论为主"②。10月30日，毛泽东又专门作了关于思想方法问题的报告。广大党员、干部掀起的学习马克思主义思想方法的运动是中国革命史上的一件大事，它对于促进党在思想理论方面的成熟和进步起了重大的作用。

第二，从理论上阐明"结合"的方法论问题，为克服主观主义提供思想武器。如上所述，为了克服主观主义，在对待马克思主义的态度上，毛泽东明确反对抽象的、形式的、本本主义的学习态度，主张理论和实际相统一，强调学懂弄通的重要性，提出了把马克思主义作为认识问题的方法论的要求。为了使党不再重

---

① 毛泽东：《致中央、省市自治区、地、县四级党委委员》，《毛泽东书信选集》，人民出版社1983年版，第652页。

② 毛泽东：《致中央研究组及高级研究组》，《毛泽东书信选集》，人民出版社1983年版，第189页。

犯历史上的错误，毛泽东突破了以往着重组织处理的路线斗争模式，把重心放在解决思想路线方面。他深深感到，只有抓住马克思主义的根本点和精髓，从思想方法论的高度解决理论和实际为什么结合和怎样结合的问题，才能从根本上"击破"教条主义思想，使有经验的人"避免重复"经验主义的错误。另外，为了使"把马克思主义作为认识问题的方法论"从一般号召变为全党的自觉行动，使党在思想上尽快成熟起来，也需要从理论上解决"结合"的方法论问题。归纳起来，他的理论建树主要有以下几个方面。

第一，阐明了世界观与方法论、"体"与"用"的一致性。毛泽东在延安讲授哲学时明确地说过，辩证唯物论的宇宙观，同时又是无产阶级认识周围世界的方法和革命行动的方法，它是宇宙观和方法论的一致体。他还解释说：唯物主义辩证法是马克思主义的科学方法论，是认识的方法，然而它就是世界观。此后，他一直坚持世界观就是方法论、哲学就是认识论的思想。毛泽东关于世界观和方法论是一致体的观点主要是针对教条主义而讲的，强调两者的一致性，其目的是突出哲学理论的方法论功能，并不是完全抹杀世界观和方法论的区别。因为，强调两者的共性，是使世界观向方法论转化的首要前提，是强调从革命理论中去把握方法的基本依据。

第二，阐明了方法和规律的关系问题。首先，揭示了方法与一般规律和特殊规律的关系。毛泽东以战争为例，把规律区分为一般规律和特殊规律，我们不但要研究一般战争的规律，尤其要研究特殊的中国革命战争的规律。按照情况活用原则是战争指导规律的灵魂。因此，研究战争的指导规律和方法，最要紧的是着眼其特点和着眼其发展。随后，他对此又作了哲学抽象和概括，指出共性和个性的关系问题，是唯物辩证法的精髓，因而也是思想方法论的精髓。其次，他揭示了方法与客观规律和行动规律的关系。上面所说的特殊规律，同时也包含着主体的行动规律。主体的活动总是直接与特殊规律打交道，间接地与一般规律打交道。指导规律或方法首先要和外部世界的规律相一致，要遵循事物的客观规律，但指导规律在内容上则是对行动规律的运用。因此，作为方法总是直接地同行动规律相关，间接地同客观规律发生关系。这样，毛泽东就揭示出方法的形成过程既是从一般规律到特殊规律的认识过程，也是从客观规律到行动规律的转化过程。而实践是人们认识和利用自然规律、社会规律的条件和中心环节。无论是一般规律还是特殊规律，都要通过人们的实践和行动规律体现出来。毛泽东在 1942 年 10 月 30 日所作的思想方法的报告中说：真理是从实践中得来的，把客观实践分析清楚了，就能获得真理。这里所说的是"真理"的形成过程，同时也就是方法的形成过程。

第三，在世界观和方法论一致的基础上，进一步揭示了认识论、辩证法、历史唯物论在方法论上的一致性。认识和实践、一般和个别、领导和群众的关系问题，它们分别属于认识论、辩证法、历史唯物论研究的范畴。但是，在现实生活中它们并不是彼此截然分离的，而是有机统一的。毛泽东认为，重要的问题是阐明它们在方法论上的一致性。一方面，他指出了认识和实践、一般和个别、领导和群众的关系，是哲学中主观和客观关系的特定表现；另一方面，又从认识的正常秩序出发，揭示了"实践——认识——实践""个别——一般——个别""群众——领导——群众"这三个公式在本质上的一致性。这三个公式的统一为我们党的领导方法的形成奠定了理论基础。

三　抓思想方法教育是党的基本经验和优良传统

毛泽东在同"左"、右倾机会主义的斗争中，突出地抓了思想路线这个环节，把继承和发展马克思主义理论、马克思主义中国化落实到以思想方法为主的环节上，并在实际斗争中建立了以实事求是为核心的思想路线和思想方法，保证了中国革命和建设的胜利。在他的带动下，把马克思主义的立场、观点和方法运用于中国的具体环境的号召日益深入人心，党的核心领导成员的哲学素养迅速提高。从此以后，抓思想路线和思想方法的教育成为党的光荣传统，它不仅是毛泽东哲学思想的主要特征，也是我们党的思想理论建设的主要内容，这是中国共产党人对马克思主义作出的重大理论贡献。陈云曾多次向全党强调学习哲学和思想方法的重要性，并多次谈到自己在毛泽东同志启发下学习马克思主义哲学后，终身受益很大。他在 1939 年 12 月写的《学习是共产党员的责任》一文，就提出"掌握了马列主义的原理和思想方法"[①]，才能把实践经验提高到理论的高度，较早地强调了思想方法的重要性。1957 年 1 月，他在《最要紧的是把思想方法搞对头》的讲话中又说："学习理论，最要紧的，是把思想方法搞对头。因此，首先要学哲学，学习正确观察问题的思想方法。"[②] 他在 1987 年 7 月《身负重任和学习哲学》的谈话中再次强调："要把我们的党和国家领导好，最要紧的，是要把领导干部的思想方法搞对头。"[③] 1991 年年初，他在同浙江省领导谈怎样做到实事求

---

① 陈云：《学习是共产党员的责任》，《思想方法工作方法文选》，中央文献出版社 1990 年版，第 162 页。

② 陈云：《最要紧的是把思想方法搞对头》，《思想方法工作方法文选》，中央文献出版社 1990 年版，第 347 页。

③ 陈云：《身负重任和学习哲学》，《思想方法工作方法文选》，中央文献出版社 1990 年版，第 490 页。

是时又说：在延安的时候，我曾经仔细研究过毛主席起草的文件、电报。当我全部读了毛主席起草的文件、电报之后，感到里面贯穿着一个基本指导思想，就是实事求是。① 陈云的这些话不仅说明实事求是是毛泽东思想的根本点，而且生动地反映了陈云本人自觉地从党的文件中学习思想方法的哲学素质。陈云在延安时期，通过学习马克思主义哲学和毛泽东著作，认识到实事求是是贯穿在毛泽东著作中的一个基本思想，是马克思主义的一条主要原则，他据此提出了"不唯上，不唯书，只唯实"的思想原则，并在党的十一届三中全会以后重申这一思想原则，从而丰富了毛泽东思想方法论的宝库，为广大干部自觉掌握正确的思想方法树立了榜样。

邓小平是我们党内坚持和发挥毛泽东思想方法论最突出的代表之一。早在 1943 年 2 月，他在太行分局高干会上所作的整风报告中，就对思想方法问题作了比较集中的论述，明确提出："在整风的内容方面，主要着重于学风的深入研究与检讨，即主要着重于我们思想方法和思想意识的改造，因为思想方法打通了，其他问题也就容易解决了。"② 他在主持起草《关于建国以来党的若干历史问题的决议》时，明确指出："现在我们的干部中很多人不懂哲学，很需要从思想方法、工作方法上提高一步。"③ 对思想方法问题的重视同样反映在他对理论学习的内容和方法的论述中。他一方面明确提出，学习理论主要是学习马克思主义的哲学，重点是学习毛泽东同志的哲学著作；另一方面，鲜明地提出要完整准

---

① 参见《陈云同志同浙江省领导谈怎样做到实事求是》，《人民日报》1991年 1 月 18 日。

② 邓小平 1943 年 2 月 22 日在太行分局高干会上的结论，转引自石仲泉、刘武生主编《毛泽东思想方法导论》，中央文献出版社 1992 年版，第 243 页。

③ 邓小平：《对起草〈关于建国以来党的若干历史问题的决议〉的意见》，《邓小平文选》第 2 卷，人民出版社 1994 年版，第 303 页。

确地理解毛泽东思想的完整体系，指出毛泽东思想的活的灵魂是它的立场、观点和方法，它们有三个基本方面，即实事求是、群众路线、独立自主。在 1992 年年初的南方谈话中，他进一步提出：学习马列要精，要管用；要相信毛主席讲的实事求是。为了在新时期重新确立党的思想路线，他对实事求是原则作了极为全面的论述，明确指出，实事求是是毛泽东思想的出发点、根本点，是毛泽东思想的精髓，也是我们总结长期历史经验得出的基本结论。粉碎"四人帮"以后，他为了捍卫实事求是的思想路线，在全国掀起了一场新的思想解放运动，带领全国人民走上了一条中国式的社会主义现代化的道路。他曾经说过自己是实事求是派。这说明了实事求是正是以毛泽东为代表的老一辈革命家哲学思想的核心和实质。

第二节　以实践为基础的结合原则和发展原则

众所周知，实践性是马克思主义理论的一个根本特点，理论与实践相结合是马克思主义不断丰富和发展的途径和道路。中国革命和建设的特殊性对这一结合提出了特殊要求，从根本上说，毛泽东哲学思想和方法论是对这一结合的论证和总结。在新民主主义革命阶段，我们党面临的主要任务是把马克思列宁主义应用于中国革命的实践，认识和解决中国革命的实际问题。所以毛泽东一贯强调理论和实践的结合，强调理论对实践的依赖关系，理论的基础是实践，又转过来为实践服务，这是毛泽东哲学产生、存在和发展的根本宗旨。他创立的思想方法、工作方法和领导方法，都是基本原理同具体实践相结合的中间环节，是理论通向实践的桥梁。正如一名外国学者所指出的："毛泽东的全部著作都是一种哲学'实践'，是一种目的在于改造世界并正在改造世界的认识论。"① 纵观毛泽东的全部著作，他在讲理论、哲学、方法时，都离不开一个基本原则，即实践原则。实践观点和以实践为特征的方法论是贯穿毛泽东思想始终的一根红线。离开了实践观点，我们就无法准确地理解和把握毛泽东方法论的真谛。

一　毛泽东实践观的方法论意义

理论和实际的统一，是毛泽东思想的特点和精华。实践是毛泽东认识论思想的基石，因而也是毛泽东方法论的基石。这就是说，理论和实际的统一是建立在实践观点之上的。要理解理论和实际相结合必须以实践为基础，关键是把握住理论和实际相结合原则的基本含义，以及这些含义同实践的内在联系。

理论和实际结合的原则包含两层含义：一个是要求人们处理好理论、认识同客观对象的关系；另一个是属于基本原则的运用即一般和个别的关系问题。理论和实际相结合本质上或者首先是认识和对象的一致问题，认识与其对象的关系是认识论的基本问题。认识所反映的内容来自客观对象，但这种反映之所以能发生，则在于人类改造客观对象的实践活动。所以，认识和对象、主观和客观的矛盾在现实中就表现为认识和实践、知和行的矛盾。旧唯物主义曾经正确地回答了认识是主观对客观的反映这个问题，但他们不懂得认识是在实践的基础上才达到与客观对象一致。党内的教条主义者既不懂得理论要和实际相统一，也不懂得革命的理论来自革命的实践，还需要在新的实践中接受考验。为

---

① ［法］米歇尔·卢瓦：《实践论》法文版前言，转引自赵永茂等《毛泽东哲学思想概论》，吉林人民出版社 1986 年版，第 22 页。

此，毛泽东对认识的实践基础作了深入的阐述。

第一，他认为，就知识的总体来说，一切真知都是从直接经验发源的，书本的知识和他人的经验都发源于实践，是从实践中取得的，"我们强调社会实践在认识过程中的意义，就在于只有社会实践才能使人的认识开始发生，开始从客观外界得到感觉经验"①。第二，不仅感性认识来源于实践，实践同样也是理性认识的基础。他在读西洛可夫、爱森堡的《辩证法唯物论教程》一书时批注道：从感性认识到理性认识，只有依据以实践为基础的思维才能达到。这里的"以实践为基础的思维"，是就理论认识的形式说的。至于说到理论认识的内容，同样离不开实践的作用。他继续批注道："感觉是解决现象问题，理解是解决本质问题，只有在实践过程才能暴露其本质而理解他。"② 几个月后，他在《实践论》中再次重申了这一思想。第三，明确提出了由理性认识到实践的第二个飞跃的思想。毛泽东在阅读李达的《社会学大纲》一书时写道，要阐明由思维到物的推移的辩证法，即检验与再认识。这种再认识是认识发展的更高阶段，这个新阶段同样是由实践到理论，又由实践到高级的理论的过程。此外，毛泽东还多次从方法论的角度谈到真理性认识与实践的相关性。他在 1941 年 10 月 30 日所作的关于思想方法的报告中说：理论正确不正确，要拿到实践中去，实践是证明真理的标准。这叫作唯物论，是马克思主义起码的一条。真理是从实践中得来的，你不把客观实践分析清楚，真理从哪儿来呢？③

---

① 毛泽东：《实践论》，《毛泽东选集》第 1 卷，人民出版社 1991 年版，第 290 页。

② 《毛泽东年谱（1893—1949）》上卷，中央文献出版社 1993 年版，第 616 页。

③ 参见石仲泉、刘武生主编《毛泽东思想方法导论》，中央文献出版社 1992 年版，第 73—74 页。

理论和实际相结合，在认识秩序上表现为从一般到个别的推移。毛泽东指出："当着人们已经认识了这种共同的本质以后，就以这种共同的认识为指导，继续地向着尚未研究过的或者尚未深入地研究过的各种具体的事物进行研究，找出其特殊的本质，这样才可以补充、丰富和发展这种共同的本质的认识，而使这种共同的本质的认识不致变成枯槁的和僵死的东西。"① 为什么从一般向个别的推移也要借助于实践环节呢？毛泽东认为，在把理论运用于实际的过程中，要做好两项工作。第一，是对理论的分析借鉴工作。他在《中国革命战争的战略问题》一文中说，军事理论是过去血的教训的经验总结，我们应当认真地学习它，但必须从自己的经验即实践中考证这些结论，"吸收那些用得着的东西，拒绝那些用不着的东西，增加那些自己所特有的东西"②。第二，理论和实际相结合的实质是善于在普遍规律指导下认识和解决特殊矛盾。普遍性只能在共性联结上包含特殊性，特殊性不能完全被包含在普遍性之中。因此，搞好"结合"过程的关键是抓住客观实际的要点或特点。为此，他多次提出认识事物要着眼于它的特点和发展，不了解中国革命的特点，就不能指导中国革命。在谈到一般和个别的关系时，他写道："研究从辨异入手"③，"共同点与特殊点都是要紧的，而特点尤要"④。可见，在理论和实际、一般和个别的结合问题上，着力点是在个别方面。如上所述，在普遍原理指导下认识个别的过程，同样是一个实践的过程。所以，他多次指出如果离开了调查研究实践，就不能将理论和实际结合

① 毛泽东：《矛盾论》，《毛泽东选集》第 1 卷，人民出版社 1991 年版，第 310 页。

② 毛泽东：《中国革命战争的战略问题》，《毛泽东选集》第 1 卷，人民出版社 1991 年版，第 181 页。

③ 《毛泽东哲学批注集》，中央文献出版社 1988 年版，第 41 页。

④ 同上书，第 176 页。

起来。

总之，认识过程中的基本矛盾是主观和客观的矛盾，它一方面表现为认识和客观对象的矛盾，另一方面又表现为一般和个别的矛盾，它们都是在实践中产生并在实践中得到解决的。理论和实践的统一是我们党区别于其他政党的显著标志之一，所以说"哲学的党性包含着理论与实践的统一"①。实践的观点是毛泽东哲学方法论的出发点和归宿，是我们理解和把握这一方法论内容的重要指导范畴。

二　实践是"结合"和"发展"统一的基础

理论和实际相结合，既包括理论指导实践，又包括概括实践经验创造新的理论，这是毛泽东的一贯思想。在延安整风时期，针对党内存在的静止地、孤立地研究马克思主义的错误倾向，他明确提出"要分清创造性的马克思主义和教条式的马克思主义"，"宣传创造性的马克思主义"，"使中国革命丰富的实际马克思主义化"。针对党内存在的死背教条的教条主义倾向，他在《整顿党的作风》一文中，对理论、理论家等概念作了科学的解释和说明，明确提出只有运用马克思主义的立场、观点和方法，从中国的历史实际和革命实际的研究中创造出理论来，才叫作理论与实际相联系。在这期间，毛泽东多次强调学习马列主义要作出合乎实际需要的理论性创造，认为这是把理论与实际相联系的中心环节。1942年春天，他在《如何研究中共党史》一文中说："我们要把马、恩、列、斯的方法用到中国来，在中国创造出一些新的东西。只有一般的理论，不用于中国的实际，打不得敌人。但如果把理论用到实际上去，用马克思主义的立场方法来解决中国问题，创

---

① 《毛泽东哲学批注集》，中央文献出版社1988年版，第321页。

造些新的东西，这样就用得了。"① 在毛泽东看来，讲结合就是讲运用，就是讲创造和发展。结合不仅是运用和发展的基本途径，也是实现运用和发展的方式和方法。

通常所谓坚持马克思主义的指导作用，是包含发展原则在其中的。因为我们坚持的只能是它的基本原理和精神实质，而不可能是它的一切结论。在马克思主义发展史上，每一次重大的理论创造和突破，都与它的继承者辩证地处理"结合"和"发展"的关系是分不开的。众所周知，延安时期是毛泽东思想获得重大发展的时期，而毛泽东著作的丰厚和毛泽东思想的成熟正是马克思主义理论与中国革命实践相结合、实现第一次历史性飞跃的产物和结果。在 20 世纪 50 年代后期，当斯大林的错误被批判以后，关于"结合"和"发展"的问题再一次成为毛泽东思考的中心之一。在 1958 年 3 月的中共中央成都会议上，他再一次强调，要使我们的干部认识到，老祖宗也有缺点，要加以分析，对于经典著作要尊重，但不要迷信，马克思主义本身就是创造出来的，不能抄书照搬。在同年 5 月的中共八大二次会议上，他还提出"不要怕马克思"，马克思也是人，跟我们差不多，只是他脑子里头有一大堆马克思主义。但是列宁说的、做的，有许多东西超过了马克思。我们做的也有许多超过了马克思。十月革命是列宁做的，马克思没有做过，中国这样大的革命，马克思也没有做过。他那时革命没有成功。十月革命、中国革命都成功了。我们的实践超过了马克思。他告诫全党，不要妄自菲薄，看不起自己，要敢想、敢说、敢做，要大胆创造。② 这些谈话表明，革命实践是马克思主

---

① 毛泽东：《如何研究中共党史》，《中共党史革命史论集》，中共中央党校出版社 1982 年版，第 10 页。
② 参见石仲泉、刘武生主编《毛泽东思想方法导论》，中央文献出版社 1992 年版，第 120 页。

义发展的基础，随着社会实践的发展，马克思主义理论也要概括新的历史经验而不断发展，对马克思主义抱着奴隶主义和教条主义的态度是错误的。

马克思主义的生命力不在它可以超越历史条件，而在于它是随着实践的发展而发展的。毛泽东历来反对用停止的观点对待马克思主义，每到一个新的历史时期，他总是把发展马克思主义的课题提到全党的面前。1960 年年初，他在读苏联《政治经济学（教科书)》时讲了一段很重要的话，他说：马克思、恩格斯、列宁的书，必须读，这是第一。但是任何国家的共产党人，任何国家的无产阶级的思想界，都要创造新的理论、写出新的著作、产生自己的理论家，来为当前的政治服务。任何国家、任何时候，单靠老东西是不行的。他联系中国的实际情况说：我们在第二次国内革命战争末期和抗战初期写了《实践论》和《矛盾论》，这些都是适合于当时需要不能不写的。现在我们已经进入社会主义时代，出现了新的一系列的问题，如果不适应新的需要，写出新的著作，形成新的理论，也是不行的。① 这些话反映了他对理论和实践的根本态度，即实践发展了，就要写出新的著作，形成新的理论。

马克思主义与中国革命实际相结合是一个理论创造过程，而这种结合和创造又是在实践基础上进行的。我们党把新民主主义革命理论的形成称作第一次历史性的飞跃，把建设有中国特色的社会主义的理论的提出称作第二次历史性飞跃。这种概括既揭示了结合过程的创造性本质，又说明了结合和创造绝不是一蹴而就实现的，新民主主义革命理论和有中国特色的社会主义理论，都

---

① 参见龚育之、逄先知、石仲泉《毛泽东的读书生活》，生活·读书·新知三联书店 1986 年版，第 35—36 页。

是经过几十年的反复探索，经过多次失败和成功的实践经验的积累，才逐步形成和完善的。

强调把马克思主义理论具体化、实践化，强调在实践斗争中发展马克思主义，是我们党在处理理论和实际相结合问题上的一个根本观点。结合中国革命的实践经验来运用和发展马克思主义，是毛泽东对待马克思主义理论的根本态度。在这方面，邓小平是毛泽东之后坚持毛泽东上述思想的最突出的代表。1979 年 3 月，他在理论务虚会上反复强调了依据实践发展马克思主义的重要思想。他说："不能设想，离开政治的大局，不研究政治的大局，不估计革命斗争的实际发展，能成为一个马克思主义的思想家、理论家……科学社会主义是在实际斗争中发展着，马列主义、毛泽东思想是在实际斗争中发展着。我们当然不会由科学社会主义退回到空想的社会主义，也不会让马克思主义停留在几十年或一百多年前的个别论断的水平上。"[①] 他明确提出，解放思想就是运动，马克思主义的基本原理，研究"新情况、新问题，并且作出有重大指导意义的答案，这将是我们理论工作者对马克思主义的重大贡献，对毛泽东思想旗帜的真正高举"[②]。这就是说，是否运用马克思主义理论去研究新情况、解决新问题，是衡量人们是真高举还假高举、真坚持还是假坚持的重要标准。总结 14 年改革开放的历史经验，使我们深深感到，中国所发生的令世人瞩目的新变化都与邓小平提倡思想解放、强调在实践中发展科学社会主义理论密切相关。从 1978 年提出解放思想、实事求是，到 1992 年 5 月再次提出"换脑筋"；从改革开放之初支持实践标准问题的讨论，到提出"三个有利于"的标准；从提出"两个凡是"不符合马克

---

① 邓小平：《坚持四项基本原则》，《邓小平文选》第 2 卷，人民出版社 1994 年版，第 179 页。

② 同上。

思主义，到提出学马列要精、要管用，改革开放要靠实践、靠实事求是，不是靠"本本"。邓小平的理论和实践充分展示了他对马列主义、毛泽东思想的科学态度，充分显示了我们党的以实践为核心的理论和实际相结合的思想原则的巨大威力。

第三节　以具体分析为灵魂的运用原则

毛泽东曾经说过，他从青年时代树立马克思主义的信仰后，一生中从未动摇过。但是，这种信仰并不是盲从，他既看重理论，又重视客观实际和革命实践，可谓深得马克思主义的精髓。写于1930年的《反对本本主义》一文，已经明确地表达了他对马克思主义的科学态度。因此，当中国共产党肩负着既要遵循马克思主义的理论原则、又要不拘泥于它的具体结论这一历史使命时，毛泽东在这方面充分显示了他的卓越才华，找到了一条把马克思主义中国化的道路，并为实现马克思主义同中国具体实际相结合制定了一整套思想方法和工作方法。从根本上说，毛泽东思想及其方法论是开放的、权变性的，他多次强调具体问题具体分析是马克思主义活的灵魂，他也反复告诫全党：即使对待马克思主义的普遍真理也要同中国的具体的、历史的条件相结合，在具体原理的运用上更不能生搬硬套，而要根据原则"用心思索"，"发扬自己的创造力"，绝不能公式主义地应用各项原理和方法。毛泽东这一科学态度，是他成功地发展马克思主义的秘密所在，也是我们学习和运用毛泽东方法论时必须坚持的基本原则。

一　具体历史性概念的方法论意义

毛泽东在《实践论》的结尾部分指出："我们的结论是主观和

客观、理论和实践、知和行的具体的历史的统一，反对一切离开具体历史的'左'的或右的错误思想。"① 这一结论，不仅是认识论中的基本原则，它还揭示了主观和客观的统一具有具体历史性的特点，因而具有巨大的方法论意义。从方法论上说，具体历史性原则是理解和贯彻一切从实际出发、实事求是、理论和实际相结合的理论基础，是毛泽东方法论体系的灵魂。

主客观具体的、历史的统一包含两层含义。所谓统一的具体性是说，主观和客观总处于特定的时间和特定的地点，它们的统一也总是一定条件下的统一。即使是作为理性把握对象的客观规律的存在和发展，也都存在于它们起作用的条件之中。因此，无论是对具体事物的把握还是对一般规律的认识，都不可能超越具体条件去实现。作为主观和客观实现统一的结果也总是具体的，抽象的真理是没有的，真理总是具体的。主观和客观统一的具体性是衡量认识的真理性的条件之一，离开具体条件既不可能有主观和客观的符合，也无从谈论认识的真理性。所谓统一的历史性是说，主观和客观的统一不是一次完成的，在时间上表现为一个过程。主观和客观的统一总是随着客观事物的发展而变化，不是僵死的、一成不变的，认识的具体性和历史性说的是认识的相对性和条件性，认识及其结果之所以是具体的、历史的，归根结底，是由于客观事物存在和发展的辩证本性以及由它所决定的主观认识和实践活动的辩证性质。毛泽东在谈到人类认识的相对性的客观根源时说："马克思主义者承认，在绝对的总的宇宙发展过程中，各个具体过程的发展都是相对的，因而在绝对真理的长河中，人们对于在各个一定发展阶段上的具体过程的认识只具有相对的

---

① 毛泽东：《实践论》，《毛泽东选集》第 1 卷，人民出版社 1991 年版，第 296 页。

真理性。……社会实践中的发生、发展和消灭的过程是无穷的，人的认识的发生、发展和消灭的过程也是无穷的。"① 这里对客观、主观和实践三个因素的具体历史性均作了论述。其中，主观和客观是认识的两种基本因素，而实践则是沟通主观和客观的基础和桥梁，这是我们把握认识的具体性和历史性的最根本的依据。

认识的具体历史性原则是毛泽东针对党内教条主义、经验主义错误倾向而首次提出的，这是对马克思主义认识的重大贡献。在此之前，经典作家主要是提出了应当具体地、历史地对待一般原理和具体结论的理论原则，毛泽东的贡献是从认识的要素、认识的过程及其认识的结果的统一中，全面地分析了认识的具体历史性这个重要问题，从而为认识论转化为方法论奠定了理论前提。从认识的具体历史性原则中可以得出如下三点主要的方法论启示。

第一，无论是感性认识还是理性认识，都是具体的、有条件的。人类在某一时代的认识都是受时间、地点、条件限制的，因而是有局限性的认识。一切都依时间、地点和条件为转移，马克思主义不承认绝对适应于一切时代和时期的不变的结论和公式。要用发展的观点来观察一切事物，包括认识和理论本身。因此，要把认识的具体历史性原则和发展原则统一起来，两者本来是一回事。当客观情况发生变化时，不能固守一些过时的原则和框框、以不变应万变，而要研究新情况、总结新经验、认识新问题、创造新理论。那种凭老资格、老经验办事的思想作风是要不得的。客观事物和人们的实践活动总是发展的，永远不会停止在一个水平上，而任何经验和理论都是以往的。因此，为了使我们的认识不致变为枯槁的东西，就必须使我们的头脑包括以往的认识和理

---

① 毛泽东：《实践论》，《毛泽东选集》第 1 卷，人民出版社 1991 年版，第 295 页。

论一刻也不脱离实际。正如张闻天所说，任何共产党员，一旦脱离实际，他的头脑中的思想就会硬化起来，走进老布尔什维克的博物馆，做历史的陈列品。①

第二，认识的具体历史性表明，人们对客观外界的反映总是有针对性和对象性的，这是认识的条件性。认识的真理性与其产生的条件是密不可分的。有些经验在此一时间、地域和条件下，对我们的工作与思想可能有积极的指导作用，但如果拿到另一时间、地域中去，又可能妨碍我们的工作。究其原因，在于两地的具体情况不同。同样地，无产阶级政党的任何政策和策略都是根据历史条件制定的，适合一定地域和历史条件的政策和策略，并不一定适用于另一新的地域和新的时期。因此，在制定政策的时候，不仅要参考前一时期的政策规定，尤其要把握当下历史时期的特点和要求。执行上级下达的各项政策，也一定要同本地区的具体情况相结合。一般原理具有较大的普适性，但它在不同国度、民族因其条件的差异而表现出不同的特点。因此，对于一般原理来说，在应用时不加任何分析，用一般原理代替对具体情况的了解，是最危险的。

第三，要坚持认识的具体历史性原则，最根本的是要贯彻具体问题具体分析的原则。具体问题具体分析既体现了认识的具体性原则，又能使原有的认识在新的历史条件下不断得到充实和发展。尤其重要的是，当人们在应用一般原理解决实际问题时，坚持具体问题具体分析的方法，能有效地避免人们用抽象的概念代替对具体事物分析的教条主义错误。在我们党的历史上，公开提倡理论脱离实际的毕竟是少数，但如果把主客观的统一只停留在

---

① 参见张闻天《出发归来记》，《张闻天选集》，人民出版社 1985 年版，第 340 页。

口头上，抽象地、笼统地讲统一，不在实际工作中注意和解决这个统一的具体性和历史性，其结果还是不能达到主观与客观、理论和实践的真正统一。所以，以认识的具体历史性原理为依据提倡具体地分析具体的问题，是对中国革命经验的科学总结，是反对教条主义和经验主义的有效武器。

二　具体分析是辩证理性方法的灵魂

马克思主义的最本质的东西、马克思主义的活的灵魂，就在于具体地分析具体的情况。这是由列宁提出、毛泽东多次引用和反复加以强调的一个观点。1936 年，毛泽东在《中国革命战争的战略问题》一文中首次引用了这一观点，此后在《矛盾论》《学习和时局》等论著中又不止一次地引用和论证了这一观点。1961 年 11 月他在提倡调查研究时再次强调了这个观点："认真调查研究，对具体问题作出具体的分析，而不是抽象的主观主义的分析，这是马克思主义的灵魂。"[1] 应当说，这是毛泽东在其一生中矢志不渝地加以贯彻的一个方法论原则。

具体问题具体分析或具体地分析具体的情况这一原则的内涵十分丰富，其中的两个"具体"所指有所不同，体现了唯物论和辩证法的统一。具体问题或具体情况强调了认识的唯物论方面；具体分析则强调了辩证法。只有从唯物主义和辩证理性统一的角度才能较全面地把握它的丰富内容。马克思主义认识论和辩证法主张理论和实际的统一、一般和个别的统一、抽象和具体的统一，这三个统一不是静止的、凝固的，而是动态的、变化的。在现实生活中，对立的双方不是一半对一半，也不是要求人们平均使用

---

① 毛泽东：《关于重新提倡调查研究》，《思想方法工作方法文选》，中央文献出版社 1990 年版，第 390 页。

力量。在不同的历史条件下，它们具有不同的关系和联系，其中总有一方是矛盾的主要方面，因而它就成为实现统一的着力点。毛泽东十分看重理论的指导意义，但体现毛泽东方法论灵魂的具体问题具体分析原则，在坚持和贯彻上述三个统一的过程中，更强调上述矛盾对立双方的后者。在理论和实际的关系中，他突出强调的是把握具体实际的重要性；在一般和个别的关系中，他重点强调的是从一般到个别的现实意义；在抽象和具体的关系中，他重点强调的也是从抽象到具体。在毛泽东的论著和思想中，对"具体"的理性思考占有突出的地位，这是把握其方法论不能不加以注意的。具体说来，主要表现在以下三个方面。

第一，突出强调弄清"具体实际"的方法论意义。在毛泽东的论著中，对"具体"的论述非常多，具体实际构成了全部方法论的基础。在认识论中，他提出了具体实际的客观性原则，强调一切从客观存在的实际出发的方法论意义。他反复强调必须依据具体情况决定工作方针，"必须教育干部善于分析具体情况，从不同地区、不同历史条件的具体情况出发，决定当地当时的工作任务和工作方法"[①]。在辩证法中，他突出地阐明了认识矛盾特殊性的意义，指出只有研究矛盾的特殊性，认识个别事物的特殊本质，才有可能充分地认识矛盾的普遍性。在读书批注中，他主张"科学研究要从质之特点的认识入手"，"只有认识了质的定性，即特殊规律性时才算认识了某物"。他在读艾思奇的《哲学与生活》时提出了"具体的矛盾"的概念，并认为对具体矛盾作"具体分析是确实根据"[②]。所谓具体分析，就是"从客观的实际运动所包含的具体的条件，去看出这些现象中的具体的矛盾、矛盾各方面

[①]　毛泽东：《一九四八年的土地改革工作和整党工作》，《毛泽东选集》第4卷，人民出版社1991年版，第1331页。

[②]　《毛泽东哲学批注集》，中央文献出版社1988年版，第177页。

的具体的地位以及矛盾的具体的相互关系"①。

第二，把辩证法引入认识论，在一般和个别的关系中，提出了从个别到一般、又从一般到个别的两个认识过程的互相联结，把个别作为认识的出发点和落脚点。其中，对从一般到个别的意义作了特别强调。教条主义的重要欠缺之一，是不懂得人们认识了事物的共同本质以后，还必须继续研究新的具体事物。所以，毛泽东强调，"共同点与特殊点都是要紧的，而特点尤要"②。在延安时期，毛泽东在写作《实践论》《矛盾论》之后，对一般和个别的关系进一步作了深入的研究。他指出，苏格拉底提出了普遍与个别的辩证法问题，这是一大功绩，柏拉图提出了概念在思维中的作用，在人类认识史上有开创意义。但他们只知道认识给予行为的影响，把一般作为个别的基础则是不对的。③《矛盾论》在中华人民共和国成立初期公开发表时，毛泽东加写了"当着人们已经认识了这种共同的本质以后，就以这种共同的认识为指导，继续地向着尚未研究过的或者尚未深入地研究过的各种具体的事物进行研究，找出其特殊的本质，这样才可以补充、丰富和发展这种共同的本质的认识"④ 一段话。《反对本本主义》一文在1964年公开发表时，毛泽东也增补了有重要意义的一段话："马克思主义的'本本'是要学习的，但是必须同我国的实际情况相结合。我们需要'本本'，但是一定要纠正脱离实际情况的本本主义。"⑤

---

① 毛泽东：《矛盾论》，《毛泽东选集》第 1 卷，人民出版社 1991 年版，第 319 页。

② 《毛泽东哲学批注集》，中央文献出版社 1988 年版，第 176 页。

③ 参见《毛泽东哲学批注集》，中央文献出版社 1988 年版，第 228—229 页。

④ 毛泽东：《矛盾论》，《毛泽东选集》第 1 卷，人民出版社 1991 年版，第 310 页。

⑤ 毛泽东：《反对本本主义》，《毛泽东选集》第 1 卷，人民出版社 1991 年版，第 111—112 页。

前后这两次增补虽然角度不同，但内容相近，都强调了从一般到个别的重要性，指明了理论概念和具体实际在认识中的不同作用，坚持了唯物主义和辩证法的统一。

第三，在抽象和具体的关系上，强调从抽象到具体。理论和实际、一般和个别相结合的过程，在思维的行程中表现为从抽象上升到具体。毛泽东对马克思的"具体——抽象——具体"的方法是十分熟悉的。他有一次在对一个调查团的谈话中，清晰地阐述了人的认识由感性具体经过思维的抽象达到思维的具体的步骤，指出了感性具体和理性具体的区别。① 国外有些研究者根据毛泽东对具体实际、实践经验的重视，把他归入经验论者的范围，这是欠妥的。国内也有人根据同样的理由，把毛泽东的具体分析的理性称为"实用理性"和"经验理性"也是不准确的。须知毛泽东所面临的课题是怎样把马克思主义中国化、具体化，即实质上是如何把思维一般上升到思维具体的问题。他强调实践、感性经验的重要性，并非要贬低理论思维的意义，而是为了克服党内抽象地、公式地对待马克思主义理论的态度。他多次强调列宁倡导的具体问题具体分析的方法，就因为这一方法是从理论到实际、由抽象到具体的中心环节。他在阅读艾思奇的《哲学与生活》一书所作的摘录中就突出了如下思想：在从一般到特殊的过程中，并不是形式逻辑的推演（演绎法）过程，而是对事物所具有的条件加以具体分析的过程。② 具体问题具体分析的方法是思维由抽象上升到具体的方法。所谓具体分析是用一般分析特殊、用特殊丰富一般的方法，是在一般与个别的统一上，论理的反映对象。这里所谓"论理的"意即逻辑的。具体分析的目的是要"在周围世界

---

① 参见毛泽东《关于农村调查》，《毛泽东农村调查文集》，人民出版社1982年版，第23—24页。

② 参见《毛泽东哲学批注集》，中央文献出版社1988年版，第198—199页。

一切方面的内部联系上去把握周围世界的发展"。这与马克思所说的思维具体是"许多规定的综合，是多样性的统一"是完全一致的。从毛泽东主张"认识的真任务在思维"，以及"不论从一般到个别，从个别到一般，我们的方法根本都是辩证法的"来看，他对运用辩证理性思维指导中国革命胜利的意义是给予了充分肯定的。

国内外有些研究者对毛泽东辩证理性思维的发展有所忽视与下述情况有关，即由马克思明确阐述的"具体——抽象——具体"的逻辑方法经过列宁的解释以后有日益认识论化的倾向。我们认为，逻辑方法的认识论化并不是一种倒退，而是一个进步，它充分说明了辩证法、逻辑学和认识论在本质上是同一的。我们看到，马克思在谈到从抽象上升到具体时，主要是强调要坚持客观性原则，强调思维具体只是客观事物的具体的再现，它应当符合具体事物的历史发展。列宁在谈到从思维抽象上升到具体时，就突出强调要在每一步分析中"都用事实即用实践来进行检验"[1]。我们党的领导核心成员也有一个共同的特点，就是很自觉地把个体的理性思维过程同社会实践、群众路线统一起来，把从抽象上升到具体看作贯穿于社会实践过程中不可缺少的思维链条。例如，毛泽东说："概念的形成过程，判断的形成过程，推理的过程，就是调查和研究的过程，就是思维的过程。"[2] 同样地，张闻天也把思维过程和调查研究统一起来，并把前者看作后者的实质。他指出，"调查研究的主要方法是分析与综合"，分析的过程是"思想从全体的认识到部分的认识的过程"，"综合是从部分到全体，从抽象

---

① 列宁：《黑格尔辩证法（逻辑学）的纲要》，《列宁全集》第55卷，人民出版社1990年版，第291页。

② 毛泽东：《改进学风和文风》，《思想方法工作方法文选》，中央文献出版社1990年版，第377页。

回到具体的思想的运动过程"。人们认识事物的整个运动的过程，就是"从模糊的、笼统的具体印象到抽象，再从抽象到明确的、充满丰富内容的具体概念之认识过程"①。

毛泽东的以"具体实际""具体矛盾""具体分析"为特征的辩证理性思维方式具有重要的方法论意义，它是反对主观主义尤其是教条主义的锐利思想武器。毛泽东在不同的场合，曾把教条主义称为书本上的、形式上的、空洞的、抽象的马克思主义。所有这些称谓均指出了教条主义在思维上的一个主要特征，即他们主张抽象真理论。

马克思反复强调："正确的理论必须结合具体情况并根据现存条件加以阐明和发挥。"② 列宁也说："我们不否认一般的原则，但是我们要求对具体运用这些一般原则的条件进行特别的分析。抽象的真理是没有的，真理总是具体的。"③ 教条主义却与此相反，他们以为上了书的就是对的，有了"本本"就保障了永久的胜利。每做一事，不是凭客观存在的事实，而是假手于"本本"，开口闭口"拿本本来"，却从不肯伸只脚到群众中搞调查研究。由于他们不懂得把马克思主义具体化是理论应用于实际的中间环节，所以他们就把马克思主义变成了万古不变的教条和抽象的公式，"不管事物的情况，将马克思主义原理硬套在事物上，说该事物应如何如何。这就是'全然从外面去应用马克思主义原理'"④。教条主义者之所以屡犯把一般原理硬套到对象上的错误，就是因为他们

---

① 张闻天：《出发归来记》，《张闻天选集》，人民出版社 1985 年版，第 337 页。

② 马克思：《马克思致达·奥本海姆》，《马克思恩格斯全集》第 27 卷，人民出版社 1972 年版，第 433 页。

③ 列宁：《立宪民主党人的胜利和工人政党的任务》，《列宁全集》第 10 卷，人民出版社 1958 年版，第 200—201 页。

④ 《毛泽东哲学批注集》，中央文献出版社 1988 年版，第 312—313 页。

对马克思主义理论的理解至多达到了"思维抽象"的水平。毛泽东强调理论联系实际，从思维角度说，就是告诉人们对理论的把握不能停留在思维抽象阶段，而要使思维抽象上升到具体。这是理论向实践转化的关键环节。

三 重要的问题是分析历史条件

在现实中坚持认识的具体性和历史性，要求人们在把握理论的内容和评价理论的意义时，要采取历史主义的态度和方法。毛泽东在谈到如何研究中共党史时说，马克思主义的根本方法，"就是全面的历史的方法"，所谓历史的方法，"就是弄清楚所研究的问题发生的一定的时间和一定的空间，把问题当作一定历史条件下的历史过程去研究"①。研究马克思主义理论和毛泽东的方法论（包括它的根本方法和具体方法），也要采取这种科学的方法。

历史方法就是分析事物产生的历史条件和历史过程的方法，它是辩证法的具体分析原则的极为重要的内容，就理论的把握和应用而言，历史方法更具有重要的意义。历史方法和辩证方法是不可分的，强调辩证分析方法的毛泽东之所以又十分看重历史方法，就是因为辩证思维方式总是以唯物主义的历史意识为基础，辩证法本质上是历史方法。尊重唯物主义和辩证法，就是尊重历史。认识论、辩证法、唯物主义历史观作为方法，在本质上是统一的。当然，历史方法作为一种研究方法，又有自己的独特视角，需要我们对它加以专门的考察和阐述。概括地说，毛泽东对历史方法的运用及其意义，主要表现在以下几个方面。

---

① 毛泽东：《如何研究中共党史》，《思想方法工作方法文选》，中央文献出版社1990年版，第214页。

第一，注重历史条件的分析，是我们客观全面地把握革命理论的重要方法。众所周知，马克思主义的理论是历史经验的总结，要实现对马克思主义的客观理解，仅仅诉诸逻辑分析方法是不够的，必须把逻辑方法和历史方法统一起来。根据现代解释理论，理论文本的形成会导致历史条件的弱化，使人们可以暂时撇开它同客观世界的关系进行纯形式的研究，这虽然为分析理论的逻辑结构提供了条件，但如果把这种研究方法绝对化，就有可能犯形式主义和教条主义的错误。科学地分析和考察理论形成的经验要素和历史条件，是透过词句把握理论的精神实质所不可缺少的条件。任何理论著作的形成都有其独特的历史背景，不同历史时期的著作自然会带有不同时期的特点，即使是对同一问题的论述，在不同时期针对不同的情况，在提法上也会有所变化。这就要求我们必须从历史实际出发，弄清理论结论和具体历史条件的内在联系，而不能把只言片语作为研究和立论的根据。例如，毛泽东在20世纪30年代曾指出："阵地战，对于我们，不但防御时基本地不能用它，就是进攻时也同样不能用。"[①] 可是到了解放战争后期，他亲自指挥我军进行过许多次属于阵地战性质的攻坚战。在抗美援朝战争中，我军也多次采取阵地战的形式。1952年10月24日，毛泽东在给彭德怀等人的电文中指出："自从去年七月我军采取坚强的阵地作战以来，给予敌军损失的数量，远远地超过去年七月以前在各次运动战中给予敌军的损失数量。""这种情况，就是依靠阵地实行上述作战方法的结果。"事实证明，毛泽东关于阵地战的这两种看法都是正确的，都是从当时的历史条件出发而得出的科学结论。正如邓小平所说："我们可以

---

① 毛泽东：《中国革命战争的战略问题》，《毛泽东选集》第1卷，人民出版社1991年版，第228页。

看到，毛泽东同志在这一个时间，这一个条件，对某一个问题所讲的话是正确的，在另外一个时间，另外一个条件，对同样的问题讲的话也是正确的；但是在不同的时间、条件对同样的问题讲的话，有时分寸不同，着重点不同，甚至一些提法也不同。"①这种提法上的不同正体现了根据不同情况活用原则的辩证理性精神。

毛泽东在谈到军事理论与方法的历史性时指出："一切战争指导规律，依照历史的发展而发展，依照战争的发展而发展；一成不变的东西是没有的。"② 我军在土地革命战争时期曾由前期的游击战向带有游击性的运动战转变，在抗日战争时期又从运动战向游击战转变，在解放战争时期又转变为大规模的运动战，在抗美援朝战争中又从前期的运动战转变为阵地战。这种作战形式的反复变动并不是随意的，而是有其历史原因的。只有从不同历史时期或阶段的不同条件出发，才能对军事的各个时期的战略转变作出客观的解释。朱德曾把从实际出发选择作战形式概括为："有什么枪打什么仗，对什么敌人打什么仗，在什么时间地点打什么时间地点的仗。"一切依时间、地点、条件为转移，绝没有一成不变的章法。用历史主义观点看待事物，就要懂得事物总是发展变化的，不能用一种固定的经验和模式作为衡量是非的标准。毛泽东曾针对一部分人在政策上的"左"右摇摆指出，克服过"左"过右摇摆的关键，是使"他们从历史上和目前党的政策的变化和发展，作全面的统一的了解，方能克服"③。所谓"全面统一的了

①　邓小平：《完整地准确地理解毛泽东思想》，《邓小平文选》第 2 卷，人民出版社 1994 年版，第 42—43 页。
②　毛泽东：《中国革命战争的战略问题》，《毛泽东选集》第 1 卷，人民出版社 1991 年版，第 173—174 页。
③　毛泽东：《论政策》，《毛泽东选集》第 2 卷，人民出版社 1991 年版，第 765 页。

解"，就是把政策和历史条件都作为一个历史发展过程来考察，全面地分析某一政策是在什么条件下产生的，又是在什么条件下发生变化的，才能从中总结出有益的经验。用历史的观点对待事物，要求人们研究和解决任何问题时都不要离开一定的历史条件，既不能用今天的条件去否定历史的事物，也不用历史的经验来否定今天的事物。邓小平在批评"两个凡是"的错误时指出："毛泽东同志历来重视具体的历史条件，重视从研究历史和现状中找出规律性的东西来指导革命。那种否定新的历史条件的观点，就是割断历史，脱离实际，搞形而上学，就是违反辩证法。"① 认为凡是毛主席没有说的就不能做的人，就是否认了历史条件是发展变化的。有些东西如改革开放，在当时还不具备提出来的条件，但是毛泽东同志在世的时候没有的条件"现在有了"。"中央如果不根据现在的条件思考问题、下决心，很多问题就提不出来、解决不了。"②

第二，运用历史的观点看待事物，把事物放到一定历史条件下加以把握，就为在新历史条件下应用和发展已有的经验提供了依据。我们知道，任何经验都有一定的适用范围，这个一定范围是经验赖以产生的具体条件决定的。要对过去经验的适用价值做恰当的评价，主要之点是把该经验形成的历史条件和现实条件加以比较和分析，看它究竟发生了哪些变化和什么性质的变化。如果是主要条件和根本性质的变化，就意味着这些经验已经丧失了应用的价值。如果是局部性质和次要条件的变化，就表明这类经验还有借鉴的价值，尽管在应用时要同新的历史条件相结合。毛

---

① 邓小平：《在全军政治工作会议上的讲话》，《邓小平文选》第2卷，人民出版社1994年版，第121页。

② 邓小平：《高举毛泽东思想旗帜，坚持实事求是的原则》，《邓小平文选》第2卷，人民出版社1994年版，第127页。

泽东历来是按照不同的时间、地点、条件来观察和处理问题的。以我军的战术原则的演变为例，在井冈山时期提出了十六字诀，反围剿时提出了诱敌深入，解放战争时又提出了以打歼灭战为核心的十大军事原则。这些军事原则是随着战争实践的扩展逐步得到完善和发展的。按照实际情况和历史条件的变化而不断地修改已有的结论，创造新的理论，是毛泽东思想的本质特色。解放后，他曾经指出，十大军事原则"是马列主义普遍真理同中国革命战争实践相结合的产物。运用了十大军事原则，取得了解放战争、抗美援朝战争的胜利（当然还有其他原因）。十大原则目前还可以用，今后有许多地方还可以用。但马列主义不是停止的，是向前发展的，十大原则也要根据今后战争的实际情况，加以补充和发展，有的可能要修正的"①。毛泽东在这里针对军事原则所讲的，具有普遍的指导意义。

毛泽东关于结合具体的历史条件应用和发展马克思主义的观点具有巨大的现实意义。他一生孜孜不倦地反对教条主义，就是因为教条主义不顾历史条件的变化呆板地套用马克思主义。1956年7月，当他读到《共产党宣言》关于"这些基本原理的实际运用，正如《宣言》中所说的，随时随地都要以当时的历史条件为转移"时说，可惜教条主义者不懂得这个道理。毛泽东历来反对用静止的、孤立的观点对待马克思主义，主张用马克思主义观点来研究中国实际。1963年，他提出要为马列主义经典著作写序、做注，注解的字数可以超过正文的字数。1965年，他又重新提出写序、做注问题，并特别提醒写序要结合中国革命的实践经验。社会主义改造完成以后，他多次提出，我们已经进入社会主义时

---

① 转引自杨勇《伟大的马克思主义创造精神》，《学习毛泽东》，上海人民出版社1979年版，第121页。

代，出现了一系列新的问题，要适应新时期的需要，写出新的著作，形成新的理论。尽管由于历史条件和他本人主观条件的限制，使他未能实现这个历史任务，但他提出的适应历史需要发展理论的辩证法的发展观，却为新时期建设有中国特色的社会主义理论的形成和发展提供了方法论的指导原则。

第四章　实事求是的思想路线和方法

　　毛泽东在领导中国革命和建设过程中取得的一条最可宝贵的经验，就是实现了马克思主义与中国的具体实际相结合，走出了一条"使马克思主义在中国具体化"的道路。毛泽东思想不仅把马克思主义的普遍原理与中国的特殊国情结合了起来，而且指出了实现这种结合的途径和方法，即实事求是。因此，实事求是不仅是毛泽东思想的精髓，同时也是毛泽东方法论的根本点。坚持毛泽东方法论原则，最核心的问题就是坚持实事求是。完整准确地把握实事求是的思想内容，认真研究实事求是的实现途径，即调查研究及其方法，对于领会毛泽东方法论的本质具有重要意义。

第一节　实事求是的科学含义

　　实事求是是一个古老的词语，最早出自东汉班固所著《汉书·河间献王传》："修学好古，实事求是。从民得善书，必为好写与之，留其真，加金帛赐以振之。"唐代学者颜师古对《汉书》所作的注中，把实事求是注释为："务得事实，每求真是也。"意思是说，做学问应当掌握充分的事实材料，从事实出发求索事物的真相。

毛泽东在领导中国革命的过程中，对"实事求是"作了新的解释，赋予了它科学的哲理。早在20世纪30年代末，他就明确使用了"实事求是"这个概念，提出科学的态度是"实事求是"。在延安整风运动中，毛泽东发表过许多文章和讲话，系统地阐述了"实事求是"的思想路线。在《改造我们的学习》一文中，他第一次对"实事求是"进行了科学的解释。他说："'实事'就是客观存在着的一切事物，'是'就是客观事物的内部联系，即规律性，'求'就是我们去研究。我们要从国内外、省内外、县内外、区内外的实际情况出发，从其中引出其固有的而不是臆造的规律性，即找出周围事变的内部联系，作为我们行动的向导。而要这样做，就须不凭主观想象，不凭一时的热情，不凭死的书本，而凭客观存在的事实，详细地占有材料，在马克思列宁主义一般原理的指导下，从这些材料中引出正确的结论。"① 从此，"实事求是"就从原来的治学态度提升到我们党的基本思想路线。1942年开始的全党整风运动，就是一次"实事求是"的思想教育运动。1942年毛泽东给延安中央党校作了"实事求是"的题词，1945年他又为七大纪念册作了"实事求是，力戒空谈"的题词，号召全党坚持实事求是的思想路线，解决中国革命的问题。

在社会主义建设时期，毛泽东一再教育全党，要继续保持和发扬实事求是的优良传统和作风。他不仅写了《论十大关系》《关于正确处理人民内部矛盾的问题》等系统论述坚持实事求是原则的著作，而且在许多讲话和文件中都强调实事求是。例

---

① 毛泽东：《改造我们的学习》，《毛泽东选集》第3卷，人民出版社1991年版，第801页。

如，1960 年，毛泽东在《十年总结》中提出：主动权"来自实事求是"①。1961 年，在中共八届九中全会上，他又提出，"搞一个实事求是年"，并号召全党大兴调查研究之风。

"实事求是"是党的基本思想路线，同时也是思想方法和工作方法。其基本精神和实质是，我们想问题、办事情，必须从客观实际出发，从客观实际中认识和掌握客观规律，按照客观规律办事；并且还要求我们不断探索和研究现实中出现的新情况、新问题，揭示新的规律，提出新的理论。

实事求是对于主体而言，关键在于"求"。"求"是主体能动性的表现。问题是求什么？如何求？"求者主观之求也"，主体要"求"的，当然是客观规律，认识客观真理。"求"之方法就是毛泽东所说的，不凭主观想象，不凭死的书本，而凭客观存在的事实，从中引出规律，上升为理论。

因此，要做到实事求是，重点要抓住两个基本环节：一个是从实际出发进而掌握事实；另一个是从全部事实的总和中找出规律，作出理论的说明。

从实际出发，具有决定性意义的是调查研究，即占有客观事实。调查研究是一门学问，我们将在后面作专题探讨。这里要探讨的，就是什么是"实际"（"实事"）？怎样把握"实际"？

什么是"实际"？毛泽东解释说："只有我们的头脑（思想）才是研究的主体"，"除了我们的头脑以外，一切都是客观实际的东西"②。在这里，毛泽东把"实际"规定为主体头脑之外的一切客观存在。"实际"指的就是那些被认识和被改造的"实事"，即

---

① 毛泽东：《主动权来自实事求是》，《思想方法工作方法文选》，中央文献出版社 1990 年版，第 384 页。

② 毛泽东：《中国革命战争的战略问题》，《毛泽东选集》第 1 卷，人民出版社 1991 年版，第 182 页。

客观存在的实际事物、客观情况。

我们要把握的实际必须是全面的、整体的，不是片面的事实，更不是随意抽取的个别事实。"如果从事实的整体上、从它们的联系中去掌握事实，那么，事实不仅是'顽强的东西'，而且是绝对确凿的证据。如果不是从整体上、不是从联系中去掌握事实，如果事实是零碎的和随意挑出来的，那么它们就只能是一种儿戏，或者连儿戏也不如。"① "要真正地认识事物，就必须把握住、研究清楚它的一切方面、一切联系和'中介'。我们永远也不会完全做到这一点，但是，全面性这一要求可以使我们防止犯错误和防止僵化。"②

毛泽东向来强调，看问题必须坚持全面性，反对片面性，反对"只见局部，不见全体；只见树木，不见森林"的思想方法。他形象地说："马克思主义者看问题，不但要看到部分，而且要看到全体。一个虾蟆坐在井里说：'天有一个井大。'这是不对的，因为天不止一个井大。如果它说：'天的某一部分有一个井大。'这是对的，因为合乎事实。"③ 我们坚持实事求是的科学态度，就必须注意把握具体实际的全面性，才能在客观对象事实的总和及其联系中达到真理性的认识。胡乱地抽出一些个别事实和简单地罗列一般例子，是不可能真正把握实际的。

全面地掌握事实，绝不是现象事实的罗列，而是要学会运用马克思主义的立场、观点和方法去分析和研究事实。在这里，具有决定性意义的，就是马克思主义的矛盾分析方法。

---

① 列宁：《统计学和社会学》，《列宁全集》第 28 卷，人民出版社 1990 年版，第 364 页。

② 列宁：《再论工会、目前局势及托洛茨基同志和布哈林同志的错误》，《列宁选集》第 4 卷，人民出版社 1972 年版，第 419 页。

③ 毛泽东：《论反对日本帝国主义的策略》，《毛泽东选集》第 1 卷，人民出版社 1991 年版，第 149 页。

马克思主义认为，一切事物都是互相联系的，一个事物的产生、存在和发展总是可以在其周围的事物的相互联系和相互作用中找到根源的。因此，我们必须从事物本身及其与周围事物的相互联结上，即从矛盾的总体上去把握事物。从全面的实际出发，是从事实材料的总和中、联系中揭示事物的各种矛盾和矛盾的各个方面。但是，事物所固有的各种矛盾及矛盾的各个方面，在事物的现实状态中的地位和作用不是等同的。毛泽东指出，复杂的事物有许多矛盾存在，其中必有一种是主要的矛盾，由于它的存在和发展，规定和影响着其他矛盾的存在和发展。而在矛盾着的两个方面中，也必有一方面是主要的、起主导作用的。事物的性质，主要是由主要矛盾及其矛盾的主要方面决定的。"不能区分矛盾之主要与次要、规定的矛盾与被规定的矛盾，便不能探出过程之最本质的东西来。"[①] 所以，事实的全面性，不仅体现在事实的丰富性和完整性，而且更重要的是要从无数客观存在的事实中，找到最能表现事物本质的事实，只有抓住主要矛盾和矛盾的主要方面，才能认清矛盾总体的结构层次，进而认识事物的固有本质。如果不能做到后面这一点，就不能全面地把握事物。

从实际出发、实事求是，根本目的是要从"事实中找出方针、政策、办法来"。尊重客观，尊重事实，正视现实，目的是按客观辩证法办事。从实际出发，也就是从客观辩证法出发。毛泽东在总结中华人民共和国成立后十年建设的经验时指出，主动权"来自实事求是，来自客观情况对于人们头脑的真实的反映，即人们对于客观外界的辩证法的认识过程"[②]。客观事物本身就是辩证地运动着的。强调要尊重和服从客观实际，也就是强调要

---

① 《毛泽东哲学批注集》，中央文献出版社1988年版，第87—88页。
② 毛泽东：《主动权来自实事求是》，《思想方法工作方法文选》，中央文献出版社1990年版，第384页。

尊重和服从客观实际本身的辩证法。一切从实际出发、实事求是，既体现了唯物论，也体现了辩证法，是唯物论与辩证法的统一。换言之，从实际出发的目的是求规律，求规律的目的是按规律行事。但任何事物的本质和规律都是具体的、有条件的。世界上的万事万物都存在于一定的条件之中，其存在和发展都受到一定条件的制约。所以，从实际出发，就要从客观存在的条件出发，全面地分析事物存在的当时当地的具体条件。不掌握事物存在的具体条件，就不能把握事物发展的运动规律。所谓从具体条件出发，正如毛泽东所说："就是弄清楚所研究的问题发生的一定的时间和一定的空间，把问题当作一定历史条件下的历史过程去研究。"① 把事物存在的历史条件研究清楚，也就把握了它存在和发展的客观原因。辩证法要求人们要用运动、变化和发展的观点看待事物，其含义也在于要把事物当作具体历史过程去研究，弄清楚它是在什么条件下形成的，又是在什么条件下发展变化的。深入研究事物赖以存在的条件及其在不同发展阶段的变化，就找到了事物发展变化的客观原因及其规律，也就找到了解决问题的依据和方法。

此外，从实际出发，绝不能停留在对客观事物的现象了解上，而要透过现象看本质。现象中有真象和假象。一般说来，事物的本质多以肯定的形式即真实现象表现出来。但由于事物内在矛盾及其所处条件的复杂性，本质有时也以否定的、歪曲的形式即假象的形式表现出来。毛泽东在抗日战争胜利后揭露了蒋介石"假和平、真内战"的反动本质就是透过假象揭示真象的最好范例。需要指出的是，假象相对于对象事物才是假，但作为一种现

---

① 毛泽东等：《如何研究中共党史》，《思想方法工作方法文选》，中央文献出版社 1990 年版，第 214 页。

象又是真，因此假中存在真、真中隐含着假。例如，哈哈镜中的人像相对于人而言，人的真实面貌被扭曲了，但作为客观存在的现象则是真的；斜插在水中的筷子是弯曲的，相对于筷子的真实状态而言，它是假的，但作为一种现象又是真的；社会生活中的假酒、假烟对于拥有注册商标的厂家产品来说是假的，但假酒、假烟的实际存在又是真的。所谓透过现象看到本质，归根结底，就是穿过现象的表层，找到现象的原因和根据，揭示事物的本来面目。然而，事物的本质是各种现象的综合表现，只有在矛盾着的现象中找到现象的主导方面，才能揭示事物的真实面目。

从实际出发、实事求是，不仅要承认"实际"的客观性、辩证性，而且要承认"实事"中有本质、有规律，承认事物存在和发展的具体性和条件性。因此，要能够正确地反映按一定规律发展的客观实际，仅仅占有事实的全面性、完整性还是不够的，还必须对占有的事实材料进行理性加工，即进行去粗取精、去伪存真、由此及彼、由表及里的加工制作，才能抓住事物的特点和要点，把握事物的本质和规律，预见事物发展的趋势。这就是通常所说的理论和实际相结合，用马克思主义的立场、观点、方法对事实进行分析和综合的理性思维过程。离开马克思主义世界观和方法论的指导，就不可能正确地看待实际，真正做到实事求是。

第二节　调查研究是实事求是的中心环节

毛泽东认为，要做到实事求是，必须进行系统的、周密的调查研究。调查研究是一切从实际出发、实事求是的中心环节。

以毛泽东同志为首的中国共产党人，一向认为，调查研究、弄清情况，是从客观实际出发，制定政策和进行决策，解决实际问题的关键所在。陈云说："重要的是要把实际看完全，把情况弄清楚，其次是决定政策，解决问题。难者在弄清情况，不在决定政策。只要弄清了情况，不难决定政策。我们应该用百分之九十以上的时间去弄清情况，用不到百分之十的时间来决定政策。这样决定的政策，才有基础。"① 用毛泽东的话说："调查就像'十月怀胎'，解决问题就像'一朝分娩'。调查就是解决问题。"② 因此，毛泽东除了领导革命、指挥战争外，长期置身调查研究之中，调查研究为他正确地领导中国革命、指导革命战争奠定了牢固的基础。

毛泽东是十分重视调查研究的。从我们现在能够查到的文献看，毛泽东最早写的一份调查材料是《中国佃农生活举例》，这是1925年他从上海回到湖南，调查了韶山一带农村的政治、经济情况后写的。但毛泽东搞社会调查早已开始。还在学生时代，他就经常利用假期，走出校门，到农村去考察乡土民情，了解社会，尤其是了解广大贫苦农民受压迫、受剥削的状况。中国共产党成立初期，他的足迹已不限于农村，他曾多次深入江西安源煤矿和长沙的泥木工人中间，走到工地、宿舍，与工人师傅促膝谈心，实地调查工人的劳动和生活状况，组织、发动工人运动。在广州担任农民运动讲习所所长期间，不仅自己作了许多实际调查，而且也引导和组织学员进行实际调查。比如组织学员到当时农民运动的典型地区广东省海丰县作实际调查。他还亲自主编《农民运动》丛刊，刊印农村调查材料。但这些初期的调查，按毛泽东自

---

① 陈云：《最要紧的是把思想方法搞对头》，《思想方法工作方法文选》，中央文献出版社1990年版，第347—348页。

② 毛泽东：《反对本本主义》，《毛泽东选集》第1卷，人民出版社1991年版，第110—111页。

己的说法：虽然"得知了各阶级的一些情况，可是这种了解是异常肤浅的，一点不深刻"①。

后来，中央让毛泽东管理农民运动。于是就有了了解农村状况的更好机会。正当革命进入高潮、农民运动蓬勃发展的时候，党内外一些人跑出来反对和攻击农民运动。在这种形势面前，毛泽东下了一个决心，走了一个月零两天，调查了长沙、湘潭、湘乡、衡山、醴陵五县，获得了第一手材料，写下了《湖南农民运动考察报告》，对农民运动作了马列主义的分析，高度赞扬农民运动。用十四件大事，批驳了所谓农民运动"过火""游民行动"等诬蔑和指责，代表当时三万万九千万农民说出了心里话。

毛泽东上了井冈山后，调查研究更是没有间断。他一边指挥打仗，一边调查研究，掌握实际情况，开展土地革命。为了进一步了解农村的阶级结合和阶级关系，他亲自做的调查包括：永新调查、宁冈调查、寻邬调查、兴国调查、长冈乡调查、才溪乡调查，等等。调查的对象也极为广泛，连农村的穷秀才、破产商会的会长、旧知县衙门的师爷及管钱粮的小官吏，也都一一问到了。

在延安时期，面对白区的封锁和根据地财政经济的困扰，毛泽东与广大人民群众的心贴得更近了。他曾多次邀请劳动模范、先进工作者到家做客、拉家常，了解实际情况；经常与基层单位的干部、群众接触，调查农业、畜牧业、手工业和合作社、军队、学校等的情况，为正确制定陕甘宁边区一系列财政、经济工作方针、政策奠定了基础。

中华人民共和国成立后，毛泽东主持党中央和中央人民政府工作，在工作十分繁忙的情况下，也没有忘记亲自调查研究。他多次

---

① 毛泽东：《关于农村调查》，《毛泽东农村调查文集》，人民出版社 1982 年版，第 22 页。

到全国各地视察，足迹踏遍大江南北、黄河上下，到工厂、田间、工地、连队、学校、街道了解情况。为了找到适合中国国情的社会主义道路，从 1955 年 11 月到 1956 年 4 月，先后对农业、工业问题进行了调查研究，找了华北 9 省的省委书记和中央、国务院 34 个部长，听取了工作汇报，并查阅了大量有关资料，认真察看了一些机器设备、仪器等实物和技术操作表演。在此基础上，反复进行了研究、思考，形成了《论十大关系》这篇重要报告，指出了国民经济要"按农、轻、重次序安排"。1959 年，他在党的八届八中全会上进一步提出了"以农业为基础，以工业为主导发展经济总方针"。这一方针正确地反映了国民经济两个最重要部门之间的最本质联系，对整个国民经济的发展有着巨大的促进作用。

毛泽东在领导中国革命和建设的过程中，作了那么多的调查研究，根本的目的是解决实际问题。在他那里，重视调查研究与坚持实事求是的思想路线是联系在一起的。

首先，调查研究是把握实际唯一的方法。

毛泽东认为，要解决现实中的问题，必须了解客观事物的现状和历史。而要了解它的现状和历史，就必须向社会作调查。经过系统而周密的调查研究，才能了解事物的真实面貌；只有把事物的真实面貌搞清楚了，才会有恰到好处的处理。

"实际"并不是简单的"是什么"的问题。"实际"的现实状况，有它的历史；它之所以成为如此一种"实际"，是因它同周围事物发生错综复杂的相互联系，有它自身本质的特殊规定。"实际"绝不可能是一眼望去，抓住几个表面现象就可了解的。所以，毛泽东强调，"要了解情况，唯一的方法是向社会作调查"[①]。如

---

① 毛泽东：《〈农村调查〉的序言和跋》，《毛泽东选集》第 3 卷，人民出版社 1991 年版，第 789 页。

果不作实际的调查研究，或者只把片面的实际当作"实际"，或者全然不了解实际，把自己的主观设想、道听途说当"实际"，就根本谈不上从实际出发，认识和解决现实问题。

调查研究之所以是把握实际的唯一方法，是因为只有调查研究，才能客观地、全面地把握"实际"。如果不能把握"实际"，即把虚假的实际或片面的实际当作真正的实际，从这样的实际出发，就等于我们把双脚踩在虚假的和片面的"实际"这个基点上。这样，真正的实际就势必起来反抗，让你碰得头破血流，甚至摔得粉身碎骨、体无完肤。

毛泽东始终认为，调查研究，弄清"实事"，是制定政策、战略、策略的客观依据，坚决反对不作调查研究、关在房子里主观地作决策。他说："共产党的正确而不动摇的斗争策略，决不是少数人坐在房子里能够产生的，它是要在群众的斗争过程中才能产生的，这就是说要在实际经验中才能产生。因此，我们需要了解社会情况，时时进行实际调查。"① 毛泽东在 1961 年 5 月 14 日《给张平化的信》中又说："各级党委，不许不作调查研究工作。绝对禁止党委少数人不作调查，不同群众商量，关在房子里，作出害死人的主观主义的所谓政策。"②

其次，调查研究是找到理论与实际相结合的结合点的最佳方法。

在毛泽东看来，理论与实际相结合，其结合点既不在马克思主义理论这一头，也不在实际的经验事实这一头，而是在马克思主义的世界观和方法论与实在的经验事实的交汇处。因此，他反

---

① 毛泽东：《反对本本主义》，《毛泽东选集》第 1 卷，人民出版社 1991 年版，第 115 页。

② 毛泽东：《关于重新提倡调查研究》，《思想方法工作方法文选》，中央文献出版社 1990 年版，第 389 页。

对本本主义，反对单纯从"本本"上讨生活，但又不排除"本本"，提倡学习马克思列宁主义；他反对经验主义，反对靠主观经验来生活，但又不排除经验的极端重要性，提倡向实践经验学习。重要的问题是把理论和经验事实融合起来。要把两者有机地融合起来，就必须调查研究，了解实际情况，用马克思主义的立场、观点和方法去溶化、把握经验事实。

毛泽东说过："一切实际工作者必须向下作调查。对于只懂得理论不懂得实际情况的人，这种调查工作尤有必要，否则他们就不能将理论和实际相联系。"① "向下作调查"，就是向实际作调查。先是通过实地调查，获得第一手的实际材料，然后运用马克思主义的立场、观点、方法对它加以研究，把理论与实际融会为一体，从中引出合乎实际的结论来。

有些人认为，有了上级机关的指示，有了马列主义书本知识，就可以万无一失地解决问题了。毛泽东认为这是"很不对的"，"最危险的"。"马克思主义的'本本'是要学习的，但是必须同我国的实际情况相结合。我们需要'本本'，但是一定要纠正脱离实际情况的本本主义。"② 毛泽东告诫人们，离开实际调查，从书本上讨生活，靠本本主义方法来解决实际问题，就必然产生唯心的阶级估量和唯心的工作指导，其结果不是机会主义，就是盲动主义。

最后，调查研究是洗刷唯心精神的锐利武器。

所谓"唯心精神"，即主观主义。在学风上的表现是理论和实践相分离；在实际工作中的表现是"唯心的阶级估量和唯心的工

---

① 毛泽东：《〈农村调查〉的序言和跋》，《毛泽东选集》第3卷，人民出版社1991年版，第791页。

② 毛泽东：《反对本本主义》，《毛泽东选集》第1卷，人民出版社1991年版，第111—112页。

作指导"。毛泽东把调查研究看作防止主观主义洗刷唯心精神的根本方法。他说："必须努力作实际调查，才能洗刷唯心精神。"①"实际政策的决定，一定要根据具体情况，坐在房子里面想象的东西，和看到的粗枝大叶的书面报告上写着的东西，决不是具体的情况。倘若根据'想当然'或不合实际的报告来决定政策，那是危险的。过去红色区域弄出了许多错误，都是党的指导与实际情况不符合的原故。所以详细的科学的实际调查，乃非常之必需。"②"在全党推行调查研究的计划，是转变党的作风的基础一环。"③在毛泽东看来，我党历史上"左"、右倾机会主义的错误，从思想路线上说，就是不作调查研究、不了解实际情况，因而"不从具体的现实出发，而从空虚的理论命题出发"，"不注意具体特点，妄把主观构成的东西当作特点（抽象的特点、没有客观实在性的特点）"。④

　　陈独秀是中国共产党的主要创始人。毛泽东曾称他为"思想界的明星"，"五四运动时期的总司令"。但是，在第一次国内革命战争时期，由于他对中国无产阶级和农民的革命潜力估计不足，认为中国的无产阶级"幼稚"，"不是独立的革命的势力"；农民"散漫""保守""难于加入革命"，因而始终以老爷式的态度对待群众和群众运动。他既不深入工农群众调查研究，也不对当时的社会历史资料用马克思主义的阶级分析观点作客观的剖析，而是教条地把中国革命同18世纪的西方资产阶级革命相类比，认为资

---

　　① 毛泽东：《反对本本主义》，《毛泽东选集》第1卷，人民出版社1991年版，第112页。
　　② 毛泽东：《兴国调查》，《毛泽东农村调查文集》，人民出版社1982年版，第182—183页。
　　③ 毛泽东：《改造我们的学习》，《毛泽东选集》第3卷，人民出版社1991年版，第802页。
　　④ 《毛泽东哲学批注集》，中央文献出版社1988年版，第9、432页。

产阶级的力量比农民集中、比工人雄厚，因此，中国革命的公式是由国民党来"统率革命的资产阶级，联合革命的无产阶级，实现资产阶级的民主革命"①。革命的结果是建立资产阶级共和国，等到资本主义发展起来之后，无产阶级再去进行社会主义革命。这就是陈独秀的"二次革命论"。正是从这种"二次革命论"出发，陈独秀面对蒋介石向共产党人举起反革命屠刀的时候节节退让，使轰轰烈烈的大革命遭受失败。毛泽东总结这段历史说：陈独秀不调查研究，连拿着刀子可以杀人这个普遍的日常真理都不知道，"所以我们给他起个名字，叫做机会主义者。没有调查研究就没有发言权，我们取消了他的发言权"②。

比起陈独秀来，学生出身而又无实际工作经验的王明，更加不了解中国实际。这个号称"马列主义理论家""百分之百的布尔什维克"，把一些"本本"背得烂熟，张口引经、闭口据典的党内高层人物，靠什么来指导革命呢？靠的是"本本"，除了"本本"还是"本本"。王明在1945年4月20日写给中共六届七中全会的信中承认："我所提出的对当时中国革命运动的许多意见，是从何而来的呢？是从分析当时中国的具体情况和根据当时中国人民的具体要求而来吗？绝对不是的。它是从抄袭各种决议而来的。如对中国革命性质、动力、阶级等问题的意见，主要地是抄袭1928年党的六次大会的决议；对富农问题、职工问题及改组派等问题的意见，是直接抄袭1929年共产国际关于这些问题的文件；对当时中国形势估计和党的主要任务的意见，则是主要的抄袭1930年6月共产国际执委对中国问题的决议及11月关于立

---

① 陈独秀：《资产阶级革命与革命的资产阶级》，《陈独秀文章选编》（中），生活·读书·新知三联书店1984年版，第259页。

② 毛泽东：《抗日战争胜利后的时局和我们的方针》，《毛泽东选集》第4卷，人民出版社1991年版，第1127页。

三路线致中央来信……总而言之，用的是'从决议中来，到决议中去'底方法，是'不从实际出发，而从书本出发'的方法；是根本的教条主义的思想和作风底方法。""我之所以犯教条主义的'左'倾路线的错误，也不是偶然的，这是由于丝毫不懂马克思主义理论及基础，完全不懂中国社会和中国革命的实际情况，完全不研究中国的政治、军事、文化的历史事实和历史经验，以及简直不懂国际经验和民族传统的结果。尤其是由于没有群众工作经验和没有群众观点，以及小资产阶级社会出身的劣根性作祟的结果。"①

中华人民共和国成立以后，关于调查研究对于洗刷唯心精神、防止主观主义的极端重要性也有正、反两方面的经验和教训。20世纪50年代前期和60年代初，党的方针、政策比较符合实际，工作顺利，成绩显著，其原因就在于重视调查研究。而在一些时候，党的方针、政策发生偏差，造成严重损失，一个重要原因就是缺乏调查研究，或者是非科学的调查研究，脱离了实际，脱离了群众，因而产生了唯心的工作指导。毛泽东晚年犯的一些错误也主要根植于此。他自己在1961年1月13日的中央工作会议上就说过："我这个人就是官做大了，从前在江西那样的调查研究，现在就做得少了。"他做如此自我反省，并在全党重提"调查研究极为重要"，必须大兴调查研究之风，绝不是偶然的。

毛泽东始终自觉地把调查研究与实事求是的思想路线联系起来，这是他的一个创造。毛泽东公开申明，共产党人是"靠实事求是吃饭"的，实事求是是共产党人手里的"最尖锐、最有效的武器"。而要做到实事求是，就必须调查研究。因此，调查研究不是可有可无、时有时无的事情，而是必须经常进行的、世代相继

---

① 参见周国全等《王明评传》，安徽人民出版社1989年版，第420页。

的工作。"今天需要我们调查，将来我们的儿子、孙子，也要作调查，然后，才能不断地认识新的事物，获得新的知识。"① 对于共产党员来说，重视不重视调查研究，是衡量党性是否纯洁的重要尺度。他指出，不作调查研究，成天地闭着眼睛在那里瞎说，这是共产党员的耻辱。他还明确说过，对周围环境不作系统的周密的调查研究，单凭主观热情工作，对现状若暗若明，这种主观主义的态度，是共产党的大敌，是党性不纯的表现。

第三节 调查研究的基本原则

一 反映论原则

调查研究就是了解事物的真实情况，把握事实真相，得出合乎实际的正确认识。而正确的认识就是客观事物在人们头脑中的正确反映。因此，调查研究必须坚持马克思主义认识论的反映论原则。

辩证唯物主义的反映论，一是把人的感觉、表象和思维看作人脑对客观存在的反映，正确的认识是人对客观世界的正确反映；二是把实践的观点引入反映论，确认实践的观点是辩证唯物论的认识论之第一的和基本的观点。这两个基本点应用于调查研究，一是调查研究必须从客观实际出发，如实地反映客观实际，即客观事物是什么样的，就是什么样的，一就是一，二就是二。力求全面准确地反映客观实际，要防止和避免"带框框"、先入为主，即"领导定调子、跑到基层找例子"的主观主义的调查方式。要牢牢记住毛泽东说的："一切结论产生于调查情况的末尾，而不是

---

① 参见周国全等《王明评传》，安徽人民出版社1989年版，第420页。

在它的先头。"① 二是调查研究必须"向群众的实践请教"。"简单地说，就是从群众中来，到群众中去。下决心长期下去蹲点，就能听到群众的呼声，就能从实践中逐步地认识客观真理，变为主观真理，然后再回到实践中去，看是不是行得通。如果行不通，则必须重新向群众的实践请教。这样就可以解决框框问题，即教条主义问题了，就可以不信迷信了。"②

二 党性原则

这是与反映论原则相联系的一条原则。但反映论原则讲的是为什么坚持和如何坚持反映论的问题，这一条原则讲的是敢不敢坚持的问题。不敢如实反映客观实际，对于一个共产党员来说，就是党性不纯的表现。

敢不敢如实地反映客观实际，也就是敢不敢实事求是的问题。在不触及个人利益的情况下，只要了解了事实真相，实事求是地反映并不难。难就难在直接触及调查者本身或自己直接上司的利益时，也能不折不扣地坚持实事求是。这里面临的是"公"与"私"的矛盾冲突。把党的利益、人民群众的利益放在第一位，还是把个人的、小集团的利益放在第一位，这是党性是否纯洁的严峻考验。在"大跃进"的年代，有一些人，"为了个人利益，有意造假，有意夸大成绩，有意封锁消息、扣留信件，有意对说老实话的人进行打击报复"③。这种人不只是党性不纯的问题，甚至连共产党员也不够资格。毛泽东说："我们共产党人区别于其他任

① 毛泽东：《反对本本主义》，《毛泽东选集》第1卷，人民出版社1991年版，第110页。
② 毛泽东：《向群众的实践请教》，《思想方法工作方法文选》，中央文献出版社1990年版，第444页。
③ 刘少奇：《在扩大的中央工作会议上的讲话》，《刘少奇选集》下卷，人民出版社1985年版，第439页。

何政党的又一个显著的标志，就是和最广大的人民群众取得最密切的联系。全心全意地为人民服务，一刻也不脱离群众；一切从人民的利益出发，而不是从个人或小集团的利益出发；向人民负责和向党的领导机关负责的一致性；这些就是我们的出发点。"①因此，纯洁的党性，必须在"公"与"私"发生严重冲突时，勇敢抛开"私"字，为人民的利益，坚持真理，修正错误。这里极需要毛泽东说过的"五不怕"精神，即不怕撤职、不怕开除党籍、不怕老婆离婚（或不怕老公离婚）、不怕坐牢、不怕杀头。有了这"五不怕"，什么也敢讲，就敢于实事求是、敢于坚持真理了。

三　群众路线的原则

毛泽东强调"蹲点"，"向群众实践请教"，实质就是讲调查研究要坚持马克思主义认识论，也就是要坚持走群众路线。对于党的实际工作者来说，调查研究、群众路线与马克思主义认识论应该是一致的。周恩来说："我们下去调查要坚守毛泽东同志的三条原则：从群众中来，到群众中去；集中起来，坚持下去；坚持真理，修正错误。"②这对调查研究与群众路线的关系作了最好的概括。

关于什么是群众路线，如何走群众路线，我们有专门章节加以论述。这里要指明的是，为什么要提调查研究必须走群众路线？这是因为，调查研究的基本目的是弄清事实真相，以便从实际出发，形成合乎实际的思想、决策，解决实际问题。毛泽东认为，人的正确思想不是从天上掉下来的，也不是人的头脑里固有的，

---

① 毛泽东：《论联合政府》，《毛泽东选集》第 3 卷，人民出版社 1991 年版，第 1094—1095 页。

② 周恩来：《调查研究，实事求是》，《思想方法工作方法文选》，中央文献出版社 1990 年版，第 393 页。

"人的正确思想，只能从社会实践中来，只能从社会的生产斗争、阶级斗争和科学实验这三项实践中来"①。人民群众是社会实践的主体，实践知识最丰富，对实际最有发言权。群众的实践本身就是实际，而且是最重要、最根本的实际。要了解实际，首先就要"向群众的实践请教"。党的路线、方针、政策本来就是为了实践，因而要时刻倾听实践的呼声。路线、方针、政策如果脱离群众的实践，不符合群众的利益和需要，在实践中就一定行不通。所以，调查研究在最本质的意义上说，就是"向群众的实践请教"。"向群众的实践请教"，不走群众路线是不行的。走群众路线是"向群众的实践请教"的必然逻辑。毛泽东在1931年就提出："我们的口号是：一，不做调查没有发言权。二，不做正确的调查同样没有发言权。"② 所谓正确的调查研究，最根本的一条，就是坚持群众路线。

有的同志以为，调查研究本身就是走群众路线，因而提调查研究要坚持群众路线是多此一举，没有必要。这是不对的。现实生活中有种种违背群众路线的主观主义的或形式主义的调查研究。例如，"带框框"，先入为主，"抱定一种成见下去专替自己找证据"的调查，是主观主义的调查，不是坚持走群众路线的调查；还有，人在基层、心在机关、粗枝大叶、应付差事的调查；生活特殊化，贵族老爷式的调查；等等，都可能有意无意地在自己与群众之间垒起一堵墙，造成群众不说真心话，依此收集到的材料就可能是片面的、虚假的，而不是全面的、真实的，因而也就不可能以"更具体的铁的事实"来解答现实问题。这一类的调查显

① 毛泽东：《人的正确思想是从哪里来的？》，《思想方法工作方法文选》，中央文献出版社1990年版，第439页。
② 毛泽东：《总政治部关于调查人口和土地状况的通知》，《毛泽东农村调查文集》，人民出版社1982年版，第13页。

然是背离群众路线的。如果把片面的、虚假的事实当成客观真实，形成指导工作的路线、方针、政策，其结果就可能是灾难性的。毛泽东强调要作系统的、周密的调查研究，就是要求我们深入人民群众作认真细致的，而不是肤浅粗糙的调查研究，防止脱离人民群众的主观主义或形式主义的调查研究。我们应当抱着"向人民负责和向党的领导机关负责的一致性"的高度责任感，把群众路线融入实际的调查研究之中。

四　理性分析原则

这是对调查收集来的感性材料进行分析和综合的原则，指的是"将丰富的感觉材料加以去粗取精、去伪存真、由此及彼、由表及里的改造制作工夫"，造成对实际事物的理性把握。1961 年 3 月，毛泽东主持起草的《中共中央关于认真进行调查工作调查的问题给各中央局，各省、市、区党委的一封信》中说："调查是为了解决问题，不是为了调查而调查；调查应该采取客观态度，不应该抱定一定成见下去专替自己找证据；应该发现事物的真相，不要为各种假象所蒙蔽；应该对调查材料作全面的综合和分析，不要满足于孤立的、片面的、看不到事物发展规律的观察。在调查的时候，不要怕听言之有物的不同意见，更不要怕实际检验推翻了已经作出的判断和决定。"[①] 周恩来也在同一时期强调搞好调查研究要有科学的思想方法的指导，他说："我们下去调查，必须对事物进行分析、综合和比较。事物总存在内在的矛盾，要分别主次；总有几个侧面，要进行解剖。各人所处的环境总有局限性，要从多方面观察问题；一个人的认识总是有限的，要多听不同的

---

① 毛泽东：《关于重新提倡调查研究》，《思想方法工作方法文选》，中央文献出版社 1990 年版，第 387 页。

意见，这样才有利于综合。事物总是发展的，有进步和落后，有一般和特殊，有真和假，要进行比较，才能看透。"① 这些论述，对理性分析调查材料、把握对象事物的真实情况具有重大的指导性意义。

理性分析贯穿于调查研究的全过程，从提出问题到解决问题，都必须贯彻理性分析的原则。毛泽东指出："提出问题，首先就要对于问题即矛盾的两个基本方面加以大略的调查和研究，才能懂得矛盾的性质是什么，这就是发现问题的过程。大略的调查和研究可以发现问题，提出问题，但是还不能解决问题。要解决问题，还须作系统的周密的调查工作和研究工作，这就是分析的过程。提出问题也要用分析，不然，对于模糊杂乱的一大堆事物的现象，你就不能知道问题即矛盾的所在。这里所讲的分析过程，是指系统的周密的分析过程。常常问题是提出了，但还不能解决，就是因为还没有暴露事物的内部联系，就是因为还没有经过这种系统的周密的分析过程，因而问题的面貌还不明晰，还不能做综合工作，也就不能好好地解决问题。"②

依据以上论述，对理性分析原则可以捕捉到两个重要的基本点：一是把握事实的客观性——对事物的种种现象的分析采取客观的态度，排除主观的情感因素，去掉感性材料中粗糙不确、虚假不真的成分，确认的事实必须是"铁的事实"，即有充分根据的、真实的事实；二是矛盾分析的方法——分析事物的固有矛盾，抓住主要矛盾和矛盾的主要方面，暴露事物的内部联系，揭示事物的本质和规律。这是理性分析的更加重要的方面。毛泽东说：

① 周恩来：《调查研究，实事求是》，《思想方法工作方法文选》，中央文献出版社1990年版，第392—393页。
② 毛泽东：《反对党八股》，《毛泽东选集》第3卷，人民出版社1991年版，第839页。

"材料是要搜集得愈多愈好，但一定要抓住要点或特点（矛盾的主导方面）。"① 他举例说："马克思研究资本主义，列宁研究帝国主义，都是收集了很多统计和材料，但并不是全部采取，而只是采取最能表现特点的一部分。"② 十样东西只调查了九样有没有，就没有发言权。"如果你调查的九样都是一些次要的东西，把主要的东西都丢掉了，那末，仍旧是没有发言权。"③ "假若丢掉主要矛盾，而去研究细微末节，犹如见树木而不见森林，仍是无发言权的。"④

在占有丰富感性材料的前提下，又善于把握理性分析的两个重要基本点，一般来说，就能作出正确的综合反映客观事物的真实面貌和发展规律的判断了。

第四节　调查研究的形式和具体方法

一　调查形式

所谓形式，是指某一事物的形态和式样。调查研究的形态和式样不是单一的，可按不同的分类方法加以区分。

第一，按照调查主体获得材料的不同方式，可分为直接调查和间接调查两种形式。

直接调查，一般是调查主体亲自所作的社会调查，即亲临现场查访、观测，直接获得有关对象的事实材料，这就是毛泽东所

---

① 毛泽东：《关于农村调查》，《毛泽东农村调查文集》，人民出版社 1982 年版，第 25 页。

② 同上。

③ 同上。

④ 同上书，第 26 页。

说的"亲自出马"的调查。毛泽东说："凡担负指导工作的人，从乡政府主席到全国中央政府主席，从大队长到总司令，从支部书记到总书记，一定都要亲身从事社会经济的实际调查，不能单靠书面报告。因为二者是两回事。"① 这种调查的优点是：调查者直接深入实际、了解情况，所得材料准确性程度较高。大革命时期毛泽东作的湖南农民运动调查，土地革命时期的寻邬、兴国等农村调查，均属这种形式。

间接调查，是调查主体以间接的方式获得对象资料的调查，包括委托调查、情报资料调查、通信调查、统计报表调查等。毛泽东从学生时代起，就注意利用报刊等历史资料了解国情。他自己曾经回忆说：我在长沙师范学校的几年，总共只花了160块钱——其中包括我的许多次报名费；在这笔钱里，大概有1/3花在报纸上，订阅费每月约1元。我还常常买报摊上的书籍和杂志。我父亲责骂我浪费，他说这是把钱挥霍在废纸上。可是我养成了读报的习惯，从1911年到1927年我上井冈山时为止，我从来没有中断过阅读北京、上海和湖南的日报。② 毛泽东读报绝不是为读报而读报，而是为了从事中国问题之研究。1919年9月，毛泽东在为"问题研究会"起草的《问题研究会章程》中说得很明确："问题之研究，有须实地调查者，须实地调查之；无须实地调查，及一时不能实地调查者，则从书册、杂志、新闻纸三项着手研究。"并且函托海内外同志，随时调查，通信报告。在领导中国革命和建设过程中，为了指导全局，毛泽东经常大量地使用间接调查方式，搜集有关对象信息。例如，在民主革命时期，毛泽东让

---

① 毛泽东：《反对本本主义》，《毛泽东农村调查文集》，人民出版社1982年版，第10页。

② ［美］埃德加·斯诺：《西行漫记》，董乐山译，生活·读书·新知三联书店1979年版，第126页。

傅连璋利用合法身份，在汀州订了上海的《申报》《新闻报》、广东的《工商日报》《超然报》，定期派人送交于他。为了弄到报纸，及时获取敌人信息，有时毛泽东派人化装成老百姓到附近城镇跟小商人联系，请他们代订一些报纸。在迫切需要了解敌情时，甚至不得不动用军事手段到敌占区抢报纸，或者规定红军每次上山打土豪和筹款时，加上一项任务，就是到国民党机关或邮电局搜罗一批报纸带回来。毛泽东就是这样，利用敌占区报纸，搜集有关情报资料，了解敌情，从而正确地制定对敌斗争的各种战略、策略。中华人民共和国成立后，为了掌握全国的真实情况，他经常利用在自己身边工作的同志作间接调查，了解社会，甚至规定其警卫人员要从全国各个专区选送，一个专区1个，不得重复。每一个警卫战士回家探亲时，都要搞调查，回来时写调查材料，报告家乡的真实情况。战士的调查报告，他都亲自听汇报或批阅，有时还给战士改错别字。有一次，在听了湖南、湖北两省籍战士汇报他们家乡的情况后，毛泽东非常高兴地说："了解两个省六千万人口的情况，用了三个钟头。这个办法实在好，通过你们同广大农民联系起来了。"① 他还经常派身边的同志分赴全国各地，按照要求实地调查，然后通过他们掌握全国的基本情况。

第二，调查研究的形式，按照对象范围的不同，又可区分为典型调查、抽样调查、全面调查。

所谓典型调查，是指在调查对象范围内选择一个或几个具有代表性的对象，进行系统而周密的调查。这就是毛泽东经常说的"解剖麻雀""下马看花"的形式。一个麻雀，五脏俱全，解剖两个，便知一般。通过典型调查，可以大致掌握一般情况。"下马看

---

① 参见陈登才主编《毛泽东的领导艺术》，军事科学出版社 1989 年版，第65 页。

花"意即下得马来认真观察分析一朵花，比喻干部下基层蹲点、抓典型，是"解剖麻雀"的另一种说法。它与"走马看花"有着本质的区别。毛泽东解释说："倘若走马看花，如某同志所谓'到处只问一下子'，那便是一辈子也不能了解问题的深处。这种研究方法是显然不对的。"① 在《关于农村调查》的讲话中，也提到"走马看花"式的观察问题，样样东西都弄一点，只是空费时间，一事无成。中华人民共和国成立后，他认为有些人由于年高、体弱，工作条件不同，每年抽出一点时间，到工厂、农村"走马观花"，转一转，看一看，或者在办公室里看一些基层送来的书面报告和统计资料，听听各方面的汇报，了解大略的一般情况，也是必要的。这总比不看不听好。但是这种方法，一般说只能了解表面现象，而要深入了解情况，必须"下马看花"，在基层住上一段时间，同工人、农民交朋友，掌握第一手材料，分析一朵"花"，解剖一个"麻雀"，从个别找到带有普遍性的规律来，以便指导一般。这是最重要的、最基本的调查方法。

抽样调查，是指按照随机性原则，从被研究对象中抽选出若干样本进行考察，并借以推断出对象总体的情况。这里的随机性原则，就是总体中的每一个单位或每一个个体都有同等被选作样本的可能性。抽样调查的可靠性是通过统计规律来显示的。其客观基础在于，大量偶然事实的总和作用在一般条件下会导致几乎不依赖于偶然事件的结果。换言之，大量偶然事件、个别现象的总和，导致它们的各种偶然性偏向被平均化，形成了某种规律性的东西。抽样调查较之于全面调查，其优点就在于，可以节省人力、物力、财力，提高调查材料的时效性。毛

---

① 毛泽东:《寻乌调查》,《毛泽东农村调查文集》,人民出版社1982年版,第56页。

泽东在中华人民共和国成立后，为了了解农民群众生产生活的大概情况，经常在外出视察工作的路途中随时停留下来，到附近农村步入一户或几户农民家中，亲自看看，并询问其家庭人口、劳力、收入，有什么困难、要求、希望等。走村串户多了，就可以推知当地农民生活的大体情况。这是毛泽东对抽样调查这种形式的具体应用。

全面调查，是指对对象客体中的每一个组成部分，都毫不例外地进行调查。全面调查可反映事物的全貌，有利于对事物的现状、发展趋势作出较为正确的判断。但由于对象范围较广，常常要花费大量的人力、物力和时间，并常常要把各种调查形式、各种信息渠道充分利用和结合起来，将收集到的材料作出综合的分析和判断。毛泽东作为党和国家的领袖，要掌握全面情况，这种方法无疑要经常地采用。但全国空间范围广大，调查绝不可能由毛泽东一人完成，必然要更多地采用间接的调查方式，如委托调查、统计报告调查、通信调查等，将各种调查形式结合起来，由集体组织去完成。

二　调查研究的具体方法

调查研究的具体方法与调查研究的形式有联系，但它主要体现在调查主体亲自深入实际的直接调查形式中进行调查的具体方法。包括调查的门路、程序、技术等。

第一，目标明确，抓住中心。

我们说过，毛泽东是反对无目的的调查的。他要求我们调查要有明确的目标。但目标必须是未解决而又必须解决的问题，而不是"结论"。如果说是"结论"，也只能是有怀疑的结论。这样，目标才不至于带上"先入为主"的主观主义、实用主义的色彩。目标明确了，在调查研究过程中就必须紧紧抓住中心、围绕

"目标"这个中心行事。这也就是毛泽东说的抓主要矛盾。抓不到主要矛盾会是什么样呢？必然是毛泽东所说的："调查的结果就像挂了一篇狗肉账，像乡下人上街听了许多新奇故事，又像站在高山顶上观察人民城郭。这种调查用处不大，不能达到我们的主要目的。"① 举例说，在土地革命时期，主要是解决农村阶级矛盾，因而正确地分析农村的阶级结构及其相互关系，制定土地革命路线是主要任务。我们的调查工作必须依据这个中心目标来进行。但到了抗日战争时期，主要矛盾是民族矛盾，阶级矛盾成为次要矛盾。这时无论解决什么问题，都应以这个主要矛盾作为认识问题和解决问题的出发点。调查农村的阶级状况，也必须围绕这个中心来进行。仅仅了解农村有多少地主、富农、中农、贫农、雇农是不够的，最根本的还要了解不同阶级对日本帝国主义的立场、态度，从而才能制定正确的方针、政策。把后面这个问题丢掉了，调查材料再多，对解决实际问题也没有多大意义。

第二，要有放下官架子、甘当小学生的精神。

这是调查研究的态度和作风问题，也是调查研究的具体方法问题，而且是一个十分重要的方法。毛泽东在《〈农村调查〉的序言和跋》这篇文章里，谈到如何向社会作调查时，把这一条摆在首要的位置，并在第二条"开调查会"那里再次提到它，可见它的极端重要性。他说，要做好调查研究，"第一是眼睛向下，不要只是昂首望天。没有眼睛向下的兴趣和决心，是一辈子也不会真正懂得中国的事情的"②。在"开调查会"的条目下继续强调："没有满腔的热忱，没有眼睛向下的决心，没有求知的渴望，没有

---

① 毛泽东：《反对本本主义》，《毛泽东选集》第 1 卷，人民出版社 1991 年版，第 113 页。

② 毛泽东：《〈农村调查〉的序言和跋》，《毛泽东选集》第 3 卷，人民出版社 1991 年版，第 789—790 页。

放下臭架子、甘当小学生的精神，是一定不能做，也一定做不好的。"① 毛泽东在长期的调查研究实践中，总是虚心地拜一切有经验、有知识、了解情况的人为师，把他们看作"可敬的先生"，对他们"恭谨勤劳和采取同志态度"。他认为如果不是这样，他们就"知而不言，言而不尽"。毛泽东曾多次告诫各级领导干部，到基层去调查研究，绝不可当"钦差大臣"或"官家侦探"，不可摆架子。因为群众看到这种作风和态度，就会敬而远走，不说心里话，不会把真实情况告诉你。在《关于农村调查》一文中说：怎样使对方说真话？"主要的一点是要和群众做朋友，而不是做侦探，使人家讨厌。群众不讲真话，是因为他们不知道你的来意究竟是否于他们有利。要在谈话过程中和做朋友的过程中，给他们一些时间摸索你的心，逐渐地让他们能够了解你的真意，把你当做好朋友看，然后才能调查出真情况来。"② 他以自己的亲身经历为例，说明如何与群众做朋友。他说："我在兴国调查中，请了几个农民来谈话。开始时，他们很疑惧，不知我究竟要把他们怎么样。所以，第一天只是谈点家常事，他们脸上没有一点笑容，也不多讲。后来，请他们吃了饭，晚上又给他们宽大温暖的被子睡觉，这样使他们开始了解我的真意，慢慢有点笑容，说得也较多。到后来，我们简直毫无拘束，大家热烈地讨论，无话不谈，亲切得象自家人一样。"③ 毛泽东的许多调查报告，总是给人一种内容充实、具体、亲切的感觉，显然是他在调查研究中不摆官架子、平等待人、甘当小学生、虚心求教的结果。

---

① 毛泽东：《〈农村调查〉的序言和跋》，《毛泽东选集》第 3 卷，人民出版社 1991 年版，第 790 页。
② 毛泽东：《关于农村调查》，《毛泽东农村调查文集》，人民出版社 1982 年版，第 27 页。
③ 同上。

第三，开调查会。

毛泽东认为，开调查会，是最简单易行又最忠实可靠的方法。他经常使用这种方法进行社会调查，即召集几个既有实际经验又有一定代表性的人在一起，自己口问手写，并向到会人提出问题，一起开展讨论。他说："我用这个方法得到了很大的益处，这是比较什么大学还要高明的学校。"① 毛泽东指出，开调查会不仅要提出问题，而且要有解决问题的方法。参加调查会的人选及其数量要按调查人的指挥能力和实际调查内容来定。但一般说来人数不必多，人选必须是与调查内容相关的人，与问题无关的人不必在座。调查必须是讨论式的调查。按照事先准备好的纲目发问，不明了的、有疑义的提起辩论。所谓"调查纲目"，要有大纲，还要有细目。如"商业"是个大纲，"布匹""粮食""杂货""药材"都是细目。布匹下再分"洋布""土布""绸缎"各项细目。调查会必须注意防止那种"只随便问一下子，不提出中心问题在会议席上经过辩论的方法"②。须要指出的是，毛泽东并不是把"开调查会"看作了解情况的唯一方法。就他自己而言，除了开调查会外，还经常采取个别访问、登门求教，或请到家里拉家常的方法进行调查。在某种意义上，这也是一种缩小了的调查会形式。

第四，分析和综合。

这是调查研究的理性思维方法。分析是把对象分解为各个部分来加以考察的方法，综合是把对象各个部分的规定性联结为整体来加以考察的方法。在调查研究一个事物时，首先要把这个事物分解为各个方面、各个部分，把这些方面、这些部分加以考察、

---

① 毛泽东：《〈农村调查〉的序言和跋》，《毛泽东选集》第 3 卷，人民出版社 1991 年版，第 790 页。

② 毛泽东：《反对本本主义》，《毛泽东选集》第 1 卷，人民出版社 1991 年版，第 116 页。

分析、综合，得出方面、部分的规定性，然后把这些规定性加以全面的、整体的综合，只有这样，才能对事物得出完整的认识。调查研究的整个过程同时就是分析和综合的过程。在民主革命的特定历史条件下，毛泽东突出地强调分析和综合必须注意把握对立统一和阶级斗争的观点，即阶级分析方法。毛泽东说："对于担负指导工作的人来说，有计划地抓住几个城市、几个乡村，用马克思主义的基本观点，即阶级分析的方法，作几次周密的调查，乃是了解情况的最基本的方法。只有这样，才能使我们具有对中国社会问题的最基础的知识。"[①] "我们一定要把握住这方面的观点，这种观点，就是对立统一和阶级斗争。……分析法和综合法，就是用这观点。假如同志们把这观点用去分析农村，你就可以知道农村有些什么阶级，它们主要的特点是什么，以及它们彼此的关系怎样。"[②] 在最普遍的意义上说，分析和综合的方法，不是阶级分析的方法，而是矛盾分析的方法。

毛泽东在把马克思主义普遍真理和中国革命具体实践相结合的过程中，时时处处注重调查研究的理论和实践。调查研究是各级领导机关必不可少的基础性工作，是全体干部都应当掌握的基本功。我们今天的时代与毛泽东领导革命的时代相比，已经发生了极大的变化。由于数量统计方法在调查研究领域中的应用，现代化的通信手段发挥着巨大作用；利用现代化的工具，建立大规模的、全社会的调查网络体系，组织专题化的社会调查正日益受到普遍的重视。然而，毛泽东调查研究理论和实践所提供的方法论意义及其科学价值并未因此而过时。我们并不提倡固守或照搬

---

① 毛泽东：《〈农村调查〉的序言和跋》，《毛泽东选集》第 3 卷，人民出版社 1991 年版，第 789 页。

② 毛泽东：《关于农村调查》，《毛泽东农村调查文集》，人民出版社 1982 年版，第 24 页。

毛泽东调查研究的某些具体方法，应当在一些具体方法上有所进步和发展。但毛泽东关于调查研究的某些具体原则依然值得沿袭。比如，主要领导干部必须亲自出马下基层作调查、"开调查会"，以及在调查中放下官架子、甘当小学生的精神。这些原则，在密切党与人民之间的关系、保证党和政府永远不脱离群众中发挥着特殊的功能。这种传统方式对于现代化方式而言，并不意味着落后和手段过时的问题，而是现代化方式的基本构成部分。正像我们在现代侦破影片中所看到的那样，尽管侦破手段非常科学化、非常现代化，甚至可以遥控监视、追踪犯罪分子活动及其去向，但是现场的侦察、调查、访问始终是破案的基础性工作。离开这个基础性工作，现代化手段再先进也是无能为力的。

应当看到，现在确实有些担负一定责任的领导干部，躺在现代科学技术手段上，宁愿作遥控式的间接调查研究，不愿迈开双脚、走出机关，到基层作深入细致的调查研究；有的表面上也下去调查，但在他们的思想里，毛泽东式的调查研究已经过时，最多也只是现代调查方式的补充，因而就不那么认真了，因而也就没有严肃的调查研究态度、作风和方法，在调查研究的方法和手段越来越先进的今天，我们不应因科学技术的先进而昏了头脑，必须清醒地意识到，现代化的技术工具再先进，也是由人操纵控制的，依然是人用来达到某种目的的手段。调查研究技术手段的现代化，绝不应当成为阻碍我们贯彻实事求是路线的怪物，而应当是使我们的调查研究工作更科学、更精确、更实事求是的工具。继承传统调查研究方法之长处，发挥现代化技术手段之功能，把两者完美地结合起来，乃是现代化调查研究更好地坚持实事求是思想路线的切实保证。

第五章　矛盾分析的理论与方法

矛盾分析的理论和方法，在毛泽东方法论体系中占有核心和基础的地位。它贯穿于毛泽东方法论的各个层面。毛泽东方法论的各种具体方法，从辩证法的视角看，可以说都是建立在矛盾分析理论和方法的基础上的，是矛盾分析法的展开和体现。实事求是的方法，实际上是主体和客体、主观和客观的矛盾分析法；抽象和具体的方法，是抽象和具体的矛盾分析法；群众路线方法，是领导和群众、集中和民主的矛盾分析法；阶级分析法，是阶级矛盾的分析方法；等等。所以，不懂得矛盾分析的理论和方法，就不可能正确理解和真正掌握毛泽东方法论。

第一节　矛盾普遍性原理是辩证分析方法的基础

承认矛盾，是捕捉矛盾、分析矛盾的前提，更是解决矛盾、做好工作的前提。如果客观事物中不存在矛盾，那么，不管你怎么细心观察，也是发现不了矛盾的；不管怎么认真捕捉，也是捕捉不到矛盾的。自然，也就谈不上分析矛盾、提出解决矛盾的办法了。所以，承认矛盾的客观性和普遍性，是矛盾分析方法的首要前提。

　　对于矛盾的客观性和普遍性问题，马克思主义哲学创始人和继承人，都作了肯定的回答。恩格斯在《反杜林论》中，对杜林否认矛盾的客观性和普遍性的论点，作了深刻的批驳。杜林认为，矛盾等于背理，因而它在现实世界中是不可能出现的。他说，矛盾的东西是一个范畴，这个范畴只能归属于思想组合，而不能归属于现实。在事物中没有任何矛盾，或者换句话说，真实产生的矛盾甚至是背理的顶点。恩格斯说，矛盾等于背理，这个命题也许像直不能是曲、曲不能是直这一命题一样，对于常识来说，是不言而喻的。但是微分学不顾常识的一切抗议，竟使直线和曲线在一定条件下相等，并由此达到了坚持直线和曲线等同是背理的常识所永远不能达到的成果。①

　　恩格斯认为承认矛盾的客观存在是辩证思维的本质。他说，如果我们用形而上学的思维方式来考察问题，即把事物看作静止而没有生命的，各自独立、相互并列或先后相继的时候，我们在事物中确实碰不到任何矛盾。但是一旦我们从事物的运动、变化、生命和相互作用方面去考察事物时，亦即用辩证法的思维方式去考察事物时，情形就完全不同了。在这里，我们立刻陷入了矛盾。运动本身就是矛盾。甚至简单的机械的位移之所以能够实现，也只是因为物体在同一瞬间既在一个地方又在另一个地方，既在同一个地方又不在同一个地方。这种矛盾的连续产生和同时解决就是运动。

　　恩格斯还指出，既然杜林断言运动是不可理解的，他本人就违反自己的意志而承认了这种矛盾的存在，因而就是承认：有一种客观地存在于事物和过程本身中的矛盾，而且这是一种实际的

---

　　① 参见恩格斯《反杜林论》，《马克思恩格斯选集》第 3 卷，人民出版社1972 年版，第 158—159 页。

力量。恩格斯说，既然简单的机械的位移本身已经包含着矛盾，那么物质的更高级的运动形式，特别是有机生命及其发展，就更包括矛盾。生命首先正是在于生物在每一瞬间是自身，同时又是别的东西。所以，生命也是存在于物体和过程本身中的不断地自行产生并自行解决的矛盾；矛盾一停止，生命也就停止，死亡就到来。同样，在思维的领域中我们也不能避免矛盾，例如人的认识能力的无限性和有限性的矛盾。人内部无限的认识能力和这种认识能力在外部和认识上被局限的实际，二者之间是矛盾的。这一矛盾至少对我们来说实际上是无穷无尽的，是在连绵不断的世代中解决的，是在无穷无尽的前进运动中解决的。

总之，恩格斯对矛盾的客观性和普遍性的精湛分析表明，矛盾是客观事物存在的方式，辩证思维就是正确反映事物矛盾运动的思维方式。所以，恩格斯本人也把辩证法称为矛盾辩证法。

列宁对这个问题同样作了很好的说明。他说，统一物之分为两个部分以及对它的矛盾着的部分的认识，是辩证法的实质。又说：对立统一规律，"就是承认（发现）自然界的（也包括精神的和社会的）一切现象和过程具有矛盾着的、相互排斥的、对立的倾向。要认识在'自己运动'中、自生发展中和蓬勃生活中的世界一切过程，就要把这些过程当做对立面的统一来认识"[①]。

列宁的这几句话，说明了什么呢？第一，矛盾是客观存在的。由此，他在"承认"二字后面，又在括号内加上"发现"二字。就是说，客观事物内在的矛盾，我们只是去认识、发现、承认，而不是也无须将主观的东西强加在客观事物身上。第二，矛盾是普遍存在的，具有普遍性。它反映在自然界的、精神的和社会的

----

① 列宁：《谈谈辩证法问题》，《列宁全集》第 55 卷，人民出版社 1990 年版，第 306 页。

一切现象和过程之中。第三，矛盾是一切事物自己运动、自己发展的源泉和动力。第四，辩证法的实质就是反映、认识、研究客观事物及其过程自身的矛盾。

所以，列宁始终强调，对于矛盾的客观性和普遍性，不能只从实例的总和的角度去论证，而应从事物自己运动、自己发展的内在源泉的方面去阐述，从事物辩证法的实质的角度去说明。

毛泽东把矛盾的普遍性概括为两个方面：其一，矛盾存在于一切事物的发展过程中；其二，每一事物的发展过程中存在自始至终的矛盾运动。[①] 可见，毛泽东是从事物发展的内在根源、内在动力的视角，来阐发矛盾的普遍性和客观性的。他说，如果不认识矛盾的普遍性，就无从发现事物运动发展的普遍原因或普遍根据。毛泽东始终强调对广大干部进行辩证唯物主义的教育，每当革命队伍内部出现了否认矛盾普遍性的模糊认识时，他总是给以善意的批评教育，使广大干部把矛盾法则贯彻到底，学会照辩证法办事。

有一种观点认为，矛盾不是一开始就在过程中出现，而是待过程发展到一定的阶段才出现的。比如，他们认为在法国革命前，工农资产阶级合组的第三等级中，只有差异，并无矛盾，到革命爆发时，这种差异才发展为矛盾。针对这种观点，毛泽东批驳说，如果那样，那么，在矛盾出现前，过程发展的原因便不是由于内部的原因，而是由于外部的原因了。这便陷入了形而上学的外因论和机械论。他认为，持此种观点的人，不懂得世界上的每一差异中就已经包含着矛盾，差异就是矛盾。即使是在社会主义条件下，工农之间的差异，也就是工农之间的矛盾，只不过这种矛盾

---

① 参见毛泽东《矛盾论》，《毛泽东选集》第 1 卷，人民出版社 1991 年版，第 305 页。

不同于劳资之间的矛盾就是了。但这是矛盾的差别性问题，而不是矛盾的有无问题。

"差异就是矛盾"的含义是很清楚的。它不是指毫无关系的事物之间的差异，而是指在一定条件下，处于统一体中的又斗争又联结的两个方面之间的差异。也就是说，差异的事物只有在一定条件下处于一个统一体中，才构成矛盾。毛泽东在读艾思奇的《哲学与生活》一书时批注说："差别是世上一切事物，在一定条件下都是矛盾，故差别就是矛盾；这就是所谓具体的矛盾。"① 毛泽东关于差异就是矛盾的科学论断是对内因论的丰富和深化。它告诉我们，矛盾不仅存在于事物发展的过程中，而且贯穿于一切过程的始终。所谓旧过程完结了、新过程发生了，说的是旧的统一和组成此统一的对立成分让位于新的统一和组成此统一的对立成分，于是新过程就代替了旧过程。新过程又包含着新矛盾，开始它自己的矛盾发展史。

有一种观点认为，社会主义社会的发展动力不是矛盾，而是全体人民的团结、友谊、合作。针对这种观点，毛泽东多次指出，社会主义社会的基本矛盾仍然是生产力和生产关系、经济基础和上层建筑的矛盾。他说，社会上的事情总是对立统一的。社会主义社会也是对立统一的，有人民内部的对立统一，有敌我之间的对立统一。在我们党内，也有各种对立的意见。在人们的思想方法方面，实事求是和主观主义是对立的。一个工厂、一个合作社、一个学校、一个团体、一个家庭，总之，无论什么地方，无论什么时候，都有对立的方面。他还指出，无论什么世界，当然特别是阶级社会，都是充满矛盾的。许多人不承认社会主义社会还有矛盾，因而使得他们在社会矛盾面前缩手缩脚，处于被动地位；

---

① 《毛泽东哲学批注集》，中央文献出版社 1988 年版，第 201 页。

不懂得在不断地正确处理和解决矛盾的过程中，将会使社会主义社会内部的统一和团结日益巩固。他还在《关于正确处理人民内部矛盾的问题》《论十大关系》等著作中，全面地、深刻地论述了社会主义社会的各种矛盾，从而坚持了矛盾普遍性的原理，为推动社会主义社会的发展提供了科学的世界观和方法论。

矛盾是普遍存在的，不是有些事物有矛盾、有些事物没有矛盾，也不是有的时候有矛盾、有的时候没有矛盾。矛盾是事事、时时都存在的。有人曾说，在社会主义社会可以找到矛盾。毛泽东说，我看这个提法不对。不是什么找到或者找不到矛盾，而是充满着矛盾。没有一处不存在矛盾，没有一个人是不可以分析的。因而，他说，一切事物都是一分为二的。就是说，一切事物都内在地包含着矛盾着的两个方面。

总之，毛泽东继承、坚持、丰富和发展了唯物辩证法关于矛盾普遍性（和客观性）的原理。特别是对于社会主义社会是否还存在着矛盾、社会主义社会的发展动力是否仍然是矛盾这两个问题，毛泽东作了完全肯定的回答。并且在国内外的多次会议上，反复阐述了这个问题。比如，在党的代表大会、中央委员会、省市自治区党委书记会议，乃至在莫斯科共产党和工人党代表会议上，他都阐述了矛盾的普遍性原理，指出了辩证法的基本观点就是对立面的统一。并且，他还反复强调了这一原理对于我们做好工作的方法论意义。

矛盾普遍性，用最概括的语言来表述，就是矛盾即运动、即事物、即过程，也即思想。否认了事物的矛盾，就是否认了一切。

矛盾普遍性原理具有重要的方法论意义。第一，它是矛盾分析法的客观基础和理论前提。由于矛盾即事物、即过程、即思想，所以我们要认识事物、过程、思想，就应从考察它包含的内在矛盾入手。我们不应该也绝不能回避事物的矛盾，不能见到矛盾就头痛，碰到矛盾绕着走，而应该正视矛盾，并主动捕捉矛盾。毛泽东说，要学会这么一种领导艺术，不要什么事情总是捂着。人家一发怪议论、一罢工、一请愿，你就把他一棍子打回去，总觉得这是世界上不应有之事。不应有之事为什么又有了呢？可见得是应有之事。党内、党外都是这样。各种怪议论、怪事、矛盾，以揭露为好。要揭露矛盾，解决矛盾。做工作就是解决矛盾。第二，它是我们认识事物的指针。因为，事物的真正本质，就是事物内部包含的矛盾。所谓认识事物，就是认识事物的矛盾。对事物进行分析，就是分析事物的内在矛盾。即通过把握事物的矛盾，并对这些矛盾进行剖析，从诸矛盾中找出主要矛盾和矛盾的主要方面，从而达到对事物的本质认识。由于矛盾贯穿过程的始终，所以应该自始至终的观察、分析、把握矛盾运动和变化的情况。在一个过程完结时，应注意新过程所包含着的新矛盾的运动情况。由于物质结构的多样性和物质层次的无限性，所以，我们观察矛盾和认识矛盾的任务永远不会完结。第三，它是实践、认识链条上的重要环节。实践、认识都是循着实践——认识——实践和特殊——一般——特殊的循环往复的前进的。在这里，所谓认识一般，就是认识事物矛盾的普遍性即共性。只有认识了矛盾普遍性即认识了事物的一般本质，才能以它为指导，进而去认识事物的特殊本质，从而指导实践向前发展。所以，矛盾普遍性在实践、认识不断发展的过程中，起着承上启下的作用。第四，它是制定解决矛盾方案、推动事物发展的认识论前提。由于事物的发展是事物内在矛盾的作用引起的，所以我们应该在认识事物矛盾的基础上，提出解决矛盾的方案并付诸实施，从而推动事物发展。

总之，做工作就是认识矛盾和解决矛盾。矛盾是一切事物存在的最基本的方式，世界是由矛盾构成的，这是矛盾分析法的客观根据。毛泽东指出，这个辩证法的宇宙观主要就是教导人们要善于去观察和分析各种事物的矛盾运动，并根据这种分析，指出解决矛盾的方法。十一届三中全会以来的党的路线、方针、政策之所以能得到全国人民的衷心拥护，就是由于它正确地把握了现今中国社会的基本矛盾和主要矛盾，提出了解决这些矛盾的正确方案。

第二节　矛盾特殊性原理是辩证分析方法的核心

要能正确地解决矛盾，仅仅认识矛盾的普遍性是远远不够的，还必须知道矛盾的特殊性。因为，矛盾的普遍性只解决了世界上的事物都是矛盾、都包含着矛盾的问题，而没有回答世界上的事物何以是五光十色、千姿百态的问题；或者说，矛盾普遍性只告诉了我们研究的对象是矛盾，它与其他事物相同的方面；而没有告诉我们这一对象何以与别的事物不同以及有哪些不同的问题。不知道对象的特点，就不能算是了解了对象。要知道世界上的事物何以是千差万别的，即要了解对象的特点，就需要研究矛盾的特殊性。只有把握了事物矛盾的特殊性，了解了对象的特点，才能提出真正切合实际的解决事物矛盾的方案。

所以，矛盾特殊性问题是矛盾分析方法中的一个十分重要的问题。它是将矛盾分析作为一种理论、作为一种指导思想，转换为一种可以操作的方法的关键。或者可以说，在矛盾精髓理论中，矛盾普遍性原理更多地具有世界观的色彩和功能，而矛盾特殊性原理则更多地具有方法论的色彩和功能。矛盾普遍性原理告诉我们，什么是事物的真正本质，应从什么角度去认识事物、分析事物；就是说，它只是给我们指出了一般性原则。矛盾特殊性原理则告诉我们，如何具体地把握具体的对象，如何具体地认识和分析这一具体对象，并根据对象的特殊本质，提出解决事物矛盾的具体方案。

我们知道，在马克思主义辩证法史上，马克思已经提到了关于矛盾的特殊性的问题。马克思在批判黑格尔把现实中的实际矛盾逻辑化并把它们变为逻辑概念的矛盾时说："……对现代国家制度的真正哲学的批判，不仅揭露这种制度中存在着的矛盾，而且解释这些矛盾，了解这些矛盾的形成过程和这些矛盾的必然性。这种批判从这些矛盾的本来意义上来把握矛盾。但是，这种理解不在于到处去重新辨认逻辑概念的规定，像黑格尔所想像的那样，而在于把握特有对象的特有逻辑。"① 很清楚，马克思这里所说的从"特殊意义"上把握矛盾及其根源，"把握特殊对象的特殊逻辑"，实际上便是要人们把握认识事物矛盾的特殊性和特殊本质的意义。

列宁依据新的时代特点，研究和发展了马克思主义的矛盾学说。他反复强调具体问题具体分析的重要意义，认为这是马克思主义的活的灵魂。他指出："马克思的辩证法要求对每一特殊的历史情况进行具体的分析。"② 所谓具体问题具体分析，实质上便是具体地分析具体的矛盾，就是关于矛盾的特殊性问题。在这一思想的指导下，他发现、提出并科学地论证了社会主义所特有的非对抗性矛盾。以上说明，马克思和列宁虽然没有明确提出和使用"矛盾特殊性"这个概念，但他们已经触及这个问题，并已明确意识到有关这个问题的重要意义。但对于怎样研究矛盾的特殊性、从哪些方面具体地分析矛盾的特殊性，他们却未能在理论上加以

---

① 马克思：《黑格尔法哲学批判》，《马克思恩格斯全集》第 3 卷，人民出版社 2002 年版，第 114 页。

② 列宁：《论尤尼乌斯的小册子》，《列宁选集》第 2 卷，人民出版社 1995 年版，第 700 页。

系统地阐明。

　　毛泽东则结合领导中国革命的实际经验，第一次系统地提出并论证了矛盾特殊性的概念。他认为，认识一个事物，必须注意它和其他事物的共同点。但是，尤其重要的，我们认识事物的基础的东西，则是必须注意它的特殊点和"特殊的本质"。特殊的本质，是由事物内部包含着的特殊的矛盾决定的。任何事物内部都包含着自身特殊的矛盾，亦即任何事物都有自身的矛盾特殊性。由特殊的矛盾或矛盾特殊性决定的事物的特殊本质，就是世界上诸种事物之所以有千差万别的内在原因，或者叫作根据。如果不研究矛盾的特殊性，那就无从确定一事物不同于他事物的特殊的本质，就无从发现事物运动发展的特殊原因或特殊根据，也就无从辨别事物、无从区别科学研究的领域。这就是说，如果不懂得矛盾的特殊性，不注意事物的特殊的本质，那我们对事物的认识就是混沌的、模糊的、不清晰的，实际上也就没有正确认识它。自然，也就谈不上提出正确的、合适的方案，对事物进行我们所期望的改造。

　　矛盾的特殊性，就是矛盾的个性、相对性，也是一事物区别于其他事物的内在根据。离开了矛盾特殊性，就谈不上具体问题具体分析，也就谈不上用不同的方法解决不同的矛盾这样一个马克思列宁主义者必须严格遵守的原则。

　　毛泽东哲学思想发展的逻辑主线是实事求是，即具体问题具体分析。所以，他对唯物辩证法的突出贡献，不仅表现在他首次明确地提出了"矛盾普遍性"的概念，对矛盾普遍性和客观性进行了全面系统的阐述和发挥，更重要的是他把矛盾特殊性作为矛盾理论的核心问题，对"矛盾特殊性"概念作了深层次的研究。他在《矛盾论》中明确地说："关于矛盾的特殊性的问题应当着重地加以研究，并用足够的篇幅加以说明。"矛盾特殊性之所以成为毛泽东研究的重点课题：一是因为革命队伍内部的教条主义者不懂得矛盾的普遍性即寓于矛盾的特殊性之中，他们不了解研究具体事物矛盾的特殊性对于指导革命实践的发展有何等重要的意义。二是因为马克思主义最本质的东西，马克思主义活的灵魂，就在于具体地分析具体的情况。中国革命的实践和理论上的迫切需要，决定了毛泽东"着重地分析矛盾的特殊性的问题"①。毛泽东对矛盾特殊性原理的主要贡献及其方法论意义，主要表现在以下几个方面。

第一，从五个方面揭示了客观矛盾存在的层次结构以及人们把握矛盾特殊性的秩序和规律，提出了一个分析矛盾特殊性的理论体系。毛泽东指出，各个物质运动形式的矛盾，各个运动形式在各个发展过程中的矛盾，各个发展过程的矛盾的各方面，各个发展过程在其各个发展阶段上的矛盾以及各个发展阶段上的矛盾各方面，研究所有这些矛盾的特性，都不能带主观随意性。② 这五个方面是对矛盾特殊性的总体概括，目的是把"一切矛盾的特殊性解剖出来"③，就此而言，这五个方面对于全面把握现实具体的矛盾是缺一不可的，是我们应当遵循的总的原则，因为它们是从不同角度着眼的。

首先，世界上各种物质运动形式中的矛盾，都有其特殊性。自然界的运动和社会运动不同，思维的运动也不同于自然界的运动和社会的运动。即使是同一领域中的各种事物也各有其特殊性。任何运动形式，其内部都包含着本身特殊的矛盾，这种特殊的矛盾是一事物区别于他事物的客观根据。从物质运动形式的矛盾特

---

① 毛泽东：《矛盾论》，《毛泽东选集》第 1 卷，人民出版社 1991 年版，第 304 页。

② 同上书，第 319 页。

③ 同上书，第 318 页。

殊性入手，就是把握决定事物质的特点的矛盾，这是深入认识矛盾特殊性的起始环节。其次，研究矛盾的特殊性，不仅要把握一事物区别于他事物的特点，"而且要研究每一个物质运动形式在其发展长途中的每一个过程的特殊的矛盾及其本质"①。每一种物质运动形式，在它发展的长途中，呈现出若干过程，每一过程都是由其所包含的特殊的根本矛盾所规定的。在社会这种运动形式中，各个不同历史时期的社会性质之所以有区别，就是因为它们所包含的根本矛盾（即生产力同生产关系、经济基础同上层建筑之间的矛盾）是各不相同的。毛泽东指出，一切运动形式的每一个实在的非臆造的发展过程内，都是不同质的。我们的研究工作必须着重这一点，并且必须从这一点开始。再次，在"物质发展的长过程中的各个发展阶段，情形又往往互相区别"。所以，为了认识事物发展的特点，只了解事物的不同过程的特点是不够的，还要把握同一过程中出现的不同阶段的特点。这是因为决定过程性质的根本矛盾在各个发展阶段上采取了逐渐激化的形式。并且，被根本矛盾所规定或影响的许多大小矛盾中，有些激化了，有些是暂时地或局部地解决了，或者缓和了，又有些发生了。因此，过程就显出阶段性来。例如，中国的新民主主义革命就区分为大革命时期、土地革命时期、抗日战争时期、解放战争时期等阶段，这些不同阶段的矛盾都带有特殊性。这表明，注意研究事物发展的阶段性，是深入了解事物矛盾特殊性的途径之一。毛泽东说："如果人们不去注意事物发展过程中的阶段性，人们就不能适当地处理事物的矛盾。"② 最后，对事物发展的每一过程或阶段的研究，不但必须在其联结上、总体上把握该过程或阶段的矛盾的特殊性，

---

① 毛泽东：《矛盾论》，《毛泽东选集》第1卷，人民出版社1991年版，第310页。
② 同上书，第314页。

还必须进一步分析每一过程或阶段中的矛盾的各方面的特点。这是因为，不仅每一过程或阶段的矛盾有其特殊性，不能一律看待，而且矛盾的各方面也各有特点，不能一律对待。只有从矛盾的各个方面着手研究，才有可能了解矛盾在总体上的特殊性。分析事物内部矛盾各方面的特点，就是了解它们每一方面各占何种特定的地位、各用何种具体形式和对方发生互相依存又互相斗争的关系。

　　总之，要认识事物矛盾的特殊性，既要从横的方面研究一事物区别于他事物的特点，也要从运动发展的观点研究同一事物在其发展过程及其阶段上的特点，还要研究事物内部矛盾的各个方面的特点。分析事物矛盾的特殊性的过程是由外向内、由过程到阶段、由总体联结到各个方面的一步步深化，一步步具体化的认识过程。

　　第二，指出矛盾发展的不平衡性规律是矛盾特殊性的重要内容，为分析矛盾特殊性的方法确立了客观根据。毛泽东指出，在矛盾特殊性的问题中，还有两种情形必须特别地提出来加以分析，即主要的矛盾和矛盾的主要方面。他认为，在复杂的事物发展过程中，有许多的矛盾存在，其中必有一种是主要的矛盾，由于它的存在和发展规定或影响着其他矛盾的存在和发展。同样，在矛盾着的两方面中，必有一方面是主要的，其他方面是次要的，其主要的方面，即所谓矛盾起主导作用的方面。[①] 这里所说的主要矛盾和次要矛盾的区分，是解答事物中诸种矛盾关系的特殊性问题，而矛盾的主要方面和次要方面的区分，则是解决矛盾诸方面关系的特殊性问题。所以，这两种特别重要的情形正是对上述矛盾特

---

　　① 参见毛泽东《矛盾论》，《毛泽东选集》第 1 卷，人民出版社 1991 年版，第 320 页。

殊性的五种情形的重要补充。换言之，在研究事物发展过程或阶段的矛盾特殊性时，重要的是在诸种矛盾关系中找到主要矛盾（或根本矛盾）；而在研究事物内部矛盾诸方面的相互关系时，重要的是找出在矛盾中起主导作用或决定作用的方面。这就是说，在把握事物的本质过程中，不仅要一般地分析决定事物性质的特殊性，尤其要抓住规定其本质的"主要的"特殊性。主要的矛盾和主要的矛盾方面就是决定事物本质，使之区别于他事物、过程和阶段的最主要的东西。从提出矛盾特殊性的五种情形到提出主要矛盾和矛盾的主要方面的理论，从思维过程来说是从抽象到具体，从方法论角度看则使抽象的理论原则具有了可操作的性质。

毛泽东不仅对主要矛盾和矛盾主要方面的含义作了明确的规定和系统的论证，而且指出了这两条原则的客观基础。为什么要把诸种矛盾和矛盾的诸方面区分为主要的和次要的两类呢？毛泽东认为，根本的原因在于事物的矛盾力量的不平衡性，矛盾之间以及矛盾诸方面之间的差别性或特殊性，都是矛盾不平衡性的表现。"无论什么矛盾，矛盾的诸方面，其发展是不平衡的。有时候似乎势均力敌，然而这只是暂时的和相对的情形，基本的形态则是不平衡。"① 事物发展的不平衡性，是宇宙间存在的普遍规律。矛盾和矛盾诸方面发展的不平衡性正是事物发展不平衡性的重要表现。正是这种客观规律，使任何事物及其发展过程中存在着根本矛盾和非根本矛盾的关系，在事物发展阶段中存在主要矛盾和次要矛盾的关系，在矛盾的内部存在矛盾的主要方面和次要方面的关系。这种客观存在的主要和次要的关系，是我们在分析矛盾特殊性时碰到的基本的关系结构，能否找出这种关系结构，是我

---

① 毛泽东：《矛盾论》，《毛泽东选集》第 1 卷，人民出版社 1991 年版，第 322 页。

们能否准确把握事物本质和特点的关键所在。

　　矛盾间及其诸方面间的主次关系结构指的是它们在矛盾总体中的地位和作用。因此，分析它们的主次关系结构属于结构—功能的整体性分析。这种结构和功能的整体分析对于把握事物的特殊本质和特殊规律有重要意义。人们分析事物的矛盾及其特殊性，目的在于掌握它的特殊本质。而主要矛盾和矛盾的主要方面都与事物的性质直接相关。毛泽东指出，根本矛盾是决定过程的基本性质的矛盾，主要矛盾是规定过程的阶段性质的矛盾，而"事物的性质，主要地是由取得支配地位的矛盾的主要方面所规定的"①。主要矛盾和次要矛盾、矛盾的主要和次要方面都不是一成不变的，在一定条件下，它们都是可以互相转化的。当原来的主要矛盾解决了，或主要矛盾虽未解决，但由于条件的变化而下降为次要矛盾的地位，其他矛盾上升为主要矛盾时，事物的发展都会显现出阶段性的变化。同样，矛盾双方主次地位的变化，事物的性质也就随之起变化。因此，抓住事物的主要矛盾和矛盾的主要方面，是我们把握事物的性质和特点的钥匙。而把握了主次矛盾和矛盾的主次方面的变化，可以帮助我们认识事物的性质的变化。在分析事物的矛盾时，既不能把过程中所有矛盾平均看待，也不能满足于研究矛盾双方各自的特点，而必须分清矛盾的主次以及矛盾双方的主次地位。只有抓住事物的主要矛盾和主要的矛盾方面，才能准确地认识事物的性质，找到解决矛盾的方法。

　　矛盾发展的不平衡性是矛盾特殊性及其变化的客观根源。因此，对矛盾发展的不平衡性的研究，具有重要的方法论意义。毛泽东在《矛盾论》的结论部分强调指出："当着我们研究矛盾的

---

　　①　毛泽东：《矛盾论》，《毛泽东选集》第 1 卷，人民出版社 1991 年版，第 322 页。

特殊性和相对性的时候，要注意矛盾和矛盾方面的主要的和非主要的区别。"① 这就是说，要把握矛盾总体，除了分析各自矛盾的特殊性，更重要的是进一步研究在矛盾总体中哪个矛盾是主要矛盾。毛泽东在谈到调查研究工作时说，调查要"抓住要点"，材料是要搜集得愈多愈好，"但一定要抓住要点或特点（矛盾的主导方面）"。"如果你调查的九样都是一些次要的东西，把主要的东西都丢掉了，那末，仍旧是没有发言权。"他又说，今天中国的主要矛盾是民族矛盾，阶级矛盾成为次要的。"因此，今天无论解决任何问题，都应该以这个主要矛盾作为认识问题和解决问题的出发点。假若丢掉主要矛盾，而去研究细微末节，犹如见树木而不见森林，仍是无发言权的。"② 在这里，毛泽东既讲了调查实践，又讲了调查之后的理论研究，强调在理论和实践中既要抓主要矛盾，又要抓矛盾的主要方面，从而为我们提供了一个分析问题的方法论原则，即"研究任何过程，如果是存在着两个以上矛盾的复杂过程的话，就要用全力找出它的主要矛盾。捉住了这个主要矛盾，一切问题就迎刃而解了。……万千的学问家和实行家，不懂得这种方法，结果如堕烟海，找不到中心，也就找不到解决矛盾的方法"③。主要矛盾和矛盾的主要方面在矛盾总体中的主导地位和作用是客观存在的事实，这一点决定了我们研究事物矛盾问题的主导方向，在研究矛盾特殊性的问题中，如果不研究过程中主要的矛盾以及矛盾的主要方面和非主要方面这两种情形，"也就是说不研究这两种矛盾情况的差别性，那就将陷入抽象的研究，不能具

---

① 毛泽东：《矛盾论》，《毛泽东选集》第1卷，人民出版社1991年版，第336页。
② 毛泽东：《关于农村调查》，《毛泽东农村调查文集》，人民出版社1982年版，第25—26页。
③ 毛泽东：《矛盾论》，《毛泽东选集》第1卷，人民出版社1991年版，第322页。

体地懂得矛盾的情况，因而也就不能找出解决矛盾的正确的方法"①。由于不平衡性在事物存在和发展中的重要作用，也由于中国社会政治、经济发展的不平衡结构对中国革命性质的重大影响，而教条主义只承认矛盾的普遍性而忽视矛盾的特殊性，所以毛泽东突出强调了矛盾发展的不平衡性，指出"对于矛盾的各种不平衡情况的研究，对于主要的矛盾和非主要的矛盾、主要的矛盾方面和非主要的矛盾方面的研究，成为革命政党正确地决定其政治上和军事上的战略战术方针的重要方法之一"②，这一点应引起我们足够的重视。

第三节　共性与个性的关系是矛盾分析方法的精髓

毛泽东指出："矛盾的普遍性和矛盾的特殊性的关系，就是矛盾的共性和个性的关系。"矛盾的普遍性是说，矛盾存在于一切过程中，并贯穿于一切过程的始终，"所以它是共性，是绝对性"；矛盾的特殊性是说，矛盾着的事物及其每一侧面都各有其特点，"因为矛盾的各各特殊，所以造成了个性。一切个性都是有条件地暂时地存在的"。"这一共性个性、绝对相对的道理，是关于事物矛盾的问题的精髓，不懂得它，就等于抛弃了辩证法。"③ 这是对辩证法和矛盾学说的本质精神作出的一个崭新概括，具有重要的理论意义和方法论意义。

第一，不懂得矛盾的共性和个性的关系，就不能具体把握矛

---

① 毛泽东：《矛盾论》，《毛泽东选集》第 1 卷，人民出版社 1991 年版，第 326 页。

② 同上书，第 326—327 页。

③ 同上书，第 320 页。

盾的法则以及整个辩证法的体系。矛盾的共性和个性的关系，贯穿在矛盾规律的各个部分、各个方面。同矛盾规律的其他部分和方面相比，这一关系是客观事物中更为本质的关系，是我们把握事物矛盾时碰到的更深层次的基本关系。《矛盾论》的逻辑体系就是依照这一关系逐渐展开的。从结构内容看，首先是讲矛盾的普遍性，然后讲矛盾的特殊性，其中主要矛盾和矛盾的主要方面是讲矛盾及其双方在地位和作用上的差别性和特殊性问题，同一性和斗争性是讲矛盾双方关系上的共性和个性、绝对和相对问题，对抗讲的是矛盾斗争的普遍性和斗争形式的特殊性问题。最后，在"结论"中又以共性和个性的关系为指导对矛盾规律的各方面作了总结。共性和个性的关系贯穿在矛盾法则的全部内容之中，是理解和运用这一法则的钥匙。同样，唯物辩证法的其他规律和范畴、原理和原则，在本质上也都体现着共性和个性、绝对和相对的辩证联结。正是在这个意义上，毛泽东才说不懂得共性和个性、绝对和相对的关系，就等于抛弃了整个辩证法。

矛盾的共性和个性的关系为人们提供了一个观察和分析事物矛盾运动的科学观点和方法。矛盾的共性和个性是相互联结的，每一事物不仅包含着矛盾的普遍性，而且包含着特殊性，是共性和个性的统一。因此，"当着我们研究一定事物的时候，就应当去发现这两方面及其互相联结，发现一事物内部的特殊性和普遍性的两方面及其互相联结"①。毛泽东对矛盾论学说的重要贡献，不仅是揭示了事物内部所具有的矛盾"主次结构"（主要矛盾和次要矛盾、矛盾的主要方面和次要方面），而且揭示了矛盾自身所具有的普遍性和特殊性、共性和个性的关系结构。这两种关系结构

---

① 毛泽东：《矛盾论》，《毛泽东选集》第 1 卷，人民出版社 1991 年版，第 318 页。

都是事物矛盾本身所固有的，因而是我们认识和把握事物矛盾运动时必须遵循的指导原则。研究任何事物的矛盾都应把共性和个性结合起来，既要在共性指导下来研究个性，也要在个性研究中注意把握共性。矛盾的共性和个性在人们认识中的作用不同，但都是正确地把握事物矛盾所不可缺少的。如果不认识矛盾的普遍性，就不能把握事物存在的普遍根据和普遍规律，也就不能认清事物发展的基本趋向；如果不研究矛盾的特殊性，就不能把握一事物区别于他事物的特殊本质，不能认识事物发展的特殊根据和特殊规律，也无法找到解决具体矛盾的方法。事实表明，只强调矛盾的普遍性而看不到矛盾的特殊性，或者只强调矛盾的特殊性而看不到矛盾的普遍性，就将陷入抽象的、片面的研究。教条主义者和经验主义者不懂得矛盾的普遍性和特殊性的辩证关系，把事物的共性和个性割裂开来，结果使马克思主义普遍真理同中国革命具体实际相分离，给中国革命造成了巨大的损失。

第二，矛盾精髓的学说丰富和发展了认识过程的理论、毛泽东关于矛盾的共性和个性的关系的论述，具有多方面的理论意义和实践意义。它既是客观辩证法，又是主观辩证法；它既是关于事物矛盾问题的精髓，也是认识论关于认识过程理论的精髓。列宁在其哲学研究中对一般和个别的相互关系给予了特别的关注；他在谈到辩证法的要素时指出："每个事物（现象等等）的关系不仅是多种多样的，并且是一般的、普遍的。每个事物（现象、过程等等）是和其他的每个事物联系着的。"[①] 后来，他在《谈谈辩证法问题》一文中，进一步论述了一般和个别的辩证关系及其认识论意义。他认为，个别和一般是相互联系的。一方面，"任何个别（不论怎样）

---

① 列宁：《黑格尔〈逻辑学〉一书摘要》，《列宁全集》第 55 卷，人民出版社 1990 年版，第 191 页。

都是一般"，个别一定与一般相联而存在；另一方面，"一般只能在个别中存在，只能通过个别而存在"。他以树叶是绿的、伊万是人、哈巴狗是狗等命题为例，揭示了一般和个别的辩证法。他明确地说："在任何一个命题中，很象在一个'单位'（'细胞'）中一样，都可以（而且应当）发现辩证法一切要素的胚芽，这就表明辩证法是人类的全部认识所固有的。"① 为此，他明确地提出要把辩证法应用于反映论、应用于认识的过程和发展。列宁是从叙述方法入手，揭示了命题中的一般和个别的辩证法，严格说来，这里主要研究了认识结果中体现的辩证法。毛泽东的重要贡献是把一般和个别的关系升华为矛盾学说和辩证法的精髓，提出人类的认识过程是由特殊到一般、又由一般到特殊的无限循环过程。明确地认为，不懂得一般和个别的辩证联结就不懂得马克思主义认识论，把列宁的有关思想上升到一个新的理论高度。

世界上任何事物都是普遍性和特殊性、一般和个别的统一。在本体论意义上，个别和一般是浑然一体的。客观事物自身的矛盾如本质和现象、必然性和偶然性、共性和个性等，都是自然地联系在一起的，并不存在分离和割裂的问题。问题在于，客观辩证法和认识的辩证法"两个系列的规律在本质上是同一的，但是在表现上是不同的"②。共性和个性作为客观辩证法是自然融为一体的，但在认识辩证法中，两者的结合却表现为一个过程。毛泽东指出，就人类认识的秩序来说，总是由个别的、特殊的事物，逐渐扩大到一般的、普遍的事物，人们总是首先认识了许许多多个别事物的特殊的本质，然后才有可能更进一步作概括工作，认

---

① 列宁：《谈谈辩证法问题》，《列宁全集》第 55 卷，人民出版社 1990 年版，第 308 页。

② 恩格斯：《路德维希·费尔巴哈和德国古典哲学的终结》，《马克思恩格斯选集》第 4 卷，人民出版社 1995 年版，第 243 页。

识各种事物的共同本质，并以此为指导，继续深入地研究事物的特殊本质，以补充、完善和发展对共同本质的认识。这就是由特殊到一般、又由一般到特殊这样两个认识过程。由于客观事物无不存在共性和个性的辩证关系，由于共性和个性共存于个别事物之中，所以，认识事物总是从个别事物开始，才能形成一般概念，找到事物发展的普遍原因和普遍根据。毛泽东指出，在认识过程中，"尤其重要的，成为我们认识事物的基础的东西，则是必须注意它的特殊点，就是说，注意它和其他运动形式的质的区别"①。这是认识从个别到一般的主要原因。但是，没有一般性的理论指导，便不能正确地把握个别，而一般理论如果不以新的、个别的认识丰富自己，就会变成僵死的、枯槁的东西。因而，在认识了一般以后，人们总是以它为指导，去重新认识和把握其他个别。这是认识从一般到个别的基本原因。所以，把矛盾问题的精髓运用于认识过程，掌握共性和个性的辩证关系，是获得和发展正确认识的条件和途径。

毛泽东把共性和个性的关系运用于认识论，揭示了人的认识是共性和个性、一般和特殊的相互转化过程，进一步完善和丰富了马克思主义的认识论。恩格斯曾提出："一切真实的、详尽无遗的认识都只在于：我们在思想中把个别的东西从个别性提高到特殊性，然后再从特殊性提高到普遍性；我们从有限中找到无限，从暂时中找到永久，并且使之确定起来。"② 这里重点讲的是从个别向一般的上升运动，即由感性认识向理性认识的飞跃。毛泽东十分注意认识过程推移的辩证法，他认为，认识运动如果只到理

---

① 毛泽东：《矛盾论》，《毛泽东选集》第 1 卷，人民出版社 1991 年版，第 308 页。

② 恩格斯：《自然辩证法》，《马克思恩格斯选集》第 3 卷，人民出版社 1972 年版，第 554 页。

性认识为止，那么还只说到了问题的一半，尤其对于马克思主义哲学来说，还只是说到非十分重要的一半；认识过程还必须有第二个飞跃，即从理性认识回到革命实践中去。这个飞跃比起第一次飞跃来说，意义更加伟大。后来，他在读李达的《社会学大纲》一书时又强调"由思维到物质的推移的辩证法"，强调从思维到实践、从一般到个别的飞跃。从个别到一般强调的是认识的唯物论，从一般到个别强调的是认识过程的辩证法。毛泽东在认识过程两个飞跃理论的基础上，又提出认识是由个别到一般、又由一般到个别的循环过程，从而全面完整地揭示了认识的辩证法过程，阐明了矛盾的精髓理论的认识论意义。

一般和个别的关系在认识论中具体表现为感性和理性、理论和实际或理论和实践的关系，并构成后者关系的本质。不了解一般和个别在具体认识过程中的联结，就不懂得马克思主义的认识论。从辩证法的角度看，认识由个别到一般再到个别的无限循环，就是共性和个性相互作用的过程，认识就是共性和个性既对立又统一的过程。人的认识就是以这种特殊的形式反映客观世界的共性和个性的辩证法。既然一般和个别是对立的统一，要认识事物就要正确处理两者的相互关系，既不能以一般代替个别，也不能以个别代替一般。具体地说，无论是在认识的第一阶段，还是在认识的第二阶段，都要把一般和个别结合起来。认识的第一阶段是从感性到理性、由个别到一般的过程，但这种由感性具体到理性抽象的过程本身要求以一定的认识、理论为指导，因而有一个正确处理一般和个别的关系问题。同样，从理论认识到实践，必须以一定的思想、计划和方案为中介，而它们是理论同当时当地具体情况相结合的产物。因此，理论回到实践中去的过程，同样要求人们处理好一般和个别的关系问题。处理好一般和个别的相互关系既是实现第一次飞跃的基本内容和基本条件，也是第二次飞跃实现的基本内容和重要条件。不过，正如毛泽东所说，在这个过程中，个别或特殊都具有更重要的意义。在由个别到一般的过程中，个别是认识事物的基础，所谓一切从实际出发、具体问题具体分析，就是强调客观事物在认识中的基础作用。在由一般到个别的过程中，个别事物也是理性认识深化的基础。

第三，共性和个性的互相贯通也是辩证思维的指导原则。辩证法、认识论和逻辑是相通的，人的认识不仅在内容上是共性和个性的统一，而且在认识形式上也是二者的统一。共性和个性相联结的思想是认识新事物的方法，也是人的辩证思维必然要遵循的方法。换言之，要在认识中坚持矛盾精髓的原理和原则，不仅要在认识过程中遵循从个别到一般、从一般到个别的认识路径，而且在思维逻辑上也要"在一般与个别的统一上，论理的反映出对象"①。毛泽东曾把艾思奇的《哲学与生活》看作一本"更深刻的书"，并认为从中得益很多，对其中的重要内容专门作了摘录。从摘录的内容上看，毛泽东感兴趣的主要是有关辩证逻辑方面的问题，主要观点是辩证法是从个别到一般、从一般到个别的最根本的思维方法，作为形式逻辑的归纳法和演绎法是辩证逻辑的要素，只有把两者（其中包括抽象和具体、历史和逻辑）结合起来、贯通起来，才能达到对事物本质的具体把握。叶青认为，归纳方法是分析方法，从个别到一般是分析过程，因此要应用归纳法。为此，毛泽东摘录道：从个别到一般虽然要用到归纳法，但只是作为一个要素应用它，另一个要素是综合。为什么从个别到一般不能只用形式逻辑的归纳法呢？因为辩证法所理解的理性抽象或概念，并不是排斥个别的一般，而是自身体现着矛盾统一的概念。正如列宁所说："绝妙的公式：'不只是抽象的普遍，而且是自身

---

① 《毛泽东哲学批注集》，中央文献出版社1988年版，第429页。

体现着特殊的、个体的、个别的东西的丰富性的这种普遍'（特殊的东西和个别的东西的全部丰富性！）！！很好！"① 所谓体现特殊东西丰富性的普遍，就是毛泽东所说的把握了客观事物的主要矛盾和次要矛盾、普遍规律和特殊规律的具体结构的普遍，它既是分析也是综合的结果。所以，毛泽东才认为从个别到一般的过程"不只是分析，同时也在综合，即不只抽出简单的一面的规定，并要找出全面的矛盾统一的规定"②。同样，毛泽东认为，从一般到特殊的过程也不是只用演绎法和综合法、把一般法则应用到个别事物上就行了。为什么呢？因为从一般到个别，目的是把握个别事物的特殊本质，这种特殊本质并不仅仅是一般的例证，它具有一般不能包括的丰富内容。所以，在应用一般法则的同时，"还要就那个别事物所具有的具体条件加以分析，发现其新的特殊的矛盾动向"③。这样，共性和个性的对立统一作为矛盾问题的精髓，在认识过程中表现为一般和个别的相互作用、相互包含和转化，在思维的逻辑方法中表现为归纳和演绎、分析和综合的相互补充和相互贯通。所以，共性和个性的联结就成为一般和个别、理论和实践、归纳和演绎、分析和综合统一的理论基础。这是矛盾精髓理论最重要的方法论意义。

第四节　矛盾分析的具体方法

　　毛泽东对马克思主义辩证法作出了重要的贡献，这不仅表现

---

　　① 列宁：《黑格尔〈逻辑学〉一书摘要》，《列宁全集》第 55 卷，人民出版社 1990 年版，第 83 页。

　　② 《毛泽东哲学批注集》，中央文献出版社 1988 年版，第 198 页。

　　③ 同上书，第 199 页。

在他提出并论证了矛盾精髓的理论，而且自觉地运用它于实际工作，使辩证思维走出理性思考的阶段具体化为以矛盾分析为核心的工作方法和领导方法。下面对矛盾分析方法加以具体论述。

一　两点论的方法

对立统一规律是宇宙间的根本规律。这个规律，不论在自然界、人类社会和人们的思想中，都是普遍存在的。毛泽东认为，世界上的一切事物都是对立统一的。所谓对立统一，就是不同性质的对立的东西的统一。"一分为二，这是个普遍的现象，这就是辩证法。"他把这种观点运用于认识和改造世界的活动中，提出了"两点论"的方法。"两点论"的方法是把唯物辩证法运用于实际工作所产生的最基本的科学方法，其他的方法，如重点论的方法、个别和一般相结合的方法、中心工作和一般工作相结合的方法、注意事物数量界限的方法、波浪式推进工作的方法等，都是以"两点论"的方法为前提的。"两点论"的方法内容十分丰富，其中的分析原则和对立面的结合原则是最基本的内容。

第一，分析原则。

简单地说，矛盾分析方法就是两分法。它的客观基础在于世界上一切事物的内部都包含着矛盾，任何事物都是矛盾的统一体。由于这种对立的统一无所不在，任何事物都具有两重性，所以都是可以分析的，都是可以一分为二的。毛泽东认为，世界上的一切事物都是不同质的对立的东西的统一，大到宇宙天体，小到分子、原子，都是可以一分为二的。社会生活本身也是矛盾的统一，一个国家、民族、政党乃至人们的思想，没有一处不存在矛盾，没有一种事物是不可以加以分析的。如果承认一个事物是不可分析的，就是形而上学。"在人类社会和自然界，统一体总要分解为不同的部分，只是在不同的具体条件下，内容不同，形式不同罢了。"

辩证的方法，就是对一切加以分析的方法。"分析的方法就是辩证的方法。所谓分析，就是分析事物的矛盾。"用分析的态度对待一切事物，是坚持唯物辩证法的起码要求。毛泽东指出，对于我们的工作，对于群众的事业，应当采取分析的态度，不应当否定一切。中国的东西也好，外国的东西也好，都应当加以分析，有好的，有不好的。"应当承认，每个民族都有它的长处，不然它为什么能存在？为什么能发展？同时，每个民族也都有它的短处。"对外国的科学、技术和文化，不加分析地一概排斥和不加分析地一概照搬，都是片面的。"总之，是两点而不是一点。说只有一点，叫知其一不知其二。"

所谓"一分为二""两点论""两分法"，作为思想方法，就是把任何事物和过程都看作矛盾的对立面的统一，都是可以分析的，这是两分法的本质内容。有些人误认为一分为二、两分法就是找出好与坏、优点和缺点，这是把本质内容和分析问题的一种具体形式混为一谈了。毛泽东指出："一万年都有两点。将来有将来的两点，现在有现在的两点。"时间、地点、条件不同，事物的性质不同，矛盾对立统一的内容和形式也就不同，不能拿某一种具体形式到处硬套。对两点论和两分法的另一种误解，是把矛盾双方的对立统一关系实体化，把"一分为二"理解为"二要素"论，认为系统论高于矛盾论，因为系统论是多要素论。这种看法同样是一种机械论的矛盾观。毛泽东早在《矛盾论》中就已指出，单纯的过程可能只有一对矛盾，复杂的过程则有一对以上的矛盾，各对矛盾之间又互相构成矛盾。他在《论十大关系》一文中，曾就我国社会主义建设问题列举了十大矛盾；而在《中国革命战争的战略问题》中，他在分析战争中的战略问题时，曾列举了近40对矛盾。所有这些均说明，任何事物都是复杂的矛盾体系。辩证法要人们全面地看问题，全面性是要用对立统一的观点看问题，不但要看到正面，还要看到反面；不但要看到己方，还要看到彼方；不但要懂得现状，还要懂得历史；不但要了解中国，还要了解外国；既要看到事物的质，也要看到事物的量；既要看到部分、局部，也要了解全体、全局，等等。正如列宁所说的，要真正地认识事物，就必须把握和研究它的一切方面、一切联系和中介。分析事物、处理问题、制定政策，都要反对片面性，力求达到全面性的认识。全面性的认识就是符合事物本来的辩证法的认识。"辩证法的基本观点就是对立面的统一"。对立的统一是从大量的、现实的具体事物中抽象出来的最本质的关系，万事万物都是这一本质关系的具体表现。系统论本身也是研究整体与部分、要素与要素之间的对立统一关系的。所以，系统论不仅不会取代矛盾论，而且要以矛盾观点作为该学科的指导原则。

第二，对立面的结合原则。

对立面的结合原则是毛泽东辩证法中的一个重要思想，这一原则与分析原则是相辅相成的。分析原则告诉人们不能把事物看成铁板一块、整齐划一、纯而又纯的东西，也不能只看到或强调一个侧面而否定另一个侧面。结合原则是告诉人们要从矛盾双方的对立中看到同一性，看到双方在一定条件下的互相转化，采取适当的形式和措施，使矛盾的双方相互依存和转化，向符合人民利益的方向发展。

矛盾双方既是对立的，又是统一的。我们不仅要看到矛盾双方的斗争性，而且要看到它们之间的同一性。列宁指出："辩证法是一种学说，它研究对立面怎样才能够同一，是怎样（怎样成为）同一的——在什么条件下它们是相互转化而同一的。"[①] 又说：

---

① 列宁：《黑格尔〈逻辑学〉一书摘要》，《列宁全集》第 55 卷，人民出版社 1990 年版，第 90 页。

"发展是对立面的'斗争'","发展是对立面的统一"。① 毛泽东继承和发挥了列宁的思想,提出"矛盾着的对立面又统一,又斗争,由此推动事物的运动和变化"。对立面的结合方法更强调同一性在事物发展中的作用,是矛盾同一性原理在实际工作中的运用。

早在民主革命时期,毛泽东就提出了马克思主义普遍原理和中国革命具体实际相结合的任务与方法,为了实现这一重大的历史使命,他又相继提出并论证了理论和实践相结合、一般和个别相结合、领导和群众相结合、统一性和独立性相结合等一系列方法原则。进入社会主义建设时期,他认真总结了苏联、东欧各国经济畸形发展的经验教训,明确指出,社会主义建设中要注意辩证法的全面性,并提出了一系列对立面结合的具体问题和应采取的重要方针。在《论十大关系》中,他在论述重工业和轻工业、农业的关系,沿海工业和内地工业的关系,经济建设和国防建设的关系时,指出要看到它们之间相反相成的方面;在论述国家、生产单位和生产者个人以及中央和地方关系时,指出对各方面要有全面的观点,要兼顾各方面的利益;在论述党和非党的关系时,提出要善于在对立面的相互比较、监督中工作。毛泽东关于对立面的统一和结合思想进一步丰富和发展了矛盾的主要方面和次要方面对事物发展作用的理论,在理论和实践上有重要的指导意义。

首先,要深入地研究矛盾的同一性在事物发展中的作用。毛泽东认为,统一性、一致性、互相依存、互相贯通、互相渗透、互相联结或互相合作,这些术语说的都是矛盾的同一性。在对立面结合方法中,毛泽东进一步强调了矛盾的主次方面相反相成的

---

① 列宁:《谈谈辩证法问题》,《列宁全集》第 55 卷,人民出版社 1990 年版,第 306 页。

辩证关系。他认为，在重工业和轻工业、农业的关系中，重工业是矛盾的主要方面，要优先发展重工业。但重工业的发展是离不开农业和轻工业的发展的，在一定条件下，大力发展农业和轻工业，又为重工业的发展创造了前提。这表明，研究矛盾两侧面之间的同一性，既要看到矛盾的主要方面对事物发展的主导作用，也要看到次要方面对主要方面存在和发展的影响，这是两者之间相反相成的辩证法。其次，对立面的结合是具体的、有条件的。一般来说，对立面的结合原则主要适用于处理人和自然界的关系、人民内部的关系以及社会主义建设中各行业、各部门之间的关系。这些关系从矛盾分类来说均属于非对抗性质的矛盾。某些对抗性的矛盾，在一定条件下也可以采取结合的方式加以处理。在抗日战争时期，中国共产党同中国国民党结成统一战线，就是用对立面的结合方法处理对抗性矛盾的例子。最后，采用对立面的结合方式处理矛盾，是对矛盾着的对立面同时兼顾，目的是发挥两个方面的积极因素，而不是一方克服一方。毛泽东在谈到中央和地方的关系时说："有中央和地方两个积极性，比只有一个积极性好得多。"要发挥两个积极性，就要处理好统一性和独立性的关系，承认矛盾另一方的相对独立性。他在谈到国家、生产单位和个人的关系时，认为矛盾各方面都必须兼顾，不能只顾一头。无论只顾哪一头，都不利于社会主义。事实证明，事物的性质不同、条件不同，对立双方结合的内容和方式也不同，深入研究社会主义条件下对立面的结合问题，对于促进社会主义建设的发展有十分重要的意义。

二 重点论的方法

毛泽东从矛盾发展不平衡性的原则出发，提出了主要矛盾和矛盾的主要方面的理论，并把这种理论运用于实际工作，形成了抓重点、抓中心的方法，以及适时转移工作重心、抓中心带一般等具体方法。

第一，抓重点。

抓重点就是分析工作中矛盾的主次，用全力找出事物的主要矛盾和矛盾的主要方面的方法。毛泽东认为，"统一物的两个互相对立互相斗争的侧面，总有个主，有个次"，集中精力抓住主要的矛盾，通过解决主要矛盾带动其他矛盾的解决，是毛泽东领导方法中最具特色的方面之一。他曾多次强调抓主要矛盾的重要性，明确地提出要把抓"主要矛盾作为认识问题和解决问题的出发点"①。那么，为什么要把抓主要矛盾作为工作的出发点呢？这要从认识和实践两方面来看。

从认识方面看，抓主要矛盾是把握事物的本质及其发展规律的需要。认识事物是改造事物的前提，毛泽东在写作《矛盾论》之前，就在一本哲学书籍上批注道："科学研究要从质之特点的认识入手"，"质的定性表现为特殊的规律性"，"只有认识了质的定性，即特殊规律性时才算认识了某物"。②怎样才能把握事物的本质呢？他写道："不能区别矛盾之主要与次要、规定的矛盾与被规定的矛盾，便不能探出过程之最本质的东西出来。"③他在随后所写的《矛盾论》中，明确指出，事物的性质主要是由取得支配地位的矛盾的主要方面所规定的。1965年，他在李达主编的《马克思主义哲学大纲》一书中写了一段很重要的批语，其中涉及"本质"这一概念："什么叫本质，只能说本质是事物的主要矛盾和主

——————————

① 毛泽东：《关于农村调查》，《毛泽东农村调查文集》，人民出版社 1982 年版，第 26 页。

② 《毛泽东哲学批注集》，中央文献出版社 1988 年版，第 181、183 页。

③ 同上书，第 87—88 页。

要矛盾方面。"① 上面的论述集中地表达了这样一个思想，即离开对主要矛盾问题的研究，就不可能把握事物的本质。从主要矛盾入手把握事物的本质具有重要的方法论意义。毛泽东批评教条主义主观地、片面地、表面地看问题，就是说他们不知道本质地看问题，不懂得或不善于抓住事物的主要矛盾。他在《关于农村调查》中指出：十样东西，调查了九样，看来是全面了。但如果九样都是次要的，把主要的丢掉了，就仍然没有发言权。毛泽东强调典型调查，而不主张泛泛的调查，道理也在这里。这表明，看事物要看到全体或全面地看问题，"全面性"主要不是一个量的概念。全面性并不等于面面俱到、开中药铺，而是要抓住事物的主要矛盾或本质。

从实践方面看，抓住主要矛盾是统率全局、抓住中心工作的基本环节。毛泽东指出："在任何一个地区内，不能同时有许多中心工作，在一定时间内只能有一个中心工作。"② 中心工作和主要矛盾是联系在一起的，只有抓住了主要矛盾，工作才会有中心、有重点。在现实生活中，在一定时期总会有许多的工作；但其中必有一种工作是中心，它的存在和解决影响着其他工作的进展和解决。如果上级机关不分轻重缓急地同时指定下级机关做多项工作，形成很多的"中心工作"和凌乱无秩序的状态，这就说明他们对于客观存在的各种矛盾关系没有认识清楚，还没有找出主要矛盾或矛盾的主要方面。列宁指出："政治事变总是非常错综复杂的。它好比一条链子。你要抓住整条链子，就必须抓住主要环节。

---

① 《毛泽东哲学批评集》，中央文献出版社1988年版，第506—507页。

② 毛泽东：《关于领导方法的若干问题》，《毛泽东选集》第3卷，人民出版社1991年版，第901页。

决不能你想抓哪个环节就故意挑哪个环节。"[①] 紧紧抓住历史事变的中心环节,这是一项关系到全局成败的领导艺术。毛泽东在《中国革命战争的战略问题》一文中,曾用下棋来作比喻,指出任何一级的首长,都应当把自己注意的重心,放在那些对于他们指挥的全局来说最重要、最有决定意义的问题上,而不应当放在其他问题上。领导全局是这样,小范围的工作也是这样。一个部门如果在主要矛盾和工作重心上"差之毫厘",就会在实际工作中"谬之千里"。毛泽东十分注意抓主要矛盾和中心工作,在每一重大的历史事变面前,他总是比别人站得高、看得远。这种远见卓识正是建立在对历史运动的本质和规律的洞察、把握基础上的。由此可见,抓住主要矛盾是准确地判定党和人民在一个历史时期内最主要的、决定性的任务的关键环节。毛泽东说:"对于主要的矛盾和非主要的矛盾、主要的矛盾方面和非主要的矛盾方面的研究,成为革命政党正确地决定其政治上和军事上的战略战术方针的重要方法之一,是一切共产党人都应当注意的。"[②] 我们必须牢牢记住这条原理。

第二,预见矛盾的转化,适时转变工作重心。

研究主要矛盾,要时刻注意到矛盾的转化问题,抓中心工作,也要时刻注意工作重心的转移问题。主要矛盾和次要矛盾的区分是具体的、有条件的,不是永远不变的。在客观历史进程中,因为出现了新的条件,原来的主要矛盾可能转化为次要的矛盾,而原来的次要矛盾也可能转化为主要的矛盾。当某一客观过程已经从一个阶段向另一个发展阶段推移转变时,必须善于使我们的认

---

① 列宁:《俄共(布)中央委员会的政治报告》,《列宁选集》第 4 卷,人民出版社 1972 年版,第 649 页。

② 毛泽东:《矛盾论》,《毛泽东选集》第 1 卷,人民出版社 1991 年版,第 326—327 页。

识也跟着推移和转变，使新的革命任务的提出和新的工作方案的提出，适合新的情况的变化。革命时期情况的变化是很急速的，如果我们不能随之而转变工作重心，就无法引导革命走向胜利。

主要矛盾和次要矛盾地位的转化，工作重心的转移，在历史进程中是经常发生的。领导者的责任，不仅要立足全局抓好中心工作，还要预见到重点和非重点的转化。所谓预见性，就是预见历史发展的趋势，预见主要矛盾和非主要矛盾的转化，抓住当下的主要环节，不失时机地推动下一个环节。对伟大事变的敏感是建立在对左右全局的主要矛盾的变化的明察之上的，只有紧紧抓住主要矛盾及其转化机制，才能预察事变怎样发展以及向何处发展。毛泽东指导中国革命的历程，为我们提供了许多巧妙地判定革命链条中的中心环节，抓住主要环节推动下一个环节的光辉事例。从大的方面说，从城市中心论到以农村包围城市的转变，从土地革命战争到抗日统一战线的建立，从民主革命到社会主义革命的转变，党和国家工作重心的转移，都是同毛泽东对国内主要矛盾及其变化的科学分析相联系的。就一个具体的历史时期来说也是这样。在抗日战争最艰苦的岁月，毛泽东把整风运动和大生产运动作为渡过困难、深入发展的中心环节，为抗日战争的最后胜利和解放战争的顺利发展奠定了决定性的基础。在解放战争的初期，毛泽东着重抓了战争的战略、战术和土地改革两件大事，保证了解放战争的顺利进行。在解放战争转到战略反攻的时候，在新解放地区的政策问题成为中心问题，如果不解决这个问题，我们就会站不住脚。他指出，蒋介石已经孤立了，但这并不等于我们已经胜利，如果在政策上犯"左"倾错误，革命仍然不能胜利。毛泽东就是这样抓住每一个中心环节，一环一环推动下去，直至民主革命取得彻底胜利。

"重点"和"中心"作为哲学概念和方法论原则，其内容是具体的、历史的。它总是随着时间、地点和条件的变化而变化。不同的时期有不同的重点，不同的范围也有不同的重点，重点问题不是静止的、不变的，它随历史的发展而发展、随情况的变化而变化，一成不变的中心或重点是没有的。所以，抓住主要矛盾和工作重点并非易事，在解决矛盾的过程中考虑并发现可能出现的新的主要矛盾，就更加不容易了。毛泽东曾指出：在一个时期有一种主要倾向，但它又掩盖着另一种倾向。在一定的条件下，另一种倾向就会上升为主要的倾向。例如，在反对"左"倾的时候，往往会滋生出右的倾向，如果注意不够，将"左"倾一直反下去，可能就会出现右倾的错误。因此，注意一种倾向掩盖另一种倾向，注意工作重点与非重点的转化，是一种重要的领导艺术。邓小平是创造性地运用毛泽东关于主要矛盾及其转化学说的典范。他不仅带领全党果断地结束了"以阶级斗争为纲"的错误倾向，把工作重点转移到社会主义现代化轨道上来，而且在思想战线也提出了注意两种倾向的问题。打倒"四人帮"以后，邓小平反复强调反对"左"的错误。他说："从 1957 年到 1978 年，我们吃亏都是在'左'。"① "几十年的'左'的思想纠正过来不容易，我们主要是反'左'，'左'已经形成了一种习惯势力。"② 当右的思潮开始露头时，他又以敏锐的洞察力强调反"左"要防右。他说："解放思想，也是既要反'左'，又要反右。三中全会提出解放思想，是针对'两个凡是'的，重点是纠正'左'的错误。后来又出现右的倾向，那当然也要纠正。"③ 邓小平关于在反对"左"的

---

① 邓小平：《我国方针政策的两个基本点》，《邓小平同志重要谈话（1987年2月—7月）》，中央文献出版社 1987 年版，第 43 页。
② 邓小平：《吸取历史经验，防止错误倾向》，《邓小平同志重要谈话（1987年2月—7月）》，中央文献出版社 1987 年版，第 28 页。
③ 邓小平：《关于反对错误思想倾向问题》，《邓小平文选》第 2 卷，人民出版社 1994 年版，第 379 页。

错误倾向斗争中，始终注意防止和反对右的倾向的论述，不仅表现了他的高度的政治敏锐性，而且表现出当一种倾向引发另一种倾向时，能高瞻远瞩、审时度势，善于引导全党及时正确地开展两条战线的斗争。

第三，中心工作和一般工作相结合。

从全局着眼，抓住主要矛盾，抓住工作中的主要环节，是重点论的核心内容。除此之外，还有另一方面的内容，就是围绕中心工作开展其他方面的工作。中心工作与一般工作相结合的方法，就是在抓主要矛盾的同时，注意次要矛盾和矛盾的次要方面的解决。除了集中精力抓中心工作以外，对于其他第二位、第三位的工作，也要统筹兼顾、适当安排。毛泽东把这种工作方法形象地比喻为"弹钢琴"的方法，就是在工作中分清轻重缓急，抓住中心，又照顾全盘，互相协作，使各项工作有秩序地开展。

在全部工作中抽出重点和要点，目的在于有所侧重，把握全局，以纲带目，中心工作了然在胸，才能提纲挈领地抓好全盘工作。所以，各级领导对于主要工作，不但要"抓"，而且一定要抓紧。"什么东西只有抓得很紧，毫不放松，才能抓住。抓而不紧，等于不抓。"①所谓抓紧，就是要有决心和恒心，一抓到底，不见成效决不收兵。但是突出重点和中心工作，并不意味着只顾中心，取消其他。如果只抓中心工作，不抓一般工作，表面上好像重视了事物主要矛盾的原理，但是割裂了主要矛盾与次要矛盾以及矛盾主次方面的相互联系，实质上犯了形而上学一点论的错误。中心工作和一般工作是对立的统一。一方面，主要矛盾的解决，规定和影响着其他问题的解决，中心工作的展开为一般工作的完成

---

① 毛泽东：《党委会的工作方法》，《毛泽东选集》第4卷，人民出版社1991年版，第1442页。

创造了条件；另一方面，一般工作和中心工作一样，也是革命事业不可缺少的，一般工作任务完成得如何，反过来也会不同程度地影响中心工作的完成状况。例如，在民主革命时期，革命战争是中心，其他工作包括经济建设都是环绕着它、服从于它的。但是，毛泽东并不因为革命战争是中心工作而忽视经济工作。相反，他认为，"革命战争的激烈发展，要求我们动员群众，立即开展经济战线上的运动，进行各项必要和可能的经济建设事业"①。他批评有些人嘴上讲一切服从战争，但又骂搞经济工作为"右倾"，不懂得"如果取消了经济建设，这就不是服从战争，而是削弱战争。只有开展经济战线方面的工作，发展红色区域的经济，才能使革命战争得到相当的物质基础"②，保证革命战争的胜利。解放后，在《论十大关系》中他又以农业和轻工业与重工业的关系、沿海工业和内地工业的关系为例，进一步讲了抓好非重点、以非重点促进重点的重要意义。在重点和非重点的关系中，我们既要反对忽视重点、离开中心去抓一般工作，使一般工作环绕、服从于中心工作；也要反对"唯中心"论，搞"单打一"，把中心工作绝对化，取消其他工作。事实证明，以中心工作为由排斥、否定其他工作，以部分代替全体，其结果必然会削弱、取消中心工作本身。

---

① 毛泽东：《必须注意经济工作》，《毛泽东选集》第1卷，人民出版社1991年版，第119页。
② 同上书，第120页。

第六章　群众路线的理论与方法

以毛泽东同志为代表的中国共产党人，在领导中国革命和建设的斗争中，从中国革命的实际出发，对马克思列宁主义关于人民群众历史作用的理论进行了创造性的运用和发展。不仅在指导思想上坚持一切为了群众、一切依靠群众的理论观点，而且在实际工作中形成了一套"从群众中来，到群众中去"的领导方法和工作方法，即群众路线。正是这条群众路线，引导中国革命和建设走向一个又一个的新胜利。

第一节　群众路线是党的根本工作路线

"共产党的路线，就是人民的路线。"① 它简单明确地指出了党的根本工作路线就是群众路线。所谓"根本"，就是必须始终坚持、任何时候也不可离开的东西，它关系到党的生存和发展，是党的生命线。

群众路线作为党的根本路线，必然要贯穿在我党的全部历史

---

① 毛泽东：《在延安〈解放日报〉改版座谈会上的讲话》，《解放军报》1968 年 7 月 17 日。

中。但作为理论概括，则有一个过程。因为它是我党在长期的实际的群众工作中形成和发展起来的，有一个从不很自觉到比较自觉的过程。比较成熟的理论概括，总是产生在比较自觉的实践中。

在新民主主义革命时期，做群众工作，搞群众运动，是党的最经常、最基本的工作。党的群众路线就是在这样的特殊环境下、在经常性的工作实践中产生和发展的。

回顾党的历史，我们就能清楚地看到，从中国共产党成立之前的共产主义小组开始，一批早期的、以马列主义武装起来的共产主义者就以相当大的力量投入工人运动，从事比较深入的群众工作。为了向工人宣传马克思主义，启发工人的阶级觉悟，他们办报刊、写文章，有的人为了在工人中进行有效的宣传和教育，穿起工人的服装，学习工人的语言，参加工人的劳动，力求与工人打成一片。毛泽东就是其中的一个。在学生时代，他就想方设法深入社会底层了解社会生活的真实。常与好友在一起，身穿旧衣，脚踏草鞋，背把旧雨伞，夹着个装有墨水和记录本的布包到工农群众中去。后来，为了接近和了解工人群众，开展工人运动，还想尽各种办法与工人交朋友，如常到工人聚集的地方——茶馆，与工人一起喝茶聊天；到火车修理厂、成衣店同工人师傅，裁缝师傅谈工作、生活、收入；到矿井考察工人的劳动环境和苦难生活；并亲自办工人夜校，给工人上课，教他们读书写字，启发他们的阶级觉悟，教育他们团结起来，反抗阶级压迫和剥削。

中国共产党从成立之日起，历次代表大会几乎都强调了群众工作和群众运动。例如：

第一次代表大会决定集中精力组织工人，规定党在当时的基本任务是"成立产业工会"，"党应在工会里灌输阶级斗争的精神"，决定派党员到工会去工作。

第二次代表大会提出，为了实现反帝反军阀的革命目标，必须组成"民主主义的联合战线"。大会在对中国社会各阶级状况进行了初步分析后指出："我们共产党，不是'知识者所组织的马克思学会'，也不是'少数共产主义者离开群众之空想的革命团体'。""我们既然是为无产群众奋斗的政党，我们便要'到群众中去'，要组成一个大的'群众党'。"这个党不仅内部必须有适应于革命的组织与训练，而且"党的一切运动都必须深入到广大的群众里面去"，"都必须是不离开群众的"。

第三次代表大会强调，维护工人、农民自身的利益是共产党人一刻也不能遗忘的，"对于工人农民之宣传与组织，是我们特殊的责任；引导工人农民参加国民革命，更是我们的中心工作"。

第四次代表大会指出，"要使中国不陷于奴隶的地位，完全靠着中国劳苦群众的努力"。共产党人应参加非党组织的工会，在工会里"为各种具体的群众的利益而奋斗，并取得群众对于我们的信仰"，"在指导群众的行动的时候，必注意于提出的口号使能适合当地群众的组织力量、要及情绪，而促使群众做切实的更进一步的奋斗"。同时指出，中国的民族革命运动，必须有最革命的无产阶级的参加，并且取得领导的地位，才能够得到胜利。还提出了工农联盟问题，认为中国革命需要"工人农民及城市中小资产阶级普遍的参加"，其中农民是"重要成分"。他们"天然是工人阶级之同盟者"。

第六次代表大会正确地分析了形势和任务，指出："第一个革命浪潮已经因为历次失败而过去了，而新的浪潮还没有到来，反革命的势力还超过工农，党的总路线是争取群众。"并且指明，目前"最主要的危险倾向就是盲动主义和命令主义，它们都是使党脱离群众的"，党的工作中心应当从千方百计地组织暴动转到从事长期的艰苦的群众工作。

第七次代表大会提出，党的任务是放手发动群众，壮大人民力量，领导人民打败日本侵略者，解放全国人民，建立独立、自由、民主、统一、富强的新中国。会议概括了党的三大优良作风，其中之一就是"和人民群众密切联系在一起的作风"。群众路线的基本精神也正式载入党纲和党章。

由此看来，在我国新民主主义革命时期，中国共产党除了第五次代表大会外，历次代表大会都反复重申了同实际的群众工作和群众运动相关的问题。群众路线的基本精神虽然在第七次代表大会上才正式载入党纲、党章，但与群众路线的实质内容相似的某些提法早在党的幼年时期（如第二次代表大会）已经有了。因此，我们可以肯定，从党诞生之日起，党与群众路线的工作方法就联系在一起了。在白色恐怖的环境中，要做好群众工作、搞好工人运动，本身就要求"从群众中来，到群众中去"，群众路线贯穿在党的全部历史中。中华人民共和国成立后，中国共产党上升到执政党的地位，群众路线的工作方法没有丢弃。

党的第八次代表大会，邓小平关于修改党章的报告中提出，要坚决执行中央反对把个人突出和对个人歌功颂德的方针，继续坚持集体领导与个人负责相结合的制度，使党的民主原则和群众路线在一切方面都得到贯彻执行。后来，特别是在"文化大革命"中，群众路线的工作方法受到林彪反党集团和"四人帮"的干扰，在"大搞群众运动"的旗帜下损害群众路线，但不能因此就否定群众路线是党的优良传统、党的根本的领导方法和工作方法。林彪、"四人帮"反党集团能够被揪出来，本身就是群众路线的胜利。林彪、"四人帮"垮台后，党恢复了实事求是的思想路线，实现了工作着重点的转移，党群关系有所改善。党重申必须坚持群众路线的优良传统和工作作风，尽一切努力恢复和加强党与人民群众的联系，这便再一次说明，群众路线并不是党在某个时期、某个阶段或某一地点、某一事件上必须坚持的路线，而是时时、处处、事事都要坚持的路线，它过去是、现在是、将来也是党必须坚持的根本工作路线。

根据现在查到的文献，第一次使用"群众路线"这个词语的是 1929 年 9 月周恩来主持起草的《中央给红四军前委的指示信》（九月来信），信中专节论述了红军与群众的关系，并就筹款工作提出"不要由红军单独去干"，而要"经过群众路线"；没收地主豪绅财产，也"一定要经过群众路线"。同年 12 月，由毛泽东起草的《红军第四军第九次党代表大会决议》指出："党对军事工作部分要有积极的注意和讨论，一切工作在党的讨论和决议之后，再经过群众路线去执行。"在第二次国内革命战争时期，面对反围剿的艰苦环境，毛泽东、周恩来、刘少奇、张闻天等对群众路线都有过重要论述，论及的方面，从军民关系到各项工作，包括红色区域建设、白区秘密工作、工会工作、农村工作、经济工作、肃反工作，等等。作为"群众路线"理论形态成熟的标志，则是 1943 年毛泽东为中央写的关于领导方法的决定，即《关于领导方法的若干问题》，文章中对群众路线的科学内涵及其实施步骤作了明确的规定和阐述，为全党更加自觉地执行群众路线奠定了基础。党与群众路线是分不开的，说得形象些，它们是同生存、共患难的。历史事实表明，什么时候实行群众路线，党就生机勃勃、发展壮大；什么时候不实行群众路线，脱离群众，党就没有活力，就衰弱失败。"群众路线"作为理论概括，应是我党长期领导群众革命斗争的实践经验之理性升华。在对它作出理论概括之前，早就贯穿在我党的实际工作中。只有承认这一点，我们才能令人信服地宣称：群众路线是党一贯坚持的根本工作路线。

刘少奇在党的七大关于修改党章的报告中指出党的群众路线，"就是要使我们党和人民群众建立正确关系的路线，就是要使我们党用正确的态度和正确的方法去领导人民群众的路线"，因此，"是我们党的根本的政治路线，也是我们党的根本的组织路线"。群众路线之所以必须是我们党的各项工作的根本路线，完全是由我们党的性质所决定的。我们党是无产阶级先锋队，是为无产阶级和广大人民群众谋利益的政党。它只有代表人民群众的利益、反映人民群众的意志，才能得到最广大人民群众的支持，才能有效地为实现自己的社会理想而斗争。党与人民群众的关系是鱼水关系，党时刻也不能离开人民群众。党与人民群众能否保持最广泛、最密切的关系，是关系到党的生死存亡、兴衰成败的大问题。党的各项工作的具体路线、方针、政策、决策，它们的形成和发展，都要以人民群众的利益为基准，必然要来自人民群众，来自人民群众的实践。党的任何具体工作路线，包括政治路线、思想路线、组织路线及其相关的方针、政策、决策等，如不体现人民群众的利益、要求和愿望，离开了一切为了群众、一切依靠群众的基本点，就不可能是正确的。推行脱离人民群众的错误路线，党就必然失去群众，从而背叛自己提出的为广大人民群众谋利益的根本任务，丧失无产阶级先锋队的性质，换句话说，要实现一切为了群众，就得一切依靠群众，从群众中来，到群众中去。这就是毛泽东说的每个同志都喜欢的"群众化的方式"；与此相反，"官僚主义的领导方式，是任何革命工作所不应有的，经济建设工作同样来不得官僚主义"①。对此我们必须有清醒的头脑，尤其是党和政府的领导机关和领导干部，必须有牢固的"公仆"意识，严格理顺主仆关系，为实现党在新的历史时期的任务贡献自己的力量。

---

① 毛泽东:《必须注意经济工作》,《毛泽东选集》第1卷，人民出版社1991年版，第124页。

第二节　从群众中来，到群众中去

所谓群众路线，概括地说就是："一切为了群众，一切依靠群众，从群众中来，到群众中去。""一切为了群众"，是党的根本宗旨，是群众路线方法的立足点；"一切依靠群众"，是党的根本原则，是群众路线方法的根据；"从群众中来，到群众中去"，是正题，即群众路线方法。

"从群众中来，到群众中去"，是党的群众路线方法的基本点，体现了群众路线方法的基本内容，是统率群众路线的纲。毛泽东说："在我党的一切实际工作中，凡属正确的领导，必须是从群众中来，到群众中去。这就是说，将群众的意见（分散的无系统的意见）集中起来（经过研究，化为集中的系统的意见），又到群众中去作宣传解释，化为群众的意见，使群众坚持下去，见之于行动，并在群众行动中考验这些意见是否正确。然后再从群众中集中起来，再到群众中坚持下去。如此无限循环，一次比一次更正确、更生动、更丰富。这就是马克思主义的认识论。"①

"从群众中来"，指的是了解情况、制定政策必须从群众中来。共产党领导机关的基本任务，就在于了解情况和掌握政策两件大事。这两件大事，均不能离开走群众路线，离不开调查研究。任何一个部门的工作，都必须先有情况的了解，然后才会有好的处理。这首先是因为，调查研究、了解情况是信息的收集、输入过程。人民群众的社会实践和现实生活，是领导制定政策的第一信

---

① 毛泽东：《关于领导方法的若干问题》，《毛泽东选集》第 3 卷，人民出版社 1991 年版，第 899 页。

息源。只有深入群众、联系群众、了解群众，才能捕捉群众需要的第一信号，获取决策的信息，并在处理加工大量信息的基础上，确定决策目标，使决策目标符合实际，也符合广大人民群众的根本利益。其次，实施决策目标的方案和措施，也必须从群众中来。中国共产党是"在政治上代表人民群众的利益"① 的党，党的政治路线的制定要以广大人民群众的最大利益为出发点和归宿点。所以，从群众中来，不仅要集中群众的智慧和经验，而且要集中群众的愿望和需要。只有这样，才能制定出既合乎客观规律、又代表群众利益的正确方针和政策来。毛泽东曾经说过："群众的意见与经验一定要作为我们政策的基础。因为人民能教给我们许许多多的事情。我们的任务就是听从他们，学习并了解他们的经验、愿望、批评，确定他们所需要的东西的总和，再作为政策交还给他们。"② 他还说："要联系群众，就要按照群众的需要和自愿。一切为群众的工作都要从群众的需要出发，而不是从任何良好的个人愿望出发。"③ 从群众的需要和利益出发，是马克思主义重要的领导原则，也是从群众中来的重要内容。决策方案和措施的合理性、科学性固然有赖于领导者的知识素养和经验积累，但仅仅凭这一点是很不够的。因为客观情况在不断地变化，决策目标就是要解决现实生活中的新矛盾和新问题。过去经验和知识的积累，总会因客观情况的变化而显得老化和陈旧。因此，最重要的还是要求教于最有实践经验的、从事现实地变革客观世界的人民群众。"'三个臭皮匠，合成一个诸葛亮'，这就是说，群众有伟大的创

---

① 刘少奇：《论党》，《刘少奇选集》上卷，人民出版社 1981 年版，第 344 页。

② 毛泽东：《与斯坦因的谈话》，《田家英谈毛泽东思想》，四川人民出版社 1991 年版，第 279 页。

③ 毛泽东：《文化工作中的统一战线》，《毛泽东选集》第 3 卷，人民出版社 1991 年版，第 1012 页。

造力。"① 领导者应当走到群众中间去，向他们学习，把他们的经验综合起来，成为更好的有条理的道理和办法。

"到群众中去"，说的是实施决策、检验决策必须到群众中去，把集中起来形成的领导意见再到群众中坚持下去。如果我们把"从群众中来"看作信息的收集、输入和提炼加工过程，那么，"到群众中去"则是信息的输出和反馈过程。这个过程包括两个重要环节：一个是宣传群众、组织群众，把决策变为人民群众的实际行动，使精神转化为物质；一个是不仅把政策、决策宣传到群众中去，而且领导者本人也要亲自到群众中去，搞试点，抓典型，解剖麻雀，总结经验。这本身既是实际的调查研究过程，又是信息反馈的过程。根据信息反馈，检验政策与决策是否正确，从而作必要的修正和补充。经过修正和补充的政策、决策，再到群众中坚持下去，如此无限循环往复，使政策和决策更正确、更生动、更丰富。

由此看来，"从群众中来，到群众中去"，实际上是两个阶段、四个环节。制定政策阶段有两个环节：调查研究和作出决策；实施决策阶段也有两个环节：动员群众和抓好试点。前一阶段关系到民主与集中，后一阶段关系到一般号召与个别指导。对此我们将作专题论述。这里我们着重讨论调查研究和动员群众问题。

群众路线和调查研究是内在统一的，调查研究是"从群众中来"的核心环节。毛泽东同志是非常重视调查研究的，把调查研究看作克服"本本主义"、洗刷唯心精神的根本方法。他本人就是调查研究的模范，经常深入机关、工厂、农村、商店、学校，向干部、工人、农民、店员、学生了解情况。他自己就说："我就是

---

① 毛泽东：《组织起来》，《毛泽东选集》第 3 卷，人民出版社 1991 年版，第 933 页。

这么一个人，要办什么事情，要决定什么大计，就非要问问工农群众不可，跟他们谈一谈，跟他们商量，跟接近他们的干部商量，看能不能行。"在新民主主义革命时期，毛泽东写文章、定决策、下指示，几乎都与调查研究相联系，都是调查研究的产物。翻开《毛泽东选集》，我们就会发现，几乎每一篇文章都有国情、敌情或敌我双方情况的具体分析，并从中引出合乎逻辑的结论来。他的文章、报告合乎国情、民情，与人民群众的脉搏息息相通，与他重视调查研究是分不开的。他的文章本身就是以调查报告的形式出现的，如《湖南农民运动考察报告》，1931 年 2 月在江西宁都整理的近 10 万字的《寻乌调查》；有的则是调查研究工作的理论升华，如《反对本本主义》《〈农村调查〉的序言和跋》，等等。

毛泽东同志不只重视调查研究，而且善于调查研究，讲究调查研究的方法，尤其讲究调查研究的群众路线。例如，他特别强调调查研究要有放下官架子、甘当小学生的精神；采取灵活多样的调查研究方式，既有直接与群众接触的方式，也有间接地向群众进行调查研究的方式，即通过下级机关、干部和自己身边的工作人员了解群众的生产、生活情况，征询群众的意见和建议。用现代的哲学语言来说，就是把"主体间性"的哲学概念运用于调查研究，即利用不同层次的调查研究主体之间的信息交流和变换来了解现实情况的调查研究。如此等等。

虚怀若谷，虚心体察，是领导者群众观点的重要量度。

梅白在回忆文章中谈到，1959 年 7 月在庐山，毛泽东与王任重、刘建勋共进晚餐，谈论起诗来，主席随口念了明代杨椒山的两句诗："遇事虚怀观一是，与人和气察群言。"并说自己在年轻时就喜欢这两句，并照此去做。这几十年的体会是，"遇事虚怀观一是"，难就难在"遇事"这两个字上，即有时虚怀，有时并不怎么虚怀；"与人和气察群言"，难就难在"察"字上，"察"不是一般的察言观色，而是要虚心体察，这样才能从群言中吸取智慧和力量。毛泽东确实如此，在艰苦的革命战争年代表现尤为明显。1942年8月，有一天下大雨，陕甘宁边区政府小礼堂正在开征粮会议，忽然一声雷响，礼堂的一根木柱被劈断了。出席会议的延川县县长彭彩云触电而死。此事传出后有群众说，为什么雷没有劈毛泽东？这话毛泽东知道了，并没有追查骂自己的人，而是向干部了解骂的原因。原来，边区政府下达的征粮任务重，群众不满，借机发泄。毛泽东马上指示有关部门减少征收公粮任务，从20万担减少到16万担。1937年初春，抗大开始批判张国焘的分裂主义路线。许世友等一些人想不通并受到批判，他们承受不了，因而商定到四川打游击。毛泽东知道后，下令"全部抓起来"，成立军事法庭进行审理，许世友等人被判了刑、撤了职。某天，抗大警卫连战士围绕"究竟是毛泽东学问大还是张国焘学问大"展开激烈争论，毛泽东敏锐地在"学问大小"的争论中达到了思想升华。他诙谐地说，"还是张国焘的学问大呀！张国焘在批判毛泽东时没批战士，毛泽东在批判张国焘时却连战士都批了。"他因此着手纠正反对张国焘路线中的扩大化倾向，决定只批张国焘错误，不批四方面军的干部和战士。并亲自向许世友道歉，撤销了对许世友的处分。①

毛泽东同志能够从带刺的甚至骂自己的话中领悟到有用的东西，既表现了无产阶级领袖的宽广胸怀，又表现了他在对待群众问题上的马列主义立场和态度。

全国解放后，在群众崇拜领袖的一片欢呼声中，正像毛泽东自己说的那样，有时"不怎么虚怀了"。有一次，武汉大学校长、哲学家李达向毛泽东表示不同意当时提出的某些不切实际的口号，

---

① 参见衡学明《许世友蒙难记》，《追求》1992年第2期。

如"人有多大胆，地有多大产""不怕做不到，只怕想不到"。毛泽东坚持认为这类口号有两重性：从发挥主观能动性说有道理，但口号本身不科学。李达认为在当时不宜讲两重性，讲两重性就等于肯定这个口号。争论双方都有些激动，都用上了"头脑发烧"之类的字眼，搞得不那么愉快。后来，毛泽东意识到自己失言的严重性，请人传话给李达："孔子说过，六十而耳顺，我今年六十三，但不耳顺。听了你的话很逆耳，这是我的过错。过去我写文章提倡洗刷唯心精神，可是这次我自己就没有洗刷唯心精神。"①

虚怀若谷，虚心体察，是能够正确地分析群众意见不可缺少的主体、素质，在实际的调查研究过程中锻炼和培育这种素质，便可转化为科学地分析群众意见的方法。这在毛泽东的上述故事里是可以得到启示的。

毛泽东能从"坏话"、骂自己的话中看到它的正面意义，这是虚怀若谷、虚心体察的一个方面；对"好话"、吹捧的话保持冷静的头脑，正确地对待自我，这是"虚怀""虚心"的另一方面。1956 年，毛泽东到武汉找湖北省委、地委的一些同志开调查会，中心议题是对农业合作化的经验进行总结，但会议开始后，发言的人多是一个调子：唱赞歌。毛泽东觉察到这种不正常现象：大家说一样的话，千篇一律，用领袖的语言讲话，这不是党的传统。因而在第二天的会议上语重心长地对与会同志说："你们不能看眼色行事，尤其不能看我的脸色办事。"② 对于一些在"奉承""吹捧"面前醉醺醺、飘飘然、失去自我的人来说，这无疑是一个极好的教育。

动员群众是"到群众中去"的关键环节。在制定出符合实际

---

① 参见董士英编《毛泽东轶事》，昆仑出版社 1989 年版，第 104 页。
② 参见陈登才主编《毛泽东的领导艺术》，军事科学出版社 1989 年版，第71—72 页。

需要的政策之后，就要动员群众、组织群众来为实施决策而共同奋斗。毛泽东认为，动员群众的方式，不应该是官僚主义的。官僚主义的领导方式，任何革命工作中都不应该有，要把官僚主义方式这个极坏的家伙抛到粪缸里去。在他看来，动员群众的方式，必须是"群众化的方式"，采取群众化的语言和作风。在《反对党八股》这篇文章中，他曾引用季米特洛夫在共产国际第七次大会报告中的话说："应当学会不用书本上的公式而用为群众事业而奋斗的战士们的语言来和群众讲话"，"如果我们没有学会说群众懂得的话，那末广大群众是不能领会我们的决议的"。①

当时的中国是经济、文化比较落后的国家，老百姓中的文盲、半文盲很多。要把党的政策、决策、方针、路线变为群众的实际行动，就必须用群众化的方式。这就要求领导者本身要群众化，要拜群众为师，学习群众化的语言和群众化的生活方式。不使用群众化的语言，没有群众化的生活方式，书生气十足，老爷式作风，官架子派头，是很难完成革命大业的。毛泽东的成功，在很大程度上取决于群众化的动员群众、组织群众的领导方式。

"从群众中来，到群众中去"，作为方法，与马克思主义的反映论是一致的。马克思主义认识论认为，认识是客观事物及其规律在人头脑中的反映。但这种反映不是机械的、照相式的反映，而必须以实践为中介。通过实践发现真理，又通过实践证实真理和发展真理。人的认识过程就是在实践的基础上从感性认识发展到理性认识，又从理性认识发展到革命实践、指导革命实践的过程。因此，"实践——认识——实践"，循环往复，以至无穷，这就是马克思主义认识论的公式。而"从群众中来，到群众中去"，

---

① 毛泽东：《反对党八股》，《毛泽东选集》第 3 卷，人民出版社 1991 年版，第 842、843 页。

正是马克思主义认识论基本公式的应用和发挥。或者换句话说，群众路线方法是马克思主义认识论在领导科学中的具体应用。

人民群众是实践的主体，群众中的各种意见是从自身实践中提出来的，因而是分散的、不系统的。所谓从群众中来，就是指领导机关和领导干部必须把群众中分散的、不系统的意见，通过社会调查，把它集中起来。"集中"不是机械地相加。群众中的意见，即使是某些理性认识，也要经过领导者头脑的思维加工，化为集中的、系统的领导意见，然后再回到群众中去，在群众实践中考验和发展领导的意见。对于领导干部来说，"集中起来"的过程就是感性认识到理性认识的飞跃过程；"坚持下去"的过程，就是理性认识到实践的飞跃过程。群众路线方法的实际操作过程，既是制定、实施决策的过程，又是领导认识的形成和发展过程，是学习群众又引导群众的过程。

从马克思主义的历史观看，群众路线方法的立足点是马克思主义的群众观点，即人民群众是创造历史的动力这一基本观点，以及由此派生的一切为了群众、一切依靠群众的观点。唯物主义与唯心主义历史观的根本分歧点就在于谁是历史的真正动力，是"天才"人物还是人民群众？唯物史观坚定地主张，人民群众是推动历史前进的真正动力，因为它认定人民群众始终是生产实践和阶级斗争的主体。毛泽东根据唯物史观的这一根本原理把它简单地概括为："群众是真正的英雄"，"人民，只有人民，才是创造世界历史的动力"。从这一根本观点出发，毛泽东始终把相信群众、尊重群众的首创精神，团结依靠群众的大多数来进行革命和建设放在战略和策略的高度上。在国内革命战争和抗日战争时期，他多次指出："革命战争是群众的战争，只有动员群众才能进行战争，只有依靠群众才能进行战争"；"战争的伟力之最深厚的根源，存在于民众之中"；人民群众是"真正的铜墙铁壁"。在社会主义革命和社会主义建设时期又强调，社会主义建设是人民的事业，"事业是多数人做的，少数人的作用是有限的。应当承认少数人的作用，就是领导者、干部的作用，但是，没有什么了不起的作用，有了不起的作用的还是群众"。毛泽东是这样说的，也是这样做的。他在不同的历史时期，总是具体地分析具体情况，依据主要矛盾的变化，团结和依靠最大多数的群众，孤立和打击少数真正的敌人。

毛泽东清醒地估计到，要依靠群众，就得"一切为了群众"。也就是说，要把我们的路线、方针、政策、战略、策略建立在全心全意地为人民谋利益的基点上。离开了这个基点，所谓依靠群众就会变成一句空话。毛泽东说："全心全意地为人民服务，一刻也不脱离群众；一切从人民的利益出发，而不是从个人或小集团的利益出发；向人民负责和向党的领导机关负责的一致性；这些就是我们的出发点。"① "……为群众服务，这就是处处要想到群众，为群众打算，把群众的利益放在第一位。这是我们与国民党的根本区别，也是共产党员革命的出发点和归宿。从群众中来，到群众中去，想问题从群众出发而又以群众为归宿，那就什么都能好办。"② 因此，领导机关和领导干部，要摆正自己与人民群众的关系，必须有全心全意为人民服务的"公仆"意识。人民群众是革命政权的主人，而自己仅仅是公仆，自己所做的一切，都是为人民服务。如果不是这样，把自己当老爷，把群众当"下人""仆人"，主仆颠倒，和国民党的统治还有什么两样。一事当前，先为自己打算，为小集团的利益打算，人民就不会理睬你，也不可能拥护你。要得到群众的拥护，就得和群众在一起，就得关心

---

① 毛泽东：《论联合政府》，《毛泽东选集》第 3 卷，人民出版社 1991 年版，第 1094—1095 页。

② 毛泽东：《论合作社》，《毛泽东选集》，东北书店 1948 年版，第 891 页。

群众的痛痒，就得真心实意地为群众谋利益，解决群众生产和生活中的困难和问题。

毛泽东的群众观点和群众路线的工作方法，是以他的唯物主义历史观为前提的，是唯物史观关于人民群众是创造历史的动力的原理在党的革命活动中的具体运用。与此同时，党和毛泽东总结斗争经验所形成的"一切为了群众，一切依靠群众，从群众中来，到群众中去"的群众路线，又进一步丰富和发展了这一原理。

第三节　一般和个别相结合,领导和群众相结合

一般和个别相结合的方法，既是工作方法和领导方法的基本原则，又是一种具体的方法。作为一种具体的领导方法，一般和个别相结合指的是把一般号召和个别指导相结合的方法。

一般号召与个别指导相结合，是从群众中集中起来又到群众中坚持下去，以形成正确的领导意见这个方法的组成部分，是集中和坚持过程中必须采取的方法。其具体内容是："从许多个别指导中形成一般意见（一般号召），又拿这一般意见到许多个别单位中去考验（不但自己这样做，而且告诉别人也这样做），然后集中新的经验（总结经验），做成新的指示去普遍地指导群众。"①

毛泽东指出："任何工作任务，如果没有一般的普遍的号召，就不能动员广大群众行动起来。但如果只限于一般号召，而领导人员没有具体地直接地从若干组织将所号召的工作深入实施，突破一点，取得经验，然后利用这些经验去指导其他单位，就无法

---

① 毛泽东：《关于领导方法的若干问题》，《毛泽东选集》第3卷，人民出版社1991年版，第900页。

考验自己提出的一般号召是否正确，也无法充实一般号召的内容，就有使一般号召归于落空的危险"，"任何领导人员，凡不从下级个别单位的个别人员、个别事件取得具体经验者，必不能向一切单位作普遍的指导"。①

所谓"一般的普遍的号召"，就是把党的政策、决定、决策宣传到群众中去，动员、号召群众行动起来实践党的政策、决定、决策。毛泽东向来强调，党和政府是为人民办事的，为群众谋利益的。群众利益和需求的满足，绝不能靠党和政府的恩赐，也不能靠少数人包办代替，冷冷清清地做工作，一定要靠正确的路线、方针、政策去引导群众，让群众自觉行动起来，自己解放自己。党的指示和政府的法令，是领导和帮助群众斗争，不是给群众以恩赐。因此，"善于把党的政策变为群众的行动，善于使我们的每一个运动，每一个斗争，不但领导干部懂得，而且广大的群众都能懂得，都能掌握。这是一项马克思列宁主义的领导艺术"②。群众知道了真理，有了共同的目的，就会齐心去做。动员群众，号召引导群众实施党的政策和决策，就是把党的政策和决策原原本本交给群众，并结合本地区、本单位的实际情况，变为群众的实际行动。如果领导者不去动员群众，不善于动员、组织群众，不让大家动手动脚去做，不让大家知道要做的是怎么一回事、应当怎样去做，或者只靠少数人发号施令、只靠少数人冷冷清清地做工作，任何事情都是做不好的。

所谓"个别指导"，就是领导干部在贯彻政策、决策的过程中，选择下级组织的个别单位深入实施，或曰蹲点，抓典型，搞

① 毛泽东:《关于领导方法的若干问题》,《毛泽东选集》第 3 卷，人民出版社 1991 年版，第 897、898 页。

② 毛泽东:《对晋绥日报编辑人员的谈话》,《毛泽东选集》第 4 卷，人民出版社 1991 年版，第 1319 页。

试验，以便突破一点，取得经验，推动全局的工作方法。也就是说，领导机关的政策、决策，要变为群众的实际行动，仅仅有一般的普遍的号召是不够的，仅仅宣传到群众中去，领导不到群众中去，不亲自去做，坐在机关里遥控指挥，乱下指示，政策和决策就可能落不到实处，领导者如果只满足于发红头文件，不愿意把高贵的双脚迈出机关的大门，不愿亲自动手，"解剖麻雀"，以便掌握第一手材料，取得直接经验，企图靠"二传手"或下级机关将信息收集、反馈回来，就可能出现信息失真的情况。脱离了客观真实的情况，既不可能证实自己提出的政策和决策是否正确，也不能总结新的经验来指导全面的工作。

抓点带面，运用典型经验来指导面上的工作，是我党在长期革命斗争中的实践创造，并且是为长期的革命实践所证明的卓有成效的领导方法和工作方法。毛泽东在 1943 年总结 1942 年各地整风的经验时指出："凡有成绩者，都是采用了一般号召和个别指导相结合的方法；凡无成绩者，都是没有采用此种方法。"[1]他要求 1943 年的整风继续采取这种方法，"各中央局、中央分局、区党委和地委，除提出一般号召（全年整风计划）外，必须在自己机关中和附近机关、学校、部队中，选择二、三单位（不要很多），深入研究，详细了解整风学习在这些单位的发展过程，详细了解这些单位中若干个（也不要很多）有代表性的工作人员的政治经历、思想特点、学习勤惰和工作优劣，并亲自指导这些单位的负责人具体地解决各该单位的实际问题，借以取得经验。一机关、一学校、一部队内部也有若干单位，该机关、该学校、该部队的领导人员也须这样去做"[2]。毛泽东本人，在

---

① 毛泽东：《关于领导方法的若干问题》，《毛泽东选集》第 3 卷，人民出版社 1991 年版，第 897 页。

② 同上书，第 897—898 页。

艰苦的革命战争年代，就经常扎根于群众之中，"解剖麻雀"，蹲点调查，以便取得经验，指导一般。我们前面提到的《井冈山土地法》，就是在土地革命开始后，毛泽东亲自到江西永新县夏幽一带搞试点、走访贫苦农民，在大量调查研究的基础上于1928年12月制定的。土地法公布之后，毛泽东又搞了追踪调查，使其更完善，更符合农民群众的利益和意志，从而为根据地的巩固和发展奠定了良好的基础。

毛泽东认为，一般号召和个别指导相结合是在任何工作中都应当采用的方法。为什么呢？就是因为这个方法是以矛盾问题的精髓理论和人类认识事物的正常秩序为基础的。在现实生活中，共性和个性是普遍联结的，共性就存在于个性之中。党的路线、方针和政策属于一般的东西，它的提出和制定只有通过深入群众、深入实际，解剖麻雀，从个性中找到共性之后才能完成。另外，从个别到一般，再从一般到个别，这是人类认识事物的正常秩序。在共性和个性、一般和个别的关系中，对认识而言，基础的东西是个性和个别。在领导工作中，最容易忽视的环节也是个性和个别。毛泽东指出："许多同志，满足于工作任务的一般号召，不注重和不善于在作了一般号召之后，紧紧地接着从事于个别的具体的指导，因而使自己的号召停止在嘴上、纸上或会议上，而变为官僚主义的领导。"① 一个领导人在提出任务之后，就以为万事大吉、不再过问，这就像军队的指挥官，只发出了作战的命令，而没有根据各种变动着的情况去指挥作战一样，是异常危险的。张闻天是我们党早期的一位领导人，他对一般号召和个别领导的关系有很深的理解。他在《出发归来记》这篇重要文章中指出：

① 毛泽东：《关于领导方法的若干问题》，《毛泽东选集》第3卷，人民出版社1991年版，第900页。

"一个领导者，不但在决定任务之前须要做一番精密的调查研究工作，即在正确的任务提出以后，也仍然需要不断的调查研究。一个好的领导者，不但须要对于一件事情有正确的原则的领导，而且还须要作战指挥一样的行动的领导。只有把原则领导与行动领导结合起来，我们才能把这种领导称为具体领导。这种具体领导，不以精密的调查研究工作做基础，是决不可能的。这种作战一样的行动的领导，在我们党内有特别强调的必要！"① 张闻天所说的"原则领导"就是"一般号召"，而"行动领导"就是"个别指导"；原则领导和行动领导的统一，就是"具体领导"。具体领导是同官僚主义、命令主义和主观主义相对立的科学的领导作风和领导方法。

毛泽东指出，一般号召和个别指导相结合"又是领导人员指导和学习相结合的方法"②。因为采取这种方法，就能够把认识世界和改造世界统一起来，把领导群众和向群众学习统一起来。我们知道，一般号召所以能够动员广大群众行动起来，是因为一般号召对问题的认识更深刻、更全面、更具典型性。但是一般是从个别中抽象出来的，由于个别都是具体的、有条件的，所以，解剖麻雀或典型调查中所形成的共性在广度和深度上都是有一定局限性的。就是说，从具体个别中把握到的一般是相对的，不是绝对的。所以，在用一般指导个别时，应该不断地用新经验充实、丰富它。换言之，个别指导的过程不仅是检验一般号召是否合乎实际的过程，不断地丰富和完善其内容的过程，也是发现新的问题、新的矛盾动向，提出新的理论和政策、提出新的工作任务的

① 张闻天：《出发归来记》，《张闻天选集》，人民出版社1985年版，第323页。
② 毛泽东：《关于领导方法的若干问题》，《毛泽东选集》第3卷，人民出版社1991年版，第898页。

过程。一般和个别相结合，是增强工作中的预见性，使原来的一般号召随实践的发展而发展，追踪主要矛盾变化的动向，及时转移工作重点的基本手段和方法。

毛泽东指出："我们共产党人无论进行何项工作，有两个方法是必须采用的，一是一般和个别相结合，二是领导和群众相结合。"① 领导和群众相结合，既是领导方法和工作方法中的一条基本原则，也是一种具体的工作方法。领导和群众相结合的方法包含两层意思。一是指"从群众中来、到群众中去"的工作路线，这在前面已经作了论述；二是指"领导骨干和广大群众相结合的方法"②。这后一个方法同一般号召和个别指导相结合的方法一样，也是群众路线的基本领导方法的组成部分。

领导骨干和广大群众相结合的方法，就是要正确处理领导和群众的关系，充分发挥领导和群众两个主体的积极性。毛泽东指出，在任何工作中，"只有领导骨干的积极性，而无广大群众的积极性相结合，便将成为少数人的空忙。但如果只有广大群众的积极性，而无有力的领导骨干去恰当地组织群众的积极性，则群众积极性既不可能持久，也不可能走向正确的方向和提到高级的程度"③。

要发挥领导和群众两个积极性，就要自觉把握它们的关系结构。领导和群众的关系是一个具有多层次关系的矛盾统一体。从整体上看，它既表现为党和政府同人民群众的关系，也表现为党组织和政府机构上下级的关系。从局部单位看，它表现为领导者、领导骨干、一般群众的关系。就群众而言，"任何有群众的地方，

① 毛泽东：《关于领导方法的若干问题》，《毛泽东选集》第 3 卷，人民出版社 1991 年版，第 897 页。

② 同上书，第 899 页。

③ 同上书，第 898 页。

大致都有比较积极的、中间状态的和比较落后的三部分人"①。这种复杂的关系结构，决定了在工作中贯彻领导和群众相结合的原则时，就具有不同的内容和方式。

首先，在上下级关系中贯彻领导和群众相结合的问题。任何工作任务的向下传达，不应当只是由上级的个别部门去找下级的个别部门，而应当通过有关的下级机关的主要负责人使总负责人和分负责人都知道、都负责，实行分工而又统一的一元化的方法。这样，使一件工作经过总负责人推动更多的干部有时甚至是全体人员去做，既可以克服干部不足的缺点，又使许多人都变为积极参加该项工作的成员。毛泽东说："这也是领导和群众相结合的一种形式。"②

其次，开展工作时，领导者必须善于团结积极分子作为领导骨干，去联系广大的群众，实现领导骨干和广大群众相结合。领导骨干是在群众斗争中逐渐形成的，是群众公认并能联系群众的。领导者的责任是要善于发现、选择和团结那些在群众斗争中涌现出来的积极分子。"在多数情形下，一个伟大的斗争过程，其开始阶段、中间阶段和最后阶段的领导骨干，不应该是也不可能是完全同一的；必须不断地提拔在斗争中产生的积极分子，来替换原有骨干中相形见绌的分子，或腐化了的分子。"③ 领导骨干的作用是起带头作用、核心作用，以及对广大群众的组织领导作用，目的是通过他们去吸引和推动中间状态和落后状态的群众，而不是代替广大群众的积极性。否则，把积极分子的作用绝对化，就会使他们在广大群众面前孤立起来，最终使党的号召脱离群众。

---

① 毛泽东：《关于领导方法的若干问题》，《毛泽东选集》第 3 卷，人民出版社 1991 年版，第 898 页。

② 同上书，第 901 页。

③ 同上书，第 898 页。

最后，任何一项工作的完成，不仅要团结积极分子组成领导核心，而且要通过他们去提高中间分子、争取落后分子，使少数领导骨干的积极性和广大群众的积极性结合起来。因此，我们工作的着眼点还是在争取最广大的群众上面。所谓实行群众路线，就是要照顾到大多数群众，即中间状态和落后状态的群众。为此，"我们在群众中提出的行动口号以及斗争形式、组织形式等，都必须是中间状态与落后状态的群众能够接受的，所谓启发群众的自觉与自动，主要地就是要去注意启发那些中间与落后状态的群众的自觉与自动。只有中间状态与落后状态的群众有了觉悟，有了热情，起来行动的时候，才能有群众运动"①。刘少奇曾经指出，我们共产党人的一切事业，都依赖于、决定于人民群众的自觉行动，共产党人不是代替人民群众包打天下的"英雄好汉"。但这并不意味着把群众和领导对立起来，只要群众，不要领导。共产党人在人民群众的解放事业中，是人民群众的引导者和向导，就是说"要去启发群众的自觉，要去指导群众的行动"。为此，党在制定路线、方针、政策时，必须兼顾群众中先进、中间、落后三部分人的觉悟程度，处理好局部和全局、暂时利益和长远利益的关系。刘少奇说："我们同志必须同时具有部分观点与全局观点，只照顾部分不照顾全体，是不对的，只照顾全体不照顾部分，也是不对的。应使部分与全体统一起来……只有当我们同志善于思想，善于在一切具体情况下，正确地区别与配合人民群众的部分利益与根本利益时，才能有彻底的群众路线。"②

上面我们对群众路线方法作了比较系统的研究和分析，对群

① 刘少奇：《关于党的群众路线问题》，《思想方法工作方法文选》，中央文献出版社1990年版，第262页。
② 同上书，第261页。

众路线方法有了一个大体轮廓的了解。随着现代科学技术的进步，群众路线方法无论在内容上还是在技巧上都必然要有新的突破。我们也有责任、有能力利用现代科学技术所提供的手段，使群众路线方法更加现代化、科学化。比如，建立人—机结合的信息情报系统，及时地收集、输入、存储、处理加工信息，为正确决策提供依据；比较复杂的决策目标，要虚心求助于专职从事科学技术研究的学者和专家，发挥智囊团、顾问团、咨询小组一类参谋班子的作用，让他们参与决策方案和措施的制定，充分倾听他们的意见和建议，博采众长，从而保证决策方案选择的科学性和准确性。这些都是新时期完成新的历史任务所不可缺少的。诚然，使用现代化的科学技术手段，发挥专家小组一类的参谋班子的作用，依然要建立在群众路线的基点上。这是因为，人民群众的社会实践，始终是领导决策的第一信息源。信息机械再先进，它也不能离开这个第一信息源；决策方案的制定和实施，也必须符合人民群众的利益和愿望，有利于人民群众的生产和生活。参谋班子的劳动和智慧，必须与人民的根本利益融为一体，才会产生真正的社会效用。因此，不能把收集信息的现代化手段等同于群众路线本身。有些人以为，有现代化的信息手段，有参谋班子出主意，不与群众接触，就能知天下事、定天下事，显然是不现实的。如此实行，与其说是群众路线方法的现代化，不如说是用现代化手段代替群众路线，其后果是不言自明的。我们必须反对把群众路线方法简单化、庸俗化的解释，全面、准确地理解群众路线方法的现代化含义，实现贯彻群众路线方法的长足进步。

第七章　独立自主的原则和方法

  独立自主的原则和方法是毛泽东从中国实际出发、依靠群众进行革命和建设提出来的。毛泽东的独立自主的原则和方法表现在诸多方面，主要有处理上下级关系的独立自主、国际共运关系中的独立自主、统一战线中的独立自主和国际关系中的独立自主。本书是从方法论角度来阐述毛泽东的独立自主原则和方法。因而我们考察的范围只限于作为毛泽东思想活的灵魂的独立自主，即只涉及处理上下级关系和国际共运中的独立自主。不唯上，不唯书，不把马克思主义教条化，不把共产国际决议和苏联经验神圣化；只唯实，就要坚持独立自主。当我们研究上述较为具体的独立自主时，要先研究贯穿于其中的一般的共同的要素和规定，然后再回过头来研究较为具体的独立自主方法，这样就能从普遍性和特殊性的结合上把握住作为毛泽东思想活的灵魂的独立自主的思想方法。

第一节　独立自主的哲学基础

  一般地说，毛泽东的独立自主思想主要由三要素构成：独立、自立和自主。

毛泽东关于独立自主的一个基本思想，就是独立。毛泽东认为，对于一个人来说也好，对于一个组织、一个单位来说也好，对于一个地区、一个国家来说也好，都要有某种程度的独立性。所谓独立性，就是坚持自己的差异性、特殊性、独特性，就是坚持自己的独立存在，根据自己所特有的情况和问题进行独立思考和独立活动，而不受他方、外界的支配。独立性的问题首先是存在的独立性问题。毛泽东解释道："什么叫独立性呢？你站在这里，没有人叫你走开，这就不发生独立性的问题；在你站的位置上别人也想站，要赶你走，这就发生独立性的问题了。"①坚持独立性，首先要坚持自己的独立存在权，保护它免受外界的侵犯，还要进行独立的思考和行动。毛泽东是最善于进行独立思考的人，他也经常劝人要独立思考。他在1956年4月所著《论十大关系》中写道："自己长了一个脑筋，为什么不独立思考。"他认为那种以"风"为准、自己无主见、跟着别人走的做法是完全错误的。他批评说："有些人对任何事物都不加分析，完全以'风'为准。今天刮北风，他是北风派，明天刮西风，他是西风派，后来又刮北风，他又是北风派。自己毫无主见，往往由一个极端走到另一个极端。"1956年，赫鲁晓夫批判斯大林，不少人跟着转。毛泽东却能独立思考，提出自己的看法。他认为，"苏联过去把斯大林捧得一万丈高的人，现在一下子把他贬到地下九千丈。我们国内也有人跟着转"，这是错误的。他认为斯大林是三分错误、七分成绩，总起来还是一个伟大的马克思主义者。我们党按着这个分寸，写了《关于无产阶级专政的历史经验》，表现出中国共产党人的独立思考的特点。毛泽东的独立自主原则，并不是鼓励人们去闹独

① 毛泽东：《如何研究中共党史》，《中共党史革命史论集》，中共中央党校出版社1982年版，第4页。

立性、闹宗派主义和本位主义。众所周知，毛泽东在《整顿党的作风》中，对于这些错误倾向进行了严厉的批判，认为它们都是由于没有处理好局部和全体的关系的结果。毛泽东所主张的独立性是这样的独立性：它是与统一性相联系的，是统一性和独立性的辩证统一。在《论十大关系》中，他用非常通俗的语言生动地阐明了这种与统一性相联系的独立性："统一性和独立性是对立的统一，要有统一性，也要有独立性。比如我们现在开会是统一性，散会以后有人散步，有人读书，有人吃饭，就是独立性。如果我们不给每个人散会后的独立性，一直把会无休止地开下去，不是所有的人都要死光吗？"毛泽东要求把统一性和独立性辩证地结合起来，反对只强调一个方面而忽视另一个方面。总之，毛泽东所主张的独立性是与统一性相联系的独立性，是相对的、有条件的独立性，而不是脱离统一性的绝对的、无条件的独立性。

"自立"，就是强调自力更生，强调依靠自己的力量办事，这是毛泽东独立自主思想的又一个基本点。毛泽东历来主张，无论做什么事，无论是从事革命还是从事建设，都要采用自力更生的办法，依靠自己的力量，依靠人民群众的努力。他说："我们的方针要放在什么基点上？放在自己力量的基点上，叫做自力更生。"① 毛泽东曾以梁鸿不因人热的故事教诲自己的子女和身边工作人员，鼓励他们要有志气、要靠自己艰苦创业，不要仰仗他人。② 在从事中国革命和建设的过程中，毛泽东总是把自力更生作为基本点，强调发挥我们自己的积极性和创造性，强调必须人人下决心，从事最艰苦的工作，而不要贪图便宜：依赖外界。针对一部分干部

① 毛泽东：《抗日战争胜利后的时局和我们的方针》，《毛泽东选集》第4卷，人民出版社1991年版，第1132页。
② 参见龚育之、逄先知、石仲泉《毛泽东的读书生活》，生活·读书·新知三联书店1986年版，第214页。

对艰苦工作不耐心，他深刻地指出："干部中一切不经过自己艰苦奋斗，流血流汗，而依靠意外便利、侥幸取胜的心理，必须扫除干净。"① 但这是不是说毛泽东主张拒绝一切外援呢？不。自力更生不等于排斥外援，而是不依赖它："我们是主张自力更生的。我们希望有外援，但是我们不能依赖它，我们依靠自己的努力，依靠全体军民的创造力。"② 后来，毛泽东在总结经验的基础上又明确提出"以自力更生为主，争取外援为辅"的方针，进一步把自立和外援这两个对立的方面辩证地统一起来了。

自己做主，自己掌握自己的命运，也是毛泽东独立自主思想的一个基本点。毛泽东在青少年时代就十分重视中国哲学史上的"主内""主我"思想，向往意志自由，反对外来意见和势力的干涉，自主意识非常突出。他说，"意力受拂，最不好过"③。这为他此后在领导革命和建设的过程中运用自主原则去处理和解决有关问题打下了深厚的基础。在开始接受马克思主义的群众观点以后，他最着眼于广大人民群众的自主权利，主张让群众自己教育自己、自己管理自己、自己解放自己。他主张下级有独立自主的权利，反对上级干涉下级的具体事项，以便于培养下级和地方人员的独立工作能力，应付复杂的环境。他一贯反对外国对中国国家主权的干涉，在中华人民共和国就要成立时，他强调指出："中国必须独立，中国必须解放，中国的事情必须由中国人民自己作

---

① 毛泽东：《建立巩固的东北根据地》，《毛泽东选集》第 4 卷，人民出版社 1991 年版，第 1181 页。

② 毛泽东：《必须学会做经济工作》，《毛泽东选集》第 3 卷，人民出版社 1991 年版，第 1016 页。

③ 毛泽东：《致彭璜》，《毛泽东书信选集》，人民出版社 1983 年版，第 19 页。

主张，自己来处理，不容许任何帝国主义国家再有一丝一毫的干涉。"①毛泽东主张我们要自主，反对受人控制，但这绝不意味着毛泽东反对任何形式的服从和领导，反对任何外来的意见和建议。相反，毛泽东认为，下级要服从上级，全党要服从中央，任何人都要服从真理。自主不是自行其是、狂妄自大、为所欲为，它是受一定的条件所制约的，它是相对的。

不能认为独立、自立、自主是三个完全不同的东西。它们是独立自主的三个有机联系着的要素，是互相渗透、互相蕴含着的，由此组成一个统一的整体——独立自主思想。其中，独立是最初始的因素。如果我们根本不具有与统一性相联系的一定的独立性，那么自立和自主就无从谈起。但是如果我们想获得真正的独立，就必须自立，就必须依靠自己的力量而不靠他人的力量生存。真正的独立也必然要有行动的自主权和自由权，在受人控制和干涉的情况下是不可能有真正的独立的。这里最关键的因素还是自立。我们要想自己的事情自己决定，自己的路自己创造，不受外来干涉，保持独立自主，就必须依靠自己的力量，艰苦奋斗，使自己强大起来，这样才能达到真正的独立自主。由此可见，独立自主以自力更生为基础，自力更生是实现独立自主的根本保证。当然，独立和自主也反过来促进自力更生。总之，独立、自立和自主相互联系、相互作用，毛泽东的完整的独立自主思想，就是由这三个要素及其相互联系和相互作用构成的。

毛泽东的独立自主思想是他关于矛盾的普遍性和特殊性、内因和外因的思想在实际工作中的具体体现，是他的实事求是的思想路线和群众观点运用于革命和建设的必然结论。按照毛泽东的

①　毛泽东：《在新政治协商会议筹备会上的讲话》，《毛泽东选集》第4卷，人民出版社1991年版，第1465页。

观点、矛盾的普遍性是和特殊性相联结的，矛盾的特殊性构成"一事物区别于他事物的特殊的本质"，"是世界上诸种事物所以有千差万别的内在的原因，或者叫做根据"。毛泽东的独立自主原则正是基于矛盾的特殊性这种"事物的特殊的本质""原因"或"根据"之上。毛泽东关于内外因的辩证关系原理也是他的独立自主原则提出的根据。毛泽东历来主张"从事物的内部、事物对他事物的关系去研究事物的发展"，即把事物的发展看作事物内部的必然的自己的运动，事物发展的根本原因不是在事物的外部而是在事物的内部，在于事物内部的矛盾性。毛泽东说："外因是变化的条件，内因是变化的根据，外因通过内因而起作用。"按照这种"自己运动"内因是根据、外因是条件的主张，必然就要把注意力集中在自己身上，从自身寻找动力，自主地解决有关问题。实事求是、一切从实际出发，也是毛泽东的独立自主思想之所以产生的一个原因或根据。既然客观事物的矛盾特殊性构成一事物区别于他事物的特殊本质，事物发展的根本原因在于事物的内部，事物的发展是事物内部必然的自己的运动，那么，我们就要使自己的思想符合这种客观情况，如实地反映这种客观情况，并根据这种客观情况办事。独立自主原则也是毛泽东将其群众观点和群众路线运用于实际工作的具体体现。毛泽东坚信人民群众是创造历史的动力，他们中蕴藏着无穷无尽的智慧，具有无限的积极性和创造力。"社会的财富是工人、农民和劳动知识分子自己创造的。只要这些人掌握了自己的命运，又有一条马克思列宁主义的路线，不是回避问题，而是用积极的态度去解决问题，任何人间的困难总是可以克服的。"这就是毛泽东主张独立自主、依靠自身的力量进行革命和建设的原因，也是他反对对群众的"恩赐观点"、强迫命令、包办代替等的原因。总之，毛泽东独立自主的理论基础是马克思主义的哲学，是辩证唯物主义和历史唯物主义。独立自主的思想和方法，就是马克思主义哲学在实际的革命和建设中的生动体现。

　　毛泽东运用独立自主的方法处理人我关系，处理上下级关系，统一战线中各党派和阶级之间的关系以及中国和外国的关系等，这是中国革命和建设取得胜利的一个重要原因。毛泽东曾回忆说：中国革命开始时很困难，陈独秀、王明、李立三、瞿秋白、张国焘等人跟着别人跑，使中国革命遭受一个又一个的失败。直到1949 年，我们眼看就要过长江的时候，还有人阻止，说千万不能过江，过了，就会引起美国出兵，中国就可能出现南北朝的局面。我没有听他们的。我们过了长江，美国并没有出兵，中国也没有出现南北朝。如果我们听了他的话，中国倒真可能出现南北朝。毛泽东接着说，可见实事求是，独立思考是非常重要的。中国革命的胜利可以说是实事求是、独立思考的胜利。①

　　为什么"独立自主"也是毛泽东思想的活的灵魂呢？那就要弄清什么是毛泽东思想的活的灵魂。列宁说过，"马克思主义的最本质的东西、马克思主义的活的灵魂：具体地分析具体的情况"②。毛泽东思想活的灵魂和马克思主义的活的灵魂是一脉相承的。毛泽东在把马克思主义运用于中国革命实际时从三个基本方面把它具体化了。"具体的情况"，就是"实事"；具体地分析，就是"求是"。要"唯实"，就要走群众路线，就要在执行上级指示和处理国际共运关系中坚持独立自主原则。所以，群众路线、独立自主都是由实事求是引发出来而又成为实事求是的基本途径和重要保证的。

----

①　参见郭思敏《我眼中的毛泽东》，河北人民出版社1992 年版，第92 页。
②　列宁：《共产主义》，《列宁选集》第 4 卷，人民出版社1972 年版，第 290页。

第二节 统一领导下的独立自主

统一领导下的独立自主是毛泽东在处理上级和下级包括中央和地方的关系时所提出的一个基本的原则和方法。它强调下级有正当的独立性，强调要充分发挥下级的积极性和主动性，反对对下级统得过死、包办代替或强迫命令。它是毛泽东的两项重要的领导方法和领导艺术，对于改进我们的领导工作、提高领导水平，具有重要的意义。

毛泽东把统一性和独立性辩证统一的原理运用到上下级关系中，提出了"统一领导下的独立性问题"。1956 年，他在《论十大关系》中，谈到中央和地方、国家和企业的关系时说，把什么东西统统都集中在中央或省市，不给工厂一点权力、一点机动的余地、一点利益，恐怕不妥。应当在巩固中央统一领导的前提下，扩大一点地方的权力，给地方更多的独立性。各个生产单位都要有一个与统一性相联系的独立性。"我们要统一，也要特殊"，各地都要有适合当地情况的特殊，这种特殊是为了整体利益，为了加强全国统一所必要的特殊。早在抗日战争时期，毛泽东就为当时根据地的经济建设提出了"统一领导、分散经营"的方针，指出由于劳动力分散在党政军各部门，如果集中起来，则将破坏其积极性，因此采取"分散经营"的方针是正确的，企图什么都集中的意见是错误的。当然，这种分散经营是以统一领导为前提的，它不是不要统一性，相反，"经济和财政工作机构中的不统一、闹独立性、各自为政等恶劣现象，必须克服，而建立统一的、指挥如意的、使政策和制度能贯彻到底的工作系统"①。他认为，在军事指挥上也应贯彻这一原则。他在《抗日游击战争的战略问题》中指出，游击战争的指挥原则，一方面反对绝对的集中主义，另一方面又反对绝对的分散主义，应该是战略的集中指挥和战役战术的分散指挥相结合。一般的方针集中于上级，具体的行动按照具体情况实施之，下级有独立自主之权。越是地区广大、情况复杂、上下级距离很远，这种具体行动就越应加大其独立自主的权限，越应使之多带地方性，多切合地方情况的要求。这就是"一般集中、具体分散"的原则。总之，毛泽东认为："可以和应当统一的必须统一，不可以和不应当统一的，不能强求统一。正当的独立性，正当的权利，省、市、地、县、区、乡都应当有，都应当争。这种从全国整体利益出发的争权，不是从本位利益出发的争权，不能叫做地方主义，不能叫做闹独立性。"

　　毛泽东在处理上下级关系时的一个基本原则是充分调动和发挥下级单位和人员的积极性。他认为，任何一个地区、任何一个单位，如果只有领导骨干的积极性，而无广大群众的积极性相结合，便将成为少数人的空忙。因此他主张要有上、下两个积极性。后来他又提出"两条腿走路"的方针，强调发挥中央和地方两个积极性。他认为，充分发挥地方的积极性，不仅中央要注意发挥省、市的积极性，省、市也要注意发挥地、县、区、乡的积极性。毛泽东坚信人民群众的创造力是无穷无尽的，只要在中央的统一领导下充分发挥地方的积极性，各方面的工作都会生机勃勃。毛泽东领导中国革命战争，他对战略指导抓得很紧，在战役和战术的运用上就交给下面去办，依靠下级和群众创造，因为他们最了

---

　　① 毛泽东：《抗日时期的经济问题和财政问题》，《毛泽东选集》第3卷，人民出版社1991年版，第895—896页。

解具体情况。打仗是这样，生产建设也是这样。抗日战争时期，敌人的进攻和封锁给抗日根据地造成严重的经济困难，曾经几乎没有衣穿，没有油吃，没有纸，没有菜，战士没有鞋袜，工作人员在冬天没有被盖，困难真是大极了。在这种情况下，毛泽东指出，"切不可将一切物质供给责任都由上面领导机关负起来，这样既束缚了下面广大人员的手足，而又不可能满足下面的要求。应该说：同志们，大家动手，克服困难吧。只要上面善于提出任务，放手让下面自力更生，问题就解决了，而且能够更加完善地解决它。如果上面不去这样作，而把一切事实上担负不起来的担子老是由自己担起来，不敢放手让下面去做，不去发动广大群众自力更生的积极性，虽然上面费尽了气力，结果将是上下交困"①。总之，统一领导不是把一切问题统统拿到上级领导机关、拿到中央部门来，而是"放手让下面去做"，通过"发动广大群众自力更生的积极性"来将困难和问题加以解决，这是毛泽东的一个重要的领导方法。

注意发挥下级人员的主动性和创造性，尊重他们的主人翁地位，反对上级对下级的强迫命令，这是毛泽东主张统一领导下的独立自主的又一个原则。在《论十大关系》中，他尖锐地批评了中央领导机关对下级乱下命令的错误做法。他形象地说，现在几十只手插到地方，使地方的事情不好办。立了一个部就要革命，要革命就要下命令。这些命令虽然党中央不知道，国务院不知道，但都说是中央来的，给地方压力很大。表报之多，闹得泛滥成灾，这种情况必须纠正。他一贯认为，在一切工作中，命令主义是错误的，因为它违背了群众的自愿原则。"凡是同地方有关的事情，

---

① 毛泽东：《论军队生产自给，兼论整风和生产两大运动的重要性》，《毛泽东选集》第3卷，人民出版社1991年版，第1105页。

都要先同地方商量，商量好了再下命令。"上级对下级某些具体行动有意见，可以而且应该作为"训令"提出，但绝不应作为不可改变的"命令"。下级有根据具体情况实施之的独立自主权。毛泽东多次批评不应把上下级关系搞成猫鼠关系，搞成旧社会那种君臣父子关系或帮派关系，他主张以平等态度相待。上级对下级不能颐指气使、称王称霸，下级也不应对上级唯唯诺诺、唯命是从，无原则地服从和"尽忠"。所有这些都充分体现了毛泽东对下面同志、对群众的主人翁地位的尊重。

对下级不要统得过死，而要有一个与统一性相联系的独立性，不要包办代替而要充分发挥他们的积极性，不要强迫命令而要发挥他们的主动性和创造性，尊重他们的主人翁地位，这些是毛泽东的统一领导下的独立自主的主要内容。其中要有一定的独立性，是最基本的东西。如果下级没有一定程度的独立性，把下级和地方统得死死的，那就谈不上发挥下级和地方的积极性和主动性。而强调统一领导下的独立性和主动性，目的在于充分发挥下级的积极性，借以克服困难，解决我们所面临的问题。下级的积极性建立在一定的独立性的基础之上，同时又要靠主动性和主人翁地位来保证。

毛泽东关于统一领导下的独立自主思想，关于下级有独立自主权的思想，主要是根据上级和下级、领导和被领导之间存在着矛盾、存在着既对立又同一的关系提出来的。上级和下级、领导和被领导都是一个统一体的两个矛盾的侧面，它们是矛盾的，又是统一的，我们不应当片面地强调某一个侧面而否定另一个侧面。在任何一个地区、任何一个单位，不可能只有上级而没有下级，也不可能只有被领导而没有领导。上级和下级、领导和被领导的这种对立统一，要求我们兼顾两头，一方面强调统一领导，另一方面又强调统一领导下的独立自主，这样就把上级和下级、领导和被领导的矛盾解决了。统一领导下的独立自主又是毛泽东实事求是思想的光辉体现。下级之所以有"独立自主之权",就是因为,下级要处理的具体事项,"必须按照随时变化随地不同的具体情况去做,而这些具体情况,是离得很远的上级机关无从知道的"①。就中央和地方的关系来说,我们的国家这样大,人口这样多,情况这样复杂,谁也没有这么大的神通,能把这么大国家的所有人的事不分大小巨细都能够知道得清楚,并能加以解决。这就从根本上决定了必须采取统一领导下的独立自主的方法。

毛泽东认为,处理好上级和下级、中央和地方的关系,对于我们这样的大国、大党来说,是一个十分重要的问题。他说,关于中央和地方的关系问题,有些资本主义国家也是很注意的,它们的制度和我们的制度根本不同,但是它们发展的经验,还是值得我们研究。1958年3月9日,他在成都会议上讲到又统一又分散的地方分权问题时说,欧洲现在没有统一的国家,可是地方发展了。中国自秦至今,一统天下,统了,地方就不发展。各有利弊。针对这种情况,他特别主张要在巩固中央统一领导的前提下,扩大一点地方的权力,给地方更多的独立性,让地方办更多的事,认为这对我们建设强大的社会主义国家比较有利。他总结我们社会主义建设的历史经验时说,中华人民共和国成立初期实行的那种大区制度,当时有必要,但是也有缺点,后来的高饶反党联盟,就多少利用了这个缺点。以后决定取消大区,各省直属中央,这是正确的。但是由此走到取消地方的必要的独立性,结果也不那么好。他强调,为了建设一个强大的社会主义国家,必须有中央的强有力的统一领导,破坏这种必要的统一,是不允许的。同时,

---

① 毛泽东:《抗日游击战争的战略问题》,《毛泽东选集》第2卷,人民出版社1991年版,第436页。

又必须充分发挥地方的积极性，各地都要有适合各地情况的特殊政策。他认为在这方面我们的经验还不多，还不成熟，应当好好研究讨论。可以看出，我们目前所推行的经济体制改革，正是在总结这方面历史经验的基础上进行的。它的目的就是解决国家对企业、对地方统得过多、过死的问题，激发企业和职工的积极性、主动性和创造性，保证劳动者在企业中的主人翁地位，增强企业活力，发展社会生产力。现在我们在这方面已经积累了比较丰富的经验，认真总结这些经验，会使我们在这方面的认识提高一步，会使我们今后的工作做得更好。

第三节　国际共运中的独立自主

毛泽东关于国际共运中的独立自主思想是他在处理中国共产党和共产国际、苏共以及其他兄弟党之间的关系问题时所提出的一个基本原则和方法。

毛泽东关于国际共运的独立自主思想的一个基本内容，就是主张把马克思主义的普遍真理和我国的具体实践结合起来，按照中国的特点去应用它，找出适合中国情况的独特的革命和建设的道路。中国的共产主义运动本质上是一种学习，这种学习是从 1840 年鸦片战争时起中国人向西方学习失败后转而向俄国学习而发生的。这种学习有两种态度：一种是教条主义的态度，即照抄照搬，盲目地不加分析地学；另一种是独立自主的态度，即学的时候有独立思考，把马克思主义的理论和中国实际结合起来，创造出中国独特的东西。毛泽东主张后者。他说："我们要学的是属于普遍真理的东西，并且学习一定要与中国实际相结合。如果每句话，包括马克思的话，都要照搬，那就不得了了。我们的理论，是马克思列宁主义的普遍真理同中国革命的具体实践相结合。"他批评党内一些人搞教条主义，没有把马克思列宁主义的基本原理同中国革命实际相结合，不从实际出发，而从教条出发，结果使我们吃了大亏。他认为，离开中国的特点来谈马克思主义，只是抽象、空洞的马克思主义，是打不得敌人的。如果把马、恩、列、斯的方法用到中国来，在中国创造出一些新的东西，这样就打得敌人了。

无产阶级革命是国际性的事业，需要各国无产阶级互相支援。但是完成这个事业，首先需要各国无产阶级立足于本国，依靠本国同志的实践和独立思考，使马克思列宁主义的普遍真理同本国的具体实践相结合，把本国的革命和建设事业做好。也只有这样，每一个国家的无产阶级才能增强整个国际共产主义运动的威力，增强援助他国无产阶级革命和建设事业的力量。因此，在国际共运中实行自力更生为主的方针，也就是无产阶级国际主义的具体表现。我们有一个时期依靠共产国际给我们写决议，给我们写纲领，向我们作指示。而我们党内一些同志又把共产国际的决议、指示神圣化，根本不考虑中国的国情，以为这些决议、指示再好没有了，它保障了永久的胜利，只要照办就无往而不胜，因此共产党内讨论问题，有人开口闭口"拿本本来"，毛泽东对这种现象深恶痛绝，他尖锐地提出，"中国革命斗争的胜利要靠中国同志了解中国情况"，他为此写下了名篇《反对本本主义》。他后来回忆说：这篇文章是经过一番大斗争写出来的。我对自己的文章有些并不喜欢，这篇我是喜欢的。"我看现在还用处不少，将来也用得着。中国斗争胜利要靠中国同志了解中国情形，不能依靠外国同志了解中国情形，或者依靠外国帮助我们打胜仗。"① 他后来又说：

---

① 毛泽东在广州会议上的讲话，见董边等编《毛泽东和他的秘书田家英》，中央文献出版社 1990 年版，第 39—40 页。

"中国这个客观世界，整个地说来，是由中国人认识的，不是在共产国际管中国问题的同志们认识的。共产国际的这些同志就不了解或者说不很了解中国社会，中国民族，中国革命。对于中国这个客观世界，我们自己在很长时间内都认识不清楚，何况外国同志呢？"① 中国的革命不可能由共产国际包办代替，它的胜利归根结底取决于本国革命力量和人民群众的努力。两个大国的胜利，即俄国十月革命的胜利和中国革命的胜利，都是在没有共产国际的时候取得的。当然，中国共产党的产生及其发展是得到了共产国际不少的指导和帮助的，但是中国共产党的靠山却不是共产国际，而是中国人民。中国革命力量，特别是武装革命力量由小到大、由弱到强，完全是中国共产党赤手空拳，不假借任何外力，紧紧地依靠群众而独立创造出来的。正因为如此，当1943年5月共产国际宣布解散时，中国共产党以坚定的自信心和自强自立的精神对待这个解散，它不但没有导致中国共产党及其武装力量的解散，相反，却使中国共产党人的自信心与创造性更加加强，使党与人民的联系更加巩固，使党的战斗力量更加提高，党的武装力量更加发展壮大，直至取得革命胜利。

　　坚持中国的革命和建设事业由中国共产党自己做主和处理，反对外来的干涉，这是毛泽东坚持国际共运的独立自主原则的又一个方面。马克思、恩格斯曾经指出，他们的意见只限于"一般的策略"，至于怎样把它运用到各国的实践中去，"这必须因地制宜地决定，而且必须由处于事变中心的人来决定"②。毛泽东既然反对照搬马列，主张把马克思主义的普遍真理和中国革命的具体

---

① 毛泽东：《在扩大的中央工作会议上的讲话》，《毛泽东著作选读》下册，人民出版社1986年版，第826页。
② 恩格斯：《未来的意大利革命和社会党》，《马克思恩格斯选集》第4卷，人民出版社1972年版，第292页。

实践相融合，主张"中国革命斗争的胜利要靠中国同志了解中国情况"，中国的具体国情、中国革命和建设的发展道路，其认识的主体、选择的主体，只能是"中国同志"自己，这就必然主张中国的革命和建设事业必须由"中国同志"自己做主，自己来处理。抗日战争时期，在共产国际管中国问题的同志和斯大林由于不了解中国的真实情形，相信国民党胜过相信共产党，加之他们要求各国革命斗争服从"保卫苏联"这一"最高利益"的需要，因而唯恐毛泽东主张的统一战线中的独立自主政策会激化国共矛盾，导致蒋介石停止抗战，从而使苏联陷入东西两线同时作战的困境，于是共产国际总书记季米特洛夫派王明回国贯彻他们的"一切经过统一战线""一切服从统一战线"的意见。毛泽东同王明关于抗日民族统一战线问题上的意见分歧，实质上就是同共产国际和斯大林的分歧。毛泽东成功地排除了来自共产国际和斯大林的干扰，坚持统一战线中的独立自主，取得了抗日战争的胜利，并在这场民族战争中大大发展和壮大了中国共产党的力量。解放战争时期，由于斯大林害怕美国出兵干涉中国内战，因而希望中国共产党对蒋介石让步，阻止中国共产党过长江，而中国共产党在毛泽东的领导下，拒绝了这种对美国恐惧和不敢将革命进行到底的右倾思想，最后终于打败了美蒋反动派。中国革命是违背斯大林的意志而取得胜利的。邓小平在会见西班牙共产党总书记卡里略时指出："中国革命的成功，就是因为毛主席抵制了斯大林……中国党没有听他的，结果打出了一个中华人民共和国。"

在兄弟党的相互关系和社会主义国家的相互关系问题上，坚持各党、各国都有独立自主之权，大家地位一律平等，反对大党、大国对其他党、其他社会主义国家的不平等关系和霸权主义，这也是毛泽东关于国际共运的独立自主的一个内容。各国的共产党是一律平等的，不论是大党还是小党，历史长的党还是历史短的党，执政的党还是没有执政的党，都不能有尊卑上下之分，不能有"老子党""上级党"和"下级党"。各国党应当彼此尊重对方的独立自主的权利。由于处境不同，各国党对形势和任务的看法不可能完全一致，但这种意见分歧只能通过友好协商等来逐步解决，不允许任何的强制和包办代替。把自己的观点强加于人，干涉别国党的内部事务，只能使别国的革命事业受到挫折和失败。至于强迫别国党的政策为本党本国的政策服务，甚至对别国进行武装干涉，那就只能是对国际共产主义运动的根本破坏。从20世纪50年代中期到60年代中期，苏联党的领导曾以"老子党"自居，要求中国党跟着他们的指挥棒转，企图使中国受他们的控制，在军事和外交上服从其"苏美合作、主宰世界"的战略需要。在这种紧张局势中，中国共产党如何坚持自己的独立自主的权利，反对采自苏联方面的霸权主义，维护中华民族和中国社会主义事业的利益，维护世界和平、民族解放和整个国际共产主义运动的利益是毛泽东面临的一个重大问题。毛泽东从准备最坏的可能出发，对战争危险作了严峻的估计，同时对于苏联的大国沙文主义和霸权主义，进行了坚决的抵制和不调和的斗争，表现出了中国共产党人不屈服于任何外来压力的大无畏的英雄气概。我们坚持独立自主原则，也要尊重别党别国人民独立自主的权利，尊重各国党独立自主地解决自己国家的革命和建设问题。毛泽东在同拉丁美洲一些党的代表谈话时指出："中国革命的经验，建立农村根据地，以农村包围城市，最后夺取城市的经验，对你们许多国家不一定都适用，但可供你们参考。我奉劝诸位，切记不要硬搬中国的经验。任何外国的经验，只能作参考，不能当作教条。一定要把马克思列宁主义的普遍真理和本国的具体情况这两个方面结合起来。"这充分体现了毛泽东尊重别国党的独立自主权利。总之，各国的事情，一定要尊重各国的党、各国的人民，由他们自己去寻找道路，去探索、去解决问题，不能由别的党充当"老子党"，去发号施令。

坚持国际共运的独立自主原则，对于无产阶级革命运动来说，具有十分重要的意义。恩格斯曾反复强调，"国际联合只能存在于国家之间，因而这些国家的存在、它们在内部事务上的自主和独立也就包括在国际主义这一概念本身之中"[①]。鉴于第一国际退出舞台后国际工人运动并没有削弱反而更加壮大的事实，恩格斯曾把独立自主原则确定为第二国际的工作方针，他说，在第一国际停止活动后，"每一个国家的无产阶级得到机会以独立自主的形式组织起来。这一点实现了，因而现在国际要比从前强大得多了。我们也应当按照这一方向在共同的基础上继续我们的工作"[②]。中国革命的成功，就是贯彻上述原则的胜利。"我们过去用整风方式搞了十多年，批判了教条主义，独立自主地按马克思主义的精神实质办事，才取得中国革命的胜利。"[③] 中国共产党人坚持马克思主义，并且按照毛泽东思想，把马克思主义同中国的实际结合起来，独立自主，采取农村包围城市的道路，把中国革命搞成功了。建设有中国特色的社会主义也是依据独立自主原则提出来的。邓小平说："中国革命的成功，是毛泽东同志把马克思列宁主义同中国的实际相结合，走自己的路。现在中国搞建设，也要把马克思列宁主义同中国的实际相结合，走自己的路。"[④] 我们只有坚持独

---

① 恩格斯：《致劳拉·拉法格》，《马克思恩格斯全集》第39卷，人民出版社1974年版，第84页。

② 恩格斯：《1893年8月12日在苏黎世国际社会主义工人代表大会上的闭幕词》，《马克思恩格斯全集》第22卷，人民出版社1965年版，第479—480页。

③ 毛泽东：《同新闻出版界代表的谈话》，《毛泽东新闻工作文选》，新华出版社1983年版，第189页。

④ 邓小平：《革命和建设都要走自己的路》，《建设有中国特色的社会主义》（增订本），人民出版社1987年版，第82页。

立自主，把中国社会主义的命运紧紧地掌握在我们自己手中，坚定地相信和依靠群众，尊重群众的主人翁地位和首创精神，才能开创社会主义建设的新局面。

以上我们阐述了作为毛泽东思想活的灵魂之一的独立自主的原则和方法。内容限于哲学方法论这一主题之内。众所周知，毛泽东关于统一战线中的独立自主原则、关于国际关系中的独立自主原则，也有系统完整的理论，但它已超出本书主题范围，故不赘述。

第八章　阶级分析的理论与方法

　　阶级分析方法是毛泽东认识和改造社会的根本方法之一。阶级分析方法对于中国共产党领导民主革命和社会主义革命与建设取得胜利，起了重要的指导作用。毛泽东晚年对社会主义社会的阶级斗争的认识发生了失误，这个错误应当引以为戒。在党的十四大报告中，江泽民指出："社会主义基本制度建立后，由于国内因素和国际影响，阶级斗争还将在一定范围内长期存在，在某种条件下还有可能激化，我们必须清醒地认识和正确处理这方面的问题。"实际上目前的改革开放和经济建设，离不开正确地调整和改善我国社会各阶级、阶层和社会集团之间的关系，离不开积极正确地调整和改善对外的、国际范围内的阶级关系，一句话，离不开阶级分析方法。改革与暴力革命不同的地方在于，它是对社会生产关系因而是对社会阶级、阶层、集团之间关系的自我调整。因此，认真概括和总结毛泽东怎样用阶级分析方法处理有关社会问题和社会现象，制定出正确的政策和策略，从而取得了革命和建设的胜利，不仅对于我们认识中国革命如何成功的历史有着重要的指导意义，而且对于我们在新的历史条件下取得社会主义建设的胜利也有着重要的指导意义。

　　设专章研究毛泽东的阶级分析方法，这在国内尚属首次，在国际上更是如此了。这就产生了一个如何研究的问题。怎样研究呢？第一，既然设专章研究，那就要系统地研究，不是研究毛泽东的阶级分析方法的某一个细节或某些残缺不全的片段，而是要研究它的全部基本要素；不是对毛泽东的阶级分析方法的某些争论问题或看起来与当今现实直接有用的某些问题作孤立的研究，而是一开始就要以系统地概括毛泽东的阶级分析方法的全部基本要素并且在联系中加以阐述为目的。第二，要客观地研究。研究毛泽东的阶级分析方法是把毛泽东所作的阶级分析过程作为研究对象，这个研究对象绝不是在把它作为研究对象时才产生的，而是在历史上已经存在的，不管我们的头脑怎样思辨地、理论地活动着，这个研究对象总是在头脑之外保持着它的独立性。因此，要客观地进行研究，而不能带有主观随意性。第三，要历史地研究。对毛泽东的阶级分析方法的研究不是研究一般的阶级分析方法应当如何如何进行，而是要弄清楚毛泽东的阶级分析方法发生的一定的时间和一定的空间，把它作为一定历史条件下的历史过程去研究。这就不可避免地涉及大量的历史材料，这些历史材料将涉及毛泽东整个一生的活动；有些历史材料看来与今天的现实并无直接的关系，但是如果没有这些历史材料，就根本不可能了解毛泽东的阶级分析方法，更不可能结合新的历史条件加以应用。

第一节 毛泽东的阶级、阶层概念和划分标准

为了便于说明以后的问题，首先有必要说明毛泽东怎样理解阶级、阶层和它们的划分标准，从而弄清楚毛泽东的阶级分析方法的实质和其发生的普遍的根据。

阶级分析方法的核心概念是阶级。马克思、恩格斯的历史唯物主义说明，阶级在任何时候都是生产关系和交换关系的产物，

一句话，都是自己时代的经济关系的产物。列宁根据马克思、恩格斯的一贯思想，给阶级下了一个完整的定义："所谓阶级，就是这样一些大的集团，这些集团在历史上一定社会生产体系中所处的地位不同，对生产资料的关系（这种关系大部分是在法律上明文规定了的）不同，在社会劳动组织中所起的作用不同，因而领得自己所支配的那份社会财富的方式和多寡也不同。所谓阶级，就是这样一些集团，由于它们在一定社会经济结构中所处的地位不同，其中一个集团能够占有另一个集团的劳动。"① 列宁的这一定义深刻地揭示了阶级的基本特征，指明了阶级是在一定生产关系体系中处于不同地位的集团，这种地位的不同，首先是对生产资料的关系的不同，其次是在社会劳动组织中的作用的不同，二者又决定了分配方式和多寡的不同。马克思和列宁都曾强调指出，一定的分配关系只是历史地规定的生产关系的表现，因此都反对那种在划分阶级时把分配放在首位的错误做法。总之，按照马克思和列宁的观点，阶级的划分要以社会生产关系为依据，社会之划分为阶级，从根本上说是由经济关系决定的，阶级其实就是一定社会生产关系的体现。诚然，社会阶级之间的差别不仅表现在经济上，也表现在政治上、思想上以及其他方面。然而历史唯物主义已经指明，政治是经济的集中表现，思想是经济、政治的反映，因而它们归根结底要由经济基础来说明。经济是整个社会生活的基础，是社会之划分为阶级的根据。阶级这一广泛的社会学概念本质上是一个经济学概念。

毛泽东的阶级概念和阶级划分标准与马克思和列宁的是一致的，即把阶级看成一定社会经济结构中处于不同地位的集团，其

---

① 列宁：《伟大的创举》，《列宁选集》第 4 卷，人民出版社 1972 年版，第 10 页。

中决定性的因素是与生产资料的关系的不同。早在红军时代，毛泽东为了正确解决农村的阶级成分划分问题，曾专门写了《怎样分析农村阶级》一文，该文明确地根据土地占有情况、剥削情况、参加生产劳动的数量和质量来划分农村的各种阶级，如文中一开头就规定："占有土地，自己不劳动，或只有附带的劳动，而靠剥削农民为生的，叫做地主。"后来，毛泽东在一次会议的讲话中又以非常简洁的语言阐明了这个问题，他说："同志们给我的问题中，有问到什么是富农。我以为地主是以收租为主；富农是以雇工为主，自己参加劳动；中农是以不出卖劳动力为主，经营自己的土地；贫农是一定要出卖劳动力，靠自己的土地不能生活；雇农完全出卖劳动力，没有土地。当然，这是指它们的主要标志。"①

在解放区的土地改革中，由于大多数农村工作人员没有土地改革的经验，他们不知道正确地划分农村阶级成分的方法，往往对生产资料和生活资料不加区别、对生产关系和使用关系不加区别，将其都用作划分阶级的标准，从而划错了一部分人的阶级成分，将某些富农当成了地主，将某些中农当成了富农。鉴于这种情况，中共中央于1947年10月颁发了土地法大纲，将富农和地主加以区别。同年冬，毛泽东又提议制定了《中共中央关于土地改革中各社会阶级的划分及其待遇的规定》，其中前两章是毛泽东亲自写的，说明了划分阶级的标准问题。鉴于一些同志将生产资料和生活资料并列作为划分阶级标准的情况，毛泽东在第一章中强调了生产资料和生活资料的区别，他写道："人们为着要生活，就要生产生活资料，例如粮食，衣服，房屋，燃料，器具等。人们为着要生产生活资料，就要有生产资料，例如土地，原

---

① 毛泽东：《关于农村调查》，《毛泽东农村调查文集》，人民出版社1982年版，第24页。

料，牲畜，工具，工场等。"1950 年，为着更好地进行全国解放后的土地改革，毛泽东致信刘少奇，从生产力和生产关系、生产关系和使用关系以及生产资料和生活资料等几个方面，进一步阐述了阶级划分的标准问题。他说："所谓生产力，是指劳动者和生产资料（亦称生产手段）两部分。所谓生产资料，在农村中，首先是土地，其次是农具、牲畜、房屋（指作为生产资料的房屋，至于作为生活用房的房屋，毛泽东把它列入生活资料——引者注）等。粮食是农民利用生产资料生产出来的生活资料。我们将从地主手里没收的粮食亦和其他被没收的东西列在一起称为生产资料也是可以的，因为这种粮食具有资金的性质。所谓生产关系，是指人们对生产资料的所有关系，即财产的所有权关系。生产资料的使用，例如农民使用（租用）地主的土地，只是地主对于土地的所有关系的结果，这种所有关系表现为佃农对地主的隶属关系（人与人的关系），即是生产关系。过去许多同志在这个问题上犯了二元论（甚至是多元论）的错误，将生产关系和使用关系并列，又将生产资料与生活资料并列，作为划分阶级的标准，把问题弄得很糊涂，划错了许多人的阶级成分。"[①] 毛泽东的这封信同他早年的《怎样分析农村阶级》一样，是对马克思主义关于划分阶级的标准问题的重要贡献，它从生产资料和生活资料、生产力和生产关系、生产关系和使用关系的区别以及它们之间的联系方面，丰富和发展了马克思主义关于阶级的概念和阶级划分的标准。

马克思主义的阶级分析本身包含有阶层分析。列宁在《卡尔·马克思》一文中指出："在一系列历史著作中，马克思提供了

---

① 毛泽东：《致刘少奇》，《毛泽东书信选集》，人民出版社 1983 年版，第 376—377 页。

用唯物主义观点研究历史、分析每个阶级以至一个阶级内部各个集团或阶层所处地位的光辉而深刻的范例。"[①]　一般说来，阶层有广义的和狭义的两种。狭义的阶层指的是在同一个阶级中因社会经济地位不同、政治态度不同而分成的若干层次，这些阶层虽然具有共同的一般特征，但是由于它们占有的生产资料的数量不同，在经济地位上有所差别，所以也就存在一些不同的经济要求、政治立场和意识形态，如地主阶级中有大、中、小地主之分，资产阶级可分为大资产阶级、中等资产阶级和小资产阶级，如此等等。广义的阶层是指社会上处于某种特殊地位的社会集团，其划分标准不完全是经济地位以及政治态度，它可以是职业状况、教育程度、生活方式、年龄、居住地等，因而广义的阶层可以分属于不同的阶级，是跨阶级的，如知识分子就是一个特殊的社会阶层，这个阶层中的人们在不同的社会制度、不同的历史时期是分属和依赖于不同的社会阶级的。马克思主义的阶层分析既包括狭义的阶层分析，也包括广义的阶层分析。但无论是狭义的还是广义的阶层分析都是从属于阶级分析的，都是建立在阶级分析的基础之上的。同时还应看到，阶级和阶层在一定条件下是相互贯通的，它们的区别是相对的，如大地主这个社会集团，既可以看成是地主阶级中的一个阶层，又可以独立地看成为大地主阶级。总之，在马克思主义的阶级分析中包含阶层的分析，这些阶层或者是阶级内部的阶层或者是跨阶级的阶层，但是，无论在哪一种情况下，它们都是从属于阶级分析的。

　　马克思主义的阶层分析与西方社会学中的社会分层论既有联系又有区别。社会分层论通常根据收入水平、职业种类、教育程

---

　　①　列宁：《卡尔·马克思》，《列宁选集》第 2 卷，人民出版社 1995 年版，第 427 页。

度、社会威望、生活方式等标准，将社会成员分成若干层次。如德国社会学家马克斯·韦伯就提出了一个由财富（或收入）、声望、权力组成的三位一体的分层模式；美国社会学家华纳则根据财产、地位和声望等综合指标将美国社会中的人们划分为上上层、下上层、上中层、下中层、上下层、下下层六个阶层；美国社会学功能学派的代表帕森斯则主张以职业作为社会分层的标准，而冲突学派则认为只有权力才是社会分层的决定因素，如此等等。上述几种社会分层理论虽然有些具体差别，但有一点是共同的，即都把跨阶级的社会阶层作为自己研究的中心问题。马克思主义的阶级分析包含对跨阶级的社会阶层（如知识分子）的分析，从这点上说马克思主义的阶层分析理论与西方社会学中的社会分层论是相通的，因此马克思主义应当充分借鉴和利用西方社会学在这方面的研究方法和成果。但是西方社会学的阶层论有一个明显的弱点，即它们只注意对跨阶级的社会阶层的分析，而丢掉了阶级分析和阶级内部的阶层分析，一句话，它们的阶层分析脱离了阶级分析。这表现为两种倾向。一种倾向完全否认阶级分析，认为阶级这个概念已经过时，阶级和等级这类字眼"粗野"，"只配出诸乡巴佬和贱民之口"，而阶层这个字眼"冷静而纯洁"，"具有防腐性"，"文雅"，"可以防止鲁莽之弊"。另一种倾向是仍然采用"阶级"这个说法，但是这个"阶级"同马克思主义所讲的"阶级"毫无共同之处，只不过是跨阶级的阶层的另一种说法。在前一种情况下明显地反对阶级分析，在后一种情况下以阶层代替阶级，以阶层分析充当阶级分析。无论在哪一种情况下，都取消了阶级分析，否定了生产关系是一些大的社会集团划分的基础或主要标准。

　　毛泽东的阶级分析包含着阶层分析。毛泽东对这些阶层的划分，主要是根据经济地位，以及对生产资料的占有、是否参加劳动、是否占有他人劳动或出卖劳动力等具体情况，但是对于有些阶层的划分，毛泽东也根据收入多少和生活水准进行划分，如在《中国社会各阶级的分析》中，毛泽东把小资产阶级分为三个不同的部分：第一部分是有余钱剩米的，第二部分是在经济上大体上可以自给的，第三部分是生活下降的，这三个部分同处在小资产阶级的经济地位，但其生活水准不同。毛泽东对于有些阶层的划分也根据职业甚至地区的情况，如工业资产阶级、商业资产阶级、工业无产阶级、农村无产阶级等。阶层划分的标准本来就比阶级划分的标准广泛，这是阶层概念的题中应有之义。但是总的说来，毛泽东的阶层划分是在阶级划分的基础上进行的，特别是在生产资料所有制的基础上进行的，从属于阶级划分的，不过是阶级划分的进一步扩展。

毛泽东对社会阶级的不同阶层的分析很精细，也很有用。毛泽东关于新民主主义革命的一个重要思想，就是认为中国资产阶级有两部分，一部分是依附于帝国主义的大资产阶级（即买办资产阶级、官僚资产阶级），另一部分是既有革命要求又有动摇性的民族资产阶级。正是根据这样的分析，毛泽东提出了统一战线的策略，这个统一战线要由无产阶级领导，要争取民族资产阶级参加，并且在特殊条件下把一部分大资产阶级也包括在内，以求最大限度地孤立最主要的敌人。在1941年10月30日关于思想方法问题的报告中，毛泽东指出，中国革命如果忽视团结小资产阶级，不照顾民族资产阶级，不把中间分子同大资产阶级加以区别，就有极大的危险，就不能胜利。对农民还要分析，对工人也要具体分析，不加以分析，也会犯策略上的错误。为着引导中国革命到达胜利，不犯或少犯策略上的错误，毛泽东把农民分为富农、中农、贫农和雇农等几个部分，又把中农分为上中农和下中农两个部分，在上中农和下中农中又进一步分出新、老上中农和新、老下中农。中农中的这些不同阶层，在民主革命和社会主义革命中，政治态度是有差别的。毛泽东正是通过对中农中的这些不同阶层的分析，以及对农民中的其他一些阶层的分析，制定了相应的阶级路线和政策，从而顺利地领导了农村中的土地改革运动，领导了整个的中国革命。总之，毛泽东对阶级的分析没有停留在一个阶级的整体上面，而是深入它的内部，深入它所组成的各个不同阶层和集团。任何一个阶级内部都是有结构的，都不是整齐划一铁板一块的，而这些不同的阶层和集团在经济地位和社会地位方面都会存在某些甚至重大差别，因此它们对革命的态度也就有所不同。毛泽东对这些阶层进行了精细的分析，针对不同的阶层采取不同的政策和策略，这是对马克思主义阶级分析方法的一个重要贡献。

第二节　认识和改造社会的基本方法

从法国大革命的时候起，欧洲许多国家的历史就非常明显地揭示出事变的真实内幕，即阶级斗争。法国复辟时代的历史学家基佐、梯叶里、米涅、梯也尔在总结当时的历史事变时，就已经看出阶级斗争是了解全部法国历史的钥匙。英国古典经济学家亚当·斯密和大卫·李嘉图等也从收入方面对资本主义社会的各阶级作过经济上的分析。但是由于历史和阶级的局限，这些资产阶级的历史学家和经济学家，不可能形成完备的阶级和阶级斗争的理论，科学地阐明阶级和阶级斗争发生、发展、消亡的原因和过程，特别是不了解无产阶级的历史使命。马克思、恩格斯根据对以往的全部历史所作的一番新的研究，在肯定上述资产阶级思想家已经取得的成果的基础上，形成了完备的阶级和阶级斗争理论，其基本点是："（1）阶级的存在仅仅同生产发展的一定历史阶段相联系；（2）阶级斗争必然要导致无产阶级专政；（3）这个专政不过是达到消灭一切阶级和进入无阶级社会的过渡。"① 这三点鲜明地表达了马克思的阶级斗争学说同资产阶级思想家的学说之间的根本区别，揭示了阶级产生的根源和阶级斗争发展的客观规律，指出了阶级消灭的途径，为无产阶级认识社会和理解自己的历史使命提供了科学的根据。

马克思主义的阶级和阶级斗争理论，揭示了阶级社会发展的一般规律，它既是关于社会的理论，又是关于社会认识的方法论。社会现象千变万化，纷然杂陈，马克思主义给我们指出了一条指导性的线索，使我们能在这种迷离混沌的状态中发现规律性，这条线索就是阶级斗争理论，而作为指导线索的阶级斗争理论就是阶级分析方法。阶级和阶级斗争理论是对阶级社会的本质和规律性的认识，这是理论；拿了这样的理论反过来去看社会，看历史，去研究社会历史中的问题，去指导社会革命和社会改革工作，这就是阶级分析方法。阶级和阶级斗争理论是阶级分析方法的基础，阶级分析方法是阶级和阶级斗争理论的应用，二者是有区别的，但区别纯粹是形式上的，它们在实际上是同一个东西。

毛泽东最初接受马克思主义关于阶级和阶级斗争的理论，大概是在 1920 年夏天以后。他回忆道："记得我在 1920 年，第一次看了考茨基著的《阶级斗争》，陈望道翻译的《共产党宣言》，和一个英国人作的《社会主义史》，我才知道人类自有史以来就有阶级斗争，阶级斗争是社会发展的原动力，初步地得到认识问题的方法论。可是这些书上，并没有中国的湖南、湖北，也没有中国

---

① 马克思：《马克思致约·魏德迈》，《马克思恩格斯选集》第 4 卷，人民出版社 1972 年版，第 332—333 页。

的蒋介石和陈独秀。我只取了它四个字：'阶级斗争'，老老实实地来开始研究实际的阶级斗争。"① 这个回忆说明，尽管毛泽东接受马克思主义的阶级斗争理论不算很早，阅读的阶级斗争原著不算很多，但是他有一个鲜明的特点，即善于把理论转换成方法，从一开始接受马克思主义的阶级斗争理论时起，他就不是采取学理主义的、教条主义的态度只把它看成一种理论，而是看成"认识问题的方法论"，并身体力行，运用于研究实际的阶级斗争。这也就是说，毛泽东从一开始接受马克思主义的阶级斗争理论，就不是把它作为"死"的知识来记诵，而是作为"活"的理论来看待的。阶级斗争理论也就是"认识问题的方法论"，毛泽东一开始就能悟出这个道理，这是他优于和高于党的其他早期领导人的一个突出品格。

自从毛泽东接受马克思主义的阶级斗争理论并将其作为"认识问题的方法论"，毛泽东就把它作为最基本的思想方法来看待。在其长期的革命生涯中，在其对社会的认识和改造中，他总是把树立阶级和阶级斗争的观点放在十分重要的地位。他在延安的一次会议中反复说，"对立统一，阶级斗争，是我们办事的两个出发点"，"我们一定要把握住这方面的观点，这种观点，就是对立统一和阶级斗争"。② 在1941年10月30日关于思想方法问题的报告中，毛泽东也是把阶级分析方法作为与对立统一规律相提并论的基本的思想方法来看待的，他说：矛盾的统一与阶级斗争，一是辩证唯物论，一是历史唯物论，矛盾的统一就是辩证法，辩证法运用在社会方面就是历史唯物论。全国解放后，在致友人的一封

---

① 毛泽东：《关于农村调查》，《毛泽东农村调查文集》，人民出版社1982年版，第21—22页。

② 同上书，第23、24页。

信中，他说："大问题是唯物史观问题，即主要是阶级斗争问题。"① 在一次会议中他又指出："马克思主义有几门学问：马克思主义的哲学，马克思主义的经济学，马克思主义的社会主义——阶级斗争学说。"毛泽东的上述认识是抓住了马克思主义的根本的。在马克思主义中，阶级分析方法确是历史唯物主义的一个基本点，它是同对立统一规律一样重要的方法。

对于毛泽东来说，调查研究的最基本的方法就是阶级分析方法。在《反对本本主义》中，毛泽东明确指出：作为我们社会经济调查对象的是社会的各阶级，而不是各种片段的社会情况。我们调查工作的主要方法是解剖各种社会阶级。我们的主要目的，是要明了社会各阶级的政治经济情况，明了各阶级现在的以及历史的盛衰荣辱的情况。他批评一些同志离开阶级分析方法搞调查是错误的，是没什么用处的："调查的结果就像挂了一篇狗肉账，像乡下人上街听了许多新奇故事，又像站在高山顶上观察人民城郭。这种调查用处不大，不能达到我们的主要目的。"② 在《〈农村调查〉的序言和跋》中，他继续强调，要了解情况，唯一的方法是向社会作调查，调查社会各阶级的生动情况。他指出，"用马克思主义的基本观点，即阶级分析的方法，作几次周密的调查，乃是了解情况的最基本的方法。只有这样，才能使我们具有对中国社会问题的最基础的知识"③。在《关于农村调查》中，他又强调，一定要用对立统一和阶级斗争的观点去分析农村，分析农村中的各个阶级、阶层及其生活概况，然后才能对农村有正确的、

---

① 毛泽东：《致章士钊》，《毛泽东书信选集》，人民出版社 1983 年版，第 602 页。

② 毛泽东：《反对本本主义》，《毛泽东选集》第 1 卷，人民出版社 1991 年版，第 113 页。

③ 毛泽东：《〈农村调查〉的序言和跋》，《毛泽东选集》第 3 卷，人民出版社 1991 年版，第 789 页。

全面的了解。毛泽东用阶级分析方法调查社会、调查农村，是他比同代人的许多社会调查或农村调查深刻得多的原因。当时有许多非马克思主义的社会学家、经济学家和统计学家，按照西方社会学的方法到农村去调查，他们往往采取统计调查的方法，整理各种零星材料，但是由于没有马克思主义的阶级斗争理论做指导，所以总是陷入诸如"财产多少""每年收入多少和支出多少"这类支离破碎的表面现象中，找不到问题的中心。费孝通先生在20世纪40年代总结自己的实证经验式的社会调查的弊病时说："在实地调查没有理论作导线，所得的材料是零星的，没有意义的。我虽则在一堆材料中，片断地缀成一书，但是全书没有一贯的理论，不能把所有事实全部组统在一个主题之下，这是件无可讳言的缺点。"[1] 费孝通深有感慨地说："毛泽东为什么能在较短的时间里通过开座谈会、调查会，就抓住当时存在的主要问题，把中国农村社会各阶级的情况搞清楚。因为他既掌握了马克思主义的理论，又能联系实际。"[2] 历史证明，毛泽东以马克思主义的阶级斗争理论为指导从事社会调查，不仅丰富和发展了马克思主义的阶级斗争学说，而且开创了中国调查研究工作的新局面。

对于毛泽东来说，社会经济调查的终极目的，是要明了各种阶级的相互关系，得到正确的阶级估量，然后定出正确的斗争策略，确定哪些阶级是革命斗争的主力，哪些阶级是应当争取的同盟者，哪些阶级是要打倒的对象。也就是说，目的是要能动地去改造社会。要对社会进行改造，首先就要明了社会各阶级的生动情况。对于中国各个社会阶级的实际情况，没有真正具体的了解，真正好的领导是不会有的。谁是我们的敌人，谁是我们的朋友，

---

[1] 费孝通：《禄村农田》，商务印书馆1943年版，第4、5页。

[2] 费孝通：《怎样进行社会调查》，《社会学的探索》，天津人民出版社1985年版，第57页。

他认为这个问题是革命的首要问题。中国过去一切革命斗争成效甚少，其原因就是不能团结真正的朋友，以攻击真正的敌人，而要分辨真正的敌友，就要运用阶级分析方法将中国社会各阶级的经济地位及其对于革命的态度，作一个大概的分析。毛泽东正是根据阶级分析确立了中国革命的总路线和总政策，同时又制定了各项具体的工作路线和各项具体的政策，才引导中国革命到达胜利，达到了能动地改造社会的目的。

阶级分析方法是毛泽东认识和改造世界的一个基本方法，生动地体现在毛泽东的著作中。作为《毛泽东选集》开卷篇的《中国社会各阶级的分析》和《湖南农民运动考察报告》，就是毛泽东成熟地运用阶级分析方法认识社会和改造社会的杰出篇章。接下来的《中国的红色政权为什么能够存在?》《井冈山的斗争》《关于纠正党内的错误思想》《星星之火，可以燎原》等，无一不与阶级分析方法相联系。实际上，《毛泽东选集》的每一篇文章，都贯穿着阶级分析方法。不懂得阶级、阶级矛盾和阶级分析，也就不可能读懂毛泽东著作，不可能掌握毛泽东思想。阶级分析方法是毛泽东思想的一块基石，它在毛泽东的思想体系和方法论体系中都占有重要的地位。

为什么阶级分析方法是毛泽东认识社会和改造社会的一个根本方法呢？这首先是由社会本身的阶级结构决定的。社会结构有许多种，例如年龄结构、文化结构、职业结构、民族结构等，为着某种特定的研究目的，这些结构都是有意义的。然而要科学地认识一个社会的性质，这些结构就无能为力了。只有阶级结构才具有这样的意义。因为在阶级社会中，阶级的划分是最基本的划分，阶级结构是一种最基本的社会结构。不分析阶级结构，或者不能正确地分析阶级结构，就不能科学地阐明一个社会的性质。因为社会的性质是由生产关系决定的，而阶级正是社会生产关系的体现，分析阶级本质上就是分析社会生产关系。在全部社会关系中，生产关系是最基本的和起决定作用的一种关系。因此，离开了阶级分析方法，从而离开了对社会生产关系的分析，就不可能科学地认识一个社会的性质，就不可能科学地认识社会发展的客观规律，而这只有采用马克思主义的阶级分析方法才能做到。

与毛泽东和共产党人的思想路线相反，五四运动以后，其他社会力量、政党组织和理论家们，提出的许许多多改造社会的方案，全都失败了，究其原因，未采用阶级分析方法是其中最重要的一条。其中，尤以梁漱溟的"乡村建设运动"最具代表性。梁漱溟极力反对毛泽东的阶级分析方法，他说："我曾见毛泽东分析广东乡村社会为八个阶级，只其中低级之三四阶级准他加入农民协会，其余那些人不准加入，划的界格非常严。农民又武装起来……与绅士们领导的民团，彼此之间，就发生冲突。"[①] 梁漱溟想要取代中国共产党人发动的阶级革命，因而发起了乡村建设运动。他认为人与人之间是情谊关系、义务关系，没有阶级对立，主张乡村建设主要是文化建设，它包括精神陶冶、礼俗教育、自治自卫、土壤肥料、畜种改良、水利建设等。结果就连他自己也不得不承认遇到了两大难处："头一点是高谈社会改造而依附政权；第二点是号称乡村运动而乡村不动。"原因在于，"农民为苛捐杂税所苦，而我们不能马上替他减轻负担；农民没有土地，我们不能分给他土地。他所要求的有好多事，需要从政治上解决，而在我们开头下乡工作时，还没有解决政治问题的力量。那么，当然抓不住他的痛痒，就抓不住他的心"[②]。美国芝加哥大学艾恺教授在

---

① 梁漱溟：《乡村建设理论》，山东邹平乡村书店 1937 年版，第 280—281 页。

② 梁漱溟：《我们的两大难处——二十四年十月二十五日在研究院讲演》，《乡村建设理论》，山东邹平乡村书店 1937 年版，附录第 1、10 页。

其《最后一个儒家》中对梁漱溟的这种社会改造方案的效果也讲得很清楚：他的改良主义的生涯都耗费在从一个地方当权者到另一个地方当权者的奔波中。他试图使其相信，自己的理想主义方案，将挽救他们的最终利益。最终，梁漱溟的这种号称积极的、创造性的、建设性的可以代替共产党的阶级革命的乡村建设运动，由于得不到农民的理解和支持，在抗日战争开始后就自行瓦解了。

　　在一个半殖民地半封建的、以农民为主体的复杂的东方大国里，新民主主义革命的辉煌胜利，证明了毛泽东的阶级和阶级斗争观点的深刻性和阶级分析方法的有效性，也证明了毛泽东对马克思主义阶级分析方法的巨大贡献。这种贡献主要表现在运用马克思主义的阶级分析方法具体地分析中国社会的阶级结构、中国社会各阶级的特点、它们的相互关系以及制定的相应的阶级路线、政策和阶级斗争的策略上。了解这些方面，对于了解毛泽东的阶级分析方法是很重要的。

第三节　深入地分析社会的阶级构成，
制定正确的路线和政策

　　分析社会由哪些阶级、阶层构成，它们的主要特点和关系如何，然后制定出正确的斗争策略，是毛泽东进行阶级分析的主要内容。在《关于农村调查》中，毛泽东指出，用阶级分析方法分析农村，就是要知道农村有些什么阶级，它们主要的特点是什么，以及它们彼此的关系怎样。分析了农村中的各个阶级、阶层及其生活状况，然后才能对农村有正确的、全面的了解。在《反对本本主义》中，毛泽东指出，社会经济调查的主要目的，"是要明了社会各阶级的政治经济情况。我们调查所要得到的结论，是各阶级现在的以及历史的盛衰荣辱的情况。……我们的终极目的是要明了各种阶级的相互关系，得到正确的阶级估量，然后定出我们正确的斗争策略"①。由此可见，毛泽东进行阶级分析的主要内容，大致包括两个方面：一是分析社会的阶级构成，把握各阶级的主要特点；二是从总体上把握各阶级之间的相互关系，以此为指导，制定出正确的路线和斗争策略。这两个方面是有区别的，同时又是密切联系的。

一　分析社会各阶级、阶层，首先要把握它们各自的特点

分析社会有些什么阶级、阶层，就是要对社会的各个阶级、阶层都要注意到。在阶级社会中，社会不是由某一个阶级、阶层构成的单一结构，而是由诸多不同阶级、阶层构成的一个极其复杂的阶梯结构。要认识社会，绝不是只了解某一两个阶级、阶层就可以完成的，必须对整个社会的阶级、阶层进行全面的考察。对于毛泽东来说，作为社会经济调查对象的是社会的各阶级，而不是一两个阶级。毛泽东在社会调查时注意到了哪些阶级呢？在《反对本本主义》中，毛泽东开列了以下一些：工业无产阶级，手工业工人，雇农，贫农，城市贫民，游民，手工业者，小商人，中农，富农，地主阶级，商业资产阶级，工业资产阶级。毛泽东指出："这些阶级（有的是阶层）的状况，都是我们调查时要注意的。……我们的斗争策略就是对这许多阶级阶层的策略。"② 毛泽东对这许多阶级、阶层都给予了注意，他提醒大家不要限于片面了解，他指出，"我们从前的调查还有一个极大的缺点，就是偏于农村而不注意城市，以致许多同志对城市贫民和商业资产阶级

① 毛泽东：《反对本本主义》，《毛泽东选集》第 1 卷，人民出版社 1991 年版，第 113—114 页。

② 同上书，第 114 页。

这二者的策略始终模糊。斗争的发展使我们离开山头跑向平地了，我们的身子早已下山了，但是我们的思想依然还在山上。我们要了解农村，也要了解城市，否则将不能适应革命斗争的需要"①。正因为毛泽东在社会调查时注意到诸多的阶级和阶层，所以他能够对中国社会各阶级作出全面的分析，因而能够制定出正确的斗争策略，引导革命到达胜利。

　　毛泽东的《中国社会各阶级的分析》，是对当时构成中国社会的许多阶级、阶层的分析。毛泽东把当时整个中国社会的阶级分为五大类，即地主阶级和买办阶级，中产阶级、小资产阶级，半无产阶级，无产阶级。毛泽东所划分的这五大阶级，基本上囊括了当时社会上所有的阶级。在此基础上，毛泽东又进行了阶层划分，从地主买办阶级中划出大地主阶级和大买办阶级，将小资产阶级分为有余钱剩米的、自给自足的、生活下降的三个层次加以考察，至于半无产阶级，也分出上、中、下三个细别，对于无产阶级，又分出工业无产阶级、都市苦力工人、农村无产阶级即雇农，一一加以考察。由于毛泽东详细地考察了中国社会的各个阶级、阶层，因而他对中国社会的认识既全面又深刻。

　　社会上的各种阶级或阶层是有各自的特点的，只有通过对这些特点的分析，才有可能发现一阶级（包括阶层）区别于另一阶级的特殊规定性，发现构成一阶级区别于另一阶级的特殊本质。阶级的特点又是制定阶级政策和阶级斗争策略的基础，对于不同的阶级必须采取不同的政策和策略。毛泽东历来注重事物的特点和发展，对于阶级的分析也是这样。为了制定正确的革命政策，毛泽东对中国社会各个阶级的特点进行了具体的分析。

---

　　① 毛泽东：《反对本本主义》，《毛泽东选集》第 1 卷，人民出版社 1991 年版，第 114—115 页。

　　各阶级和阶层之间的差异和区别，首先在于经济地位上的差别。经济地位的差别构成阶级斗争的根源。阶级斗争之所以发生，首先在于各阶级的经济利益、经济地位是对立的。经济地位又是决定政治立场和意识形态的根据。社会的各阶级"其经济地位各不同，其生活状况不同，因而影响于其心理即对革命的观念也各不同"①。因此，对社会的各个阶级、阶层在社会生产关系中所处的不同经济地位的分析，构成毛泽东具体分析阶级特点的首要内容。

　　毛泽东对社会各阶级经济方面的特点分析，既包括那些构成阶级划分标准的基本经济特征的分析，也包括那些在基本经济特征基础上派生出来的一系列经济特征的分析。具体来说，大致有以下一些：（1）分析各个阶级、阶层占有生产资料的情况：是否占有土地、生产工具和活动资本，如果占有的话，占有多少。（2）分析各个阶级、阶层在社会劳动组织中的地位和生活来源情况：是否参加劳动，如果参加的话，参加多少；是否出卖劳动，如果出卖的话，出卖多少；是否剥削他人的劳动，如果剥削的话，剥削多少。（3）分析各阶级、阶层生产经营的特点：是大生产还是小生产，是集中生产还是分散生产，是从事工业生产还是农业生产。（4）收入和生活状况的分析：是否吃用不够，负债亏欠，还是有余钱剩米，抑或大体自给。（5）与帝国主义和国际资产阶级的联系：是依赖、附属于帝国主义和国际资产阶级，还是受他们的排挤。（6）毛泽东根据以上五条，分析一个阶级或阶层代表何种生产关系、对生产力的作用如何：是代表落后的、反动的生产关系，阻碍生产力的发展；还是属于进步的阶

―――――――

　　① 毛泽东：《中国农民中各阶级的分析及其对于革命的态度》，《中国农民》第1期（1926年1月1日）。

级或阶层，是新的生产力的代表者。如在《中国社会各阶级的分析》中，毛泽东指出："在经济落后的半殖民地的中国，地主阶级和买办阶级完全是国际资产阶级的附庸，其生存和发展，是附属于帝国主义的。这些阶级代表中国最落后的和最反动的生产关系，阻碍中国生产力的发展。"① 而"工业无产阶级人数虽不多，却是中国新的生产力的代表者，是近代中国最进步的阶级"②。

各个阶级在经济地位上的不同，必然在政治上有所反映。每一个阶级都有与它的经济地位相适应的政治立场和态度。阶级斗争不仅表现在经济领域，而且集中地表现在政治领域。只有在分析各个阶级经济地位的基础上进一步分析各个阶级的政治立场和态度，才能对社会各个阶级的特点有较深刻的认识。特别是对于无产阶级革命家毛泽东来说，之所以着重分析各个阶级的经济地位，目的是在于确定各个阶级的政治立场和态度，以便制定相应的政策和策略。

毛泽东对中国社会各阶级的政治特点的分析，包括分析各个阶级与革命的目的是否相容；是支持革命还是反对革命，如果是支持革命的话，其革命性的大小程度如何；如果反对革命的话，其反动性的大小程度如何。进一步分析各个阶级在革命中处于何种地位，是革命的对象还是革命的动力；在革命的统一战线中，是革命的领导阶级还是同盟军，如果是同盟军的话，是可靠的同盟军还是一时可以参加的同盟军，如此等等。通过这样的分析，就可以明了革命的阵线，解决依靠谁、团结谁、打击谁这个革命的首要问题，并制定出一套相应的具体政策和策略。

---

① 毛泽东：《中国社会各阶级的分析》，《毛泽东选集》第 1 卷，人民出版社 1991 年版，第 3—4 页。
② 同上书，第 8 页。

毛泽东关于中国社会各个阶级的政治态度的分析，集中表现在《中国社会各阶级的分析》《论反对日本帝国主义的策略》《中国革命和中国共产党》等一系列重要著作中。特别是在《中国社会各阶级的分析》中，围绕着谁是我们的敌人、谁是我们的朋友这个一切革命的首要问题，他在分析各个阶级的经济地位的基础上，对中国社会各个阶级的政治态度作了系统的概括。他指出，地主阶级和买办阶级是附属于帝国主义的反动阶级，它们和中国革命的目的不能相容，是中国革命的敌人。工业无产阶级由于人数集中，经济地位低下，最富有革命战斗性，是革命的领导力量。农民是中国无产阶级最广大和最忠实的同盟军。民族资产阶级对革命的态度是矛盾的，他们既具有革命性，又具有妥协性，因此，既要联合他们，又要同他们的妥协性作坚决的斗争。毛泽东还预见到民族资产阶级在革命高潮的时候将要发生分化，他们的右翼将跑到反革命方面去。这样，毛泽东就彻底阐明了谁是敌人、谁是朋友的问题，奠定了关于无产阶级领导的，以工农联盟为基础的、人民大众的、反帝反封建的新民主主义革命的根本思想。

二　分析社会各阶级重要的是把握阶级关系

分析社会的阶级构成，不仅要分析它们各自的特点，而且要分析它们之间的相互关系。社会各阶级之间本是相互联系的，只有在它们的相互联结中考察，才能进一步把握各阶级的特点、本质，把握各阶级所构成的社会整体。对各阶级相互关系及其历史变动的理性把握，是制定和调整党的阶级政策的客观依据。

从近代以来，中国社会已沦为半殖民地、半封建社会，中国社会的主要矛盾是中华民族和帝国主义、人民大众同封建主义的矛盾。毛泽东曾明确说过："决定革命性质的力量，是主要的敌人和主要的革命者两方面。"① 帝国主义和地主阶级是主要革命对象，而农民则是"中国革命的主要力量"。在此之前，马克思和列宁都曾讲过农民运动是工人运动的同盟军，但他们是以革命从无产阶级人数集中的大城市首先发生并取得胜利为基点来考察农民运动的意义的。毛泽东从中国的特殊国情出发，提出农民是无产阶级领导下的民主革命的主力军，从而找到了马克思主义普遍原理与中国革命具体实践最好的结合点，最终找到了中国革命的独特道路。毛泽东对中国社会错综复杂的阶级关系的分析，为把中国革命的重心从城市转向农村提供了客观的依据。

1925 年年底至 1926 年 9 月，毛泽东先后发表了《中国社会各阶级的分析》《中国农民中各阶级的分析及其对革命的态度》《国民革命与农民运动》等文章，又在农民运动讲习所中主讲"农民问题"，从经济、政治和思想文化等方面厘清了中国社会最基本的阶级关系。他指出，在经济方面受剥削最惨的就是农民，农民不仅受地主阶级重租、重息（高利债）的剥削，受土豪劣绅与贪官污吏的重捐、预征钱粮等项的盘剥，财政上军阀政府每年几万万元的消耗，90% 都是直接或间接从地主阶级驯制下的农民身上刮来的，自帝国主义侵入中国后，敲骨吸髓的各项赔款，最终也主要压在农民身上。帝国主义、买办阶级、军阀和乡村地主阶级组成了一个剥削同盟。地主阶级是这一同盟的社会基础。从政治方面看，"中国的政治，可说是地主阶级的政治"②，从乡村的祠堂（地主阶级的家族政治）到县政府，从县政府到省政府乃至军阀政府，其基础是地主阶级的政权，各级政府乃至军阀不过是乡村封建阶级的首领和表征。所以，毛泽东指出："经济落后之半殖民

---

① 毛泽东：《关于民族资产阶级和开明绅士问题》，《毛泽东选集》第 4 卷，人民出版社 1991 年版，第 1288 页。

② 《广州农民运动讲习所资料选编》，人民出版社 1987 年版，第 194 页。

地，外而帝国主义内而统治阶级，对于其地压迫榨取的对象主要是农民，求所以实现其压迫与榨取，则全靠那封建地主阶级给他们以死力的拥护，否则无法行其压榨。所以经济落后（之）半殖民地的农村封建阶级，乃其国内统治阶级、国外帝国主义之惟一坚实的基础，不动摇这个基础，便万万不能动摇这个基础的上层建筑物。"[1] 由此，他提出农民问题乃是民主革命的中心问题，中国革命实质上是农民革命，农民问题不解决，其他各阶级的问题也无法解决。1927年，他在《湖南农民运动考察报告》中进一步提出，在乡村人口中，贫农占70%，中农占20%，地主和富农占10%，农民问题的中心问题又是贫农问题，他们既是农民协会的中坚，又是完成民主革命的元勋。毛泽东正是在对农村阶级关系结构乃至整个中国社会的基本阶级结构的分析中，找到了主要的敌人和主要的革命力量，找到了解决中国社会主要矛盾的突破口，看到了无产阶级领导下的农民革命在挖掉封建宗法社会的经济基础、改造中国整个社会的上层建筑结构中的巨大历史意义，抓住了把中国革命引向胜利的关键环节。尽管当时尚处于大革命时期，武装斗争和土地革命还未正式摆到全党面前，但毛泽东对中国社会阶级结构的条分缕析，在逻辑上已蕴含着中国革命的重点在农村，走农村包围城市的道路是势所必然。

如上所述，对中国社会阶级关系的总体分析，找出中国社会的基本矛盾和主要矛盾，是制定新民主主义革命总路线和总战略的基本前提。正如后来毛泽东所说的："我在兴国调查中，知道地主占有土地达百分之四十，富农占有土地达百分之三十，地主、富农所共有的公堂土地为百分之十，总计地主与富农占有土地百分之八十，中农、贫农只占有百分之二十。但是，地主人口不过

---

① 《广州农民运动讲习所资料选编》，人民出版社1987年版，第163页。

百分之一，富农人口不过百分之五，而贫农、中农人口则占百分之八十。一方面以百分之六的人口占有土地百分之八十，另方面以百分之八十的人口则仅占有土地百分之二十。因此得出的结论，只有两个字：革命。因而也益增革命的信心，相信这个革命是能获得百分之八十以上人民的拥护和赞助的。"[①] 他由此得出"土地制度的改革，是中国新民主主义革命的主要内容"[②] 的结论。实践证明，要实现新民主主义革命的总路线和总战略，就必须制定出适合斗争需要的具体的土地政策，这同样离不开对农村阶级关系的总体考察和分析。中国革命的敌人是异常强大的，而中国革命的力量在开始时是很弱小的。弱小的革命力量要战胜强大的敌人，必须依靠自己的政策和策略的正确无误。土地革命时期，"左"倾教条主义者主张在经济上消灭富农，在肉体上消灭地主，结果扰乱了阶级阵线，给革命带来不应有的损失。毛泽东认为："假若对地主一点土地也不分，叫他们去喝西北风，对富农也只给一些坏田，使他们半饥半饱，逼得富农造反，贫农、雇农一定陷于孤立。当时有人骂我是富农路线，我看在当时只有我这办法是正确的。"[③]

毛泽东认为，要进行阶级力量的对比分析和制定正确的阶级路线，必须注意数量分析。为了得到正确的阶级估量，毛泽东强调，在做社会经济调查时，一定要注意数量方面的调查："我们调查农民成分时，不但要知道自耕农，半自耕农，佃农，这些以租佃关系区别的各种农民的数目有多少，我们尤其要知道富农，中农，贫农，这些以阶级区别阶层区别的各种农民的数目有多少。

---

① 毛泽东：《关于农村调查》，《毛泽东农村调查文集》，人民出版社1982年版，第26页。

② 毛泽东：《在晋绥干部会议上的讲话》，《毛泽东选集》第4卷，人民出版社1991年版，第1313—1314页。

③ 毛泽东：《关于农村调查》，《毛泽东农村调查文集》，人民出版社1982年版，第22页。

我们调查商人成分，不但要知道粮食业、衣服业、药材业等行业的人数各有多少，尤其要调查小商人、中等商人、大商人各有多少。"① 在土地革命后期，为了纠正查田运动中的"左"倾错误，毛泽东主持制定了《关于土地斗争中一些问题的决定》的文件。这个文件着重从量的方面提出了划分农村阶级的具体标准，对《怎样分析农村阶级》一文作出了重要补充和发展。在以往的规定中，是把富农自己劳动、地主自己不劳动或只有附带劳动，作为区别富农和地主的主要标准。但对什么是自己劳动、什么是附带劳动，却没有具体的规定。这个文件则进行了明确规定："在普通情形下，全家有1人每年有1/3时间从事主要的劳动，叫做有劳动。全家有1人每年从事主要劳动时间不满1/3，或每年虽有1/3时间劳动但非主要的劳动，均叫做有附带劳动。"② 在划分阶级时，往往把富裕中农错划成富农，原因在于富裕中农一般有轻微的剥削行为。为了划清两者的界限，该文件对剥削时间和剥削数量都进行了明确规定："富裕中农与富农不同的地方，在于富裕中农1年剥削收入的份量，不超过其全家1年总收入的15%，富农则超过15%"；而富农的剥削时间与剥削分量，是"从暴动时起，向上推算，在连续3年之内。除自己参加生产之外，还依靠剥削为其全家生活来源之一部或大部，剥削份量超过其家1年总收入的15%者，叫做富农"③。在划分标准上作出明确的数量规定，对于解决阶级划分和执行阶级政策中存在的问题起了重要的作用。

在中国革命的历史进程中，各种阶级矛盾（包括内部的和外

---

① 毛泽东：《反对本本主义》，《毛泽东选集》第1卷，人民出版社1991年版，第113页。

② 参见赵效民主编《中国土地改革史（1921—1949）》，人民出版社1990年版，第197页。

③ 同上书，第198页。

部的、主要的和次要的）错综复杂，当社会发展从一个阶段过渡到另一个阶段，或者当革命形势发生急剧变化的转折关头，善于从阶级关系的变动中抓住主要矛盾，制定出相应的阶级政策和策略，是毛泽东的重要的政治斗争艺术。1931 年"九一八"事变特别是 1936 年西安事变后，毛泽东在认真地分析民族矛盾和国内矛盾的发展时指出，中国很久以来就处在两种剧烈的基本矛盾中：帝国主义和中华民族的矛盾，封建制度和人民大众的矛盾。"九一八"事变特别是西安事变后，中日矛盾成为主要矛盾，国内矛盾降到次要和服从的地位。"西安事变前主要矛盾在国共两党之间，而西安事变后，主要矛盾则在中日之间。因此，今天无论解决任何问题，都应该以这个主要矛盾作为认识问题和解决问题的出发点。"[①] 正是根据这一主要矛盾的变化及其所引起的中国各阶级的相互关系的变动，毛泽东及时地领导全党提出了建立抗日民族统一战线的任务，并在土地政策方面作了相应的调整，由原来没收地主的土地分配给农民的政策，改为要求地主减租、减息同时又规定农民部分地交租、交息的两重性政策，保证了抗日战争的胜利。

第四节　用阶级观点分析一切有关现象

毛泽东一旦接受了马克思主义的阶级斗争学说并把它作为认识问题的方法论以后，就用它观察社会、解释历史、分析各种社会现象。首先，他用阶级的观点观察人和社会，观察人和社会的

---

① 毛泽东：《关于农村调查》，《毛泽东农村调查文集》，人民出版社 1982 年版，第 25—26 页。

历史发展。他回顾自己最初运用阶级分析方法的经历时说：小时候长住乡村，看见人就知道是人，不知道有阶级，后来读了《共产党宣言》，加入了共产党，回去再观察就变了样子，才知道农村有地主与农民，城市有资本家与工人的对立，地主有大地主、小地主，资产阶级有大资产阶级、民族资产阶级、小资产阶级。后来，《在延安文艺座谈会上的讲话》中，毛泽东进一步运用阶级观点，对人性问题作出了透彻的分析。毛泽东指出，人性这个东西当然是有的，但是只有具体的人性，没有抽象的人性。在阶级社会里，就是只有带着阶级性的人性，而没有什么超阶级的人性。这种人性和阶级性相统一的观点，构成了毛泽东关于人的理论的一个基本观点。

社会是由人组成的，人是隶属于一定阶级的，是作为阶级的成员处于社会关系中的。历史是由人们的活动创造的，但人们不是凌乱地无组织地活动的，在阶级社会中，人们是划分为若干大的社会集团即阶级在进行活动的。毛泽东看到"人类分化为阶级"，"阶级使社会分化为许多对立体"[1] 这一事实，他把阶级斗争看作历史前进的动力，把以往几千年的文明史看成阶级斗争的历史。在《矛盾论》中，他写道："社会的变化，主要地是由于社会内部矛盾的发展，即生产力和生产关系的矛盾，阶级之间的矛盾，新旧之间的矛盾，由于这些矛盾的发展，推动了社会的前进，推动了新旧社会的代谢。"[2] 在阶级社会里，生产力和生产关系的矛盾，新旧之间的矛盾，集中表现为阶级之间的矛盾，正是这种阶级之间的矛盾和斗争，构成了历史发展的直接动力。"阶级

---

[1] 毛泽东：《在延安文艺座谈会上的讲话》，《毛泽东选集》第3卷，人民出版社1991年版，第871页。

[2] 毛泽东：《矛盾论》，《毛泽东选集》第1卷，人民出版社1991年版，第302页。

斗争，一些阶级胜利了，一些阶级消灭了。这就是历史，这就是几千年的文明史。拿这个观点解释历史的就叫做历史的唯物主义，站在这个观点的反面的是历史的唯心主义。"①

　　用阶级和阶级斗争的观点看待政治、国家政权和政治革命，是毛泽东坚持阶级分析方法的一个重要方面。《在延安文艺座谈会上的讲话》中，毛泽东在谈到政治时说："政治是指阶级的政治、群众的政治，不是所谓少数政治家的政治。政治，不论革命的和反革命的，都是阶级对阶级的斗争，不是少数个人的行为。"② 解放战争期间，他在论述土改政策时明确指出："我们的任务是消灭封建制度，消灭地主之为阶级，而不是消灭地主个人。"③ 毛泽东的这一论述，与马克思关于"一切阶级斗争都是政治斗争"的论述，与列宁关于"在以阶级划分为基础的社会中，敌对阶级之间的斗争（发展到一定的阶段）势必变成政治斗争"的论述是相一致的。后来，毛泽东对政治又作了进一步的研究，指出了它的阶级性将在怎样的情况下消亡的规律。在《工作方法六十条》中，他说，同阶级敌人作斗争，这是过去政治的基本内容。将来政治这个名词还是会有的，但是内容变了。在过渡时期完结、彻底消灭了阶级之后，单就国内情况来说，政治就完全是人民内部的关系。那时候，人和人的思想斗争、政治斗争和革命一定还是会有的，但是斗争和革命的性质和过去不同，不是阶级斗争，而是人民内部的先进和落后之间的斗争、社会制度的先进和落后之间的斗争。毛泽东的这一论述清楚地表明，他不仅用阶级和阶级斗争

　　① 毛泽东：《丢掉幻想，准备斗争》，《毛泽东选集》第 4 卷，人民出版社 1991 年版，第 1487 页。
　　② 毛泽东：《在延安文艺座谈会上的讲话》，《毛泽东选集》第 3 卷，人民出版社 1991 年版，第 866 页。
　　③ 毛泽东：《关于目前党的政策中的几个重要问题》，《毛泽东选集》第 4 卷，人民出版社 1991 年版，第 1271 页。

的观点看待政治，而且同时运用辩证法，因而看得远些，看到人类进步和政治进步的远景，从而丰富和发展了马克思主义的阶级斗争学说和政治学说。

毛泽东运用阶级和阶级斗争的观点观察国家的性质、职能和作用，国家体制的分类，国体和政体的区别以及人民民主专政（无产阶级专政）的性质和职能。按照马克思、恩格斯和列宁的观点，国家是阶级矛盾不可调和的产物，它是阶级统治的工具，是一个阶级压迫另一个阶级的机关。毛泽东继承和发挥了这一观点，认为"军队、警察、法庭等项国家机器，是阶级压迫阶级的工具。对于敌对的阶级，它是压迫的工具，它是暴力，并不是什么'仁慈'的东西"①。正是基于对国家的阶级分析，毛泽东对他那个时代的国家体制作出了科学的分类，他说："全世界多种多样的国家体制中，按其政权的阶级性质来划分，基本地不外乎这三种：（甲）资产阶级专政的共和国；（乙）无产阶级专政的共和国；（丙）几个革命阶级联合专政的共和国。"②资产阶级的社会学家和政治家，总是以资本主义国家里议会民主制这种政权组织形式来掩盖国家的阶级实质，这种欺骗人的做法由于毛泽东把"国体"和"政体"两个范畴加以区别而被揭穿了。毛泽东指出，所谓国体"就是社会各阶级在国家中的地位"，它表明国家政权掌握在哪个阶级手中，联合哪些阶级，统治、镇压哪些阶级。"资产阶级总是隐瞒这种阶级地位，而用'国民'的名词达到其一阶级专政的实际。这种隐瞒，对于革命的人民，毫无利

---

① 毛泽东：《论人民民主专政》，《毛泽东选集》第 4 卷，人民出版社 1991 年版，第 1476 页。
② 毛泽东：《新民主主义论》，《毛泽东选集》第 2 卷，人民出版社 1991 年版，第 675 页。

益，应该为之清楚地指明。"① 这是"国体"问题。"至于还有所谓'政体'问题，那是指的政权构成的形式问题，指的一定的社会阶级取何种形式去组织那反对敌人保护自己的政权机关。"② 任何国体都有与之相适应的政体，没有适当形式的政权机关，就不能代表国家，就无法实现阶级的统治。同一国体可以采取不同形式的政体，但是，只有民主集中制的政府，才能适合各革命阶级在国家中的地位，适合表现民意。毛泽东当时认为，新民主主义的政治就是："国体——各革命阶级联合专政。政体——民主集中制。"③ 以后，毛泽东又运用阶级和阶级斗争理论，系统地提出了人民民主专政的思想，创造性地发展了马克思主义的学说。毛泽东提出，人民民主专政的基础是工人阶级、农民阶级和城市小资产阶级的联盟，主要是工人和农民的联盟，它由工人阶级领导，其职能是对敌人的专政和对人民民主的统一。专政和民主，相辅相成，互为条件，是一个问题的两个方面。人民民主专政的根本任务和目的，是同无产阶级社会主义革命和建设历史任务相联系的，是要使中国有可能在工人阶级和共产党的领导之下稳步地由农业国进到工业国，最后达到消灭阶级进入共产主义社会。

用阶级和阶级斗争的观点分析民族问题，是毛泽东的阶级分析方法的一个最有特色的组成部分。毛泽东认为，民族斗争和阶级斗争具有一致性。民族斗争，说到底，是一个阶级斗争问题。在《支持美国黑人反对美帝国主义种族歧视的正义斗争的声明》中，他指出，在美国压迫黑人的，只是白色人种中的反动统治集

---

① 毛泽东：《新民主主义论》，《毛泽东选集》第 2 卷，人民出版社 1991 年版，第 676 页。
② 同上书，第 677 页。
③ 同上。

团。他们绝不能代表白色人种中绝大多数的工人、农民、革命的知识分子和其他开明人士。在抗日战争中，他对作为入侵民族的日本也不忘作阶级分析，他认为侵华战争是由代表一小撮资本主义垄断财阀利益的日本军阀所发动的，而广大的日本人民是受骗者和无罪者。而中国就其作为被侵略的民族来说，只有民族得到解放，才有可能使无产阶级和劳动人民得到解放。中国胜利了，侵略中国的帝国主义者被打倒了，同时也就是帮助了外国的人民。因此，爱国主义就是国际主义在民族解放战争中的实施。因此中国共产党人必须将爱国主义和国际主义结合起来，为保卫祖国、反对侵略者而战。在抗日战争中，一切必须服从抗日的利益，这是确定的原则。阶级斗争的利益必须服从于抗日。但阶级和阶级斗争的存在又是一个事实，我们不是否认它，而是调节它。为了团结抗日，应当实行一种调节各阶级相互关系的恰当的政策。这种政策总的来说就是抗日民族统一战线。统一战线的根本原则，是用长期合作支持长期战争，使阶级斗争服从于抗日的民族斗争，同时在此原则下保持党派和阶级的独立性，实行既团结又斗争的策略。他认为，"在民族斗争中，阶级斗争是以民族斗争的形式出现的，这种形式，表现了两者的一致性。一方面，阶级的政治经济要求在一定的历史时期内以不破裂合作为条件；又一方面，一切阶级斗争的要求都应以民族斗争的需要（为着抗日）为出发点。这样便把统一战线中的统一性和独立性、民族斗争和阶级斗争，一致起来了"①。毛泽东由此指出，统一战线政策就是阶级政策，二者不可分割。党在整个抗日时期，对于国内各上层、中层还在抗日的人们，不管是大地主、大资产阶级和中间阶级，都只有一

---

① 毛泽东：《统一战线中的独立自主问题》，《毛泽东选集》第 2 卷，人民出版社 1991 年版，第 539 页。

个完整的包括联合和斗争两方面的（两面性的）民族统一战线的政策。党对党内、对人民所施行的教育，就是教导无产阶级、农民阶级和其他小资产阶级如何和资产阶级、地主阶级的各个不同的阶层在各种不同的形式上联合抗日，又和他们的各种不同程度的妥协性、动摇性、反共性进行各种不同程度的斗争。毛泽东批评一些同志不了解统一战线政策和阶级政策的这种一致性，强调所谓统一战线教育以外的阶级教育，认为这是不了解民族斗争和阶级斗争的一致性所致。毛泽东用阶级斗争观点观察民族问题，不仅是对马克思主义的阶级分析方法的一个贡献，同时也是对马克思主义的民族理论的一个贡献。尽管民族问题并不仅仅是个阶级斗争问题，但是离开阶级分析方法，民族问题就不可能得到正确的解决。

马克思主义的阶级分析方法主要就是要求人们善于运用阶级和阶级斗争观点，去观察和分析一切带有阶级性质的社会问题和社会现象，并根据这种分析，找出解决社会问题的方法。毛泽东正是这样做的。他运用阶级和阶级斗争观点于社会生活的许多有关的方面，对于指导当时中国革命实践的发展起了重要作用。当然，毋庸讳言，毛泽东晚年对社会主义社会的阶级斗争的认识发生了错误，对国内外的政治形势作出了错误的判断，给国家和民族带来了严重的灾难。但我们不能因其晚年有错误就否定毛泽东的阶级分析方法在民主革命时期所起的重要作用。在这个问题上，我们应当遵循马克思主义的历史主义原则，尊重历史辩证法，既要反对历史虚无主义，也要反对无视历史条件的变化、机械地搬用这一方法及其具体结论。

第九章　分析和综合的方法

　　分析和综合的方法是唯物辩证法在思维领域的具体运用。马克思主义的辩证法既是客观辩证法，又是思维辩证法。毛泽东认为，对立统一是辩证法的基本观点。"分析法和综合法，就是用这观点。"① 分析和综合同思维的抽象和具体密切相关。抽象是分析的结果，从抽象到具体又表现为一个综合的过程。所以，无论从具体到抽象，还是从抽象到具体，都要用到分析和综合的方法。保尔·拉法格当年回忆马克思说：他巧妙地把一种事物分解为它的各个组成部分，然后再综合起来，描述它的全部细节和各种不同的发展形式，发现它的内在的联系。这段话对毛泽东也是适用的。

　　在长期的革命生涯中，在认识世界和改造世界的长期斗争中，毛泽东运用分析和综合的方法解决了许多基本的理论问题，为党制定了正确的路线、方针和政策，堪称一位善于分析和综合的伟大的思想家。毛泽东的分析和综合的方法总的来说是辩证的分析和综合的方法，是调查研究基础上的矛盾分析法和综合法。他尤其善于正确地处理分析和综合的关系，把分析和综合当作人类思

---

　　① 毛泽东：《关于农村调查》，《毛泽东农村调查文集》，人民出版社 1982 年版，第 24 页。

维中的一对既相反又相成的矛盾来加以把握和运用。他在 1965 年杭州会议上的讲话中说道："讲分析、综合，过去的书都没有讲清楚。说'分析中就有综合'，'分析和综合是不可分的'，这种说法恐怕是对的，但有缺点。应当说分析和综合既是不可分的，又是可分的。什么事情都是可分的，都是一分为二。"按照这一思路，我们先分别考察毛泽东的分析方法和综合方法，然后合二为一，研究毛泽东怎样认识、处理分析和综合的关系、联结。

第一节　分析的方法就是辩证的方法

通常所谓分析是指把事物分解、解剖为若干部分、方面、因素而加以认识的方法。分析的最重要、最基本、最常见的形式是把事物分为两个部分或方面。列宁指出："统一物之分为两个部分以及对它的矛盾着的部分的认识……是辩证法的实质。"[1] 毛泽东继承了这一思想。他在读河上肇著、李达等译的《马克思主义经济学基础理论》一书时对其中的这段话给予了充分的注意："所谓分析（analyse），用列宁的话说，便是为了'认识统一物中充满了矛盾的构成分子'，'把统一物分解出来的事情'。"[2] 在 1941 年 10 月 30 日关于思想方法问题的报告中，他谈道，"找出矛盾的对立，这就叫做分析"。毛泽东对人类思维中的分析活动进行了深入的考察之后，进一步明确地给分析下了一个经典的定义："分析的方法就是辩证的方法。所谓分析，就是分析事物的矛盾。"毛泽东关于分析就是分析事物的矛盾、找出矛盾的对立方面的思想，比通常

---

[1]　列宁：《谈谈辩证法问题》，《列宁全集》第 55 卷，人民出版社 1990 年版，第 305 页。

[2]　《毛泽东哲学批注集》，中央文献出版社 1988 年版，第 489 页。

人们的分析概念要深刻得多，它揭示了分析的辩证本性。因此，毛泽东把它称为"马克思主义的辩证分析方法"，并用中国人民的习惯语言称之为"两点论""两分法""一分为二"。他说，一点论是自古以来就有的，两点论也是自古以来就有的。这就是形而上学跟辩证法。他认为辩证法的宇宙观主要就是教导人们要善于分析事物的矛盾运动，并根据这种分析，找出解决矛盾的方法。

毛泽东在他的一系列著作中阐明，分析事物的矛盾，不仅要分析矛盾的普遍性，尤其要分析矛盾的特殊性，分析主要矛盾和次要矛盾、矛盾的主要方面和次要方面，还要分析质和量、肯定和否定、本质和现象、形式和内容、原因和结果、必然和偶然、可能和现实等，特别是本质和现象的矛盾是毛泽东矛盾分析的一个重要方面。毛泽东指出，一切事物，它的现象同它的本质是有矛盾的。人们必须通过对现象的分析和研究，才能了解事物的本质。我们看事情必须要看它的实质，而把它的现象只看作入门的向导，一进了门就要抓住它的实质，这才是可靠的、科学的分析方法。毛泽东的矛盾分析还包括对各门科学研究领域中各种矛盾的分析，如社会科学中的生产力和生产关系之间的矛盾、阶级之间的矛盾等。毛泽东认为，要根据科学对象所具有的特殊的矛盾性对科学研究进行区分，某一现象领域所特有的矛盾就是某门科学的对象。毛泽东运用矛盾分析法最为经常的，是对具体工作的分析。他在1943年10月14日的西北局高级干部会议上说："我们的工作是一个整体，要加以分析，指出其成绩、缺点，这就是分析的方法。"他认为，只研究成绩一方面，不研究缺点、错误一方面，就是形而上学，就是否认事物的对立统一、对立斗争（两分法）。总之，对于毛泽东来说，分析事物就是分析事物的矛盾，找到矛盾的两个对立面，这就是马克思主义的辩证分析方法之所在。

　　有一种观点认为，毛泽东的"一分为二""两分法"是把问题简单化了，事物还可以一分为三、一分为四，甚至更多。这是一种误解。我们在第五章第四节中已阐明不能把"一分为二"理解为"二要素"论，对立的统一是从大量的、现实的具体事物中抽象出来的最本质的关系，"一分为二"就是要找出事物中的这种最本质的关系即矛盾关系。为了找出矛盾关系，当然不排斥对事物进行多方面的分析，从多方面分析入手，最后深入到矛盾关系，或者从矛盾关系入手，进而展开对事物进行多方面分析。实际上，毛泽东是承认多方面的分析的。1941 年他在一次会议上还形象地把"四分法""八分法"称为"四面受敌法""八面受敌法"："苏东坡用'八面受敌'法研究历史，用'八面受敌'法研究宋朝，也是对的。今天我们研究中国社会，也要用个'四面受敌'法，把它分成政治的、经济的、文化的、军事的四个部分来研究，得出中国革命的结论。"① 在《中国社会各阶级的分析》中，毛泽东把当时中国社会的阶级分为五大类，即地主阶级和买办阶级、中产阶级、小资产阶级、半无产阶级和无产阶级。在《湖南农民运动考察报告》中他把农民的行动分类总计为 14 件大事，如此等等。那种认为毛泽东只是一分为二而排斥对事物进行多方面分析的观点是不能成立的。

　　毛泽东善于把一分为二同多方面分析有机地结合起来。1965年，毛泽东在杭州会议上的讲话中说到分析也有不同的情况，比如对国民党和共产党的分析。我们过去是怎样分析国民党的？我们说，它统治的土地大，人口多，有大城市，有帝国主义的支持，

――――――――――

　　① 毛泽东：《关于农村调查》，《毛泽东农村调查文集》，人民出版社 1982 年版，第 24 页。

他们军队多，武器强，但是最根本的是，他们脱离群众，脱离农民，脱离士兵。他们内部有矛盾。我们是军队少，武器差（小米加步枪），土地少，没有大城市，没有外援，但是我们联系群众，有三大民主、三大作风，代表群众的要求。这是最根本的。毛泽东在这里首先是对共产党和国民党这对矛盾进行分析，接着又对每一方进行了分析，而这种分析又是多方面的。《论持久战》也是这种分析的典型。这篇文章首先对战争的双方——中国和日本分别作了考察，这是一分为二；而对每一方的分析又是一分为二——其长处和短处；但是对每一方的长处和短处的分析又是多方面的：日本的强项是军力、经济力和政治组织力，其弱项是退步、野蛮，人力、物力不充足，在国际上处于寡助地位；中国是军力、经济力和政治组织力弱，但其强项是战争本质的进步性和正义性，国家大，国际上得道多助。

毛泽东很重视分析。1965 年他在一次关于坂田文章的谈话中说："分析很重要。'庖丁解牛'，就因为他掌握了分析的要领，恩格斯在接触医学时，就很重视解剖学。"毛泽东把分析看作一种类似医学上的解剖学的方法，认为只有善于分析，掌握了分析的要领，才能娴熟地处理和理解事物。在毛泽东看来，人们认识事物就是认识事物的矛盾，而对事物矛盾的认识离不开分析。毛泽东说："只有从矛盾的各个方面着手研究，才有可能了解其总体。""为要暴露事物发展过程中的矛盾在其总体上、在其相互联结上的特殊性，就是说暴露事物发展过程的本质，就必须暴露过程中矛盾各方面的特殊性，否则暴露过程的本质成为不可能。"[①] 他认为，人们认识事物，总得要提出问题和解决问题，而这些都离不开分

---

① 毛泽东：《矛盾论》，《毛泽东选集》第 1 卷，人民出版社 1991 年版，第 311 页。

析。提出问题首先要对于问题即矛盾的两个基本方面加以大略的调查和研究，这样才能懂得矛盾的性质是什么，这就是发现问题的过程，这里已经要用到分析，不然，对着模糊杂乱的一大堆事物的现象，你就不知道问题即矛盾的所在。大略的调查和研究可以发现问题、提出问题，但是还不能解决问题，要解决问题还要作系统周密的调查工作和研究工作，这就是系统周密的分析过程。毛泽东认为，一个人的分析能力的大小往往决定了他的工作能力的大小，例如会不会打仗，不在于读过多少本军事书，而在于他是否善于分析敌我斗争形势。他在 1965 年杭州会议的讲话中说，国民党的军官，陆军大学毕业的，都不能打仗。黄埔军校只学几个月，出来的人能够打仗。我们的元帅、将军，没有几个大学毕业的。他说他自己本来也没有读过军事书。只读过《左传》《资治通鉴》，还有《三国演义》。这些书上都讲过打仗，但是打起仗来，一点印象都没有了。我们打仗，一本书也不带，只是分析敌我斗争形势，分析具体情况。毛泽东的这段话充分说明，分析是何等重要，而毛泽东之所以成为历史的巨人，与他的分析能力不能说没有关系。

第二节　对一切都要全面、客观、具体地分析

对一切都要加以分析，这是做好一切工作的保证。在分析问题上，毛泽东的一个重要特点，就是坚持对任何问题都采取分析的态度、养成分析的习惯。他认为没有什么事物是不可以加以分析的，因为任何事物都包含着矛盾。毛泽东指出，"没有一个人是不可以加以分析的。如果承认一个人是不可加以分析的，就是形而上学"。正是在这种思想的指导下，他坚持对斯大林进行"三分

错误、七分成绩"的两分法，反对由一个极端走到另一个极端，由大捧斯大林到一下子把它贬到地下九千丈。他甚至主张对他自己也要做两方面的分析。在中共八大二次会议上的讲话提纲中他写道："有一个同志讲得对，我的东西，他说有些能用，有些不能用，这就作了分析。"他认为一个工厂、一个合作社、一个学校、一个团体、一个家庭，总之，无论什么地方，无论什么时候，都有对立的方面，因此都是可以分析的。他还指出，每个民族都有它的长处，也都有它的短处。为此他提出向外国学习的口号，同时又主张"必须有分析有批判地学，不能盲目地学，不能一切照抄，机械搬运。他们的短处、缺点，当然不要学"。

毛泽东特别注重对于我们所做的工作加以分析。1941 年，他在《关于农村调查》中曾说，对立统一是我们办事的出发点。他认为，对于我们的工作，不论是用肯定一切的观点或否定一切的观点来看待，都是片面的。他批评一些同志往往对于自己所管区域的工作不采取马克思主义的辩证分析方法，而是只研究成绩一方面，不研究缺点、错误一方面，只愿听好话，不愿听批评的话。毛泽东批评这些同志是故步自封、骄傲自满，永远限于本地区、本单位这个狭隘世界，不能打开自己的眼界。他提出：凡不虚心认真地对本地区、本单位、本人作分析，对别地、别单位、别人作分析，拒绝马克思主义辩证分析方法的同志，要进行同志式的劝告和批评，以便把不良情况改变过来。毛泽东还运用分析的方法来研究历史经验。在延安整风运动中，他在谈到 1931 年年初至 1934 年年底中央的领导路线问题时，就作了这样的两方面的分析：一方面，那个时期中央领导机关所采取的政治策略、军事策略和干部策略在其主要方面是错误的；另一方面，他指出当时犯错误的同志在反对蒋介石、主张土地革命和红军战争这些基本问题上和我们是一致的。在上述策略方面，毛泽东也进行了分析，例如指出在土地问题上当时的错误是实行了地主不分田、富农分坏田的过"左"政策，但在没收地主土地分给无地和少地的农民这一点上，则又是和我们一致的。毛泽东还提出，处理历史问题，不应着重于个别同志的责任方面，而应着重于当时环境的分析，当时错误的内容，当时错误的社会根源、历史根源和思想根源，借以达到既要弄清思想又要团结同志这样两个目的。①

毛泽东认为社会上的事情总是对立统一的，社会主义社会也是对立统一的。社会的基本矛盾是生产力和生产关系、经济基础和上层建筑的矛盾，这一矛盾就是在社会主义社会里也仍然存在。有一种观点认为，社会主义社会是没有矛盾的，是完满无缺的，毛泽东反对这种看法。他认为对社会主义社会也要进行分析。他说过：人以为社会主义就了不起，一点缺点也没有了。哪有这个事？应当承认，总是有优点和缺点这两点。毛泽东的这一分析，无疑为我们今天的社会主义改革，提供了一个理论根据。

毛泽东还提出，就是在读书的时候，也要进行分析。他曾在一封信中向大家推荐了几本书，建议大家"每人每本用心读三遍，随读随想，加以分析，哪些是正确的（我以为这是主要的）；哪些说得不正确，或者不大正确，或者模糊影响，作者对于所要说的问题，在某些点上，自己并不甚清楚"②。读书要分析，写书更要分析。就是几百字、一两千字一篇的杂文也要有分析。对事物有分析，写文章有说服力，就不会靠装腔作势来吓人。还在延安整风运动时，他就痛切地指出我们报纸上分析文章的缺乏，指出一些同志写文章、做演说、著书、写报告，使用一大堆没有内部联

---

① 参见毛泽东《学习和时局》，《毛泽东选集》第3卷，人民出版社1991年版，第938页。

② 毛泽东：《致中央、省市自治区、地、县四级党委委员》，《毛泽东书信选集》，人民出版社1983年版，第552页。

系的概念，满足于甲乙丙丁的现象罗列，说来说去还是一个中药铺，不去用脑筋想问题，不去思考事物的本质，不提出问题，不分析问题，不解决问题，不表示赞成什么、反对什么。他认为，这种形式主义的方法很坏，是要害党害国的。1957 年在全国宣传工作会议上他又提出这个问题，指出："我们现在有些文章，神气十足，但是没有货色，不会分析问题，讲不出道理，没有说服力。这种文章应该逐渐减少。"毛泽东的许多好文章都是善于分析问题的结果。今天回过头来看毛泽东的许多文章，虽然有些内容已经成为过时的东西了，但是这里面所体现的分析问题的方法却并不过时，在今天仍然是值得我们认真学习的。

毛泽东分析事物的一个重要特点，就是全面、系统、周密。他提出，"我们对问题要作全面的分析，才能解决得妥当"。所谓全面地看问题就是对问题即矛盾的双方都要加以分析。不了解矛盾的双方，片面地看问题，是不能找出解决矛盾的方法的，是不能做好所负责的工作的。他经常用孙子"知彼知己、百战不殆"、唐人魏征的"兼听则明，偏听则暗"的话教育大家要分析矛盾双方的特点，努力避免片面性。这种全面分析的方法也就是系统周密的分析方法。毛泽东强调要把对象的各部分"有秩序地加以细细的研究和分析"，"一样一样的分析"。在 1941 年 10 月 30 日关于思想方法问题的报告中，他以研究边区为例讲道：首先要从老百姓、乡政府、区政府一步一步地研究起，然后你才知道边区确是抗日的民主的根据地。这样的结论是经过一样一样的分析、样样都弄清楚了，然后再加以综合得出来的。

毛泽东有句名言："不熟悉生活，对于所论矛盾不真正了解，就不可能有中肯的分析。"对于所论的矛盾不熟悉、不了解，在这种情况下硬是要进行分析，只能堕入主观主义的分析和空想的深坑。还在红军时代，毛泽东就坚决反对革命队伍中存在的那种对于政治形势的主观主义的分析倾向，提出要注意社会经济的调查，广泛地搜集资料，然后加以分析，以代替主观主义的分析。在他看来，调查的过程也就是分析的过程。要解决问题，需进行系统的、周密的调查工作和研究工作。这就是系统的、周密的分析过程。由此可见，毛泽东的分析方法归根结底是调查研究基础上的矛盾分析法（问题分析法）。它要求分析的客观性。他的分析方法不仅是辩证的，也是唯物的。

分析的客观性要求分析的具体性。1941 年，他提出"要用钻研的方法来分析客观"，所谓钻研的方法，就是"经过自己头脑深思熟虑"①，达到对客观的具体了解。毛泽东非常强调具体分析。他在一系列文章中不厌其烦地指出这一点，指出教条主义者的错误就在于不用脑筋具体地分析事物，千篇一律地使用一种自以为不可改变的公式到处乱套，把理论当教条，遇事或讨论问题开口闭口"拿本本来"，搞本本主义。毛泽东指出，离开具体的分析，就将陷入抽象的研究，就不能认识任何矛盾的特性，就不能具体地懂得矛盾的情况，因而也就不能找出解决矛盾的正确方法。毛泽东的分析方法本质上是具体的矛盾分析法，它同任何教条主义的抽象分析是根本对立的。

第三节　综合的基本形式和方法

毛泽东不仅善于分析，而且善于综合。通常所谓综合是指把事物的各个部分、方面、因素结合成一个统一的整体。对于毛泽

---

① 毛泽东：《关于农村调查》，《毛泽东农村调查文集》，人民出版社 1982 年版，第 25 页。

东来说，综合绝不意味着机械式的综合，即把分解了的因素简单地相加在一起。毛泽东的综合是辩证的综合。所谓辩证的综合，是指两个互相矛盾着的方面的综合，是对立面的综合与统一。毛泽东最善于把两个对立方面综合在一起。如他在谈到学习和使用军事规律既容易又不容易这样两个对立方面之后就进行了这样的辩证的综合："说学习和使用不容易，是说学得彻底，用得纯熟不容易。说老百姓很快可以变成军人，是说此门并不难入。把二者总合起来，用得着中国一句老话：'世上无难事，只怕有心人。'入门既不难，深造也是办得到的，只要有心，只要善于学习罢了。"① 毛泽东制定的许多政策和策略思想也都体现了这种辩证的综合。第一次大革命后期的右倾机会主义是一切联合、否认斗争，而土地革命后期的"左"倾机会主义，则是一切斗争、否认联合，这两个极端政策，都使党和革命遭受了极大的损失。毛泽东领导全党制定的抗日民族统一战线政策，既不是一切联合否认斗争，又不是一切斗争否认联合，而是综合联合和斗争两方面的政策，即联合一切反对日本帝国主义的社会阶层，同他们建立统一战线，但对他们中间存在的投降敌人和反共反人民的动摇性、反动性方面，又按其不同程度，同他们进行各种不同形式的斗争。这种既联合又斗争的两重性政策，是把两个对立方面辩证地综合起来的典型。

他还结合中国革命的实际指出：综合就是吃掉敌人。我们是怎样综合国民党的？还不是把敌人的东西拿来改造。俘虏的士兵，不杀掉，一部分放走，大部分补充我军。武器粮秣，各种器材，统统拿来。不要的，用哲学的话说，就是扬弃。……对国民党的

① 毛泽东：《中国革命战争的战略问题》，《毛泽东选集》第1卷，人民出版社1991年版，第181页。

综合，就是把它吃掉，大部分吸收，小部分扬弃。毛泽东在这里所谈的"综合就是吃掉敌人"，曾被误解为简单地消灭对方，实际上它是一个辩证的综合，是吸收和扬弃的统一。毛泽东还指出，这是从马克思那里学来的。他说，马克思把黑格尔哲学的外壳去掉，吸收其有价值的内核，改造成为唯物辩证法。对费尔巴哈，吸收他的唯物主义，批判他的形而上学。继承还是要继承的。马克思对法国的空想社会主义、英国的经济学，好的吸收，坏的去掉。毛泽东充分肯定这种辩证的综合。他称赞马克思、恩格斯综合了人类认识史的积极的成果，创造了辩证唯物论和历史唯物论这个伟大的理论，在人类认识史上掀起了一个空前的大革命。

综合对毛泽东来说同时意味着作结论。他在1943年10月14日的西北局高干会上的报告中说，对工作要做结论，即是说要综合。综合还意味着"解决问题"，意味着"指明问题的性质，给以解决的办法"。在《论持久战》中，毛泽东在分析了中日战争双方的基本特点之后得出结论说：中国不能速胜，也不会灭亡；抗日战争是持久战，最后胜利一定属于中国。毛泽东的综合和结论，是对问题分析的综合和结论，它指明了问题的性质，给出了解决的办法，这是它比形式主义简单相加的机械综合高明的地方。

毛泽东的综合还意味着条理性和系统性，意味着"将丰富的感觉材料加以去粗取精、去伪存真、由此及彼、由表及里的改造制作工夫，造成概念和理论的系统"①。这种概念和理论的系统是反映整个事物的，是到达了事物的全体的、本质的、内部联系的东西，到达了暴露周围世界的内在矛盾的东西，因而能在周围世界的总体上，在周围世界一切方面的内部联系上去把握周围世界

---

① 毛泽东：《实践论》，《毛泽东选集》第1卷，人民出版社1991年版，第291页。

的发展。毛泽东的一系列文章特别是像《中国社会各阶级的分析》《论持久战》，都是这样的概念和理论系统，它全面地、深刻地反映了对象领域的事物和内部联系，是综合许多感觉材料加以整理和改造的结果。毛泽东认为这种条理性、综合性的认识很重要，是比较完全的知识。他号召有工作经验的人，要向理论方面学习，使经验带上条理性、综合性，上升成为理论，然后才可以不把局部经验误认为普遍真理，才可不犯经验主义的错误。

"做综合工作时，不要陷于狭隘的经验论。"① 这是毛泽东关于怎样做好综合工作时的一条重要的方法论原则。关于这一原则，周恩来有一段话作了很好的解释。他说："进行调查研究，必须实事求是。我们下去调查，必须对事物进行分析、综合和比较。事物总存在内在的矛盾，要分别主次；总有几个侧面，要进行解剖。各人所处的环境总有局限性，要从多方面观察问题；一个人的认识总是有限的，要多听不同的意见，这样才利于综合。"② 周恩来的这段话有两个要点：一是要"多"，"要从多方面观察问题""要多听不同的意见"；二是要"分别主次"，即要抓主要矛盾或矛盾的主要方面。这正是毛泽东所强调的。毛泽东在《关于农村调查》中谈到做综合工作时指出，要"详细地占有材料，抓住要点。材料是要搜集得愈多愈好，但一定要抓住要点或特点（矛盾的主导方面）。马克思研究资本主义，列宁研究帝国主义，都是收集了很多统计和材料，但并不是全部采取，而只是采取最能表现特点的一部分"③。毛泽东历来认为，主要矛盾的存在和发展，规

---

① 毛泽东：《关于农村调查》，《毛泽东农村调查文集》，人民出版社 1982 年版，第 26 页。

② 周恩来：《加强调查研究》，《周恩来选集》下卷，人民出版社 1984 年版，第 313—314 页。

③ 毛泽东：《关于农村调查》，《毛泽东农村调查文集》，人民出版社 1982 年版，第 25 页。

定或影响着其他矛盾的存在和发展。因此，无论解决什么问题，都应该以这个主要矛盾作为认识问题和解决问题的出发点。假若丢掉主要矛盾，而去研究细微末节，犹如见树木而不见森林，这样做综合工作时就会陷入狭隘的经验论。[①] 在《实践论》中，他在谈到综合感觉的材料加以整理和改造时说："只有感觉的材料十分丰富（不是零碎不全）和合于实际（不是错觉），才能根据这样的材料造出正确的概念和论理来。"[②] 现象是本质的显现，我们掌握的感性材料愈丰富、愈真实，才能愈深入地把握事物的本质和规律，而不致被假象所迷惑。

毛泽东的综合、结论是建立在实事求是、调查研究的基础上的。他自己回忆说，他开始做农民运动时，对于农村阶级的结构并不十分了解，到井冈山之后，进行了寻乌调查，才弄清了富农与地主的问题，提出了解决富农问题的办法，不仅要抽多补少，而且要抽肥补瘦，这样才能使富农、中农、贫农、雇农都能过活下去。毛泽东的一系列著作，也都是在广泛社会调查和"每事问"的基础上，综合各种感性材料加以整理和改造的结果。据薄一波回忆，《论十大关系》这篇著作就是毛泽东在经历了前后两个多月的时间，听取了总共 34 个部委的汇报后才产生的。在那些日子里，毛泽东每天是"床上地下、地下床上"，起床就听汇报，穿插着处理日常工作，听完汇报就上床休息。正是在这样艰辛的调查研究的基础上，毛泽东才对社会主义建设中的十大关系即十大问题作出了科学的总结，产生了关于社会主义建设问题的代表作。

---

① 参见毛泽东《关于农村调查》，《毛泽东农村调查文集》，人民出版社 1982 年版，第 25—26 页。

② 毛泽东：《实践论》，《毛泽东选集》第 1 卷，人民出版社 1991 年版，第 290 页。

第四节　分析和综合的辩证结合

分析和综合是一对矛盾，它们本质上是互相联系的。毛泽东不仅善于分析和善于综合，而且善于把二者有机地联系起来，使二者相互补充、相互依存、相互转化，从而圆满地完成所要解决的任务。

毛泽东认为，分析和综合是相互补充的。他在 1941 年 9 月 10 日中央政治局扩大会议上的讲话中就指出："要用分析的方法来解决问题。这是过去资产阶级提出的科学方法，但还要综合。我们要用分析和综合的方法，从整个事物中抽出问题来作分析，再加以综合。"在 1941 年 10 月 30 日关于思想方法问题的报告中他又指出："对立和统一，分析和综合，这叫做方法论，也叫做辩证法，说起来大家都晓得，但到实际使用的时候就忘记了，常容易只强调一面，而把其他多方面丢掉了，犯片面看问题的错误。"分析和综合是人类统一思维过程中两种方向相反的运动，各有特定的功能，两者不能互相代替，但两者又不是分离的，而是相互补充的，单纯地分析或单纯地综合，都不能解决整个认识过程中的问题。单纯地分析会使认识局限于事物的一些片段、侧面，而不能把握它们的全体和内在联系，也就是只能把握矛盾的各个方面，而不能把握矛盾的总体即矛盾的相互联结，从而使得暴露过程的本质成为不可能。因此，为了认识事物的全体和本质，就要把从分析中所得到的关于该事物各个方面的认识综合起来，就要运用综合的方法。只有把分析与综合恰当地结合起来，才能从研究中得出符合客观实际的正确结论。

分析是综合的基础。恩格斯曾经指出："思维既把相互联系的要素联合为一个统一体，同样也把意识的对象分解为它们的要素。没有分析就没有综合。"① 任何综合都是建立在分析的基础之上的，没有分析，认识只能是一个关于整体的混沌的表象，只能是模糊杂乱的一大堆事物的现象，就根本不知道问题即矛盾的所在，更不知道如何去解决。在1943年10月14日的西北局高干会上的报告中，他批评王明路线的错误之后指出，要学习马列主义的方法，有些同志自以为马列主义很多，其实一触到实际工作，可以说马列主义的气味都未闻到一点。马列主义的方法，基本的是分析的方法。……如果不分析就无法综合，综合是分析的结果，分析是综合的手段。有些主观主义的同志，就不懂得分析的方法。在《学习和时局》中，他在总结党的历史经验时又指出：我们许多同志缺乏分析的头脑，对于复杂事物，不愿做反复深入的分析研究，而爱做绝对肯定或绝对否定的简单结论。在《反对党八股》中，毛泽东指出，只有经过系统的、周密的分析过程，才有可能综合。"常常问题是提出了，但还不能解决，就是因为还没有暴露事物的内部联系，就是因为还没有经过这种系统的周密的分析过程，因而问题的面貌还不明晰，还不能做综合工作，也就不能好好地解决问题。"② 分析是综合的基础，综合是分析的结果。这是我们做好任何研究工作都要加以注意的。

"指导分析的是综合。"③ 这是毛泽东关于分析和综合关系的一个重要见解。毛泽东认为分析要以综合为指导，没有综合指导的分析是无的放矢的分析。他在阅读西洛可夫等著的《辩证法唯

---

① 恩格斯：《反杜林论》，《马克思恩格斯选集》第3卷，人民出版社1972年版，第81页。

② 毛泽东：《反对党八股》，《毛泽东选集》第3卷，人民出版社1991年版，第839页。

③ 《毛泽东哲学批注集》，中央文献出版社1988年版，第440页。

物论教程》时，对以下一段话给予了充分的注意："例如我们当着分解矿石为许多构成部分时，不单是分析它，同时又造出具有为从前矿石所无的新属性的新金属。如果这个综合不是分析的前提，没有伴随于这个分析，科学的分析本身，将是不可能的。"毛泽东在这段话旁边写道："有的放矢在自然科学。"① 该教程还写道："所以伊里奇并不随便的引出帝国主义的个个表现。他在这个分析中，探求了帝国主义的根本的方面——对于普罗列达里亚可以成为社会主义建设即社会主义社会的综合之出发点的方面。当着实行帝国主义之理论的分析时，指导了伊里奇的东西，是整个帝国主义的概念、以及由普罗列达里亚实行的那个革命的变革之必要。"② 毛泽东对这段话很是欣赏，认为这是"有的放矢在社会科学"，并接着写下了"指导分析的是综合"这一重要的方法论原则。

毛泽东在考察人类认识过程中的分析和综合时指出，人类的认识是先分析、后综合。他多次强调这一点，并要求把这一规律运用到分析和综合中去。他还指出，马克思的《资本论》就是用这种方法写成的，先分析资本主义的各部分，然后加以综合，得出资本主义运动的规律来。据王方名回忆，1957年4月11日毛泽东和周谷城、金岳霖、郑昕、贺麟以及王方名等座谈逻辑学时，当王方名说到打算对逻辑科学的对象进行一番探讨以便由此看看是否有可能解决在逻辑科学讨论中的问题时，毛泽东对这一问题很感兴趣，说道：先对科学对象作一番调查研究然后再回答科学理论的问题是对的；先分析，后综合，在方法上也对。他反复强调"先分析，后综合"，认为这很科学。

① 《毛泽东哲学批注集》，中央文献出版社1988年版，第439页。
② 同上书，第439—440页。

毛泽东历来认为，一篇文章或一篇演说，如果是重要的带指导性质的，总得要提出一些问题，接着加以分析，然后，综合起来，指明问题的性质，给出解决的办法。《中国社会各阶级的分析》就是用这种方法写成的，先分析中国社会的各个阶级，然后加以综合，得出谁是我们的敌人、谁是我们的朋友的结论。毛泽东认为任何研究工作也应遵循这种方法。他在《改造我们的学习》中提出，对于近百年的中国史，应聚集人才，分工合作地去研究，克服无组织的状态。应先做经济史、政治史、军事史、文化史的分析研究，然后才有可能做综合的研究。在《整顿党的作风》中他又号召应用马克思列宁主义的立场、观点和方法，认真地研究中国的历史，研究中国的经济、政治、军事和文化，对每一问题要根据详细的材料加以具体的分析，然后引出理论性的结论来。

毛泽东善于把分析和综合有机地结合起来，他的分析中有综合、综合中有分析，分析和综合在思维过程中循环往复地相互转化着。毛泽东在谈到认识的三个步骤即观察——分析——综合之后指出，"这里特别要注意的是分析。应该是分析而又综合，就是在第二步骤的分析中，也有小的综合。古人说：文章之道，有开有合。这个说法是对的"①。

分析和综合是辩证思维的一个重要问题，是人们认识实际事物达到客观真理的途径和手段。毛泽东既重视概念上的分析和综合，也讲了客观现实的分析和综合，从理论和实践的结合上阐明了分析和综合的辩证联结。我们记得，他在读艾思奇的《哲学与生活》一书时，明确地表示辩证法的分析和综合是对形式逻辑的归纳和演绎方法的改造、深化，指出在从特殊到一般、从具体到

---

① 毛泽东：《关于农村调查》，《毛泽东农村调查文集》，人民出版社 1982 年版，第 24 页。

抽象的过程中，既有分析也有综合；在从一般到特殊、抽象到具体的过程中，既有综合也有分析。他认为我们的方法根本上是辩证法的，不是归纳和演绎、分析和综合的机械拼凑。[①] 在《新民主主义论》中，他在论述文化的继承与发展的关系时，进一步把上述思想具体化了。他认为，人类文化的相互吸收过程并不是兼收并蓄，而是分析和综合的辩证统一，如同人吃东西吸收营养一样。1956 年，他又进一步指出，对古代和外来文化不加分析地一概排斥，或不加分析地一概吸收，都是不对的。辩证的综合是一种质变，会产生、创造出独特的新东西。由此可见，毛泽东提倡的辩证的分析和综合思想，是我们建设有中国特色的社会主义必须遵循的一个方法论原则。

[①] 参见《毛泽东哲学批注集》，中央文献出版社 1988 年版，第 198—199 页。

第十章　抽象和具体的方法

　　抽象和具体是人类思维中的一对矛盾。毛泽东思想的形成既是一系列的概念、范畴、原则、理论的抽象过程，同时又是这一系列的概念、范畴、原则、理论同具体实践相结合并得到丰富、发展和具体化的过程。研究这个过程，对于提高我们的抽象思维能力、在新的历史条件下丰富和发展马克思主义具有重要意义。鉴于毛泽东的理性思维方法既包括抽象的方法，又包括具体的方法，同时还包括这两者的结合，而人类的理性思维又是以对具体事物的抽象开始，因此我们对毛泽东的抽象和具体的方法的考察也就从他的抽象方法开始。

第一节　抽象的方法

　　毛泽东所使用的抽象方法，包括从特殊中抽出一般，从现象中抽出本质，从事物的整体中抽出这种或那种特点、特征、关系、矛盾、问题等。毛泽东最擅长从整个事物中抽出问题即矛盾来进行研究。他说："我们要用分析和综合的方法，从整个事物中抽出问题来作分析，再加以综合。"① 鉴于事物的性质主要是由取得支

---

　　① 《反对主观主义和宗派主义》，《文献和研究》（1985 年汇编本），人民出版社 1986 年版，第 4 页。

配地位的矛盾的主要方面所规定的，所以，在事物矛盾的抽象中，毛泽东特别注重对于主要矛盾或矛盾的主导方面的抽象。面对一大堆模糊杂乱的事物的现象，毛泽东总是能把主要的矛盾或矛盾的主要方面抽出来加以认真的研究，为党正确地决定其政治上和军事上的战略战术奠定方法论的基础。如在《中国社会各阶级的分析》中，毛泽东从过去一切革命斗争经验中抽出谁是我们的敌人、谁是我们的朋友这个决定革命性质的主要问题加以分析和综合的研究，为党奠定了整个新民主主义革命的根本思想。在《论持久战》中，毛泽东从当时关于抗日战争的许多议论中抽出抗日战争是持久战的问题来加以研究，它粉碎了"亡国论"和"速胜论"，指明了抗日战争的唯一正确的道路，极大地鼓舞了全国人民争取抗战胜利的信心。

毛泽东的最抽象的著作是《矛盾论》。它是"从对人类历史发展的观察中抽象出来的最一般的结果的综合"。矛盾这个东西是一个最一般的抽象，它为一切事物所共有，同时又是古往今来的哲学家一直探讨而又探讨不尽的永恒课题。从对矛盾这个最一般的抽象的探讨，可以看到一个思想家抽象思维能力的大小。而毛泽东在这方面的探讨，即使不算是最杰出的，也是最杰出的之一。他从古往今来一大堆关于矛盾问题的材料中，抽出矛盾学说的一系列重要问题，特别是关于矛盾的普遍性和特殊性的关系即矛盾精髓问题的抽象，谱写了马克思主义辩证法思想的新篇章。有一种观点认为，毛泽东的《矛盾论》是对苏联 20 世纪 30 年代哲学教科书的抄袭。其实这是一种肤浅之见。诚然，毛泽东的《矛盾论》利用了苏联 20 世纪 30 年代哲学教科书的材料，但是苏联教科书却未能如《矛盾论》那样对一系列重大问题加以分析，因而缺乏概括性、系统性、深刻性。几本苏联哲学教科书在论述中虽然使用了"矛盾的特殊性""质的特殊性"等提法，并根据列宁的思想也提出了对立统一规律是最普遍的规律，但都没有像毛泽东那样，不仅抽象出"矛盾的普遍性"，而且加以认真的分析和综合的研究，把矛盾的普遍性和矛盾的特殊性作为一对范畴加以论述，并提出矛盾的普遍性与特殊性的关系即矛盾的共性和个性的关系问题是事物矛盾问题的精髓。苏联教科书虽然也设专节说明发现"矛盾之主导方面的意义"，却未能加以展开论述，而毛泽东根据万千的学问家和实行家往往由于找不到问题的中心结果如堕烟海的经验，从中抽象出"主要的矛盾和非主要的矛盾""矛盾的主要方面和次要方面"加以透彻的研究，从而把这个问题深化了。总之，《矛盾论》虽然利用了苏联哲学教科书的一些材料，但绝非抄袭之作，而是一篇抽象思维的杰出创作，它在哲学史上第一次从分析诸多有关矛盾问题的材料中找出了像矛盾的普遍性、矛盾的特殊性、主要的矛盾和矛盾的主要方面、对抗性矛盾和非对抗性矛盾等这样一些有决定意义的抽象的一般关系，把它们确定下来和抽象出来，从而大大超过了苏联20世纪30年代的哲学教科书，而成为马克思主义辩证法的一篇重要著作。

善于抽象首先要重视抽象。毛泽东对抽象很重视。马克思在《资本论》的序言中说："分析经济形式，既不能用显微镜，也不能用化学试剂。二者都必须用抽象力代替。"毛泽东在阅读这段话时画下了很多杠杠，并批注道："不能用肉眼看见，必须用抽象力。"[①]毛泽东写文章不大引马克思、列宁怎么说，但是在《实践论》中，毛泽东不仅引用了列宁说过的："物质的抽象，自然规律的抽象，价值的抽象以及其他等等，一句话，一切科学的（正确的、郑重的、非瞎说的）抽象，都更深刻、更正确、更完全地反映着自然"，而且多处强调这一点。在谈到一切真知都是从直接经验发源的时

---

① 《毛泽东哲学批注集》，中央文献出版社1988年版，第489页。

候，他说道：如果在古人外人直接经验时是符合于列宁所说的条件："科学的抽象"，是科学地反映了客观的事物，那么这些知识是可靠的，否则就是不可靠的。在谈到必须从感性认识跃进到理性认识时，他又指出，这种改造过的认识，不是更空虚了更不可靠了的认识，相反，只要是在认识过程中根据实践基础而科学地改造过的东西，那就正如列宁所说乃是更深刻、更正确、更完全地反映客观事物的东西。毛泽东反复引用、强调列宁关于科学的抽象更深刻地反映着自然的论点，足见他对抽象问题的重视。

毛泽东还从人的认识分为感性和理性两个阶段进一步说明了抽象思维的重要性。他说人的认识在第一阶段即感性认识、感性经验的阶段，是属于事物之片面的、现象的、外部联系的东西，它只解决现象问题，不解决本质问题，而建筑在抽象思维基础上的概念、判断和推理即理性认识阶段则推进了一大步，到达了事物的全体，是本质、内部联系的东西。认识的真正任务在于经过感觉到达思维，到达了解事物的内部联系和规律性，即通过抽象思维到达理论的认识。毛泽东认为哲学史上的经验论和革命队伍中的经验主义的错误就在于他们尊重经验而看轻理论，不知道必须经过思考作用将丰富的感性经验材料加以抽象，以造成概念和理论的系统，因而虽有片面的真理性，但在认识论的全体上则是错误的。

抽象要科学。这是毛泽东对抽象的基本要求。所谓科学，就是必须根据和符合客观实际，而不是想象的、主观幻想的、随意的。毛泽东认为，"真正的理论在世界上只有一种，就是从客观实际抽出来又在客观实际中得到了证明的理论，没有任何别的东西可以称得起我们所讲的理论"[①]。只有根据和符合客观实际的抽象，

---

① 毛泽东：《整顿党的作风》，《毛泽东选集》第 3 卷，人民出版社 1991 年版，第 817 页。

才是可靠的，才是更深刻、更正确地反映客观事物的，否则就是不可靠的、没有用的、不正确的。毛泽东的最抽象的著作《矛盾论》也是根据古往今来亿万人民的生活实践所作的理论概括，是对现实的矛盾变化的科学反映。

科学的抽象需要详细地占有材料。科学就是实事求是。"而要这样做，就须不凭主观想象，不凭一时的热情，不凭死的书本，而凭客观存在的事实，详细地占有材料，在马克思列宁主义一般原理的指导下，从这些材料中引出正确的结论。"① 毛泽东说，马克思研究资本主义，列宁研究帝国主义，都是收集了很多统计和材料。他认为只有感觉的材料十分丰富（不是零碎不全）和合于实际（不是错觉），才能根据这样的材料造出正确的概念和理论来。这是因为现象是本质、规律的显现，我们掌握的感觉材料越丰富、越真实，就越能全面地、深入地认识事物的本质、规律。仅仅根据一些零碎不全的材料，抓住"一鳞半爪"，就进行抽象概括，非得出错误结论不可。为此，他极力提倡进行社会调查，把所研究的问题的"来源"找到手，把"现状"弄明白。正因为毛泽东尽一切力量、办法收集和整理各种材料，把握了事实的总和，因而他能够作出正确的、郑重的、科学的抽象，形成了一系列适合中国国情的指导思想，丰富和发展了马克思主义。

抽象的过程就是"经过思考作用，将丰富的感觉材料加以去粗取精、去伪存真、由此及彼、由表及里的改造制作工夫"②。这是毛泽东对抽象思维操作过程所作的概括。所谓经过思考作用，就是说，要善于使用思想器官，多想苦想。"心之官则思"，他认

---

① 毛泽东：《改造我们的学习》，《毛泽东选集》第 3 卷，人民出版社 1991 年版，第 801 页。
② 毛泽东：《实践论》，《毛泽东选集》第 1 卷，人民出版社 1991 年版，第 291 页。

为孟子的这句话给脑筋的作用下了一个正确的定义。毛泽东是肯用脑筋善于思索的，他也经常劝人要善于思索，学会分析事物的方法，养成分析的习惯，分析要达到"科学的抽象"，必须对感性材料进行"去粗取精、去伪存真、由此及彼、由表及里"的制作加工。所谓"去粗取精"，就是对材料不是全部采取，而是"一定要抓住要点或特点（矛盾的主导方面）"①，采取最能表现特点的一部分，也就是从各种现象的相互联系中，经过分析比较，把最反映本质、最说明问题的材料选择出来。"去伪存真"，就是对材料进行鉴别，分清真伪，去掉虚构的部分和错觉，保存真的，就是把真象和假象区别开来，揭露假象所掩盖的本质。"由此及彼"就是把片段的材料联系起来，发现事物的来龙去脉和相互联系。"由表及里"就是透过现象看本质，把握事物的内在联系。这十六个字是相互联系的。"去粗取精""去伪存真"主要是选择材料，进行分析比较。分析比较必须"由此及彼"，对各种感性材料进行"联贯起来的思索"，联系地、发展地看问题，最后达到"由表及里"，透过现象把握本质、把握事物的内部联系，从而达到"科学的抽象"。毛泽东的这个抽象思维操作过程的"十六字诀"，深刻而通俗地阐明了进行科学抽象的思维的步骤和方法，也是我们进行任何科学抽象时所必须遵循的。

第二节　具体的方法

毛泽东在研究中国的革命和建设的过程中，不仅运用抽象的

---

① 毛泽东：《关于农村调查》，《毛泽东农村调查文集》，人民出版社 1982 年版，第 25 页。

方法，从分析中找出一些有决定意义的抽象的一般的关系、矛盾和问题，而且运用具体的方法，从特殊的、个性的、整体性上去研究事物，以达到对事物的具体的了解，完全地反映整个的事物，在周围世界一切方面的内部联系上去把握周围世界的发展。马克思说："具体之所以具体，因为它是许多规定的综合，因而是多样性的统一。"① 具体的研究要求注意多样性（特点）和全体，而这也就是要求完备的客观性。这些都构成了毛泽东具体研究的内容。早在《中国革命战争的战略问题》中，毛泽东就提出了"我们研究在各个不同历史阶段、各个不同性质、不同区域和民族的战争的指导规律，应该着眼其特点和着眼其发展"的原则，反对战争问题上的机械论。他在该文中指出：由于我们现在是从事战争，我们的战争是革命战争，我们的革命战争是在中国这个半殖民地半封建的国度里进行的，因此，"我们不但要研究一般战争的规律，还要研究特殊的革命战争的规律，还要研究更加特殊的中国革命战争的规律"②。在《矛盾论》中，毛泽东提出了"矛盾的特殊性"的重要思想，并对矛盾的特殊性"着重地加以研究"。正是在这种具体的分析中，他提出了著名的"研究问题，忌带主观性、片面性和表面性"的原则。所谓主观性，就是不知道客观地看问题，也就是不知道用唯物的观点看问题。所谓片面性，就是不知道全面地看问题，不了解矛盾各方的特点，只看见局部，不看见全体，只看见树木，不看见森林。所谓表面性，就是不深入事物里面精细地研究矛盾总体和矛盾各方的特点，只是远远地粗枝大叶地看到一点矛盾的形相就动手解决矛盾。毛泽东认为片面

① 马克思：《〈政治经济学批判〉导言》，《马克思恩格斯选集》第2卷，人民出版社1995年版，第18页。
② 毛泽东：《中国革命战争的战略问题》，《毛泽东选集》第1卷，人民出版社1991年版，第171页。

性、表面性也是主观性，因为这二者都没有如实地反映事物本来的相互联系和内部规律。毛泽东还认为，教条主义者在思想方法上的一个重要特点，就是不对具体问题进行具体分析，他们看问题是主观的、片面的和表面的。"不注意具体特点，妄把主观构成的东西当作特点（抽象的特点、没有客观实在性的特点）。"①

毛泽东反复强调具体研究的重要性。他认为矛盾的普遍性即寓于矛盾的特殊性之中，无个性即无共性，认识个性是认识共性的基础。他说，当马克思把资本主义社会中生产关系和生产力的矛盾的特殊性解剖出来之后，同时也就更进一步地、更充分地、更完全地把一般阶级社会中生产力和生产关系的矛盾的普遍性阐发出来了。认识矛盾的特殊性又是我们认识事物之间的质的区别的基础。由于任何事物内部都包含各自特殊的矛盾，这种矛盾构成了一事物区别于他事物的本质。只有认识和把握这种矛盾的特殊性，才能发现事物运动发展的特殊的原因或根据，才有可能区别事物。他还认为研究当前具体事物的矛盾的特殊性对于指导革命实践的发展有着头等重要的意义。这是因为"不同质的矛盾，只有用不同质的方法才能解决"，因而只有认识矛盾的特殊性，才能正确地解决矛盾。教条主义者离开具体的分析，不能认识任何矛盾的特性，因而不了解诸种革命情况的区别，因而也不了解应当用不同的方法去解决不同的矛盾，而只是千篇一律地使用一种自以为不可改变的公式到处硬套，这就只能使革命遭受挫折，或者将本来做得好的事情弄得很坏。毛泽东反复强调列宁的话：具体地分析具体的情况，是马克思主义的活的灵魂，指出教条主义之所以失败，之所以弄得一无是处，就是因为没有这种研究态度，因此他提出，我们必须以教条主义的失败为鉴戒，学会这种具体

---

① 《毛泽东哲学批注集》，中央文献出版社 1988 年版，第 432 页。

的研究态度。

具体的研究方法首先要求从具体存在的现象、事实出发，而不要从抽象的概念、定义、理论命题出发，这是毛泽东反复强调的。1943 年 6 月 6 日，毛泽东在给一个同志的信中，反复地说明要从当前存在的具体事实出发而不要从抽象的定义出发的方法论原则。他对这个同志说："你在两个月前发表的《关于民主教育》的谈话，我们觉得不妥。兹将我的意见列下：例如谈话从民主、自由、平等、博爱等的定义出发，而不从当前抗日斗争的政治需要出发。又如不强调民主是为着抗日的，而强调为着反封建。又如不说言论出版自由是为着发动人民的抗日积极性与争取并保障人民的政治经济权利，而说是从思想自由的原则出发。又如不说集会结社自由是为着争取抗日胜利与人民政治经济权利，而说是为着增进人类互相团结与有利于文化科学发展。又如没有说汉奸与破坏抗日团结分子应剥夺其居住、迁徙、通信及其他任何政治自由，而只笼统说人民自由不应受任何干涉，其实现在各根据地的民主自由对某部分人是太大、太多、太无限制，而不是太小太少与过于限制，故中央在去年十一月曾发布关于宽大政策的解释，强调镇压反动分子的必要。你在谈话中没有采取此种方针。又如在现在各根据地上提倡实行复决权，不但不利，而且是做不到的。又如说法律上决不应有不平等规定，亦未将革命与反革命加以区别。又如在政治上提出己所不欲勿施于人的口号是不适当的，现在的任务是用战争及其他政治手段打倒敌人，现在的社会基础是商品经济，这二者都是所谓己所不欲要施于人。只有在阶级消灭以后，才能实现己所不欲勿施于人的原则，消灭战争，政治压迫与经济剥削。目前国内各阶级间有一种为着打倒共同敌人的互助。但是不仅在经济上没有废止剥削，而且在政治上没有废止压迫（例如反共等），我们应该提出限制剥削与限制压迫的要求，并强调团结抗日，但不应该提出一般的绝对的阶级互助（己所不欲勿施于人）的口号。又如说西欧民主运动是从工人减少工作时间开始，并不符合事实等。"毛泽东的这封信，与他《在延安文艺座谈会上的讲话》中的一段话的精神是一致的："我们讨论问题，应当从实际出发，不是从定义出发。如果我们按照教科书，找到什么是文学、什么是艺术的定义，然后按照它们来规定今天文艺运动的方针，来评判今天所发生的各种见解和争论，这种方法是不正确的。我们是马克思主义者，马克思主义者叫我们看问题不要从抽象的定义出发，而要从客观存在的事实出发，从分析这些事实中找出方针、政策、办法来。我们现在讨论文艺工作，也应该这样做。"接着他列举了当时摆在面前的事实，总结说，"这些就是实际存在的不可否认的事实，我们就要在这些事实的基础上考虑我们的问题"①。

1959 年 12 月至 1960 年 2 月，毛泽东在阅读苏联《政治经济学》教科书时，又提出了要从事实出发而不要从定义出发的具体研究方法。他指出，人的认识总是先接触现象，从现象出发找出原理、原则来。研究问题要从人们看得见、摸得到的现象出发，来研究隐藏在现象后面的本质，从而揭露客观事物的本质的矛盾。他认为，《资本论》对资本主义经济的分析是从现象出发，找出本质，然后用本质解释现象，因此能够提纲挈领。他回忆说在国内战争和抗日战争的时候，我们研究战争的问题，也是从现象出发的，敌人大，我们小，这是当时最重大的、大家都看得见的现象。我们就是从这个现象出发来研究和解决问题的。研究我们在小而弱的情况下，如何来战胜大而强的敌人。《论持久战》就是这样写

---

① 毛泽东：《在延安文艺座谈会上的讲话》，《毛泽东选集》第 3 卷，人民出版社 1991 年版，第 853 页。

成的。它不是从给什么是持久战下定义来开始研究，而是从详细分析事实上存在的、不是虚造骗人的中日双方互相矛盾着的几个基本特点开始研究，具体地回答了为什么是持久战和怎样进行持久战的问题，从而指导了抗日战争，鼓舞了全国人民。毛泽东认为，从原理原则出发，不是马克思主义的方法。原理、原则的结果是要经过分析、经过研究才能得出的。他在阅读西洛可夫等的《辩证法唯物论教程》时写道："不从具体的现实出发，而从空虚的理论命题出发，李立三主义和后来的军事冒险主义与军事保守主义都犯过此错误，不但不是辩证法，而且不是唯物论。"① 毛泽东认为苏联《政治经济学》教科书的最大缺点是缺少辩证法，书上不从生产力和生产关系的矛盾、经济基础和上层建筑的矛盾的具体分析出发，提出问题，研究问题，而是从概念出发，从定义出发，只下定义，不讲道理，用的是从定义出发的方法，对每个问题总是下定义，总是从规律、原理、原则、定义出发。毛泽东认为这是马列主义从来所反对的方法。定义应当是分析的结果，不是分析的出发点。他说书上凭空提出一连串的规律，却不是从具体历史发展过程分析中发现和证明的规律，规律自身不能说明自身，不从具体历史发展过程的分析下手，规律是说不清楚的。

　　毛泽东认为，对具体事物进行具体分析，才能为认识事物提供确实根据。他在阅读米丁等的《辩证唯物论与历史唯物论》时，对以下的一段话打下了很多着重号："任何领域之科学的研究任务，在于依据这一唯物辩证法底总法则（这是全部人类知识发展史底总结论），根据事实的材料去研究某一自然现象、或社会现象、所特具的矛盾发展底具体性。唯物辩证法底原则，是没有一条可以变为抽象的表式（或图表）的，以为可以根据这

---

① 《毛泽东哲学批注集》，中央文献出版社1988年版，第9页。

样的抽象表式、用纯逻辑的方法得出对于具体问题的答案来，那是不可能的。因为唯物辩证法要求切实地、具体地研究自然、社会和人类思惟中所发生的一切过程。"① 毛泽东对这段话非常注重，并写下了"两种研究法：具体研究与抽象研究"的批注，接着他又写道："具体分析是确实根据。"② 随后他在读艾思奇的《哲学与生活》一书时，提出了"具体的矛盾"观点。毛泽东关于矛盾特殊性的研究就是这种切实地、具体地研究的典范。毛泽东不但具体地研究了矛盾特殊性的五种表现形式，揭示了事物矛盾在其结构、层次上的不同特点，而且在矛盾特殊性问题的研究中，还把两种情形"特别地提出来"加以研究，这就是主要的矛盾和矛盾的主要方面。早在《矛盾论》写作之前，他在读《辩证法唯物论教程》时，就对主要矛盾和次要矛盾、矛盾的主要方面和非主要方面给予了特别的关注，明确地提出"不能区别矛盾之主要与次要、规定的矛盾与被规定的矛盾，便不能探出过程之最本质的东西出来"③。在《矛盾论》中，他进一步指出：在研究矛盾特殊性的问题中，如果不研究过程中主要的矛盾和非主要的矛盾以及矛盾之主要方面和非主要方面这两种情形，就是说不重点研究这两种矛盾情况，"那就将陷入抽象的研究，不能具体地懂得矛盾的情况，因而也就不能找出解决矛盾的正确的方法"④。正是在关于矛盾的特殊性问题的研究中，毛泽东给予了教条主义以严厉的抨击。他批评教条主义者是懒汉，说他们拒绝对于具体事物做任何艰苦的研究工作，把一般真理看成凭空出现

---

① 《毛泽东哲学批注集》，中央文献出版社 1988 年版，第 175—176 页。
② 同上书，第 177 页。
③ 同上书，第 87—88 页。
④ 毛泽东：《矛盾论》，《毛泽东选集》第 1 卷，人民出版社 1991 年版，第 326 页。

的东西，把它变成人们所不能够捉摸的纯粹抽象的公式；说他们不了解应当用不同的方法去解决不同的矛盾，而只是千篇一律地使用一种自以为不可改变的公式到处硬套。他写道："我们的教条主义者违背列宁的指示，从来不用脑筋具体地分析任何事物，做起文章或演说来，总是空洞无物的八股调，在我们党内造成了一种极坏的作风。"①

马克思指出："具体总体作为思想总体、作为思想具体，事实上是思维的、理解的产物。"② 具体的研究最后意味着要造成"概念和理论的系统"，也即形成"成套思想"，借以完整地反映事物。前面说过，毛泽东认为认识的真正任务在于达到事物的全体的、本质的、内部联系的东西，达到暴露周围世界的内在的矛盾，因而能在周围世界的总体上，在周围世界一切方面的内部联系上去把握周围世界的发展，这与马克思所说的"思想的总体""思想的具体"相当。在毛泽东看来，要到达这种"思想的具体"，即造成"概念和理论的系统"，需要"综合感觉的材料加以整理和改造"，把对各部分的认识综合为一个统一的整体。毛泽东《关于农村调查》中的一段话，对此作了很好的说明：当我们观察一件事物时，第一步的观察只能看到这件事物的大体轮廓，形成一般概念。好比一个初来延安的人，开始他对延安的认识只是一般的、笼统的，可是当他参观了抗大、女大以及延安的各机关学校之后，他采取了第二个步骤，用分析的方法把延安的各部分有秩序地加以细细的研究和分析。然后第三步再用综合法把对各部分的分析加以综合，得出整体的延安。这时认识的延安就与初来时

---

① 毛泽东：《矛盾论》，《毛泽东选集》第 1 卷，人民出版社 1991 年版，第312 页。

② 马克思：《1857—1858 年经济学手稿》，《马克思恩格斯全集》第 30 卷，人民出版社 1995 年版，第 42 页。

认识的延安不同，他开始看的是整个的延安，现在看的也是整个的延安，但与开始的了解不同了，现在他对延安就有了科学的认识和具体的了解。毛泽东这里所说的"用分析方法把延安的各部分有秩序地加以细细的研究和分析"，是把整体分解为部分，相当于马克思所说的"在第一条道路上，完整的表象蒸发为抽象的规定"，而"用综合法把对各部分的分析加以综合"从而达到对延安的"科学的认识和具体的了解"，则是综合，是整体作为一个思维具体在思维中的再现，即马克思所说的"在第二条道路上，抽象的规定在思维行程中导致具体的再现"。这种具体的再现总的来说是思维把直观和表象加工成概念的产物，即"综合感觉的材料加以整理和改造"的产物，具体说它是通过分析基础上的综合得到的。如果不是"用综合法把对各部分的分析加以综合"，要想达到具体的再现是不可能的。

　　"用综合法把对各部分的分析加以综合"的方法，按照马克思的观点，也就是"从抽象上升到具体的方法"。马克思认为，"从抽象上升到具体的方法，只是思维用来掌握具体、把它当作一个精神上的具体再现出来的方式"[①]。就范畴上升的逻辑顺序来说，从抽象到具体也就是范畴从简单到复杂、从浅显到深刻、从低级到高级地向前发展，从而在思维中再现具体，达到对具体整体的认识。对于这种范畴上升过程，黑格尔曾有过深刻的阐述。他说："这个前进的运动的特征就是：它从一些简单的规定性开始，而在这些规定性之后的规定性就愈来愈丰富，愈来愈具体。因为结果包含着自己的开端，而开端的运动用某种新的规定性丰富了它。普遍的东西构成基础；因此，不应当把前进的运动看作从某一他

---

① 马克思：《〈政治经济学批判〉导言》，《马克思恩格斯选集》第 2 卷，人民出版社 1995 年版，第 19 页。

物到另一他物的流动。绝对方法中的概念保存在自己的存在中，普遍的东西保存在自己的单独的东西中，保存在判断和实在中，在继续规定的每一个阶段上，普遍的东西不断提高它以前的全部内容，它不仅没有因其前进的辩证运动而丧失了什么，丢失了什么，而且还带着一切收获物，使自己的内部不断丰富和充实起来。"① 马克思的《资本论》就是运用这种方法写成的，其中的商品、货币、资本等范畴的上升运动就是从普遍的、简单的规定性开始，然后越来越丰富、越来越具体。毛泽东对黑格尔和马克思的这种从抽象上升到具体的方法很是注意。他在阅读西洛可夫等的《辩证法唯物论教程》时就认识的过程写道："认识其最简单最根本的性质，由此再进到深处。"② "过程的简单的特性，是唯物辩证法最初的范畴，他是客观存在的。"③ 在阅读河上肇著李达等译的《马克思主义经济学基础理论》时，他对以下的一段文字既画了直杠杠，又画了横杠杠和波浪线，说明他对这段话给予了很大的关注："我们若想科学地分析事物，便要从那事物的最简单的范畴进行研究。为什么呢？因为复杂的东西，不会一下子就可理解，那要先尽可能地分解简单的东西，把它们一一加以研究，然后综合这些简单的东西去理解其全体，只有采取这种次序才行。"④ 毛泽东的《中国革命战争的战略问题》就是按照这种次序进行研究的。毛泽东首先研究战争，这是从私有财产和阶级出现以来就有的一种最高的政治斗争形式，然后研究革命战争，在一般战争的情形和性质之外，有它的特殊的情形和性质；然后再研究中国革命战争，它比较一般的战争、一般的革命战争，又有它

① 黑格尔：《逻辑学》下卷，商务印书馆1976年版，第549页。
② 《毛泽东哲学批注集》，中央文献出版社1988年版，第42页。
③ 同上书，第42—43页。
④ 同上书，第484—485页。

的特殊的情形和特殊的性质。毛泽东集中力量认真研究了中国革命战争的特殊情形和特殊性质，他批驳了那些不承认、不知道或不愿意知道中国革命战争有其特点的人，把红军对国民党军队的作战，看作和一般战争相同，或和苏联内战相同。他同时提出了一系列适合中国革命战争特点的战略战术，从而引导中国革命战争走上胜利的途径。毛泽东的《矛盾论》也是采用从抽象到具体的方法的一个典型。在这篇文章里，毛泽东首先研究矛盾的普遍性，然后研究矛盾的特殊性，然后研究更加特殊的主要矛盾和矛盾的主要方面及对抗性矛盾，从而有力地批驳了教条主义，阐明了矛盾的普遍性即寓于矛盾的特殊性之中，阐明了研究当前具体事物的矛盾的特殊性，对于指导实践的发展具有的重要意义。

毛泽东有时按照从"为什么"到"怎么办"、从理论到方法的次序来进行范畴的上升，从而造成概念和理论的系统。《论持久战》可以分为两个部分，前一部分讲为什么是持久战，后一部分讲怎样进行持久战。毛泽东就是按照从为什么到怎么办的次序，组成了一个严密的概念和范畴系统，回答了有关持久战的一系列问题。从为什么到怎么办，也就是从理论到方法。1957 年毛泽东就讲卫生、除四害问题给胡乔木写信说："可用一个星期的时间将全国各省、市、县见于报纸的经验一齐找来仔细看一遍，边看边想，形成成套思想，然后下笔成文……内容要把人人振奋、改造国家，带动消灭人病，牲口病，作物病的道理讲清楚，这是理论。然后讲办法，也要讲得入情入理，使人觉得切实可行……然后讲到书记动手，报纸、刊物、广播，定期扫除、定期检查等事，作为结束。"可以看出，毛泽东的这种从为什么到怎么办、从理论到方法的范畴上升方法不过是从抽象到具体的方法的一种通俗化和变体，其实质和基本精神是完全一致的，都是从普遍的简单的东西开始，然后越来越丰富、越来越具体，从而造成概念和理论的系统，造成思维具体，达到对于事物的具体的了解。

第三节　抽象和具体的结合

以上我们分别叙述了毛泽东的抽象和具体的方法，实际上，这两个方法在毛泽东那里是互相结合的，它们相互补充、相互依赖、相互转化。

人的认识是从感性具体到思维抽象，又从思维抽象到思维具体。在认识和改造中国社会的长期过程中，毛泽东既运用抽象的方法，又运用具体的方法，以达到对事物的真正的认识和把握，制定出正确的路线、政策和战略战术。在《中国革命战争的战略问题》中，毛泽东不仅运用抽象的方法考察一般战争的规律，同时也运用具体的方法考察中国革命战争的特点和特殊规律。由于中国革命战争是一般战争和特殊战争的统一，这样就从两个方面把握了中国革命战争的规律，从而制定出了一套适合中国革命战争的战略战术。在《矛盾论》中，毛泽东不仅运用抽象的方法考察矛盾的普遍性，而且运用具体的方法考察矛盾的特殊性，从而发现了二者的联结，并提出了矛盾的普遍性和矛盾的特殊性的关系问题是矛盾问题的精髓。

实际上，在每一个具体问题的考察中，毛泽东都是既运用抽象的方法，又运用具体的方法，使二者互相补充的。这是因为在每一个具体问题的考察中都要既运用分析又要运用综合的方法。分析和综合是互相补充的，这就决定了抽象的方法和具体的方法也必然是互相补充的，因为抽象的方法是以分析方法为基础和前提的，具体的方法是以综合方法为基础和前提的（这既包括感性的综合，也包括理性的综合、抽象思维的综合）。矛盾的普遍性和特殊性、本质和现象、部分和整体、系统和要素的辩证统一，也从根本上决定了抽象的方法和具体的方法必然是相互补充的。"当着我们研究一定事物的时候，就应当去发现这两方面及其互相联结，发现一事物内部的特殊性和普遍性的两方面及其互相联结，发现一事物和它以外的许多事物的互相联结。"① 这就是说，研究任何事物，都必须既用抽象的方法又用具体的方法，来把握矛盾的普遍性和特殊性这两方面及其相互联结。如果不运用抽象的方法，就不能认识矛盾的普遍性，就无从把握事物的普遍的本质，无从发现事物运动发展的普遍的原因或普遍的根据，也就不能把握事物运动发展的基本方向；如果不运用具体的方法，就不能研究矛盾的特殊性，就无从把握一事物区别于他事物的特殊的本质，无从发现事物运动发展的特殊的原因或特殊的根据，不能认识事物运动发展的特殊的规律，也就不能理解矛盾和解决矛盾。

毛泽东之所以既批评教条主义又批评经验主义，认为它们都是主观主义，就是因为它们都割裂了抽象和具体、矛盾的普遍性和特殊性的联系：没有使二者相互联系、相互补充、有机地统一起来。一方面，教条主义只知运用抽象，对矛盾的普遍性和马克思主义的理论作抽象的研究，不去作具体的研究，结果使马克思主义变成了抽象空洞的教条；另一方面，经验主义只是掌握了一些具体经验，把握了一些特殊现象，却不能运用抽象的方法从中抽出一些具有普遍意义的关系和问题，借以形成理论，指导全局，结果他们的认识也是片面的。毛泽东思想是在既克服教条主义又克服经验主义的两条战线的斗争中产生出来的。一方面，毛泽东以马克思主义的一般原理为指导去具体地研究中国革命的问题；

---

① 毛泽东：《矛盾论》，《毛泽东选集》第 1 卷，人民出版社 1991 年版，第 318 页。

另一方面，又从这些具体研究中抽象出一些有决定意义的原则、论点，丰富和发展了马克思主义。毛泽东思想是马克思主义的普遍原理和中国具体革命实践相结合的产物，也是抽象的方法和具体的方法相结合的产物。

抽象和具体是相互依存的。具体是抽象的基础和归宿。"矛盾的普遍性即寓于矛盾的特殊性之中"，共性"即包含于一切个性之中，无个性即无共性。假如除去一切个性，还有什么共性呢?"① 研究矛盾的特殊性是研究矛盾的普遍性的基础。感性的具体认识是抽象思维发生的基础。"就人类认识运动的秩序说来，总是由认识个别的和特殊的事物，逐步地扩大到认识一般的事物。人们总是首先认识了许多不同事物的特殊的本质，然后才有可能更进一步地进行概括工作，认识诸种事物的共同的本质。"② 另一方面，具体的认识又始终是人类追求的目标和归宿。"当着人们已经认识了这种共同的本质以后，就以这种共同的认识为指导，继续地向着尚未研究过的或者尚未深入地研究过的各种具体的事物进行研究，找出其特殊的本质"③，这样以解决人们生活实践中的问题，同时又可以补充、丰富和发展已经获得的共同的本质的认识，使这种共同的本质的认识不致变成枯槁和僵死的东西。毛泽东指出，教条主义者在这个问题上的错误就是："一方面，不懂得必须研究矛盾的特殊性，认识各别事物的特殊的本质，才有可能充分地认识矛盾的普遍性，充分地认识诸种事物的共同的本质；另一方面，不懂得在我们认识了事物的共同的本质以后，还必须继续研究那

---

① 毛泽东:《矛盾论》，《毛泽东选集》第 1 卷，人民出版社 1991 年版，第 320 页。

② 同上书，第 309—310 页。

③ 同上书，第 310 页。

些尚未深入地研究过的或者新冒出来的具体的事物。"① 毛泽东还批评教条主义以抽象的教条看待马克思主义,不知道马克思主义是从客观实际中抽出来的并且为客观实际所证明的理论,不知道要把马克思主义的普遍真理和中国革命的具体实践相结合从而丰富和发展马克思主义,他们把一般真理看成凭空出现的东西,把它变成人们所不能够捉摸的纯粹抽象的公式。总之,毛泽东强调,抽象的、普遍的东西要以具体的、特殊的东西为基础,否则,抽象的东西就成了纯粹抽象的公式,它就不能够为人们所理解,既不知道它是从哪里来的,又不知道它要向哪里去,既没有基础,也没有归宿。

抽象和具体的依存是相互的,不仅抽象依存于具体,具体也依存于抽象。各种具体事物的研究需要"以这种共同的认识为指导",只有在这种共性认识的指导下对具体事物进行研究,才能把握具体事物的深刻本质,它的规律和运动发展的基本方向,也才能正确地认识具体矛盾的特点和正确地解决矛盾。经验主义者之所以是错误的,就在于他们只凭具体经验办事,缺少抽象的一般的共同认识的指导,因而不能通观客观过程的全体,缺乏明确的方针,没有远大的前途,沾沾自喜于一得之功和一孔之见。这种人如果指导革命,就会引导革命走上碰壁的地步。具体有赖于抽象,还表现在从抽象上升到具体从而形成"成套思想"的过程中。"成套思想"是在思维抽象的基础上形成的,它是从对象抽取出来的各种规定的综合而产生的思维具体。抽象规定是它的构成要素。没有抽象规定,也就不可能形成思维具体。只有先通过分析,把对象的各种规定性区别出来,获得各种抽象规定,然后再通过综

---

① 毛泽东:《矛盾论》,《毛泽东选集》第 1 卷,人民出版社 1991 年版,,第 310 页。

合使之条理化、系统化，才能达到多种规定性统一的思维具体。毛泽东的一系列文章都是根据大量的实际材料，通过分析找出一些有决定意义的关系、问题和论点，然后运用综合的方法把它形成一个思维具体而产生出来的。《论持久战》就是由"为什么是持久战"和"怎样进行持久战"这样两大部分构成的一个思维总体，缺乏其中的任何一个，就不能形成关于持久战的"成套思想"。总之，毛泽东的"成套思想"离不开抽象的规定，离不开思维抽象。思维抽象构成"成套思想"的基础和前提，没有思维抽象就不会有"成套思想"。

抽象的方法和具体的方法是相互转化的，这首先表现在抽象和具体的区分是相对的，一定范围、一定阶段上的抽象，在另一范围、另一阶段上则是具体的。《矛盾论》的每一个要素、部分即矛盾的普遍性、矛盾的特殊性、主要的矛盾和矛盾的主要方面等，相对于人们大量的关于矛盾的感性经验和一大堆关于矛盾问题的资料、材料，都是抽象的，但是就矛盾的普遍性和矛盾的特殊性而言，矛盾的普遍性则是抽象的而矛盾的特殊性则成为具体的了。在《中国革命战争的战略问题》中，我们也可以看到，在"战争的规律"——"革命战争的规律"——"中国革命战争的规律"这样的研究系列中，"革命战争的规律"相对于"战争的规律"是特殊、具体，而相对于"中国革命战争的规律"又是一般、抽象了。实际上在毛泽东的每一个"成套思想"里，相比较而言，先行的范畴比后继的范畴要抽象，而后继的范畴比先行的范畴要具体，因为整个范畴体系是按照从简单到复杂的次序上升的，后继的范畴比先行的范畴包含更丰富的内容，具有更多的规定性。

客观事物矛盾的普遍性和特殊性、事物的部分和整体的区分的相对性，从根本上决定了抽象方法和具体方法区分的相对性。"由于事物范围的极其广大，发展的无限性，所以，在一定场合为普遍性的东西，而在另一一定场合则变为特殊性。反之，在一定场合为特殊性的东西，而在另一一定场合则变为普遍性。"例如，"资本主义制度所包含的生产社会化和生产资料私人占有制的矛盾，是所有有资本主义的存在和发展的各国所共有的东西，对于资本主义来说，这是矛盾的普遍性。但是资本主义的这种矛盾，乃是一般阶级社会发展在一定历史阶段上的东西，对于一般阶级社会中的生产力和生产关系的矛盾说来，这是矛盾的特殊性。"① 从整体和部分的关系看也是相对的。同一个事物相对于它的组成部分来说，它是整体，但是相对于它所在的更大的系统来说，它又成为部分。抽象和具体本质上是对矛盾的普遍性和特殊性、事物的部分和整体的反映，由于普遍和特殊、部分和整体的区分是相对的，因而抽象和具体的区分也必然是相对的。

抽象的方法和具体的方法相互转化还表现在一个完整的认识过程中，表现为从感性具体转化为思维的抽象，又从思维的抽象转化为思维具体。在这里，从感性具体转化为思维抽象的过程，主要是把已经获得的材料加以分析，找出一些有决定意义的特征、特性、关系即抽象的规定。从思维抽象转化为思维具体的过程，主要是通过综合把已经找出来的一系列抽象规定予以系统化，形成"成套思想"，形成关于对象的各种规定性的统一的、完整的认识。《矛盾论》的完整认识过程表现为，首先从大量感性经验和已有的材料中抽象出矛盾的普遍性、特殊性等一系列抽象的要素，然后把这些要素予以系统化，把思维抽象转化为思维具体，即完整的《矛盾论》的著作。在这里，抽象和具体是以一个否定另一个的形式相互转化着。抽象的规定是对感性具体的否定，它离开

---

① 毛泽东：《矛盾论》，《毛泽东选集》第 1 卷，人民出版社 1991 年版，第318 页。

了感性具体、感性材料；但是抽象的规定又是走向思维具体的一个中间环节，通过走向思维具体而实行了对自身的否定。在任何一个完整的认识过程中，抽象和具体总是这样相互转化着，它们构成了认识的前进运动。教条主义者和经验主义者都不愿意按照这种方式把认识推向前进，所以他们不能领导中国革命走向胜利。毛泽东正是按照这种方式把认识不断地推向前进，所以他能够提出一系列正确的方针、政策，指导中国革命取得胜利。

抽象和具体的相互转化还表现在认识的总过程中，表现为从感性具体到思维的抽象（包括思维的抽象规定所构成的思维系统），又从思维的抽象到感性的具体。也就是由认识个别的、特殊的事物进到认识一般的事物、认识诸种事物的共同本质，接着又以这种一般的、共同的认识为指导、去研究新的具体事物。"这是两个认识的过程：一个是由特殊到一般，一个是由一般到特殊。人类的认识总是这样循环往复地进行的，而每一次的循环（只要是严格地按照科学的方法）都可能使人类的认识提高一步，使人类的认识不断地深化。"[1] 毛泽东在这个问题上批评教条主义的错误是："不懂得人类认识的两个过程的互相联结——由特殊到一般，又由一般到特殊，他们完全不懂得马克思主义的认识论。"[2]

"由特殊到一般，又由一般到特殊"这个人类认识的总过程、总规律，与"实践、认识、再实践、再认识"的提法也是一致的。毛泽东在《实践论》的最后指出："实践、认识、再实践、再认识，这种形式，循环往复以至无穷，而实践和认识之每一循环的

---

① 毛泽东：《矛盾论》，《毛泽东选集》第 1 卷，人民出版社 1991 年版，第 310 页。

② 同上。

内容，都比较地进到了高一级的程度。"① 一般和特殊、认识和实践的这种相互推动、相互转化、永无止境的发展过程，实质上也就是抽象和具体这两种人类认识的方法相互推动、相互转化、永无止境的发展过程。列宁曾经指出："从生动的直观到抽象的思维，并从抽象的思维到实践，这就是认识真理、认识客观实在的辩证途径。"② 毛泽东根据长期曲折而又复杂的革命斗争的实践经验，总结人类认识发展的全过程，提出了"由特殊到一般，又由一般到特殊"和"实践、认识，再实践、再认识"的人类认识的总公式，把人类认识过程中的抽象和具体的辩证转化过程具体化了，同时把人类认识运动的总秩序、总规律揭示出来了，这是对马克思主义认识论的重要贡献。

在毛泽东那里，抽象的方法和具体的方法相互补充、相互依赖、相互转化，还表现在他的两个著名的领导方法中，即一般号召和具体指导相结合、领导和群众相结合。在本书第六章第三节中已有专节论述，此处就不再赘述了。

---

① 毛泽东：《实践论》，《毛泽东选集》第 1 卷，人民出版社 1991 年版，第296—297 页。

② 列宁：《黑格尔〈逻辑学〉一书摘要》，《列宁全集》第 55 卷，人民出版社 1990 年版，第 142 页。

第十一章　历史和逻辑的方法

历史和逻辑的方法是人类思维中经常碰到的一对互相对立又互相关联的方法。毛泽东在这方面虽然没有专门的著作，但是从他关于这个问题的一些言论，特别是从他的作品、文章中所实际体现的历史和逻辑方法的运用，我们可以看到他在这方面的一些独到的见解。认真总结他在这方面的成就和见解，对于我们正确地认识、掌握历史的方法和逻辑的方法及其相互关系，训练、提高我们的理论思维水平，具有重要意义。鉴于历史、逻辑的方法实质上是抽象和具体方法的进一步具体化，因此，按照从抽象到具体的原则，我们就从毛泽东的逻辑方法开始考察。

第一节　逻辑的方法

逻辑在毛泽东的早期著作中也叫作"论理"。毛泽东的早期著作中的所谓的"论理学"也就是"逻辑学"，所谓的"论理的认识"也就是"逻辑的认识"。"论理"是日本人对西方 logic 的一种译法。中国学术界在 20 世纪 30 年代前借鉴了这个译法。30 年代初译的苏联哲学教科书，也都采用这个译法。毛泽东在 30 年代（以及以前）所写的著作以及哲学批注，也就采用了这个译法。

逻辑有形式逻辑和辩证逻辑。毛泽东在 1965 年 12 月的杭州会议上指出，形式逻辑是讲思维形式的，讲前后不相矛盾的。它是一门专门科学，任何著作都要用形式逻辑。他说形式逻辑对大前提是不管的，要管也管不了。国民党骂我们是"匪徒"，"共产党是匪徒"，"张三是共产党"，所以"张三是匪徒"。我们说，"国民党是匪徒，蒋介石是国民党，所以蒋介石是匪徒"。这二者都是合乎形式逻辑的。他认为有些人把形式逻辑和辩证法混淆在一起，这是不对的。在他看来，所谓辩证逻辑，是关于事物矛盾的逻辑。他在读米丁等的《辩证唯物论与历史唯物论》一书时，对其中的一段话给予了注意："唯物的辩证法透视于研究对象之内部的本质，它在对象自身中找出矛盾力量、矛盾倾向、矛盾方面、矛盾定性之内部的联系来。"毛泽东认为这就是"辩证论理与形式论理的区别"①，即辩证逻辑和形式逻辑的区别。1958 年，他在对北戴河工业类文件的意见中，针对一些同志不大懂辩证逻辑时又写道："所谓不大懂辩证逻辑，就工业来说，就是不大懂工业中的对立统一、内部联系，主要矛盾与次要矛盾的分别。"总之，毛泽东所谓的辩证逻辑，就是矛盾的逻辑、辩证法的逻辑，就是事物和概念的内部联系和关系、矛盾双方的对立统一。

毛泽东在考察事物时，既运用形式逻辑，也运用辩证逻辑。运用辩证逻辑去考察事物，就是从事物和概念的内部联系和关系，从事物和概念的本性、内在矛盾和发展的规律性、内在的必然性去考察事物。运用辩证逻辑研究事物的一些基本原则，毛泽东在阅读苏联哲学教科书时就已经形成了。他在阅读西洛可夫等的《辩证法唯物论教程》时，对其中的一段话非常注意，画了很多的线。这段话是："伊里奇接着说：'这正是辩证法的一般的叙述方

---

① 《毛泽东哲学批注集》，中央文献出版社 1988 年版，第 162 页。

法或研究方法'。发现过程之最单纯的最根本的关系；在那种关系之中，暴露主要矛盾；探求主要矛盾的发展、斗争、及以主要矛盾为基础而出现的全体矛盾、充满了矛盾的方面、发展的倾向——过程之自始至终的发展；探求发展中的过程各阶段的质的变化，充满了矛盾的各方面的运动之相对的特殊性、充满了矛盾的各方面之相互联结及相互推移——这是必须研究（的）任何过程的路程。"毛泽东在这段话的旁边写道："研究的原则如此。"①在《矛盾论》中，毛泽东把这些研究原则系统地化为矛盾的普遍性、矛盾的特殊性、主要的矛盾和矛盾的主要方面、矛盾的同一性和斗争性、对抗和矛盾。根据这些一般的原则，他还研究了一系列较为特殊的矛盾关系，这些也构成了他逻辑方法的内容：精神与物质、内部与外部、现象与本质、质与量、肯定与否定、绝对与相对、抽象与具体、一般与个别、根据与条件、内容与形式、目的性与因果性、必然与偶然，必然与自由、可能与现实等。他还研究了一系列更加特殊的矛盾的关系，诸如生产力和生产关系、经济基础和上层建筑、人民内部的矛盾、阶级之间的矛盾、经济领域中的矛盾、政治领域中的矛盾、军事领域中的矛盾、文化艺术领域中的矛盾、国际社会中的矛盾等。对这些矛盾的关系的分析，构成了他的逻辑分析的主要内容。在实际工作中，他还特别注意整体和部分的关系问题。他认为九个指头与一个指头的区别、大局与小局的区别、主流与支流的区别，是现实问题，也是逻辑问题，因而也是逻辑分析的对象。他在《工作方法六十条（草案）》中说："十个指头的问题。人有十个指头，要使干部学会善于区别九个指头和一个指头，或者多数指头和少数指头。九个指头和一个指头有区别，这件事看来简单，许多人却不懂得。要宣

① 《毛泽东哲学批注集》，中央文献出版社1988年版，第90页。

传这种观点。这是大局和小局、一般和个别、主流和支流的区别。我们要注意抓住主流，抓错了一定翻跟斗。这是认识问题，也是逻辑问题。"① 1958 年，他在批阅《关于人民公社若干问题的决议》时，针对其中一处把"绝对全面的完成"与一般的"完成"混淆在一起并加以修改时写道："这里逻辑不清，相当混乱，故作如此修改。所谓逻辑，有一个必须遵守的通用原则，就是'全量大于部分'，或者说，'大比小为大，小比大为小'。说话，作文，必须注意及之。"

注意概念、判断、推理的准确性，合乎逻辑性，注意整篇文章的条理、结构，是毛泽东的逻辑方法的又一个重要方面。1955年6月8日，毛泽东在致陆定一、周扬、邓拓的信中说："关于写文章，请注意不要用过于夸大的形容词，反而减损了力量。必须注意各种词语的逻辑界限和整篇文章的条理（也是逻辑问题）。废话应当尽量除去。"毛泽东在这里提出的各种词语的逻辑界限问题，也就是各种词语的准确性问题。在《工作方法六十条（草案)》中，他又提出了这个问题，指出："文章和文件都应当具有这样三种性质：准确性、鲜明性、生动性。准确性属于概念，判断和推理问题，这些都是逻辑问题。鲜明性和生动性，除了逻辑问题以外，还有词章问题。"他批评说："现在许多文件的缺点是：第一，概念不明确；第二，判断不恰当；第三，使用概念和判断进行推理的时候又缺乏逻辑性；第四，不讲究词章。"他说看这种文件是一场大灾难，耗费精力又少有所得，一定要改变这种不良风气。他特别提到，从"个别性的前提得到了一个普遍性的结论"是一种不合乎逻辑的表现。他一再强调，写文章要注意前后不矛

---

① 毛泽东：《工作方法六十条（草案)》，《毛泽东建国以来重要文稿》第 7 册，中央文献出版社 1992 年版，第 59 页。

盾。"就是要注意整篇文章、整篇说话的结构，开头、中间、尾巴要有一种关系，要有一种内部的联系，不要互相冲突。"毛泽东在阅读《苏联政治经济学》（教科书）时认为这本书的一个缺点就是文章不讲逻辑，甚至形式逻辑也不讲。他说这本书看起来是几个作者分别一章一章地写的，有分工而无统一，没有形成教科书的体系，加上用的是从定义出发的方法，使人觉得是一本经济学词典，作者相当被动，很多地方自己同自己矛盾，后面同前面打架。他认为分工合作，集体写作，虽然是一种方法，但最好的方法是以一个人为主，带几个助手写，像马克思他们写出来的书，才是完整、严密、系统、科学的著作。

　　毛泽东认为文章和文件有逻辑性就能势如破竹，高屋建瓴，引人阅读，读过后很舒服，相反，如果没有逻辑性，读起来就没有兴趣。毛泽东历来主张应该研究一下文章怎样写得短些，写得精粹些，但是就其实质说，他是反对空话连篇、言之无物的八股腔，并不是主张任何东西都以短为好，这里的关键是文章是否有条理，即是否有逻辑性。1951 年他在《纠正文字缺点》中说道："压缩是指分清条理，去掉空话，并不是说可以省略必不可少的词类，可以违背文法，也不是说可以不顾文字的形象性和鲜明性。有些写得好的报告，虽然篇幅颇长，却能引人阅读，使人不厌其长。有些写得不好的报告，虽然篇幅不长，却使人难看。这里的区别就在是否有条理，是否说空话和是否合文法。"① 毛泽东反复强调，不要把文章和文件的逻辑性问题当作芝麻小事，大老爷用不着去管。他一再号召做经济工作、做领导工作的同志一定要注意，重要的文件不要委托二把手、三把手写，要自己动手，或者

① 毛泽东：《纠正文字缺点》，《毛泽东新闻工作文选》，新华出版社 1983 年版，第 167 页。

合作起来做。1958 年他在《对北戴河会议工业类文件的意见》中，表扬了农村类文件，认为这类文件每样事情交代清楚，前后次序有逻辑性，文字通顺，一般具有鲜明性和准确性。同时他严厉批评了工业类文件，特别是"说明要点"这个文件。他写道："我读了两遍，不大懂，读后脑中无印象。将一些观点凑合起来，聚沙成堆，缺乏逻辑，准确性、鲜明性都看不见，文字又不通顺，更无高屋建瓴、势如破竹之态。其原因，不大懂辩证逻辑，也不懂形式逻辑，不大懂文法学，也不大懂修辞学。我疑心作者对工业还不甚内行，还不大懂。如果真懂，不至于不能用文字表现出来。所谓不大懂辩证逻辑，就工业来说，就是不大懂工业中的对立统一，内部联系，主要矛盾与次要矛盾的分别，因此构思成文，不可能有长江大河、势如破竹之势。讲了一万次了，依然纹风不动，灵台如花岗之岩，笔下若玄冰之冻。哪一年稍稍松动一点，使读者感觉有些春意，因而免于早上天堂，略为延长一年两年寿命呢！"他还写道："我对作者是很喜欢的，从文件内容看来，他是一个促进派，力争上游，多快好省的坚决拥护者，政治路线是正确的。甚为不足，是在理论与文词。我的意思，痛切一道，引起注意（过去我所做的一万次的唠叨历史，只当做一阵西北风）。如不同意，可用通信方法鸣放辩论。我写的是一张大字报，你们也写吧。如果同意，请你们会谈一下。我看你们的心意，把这类事当作芝麻，你们注意西瓜去了。却是写出文件叫人不愿意看，你们是下决心不叫人看的，是不是呢？建议：重写一遍，二遍，三遍，以至多遍……"毛泽东还批评说："你们做工业官，有工业志，就是不用心思，毫无理论研究，以致文件写成这样。"

从以上一段话还可以看出，要运用好逻辑的方法，首先要懂逻辑，包括形式逻辑和辩证逻辑。其次要懂行，"内行出逻辑"，对自己的本行要熟悉，再次是要用心思。这三点也是毛泽东所历来强调的。

要运用好逻辑就要学习逻辑，懂得逻辑。人的逻辑思维即理论思维能力需要培养。恩格斯指出："理论思维仅仅是一种天赋的能力。这种能力必须加以发展和锻炼，而为了进行这种锻炼，除了学习以往的哲学，直到现在还没有别的手段。"① 毛泽东之所以逻辑思维能力强，文章写得好，在我们党里头没有第二个写出他那样好的著作，主要原因之一就是他重视学习哲学。他既钻研过西方哲学中的康德的二元论、赫胥黎的进化论，以及克鲁泡特金的无政府主义，也钻研了中国先秦诸子、程朱理学、陆王心学，特别是王夫之、顾炎武、颜元等主张的"经世致用""践履笃行"的"实学"以及谭嗣同的"仁学"。红军长征到达陕北后，毛泽东更是发奋读哲学。中华人民共和国成立以后毛泽东学习和研究哲学的兴趣更浓。据说他出差要带的书籍种类很多，但带的最多的书是各种哲学书籍。他还十分关注国内外哲学问题的讨论情况，对于有的讨论文章，他不仅自己读，还介绍给其他同志传看，同时还经常找一些哲学家共同探讨一些哲学问题。喜爱哲学、努力学习和探讨哲学，这是他善于进行逻辑思维的秘密。今天我们要学习毛泽东的逻辑思维方法，除了像毛泽东那样学习马克思主义哲学以外仍然没有别的手段。

毛泽东既强调学哲学，也强调学逻辑。他在南宁会议上的讲话提纲中就专门列有"学哲学，学逻辑"的项目，它甚至成为会议讲话的主要部分。在南宁会议的结论提纲里，他又一次把"学点文法和逻辑"作为讲话的一个内容。后来在《工作方法六十条（草案）》中，又列有专门的一条："学点文法和逻辑"。在 1965

① 恩格斯：《自然辩证法》，《马克思恩格斯选集》第 3 卷，人民出版社 1972 年版，第 465 页。

年的一次谈话中，他甚至遗憾地指出：我们的党员研究哲学，就是不研究逻辑。毛泽东重视研究逻辑，不仅表现在重视研究辩证法，重视研究辩证逻辑，即研究事物的对立统一关系、整体和部分的关系、主要矛盾和次要矛盾的关系等；还特别地表现在对形式逻辑这门专门科学的研究上。还在 20 世纪 30 年代，毛泽东在摘录艾思奇的《哲学与生活》时就重点摘录了关于逻辑方面的有关论述。潘梓年著的《逻辑与逻辑学》一书他也很感兴趣。他在 1938 年 3 月 25 日的"读书日记"中写道："潘梓年同志寄来了他所作一册《逻辑与逻辑学》，本日看至 93 页，颇为新鲜。"20 世纪 50 年代我国哲学界掀起了一场关于逻辑问题的讨论，毛泽东不仅认真阅读有关讨论文章，还多次邀集逻辑学界、哲学界有关人士研讨逻辑学讨论中提出的问题。他还提议编印逻辑论文集和专著。1959 年 7 月 28 日，他在致康生的信中谈道："我有兴趣的，首先是中国近几年和近数十年关于逻辑的文章、小册子和某些专著（不管内容如何），能早日汇编印出，不胜企望！"他不满足于看逻辑学论文，还希望系统地看全部"专著"；不满足于只了解"近几年"的讨论情况和各种见解，还希望了解中国"近数十年"的研究著作；他不仅对西方的逻辑学感兴趣，对中国传统的逻辑思想也感兴趣。1958 年他就和周谷城说过，最好把古今所有的逻辑书都搜集起来，印成一部丛书，还在前面写几句话，作为按语。到了晚年，他读逻辑书的兴趣仍旧很浓，他让有关方面把有的逻辑学书印成大字本来读。

毛泽东不仅号召广大干部要学好逻辑，用以规范自己的思想，而且对逻辑的"认识论"问题也给予注意，强调客观事物的逻辑、实践的逻辑是思维逻辑的基础。1964 年他在接见尼泊尔教育代表团时说："如果不到社会上、人民中间去学哲学，不到自然界去学哲学，那种哲学学出来没有用处，仅仅懂得点概念而已。逻辑学也是如此，可以读一遍课文，但不要懂得很多，只有在运用中才能逐步理解。我读逻辑学的时候就不大懂，在用的时候才逐步懂了。"毛泽东强调逻辑学的认识论基础，是因为逻辑作为思想方法，是为认识和改造世界服务的。他认为，学逻辑首先要注意特殊对象的特殊逻辑。在《论持久战》中，他号召人们要研究"战争的自然逻辑"；在《改造我们的学习》中，他号召教哲学的要引导学生"研究中国革命的逻辑"。此外，他还要求人们划清革命和反革命、是与非的界限，认清"帝国主义者的逻辑"和"人民事业的逻辑"的根本区别。这里的所谓"逻辑"是指客观事物本身的逻辑即规律。在《工作方法六十条（草案）》中，他提出了"概念的形成过程，判断的形成过程，推理的过程，就是调查和研究的过程"，就是"从群众中来"的过程。又说，任何人的概念、判断和推理，"只能是客观世界的反映"。毛泽东还就"属概念"和"种概念"的关系的角度把上述思想具体化了，他说："小孩子已经学会了一些概念。狗，是个大概念。黑狗、黄狗是小些的概念。他家里的那条黄狗，就是具体的。……谁见过'人'？只能见到张三、李四。'房子'的概念谁也看不见，只看到具体的房子，天津的洋楼、北京的四合院。"① 这段话指出属概念是从种概念抽象出来的，种概念是属概念的基础。

毛泽东强调形式逻辑的认识论基础，目的在于把形式逻辑同认识的辩证法统一起来。他明确说过："形式逻辑对大前提是不管的，要管也管不了。"大前提内容的真假，"得由各门科学来管"②。这就是说，逻辑前提问题与客观世界和人类认识史相关，此其一。其二，他认为单用演绎推理"是得不出多少新知识的"。

---

① 《毛主席论教育革命》，人民出版社 1967 年版，第 25 页。

② 龚育之、逄先知、石仲泉：《毛泽东的读书生活》，生活·读书·新知三联书店 1986 年版，第 131 页。

基于这种认识，他认为要把演绎和归纳结合起来，强调在获得一般性认识之后，不要仅仅依靠演绎法，还要"从一般到个别"，使之再回到实践中去。毛泽东对逻辑的认识论基础的见解，体现了他在逻辑学上的彻底唯物论和辩证法思想。

要训练和提高逻辑思维能力必须熟悉情况，熟悉自己所从事的行业和所论的问题。毛泽东在《实践论》中已经阐明，只有当感觉材料不是零碎不全而是十分丰富、不是错觉而是合乎实际时，才能根据这样的材料造出正确的概念和逻辑来。这就要反复进行社会实践和社会调查。只有反复进行社会实践和社会调查，熟悉情况，才能在此基础上向逻辑的认识飞跃，产生出逻辑的认识来。

有从事社会实践的经验，有达到逻辑认识的要求，但不用心思，仍然是不可能产生出逻辑的认识来的。所谓用心，就是运用一整套逻辑思维手段，包括分析和综合、抽象和具体、历史和逻辑、归纳和演绎，以及交换、比较、反复等。毛泽东形象地说，《三国演义》上所谓"眉头一皱计上心来"，我们普通说话所谓"让我想一想"，就是人在脑子里运用概念以作判断和推理的工夫。这是认识的第二个阶段，也即逻辑的认识阶段。"多想出智慧"，多想出逻辑，事物的内部联系和规律性不是肉眼可以看见的，而是必须运用脑筋多想苦想才能够发现的。毛泽东经常劝人要善于思索，他自己也是善于思索的典范。毛泽东的一系列著作都是他善于思索的结果。以《论人民民主专政》为例，毛泽东在写这篇文章之前，坐了一天，动也不动，专心构思，然后，又用一天的时间，饭也没吃，一气呵成，完成近万字的名篇。这篇文章逻辑严密，简明精练，气势磅礴，一泻千里。它是中华人民共和国建国纲领的理论基础和政策基础之一，就其基本思想来说，在今天仍然保持着它的生命力。

第二节　历史的方法

毛泽东不仅注重对于事物进行逻辑的考察，而且注重对于事物进行历史的考察。在《如何研究中共党史》中，毛泽东把它称为"全面的历史的方法"，"就是弄清楚所研究的问题发生的一定时间和一定的空间，把问题当作一定历史条件下的历史过程去研究"。毛泽东用"全面的历史的方法"分析了许多有关的问题，解决了许多有关中国革命的理论问题和策略问题，向我们提供了许多有益的经验和启示，是值得我们认真加以总结的。

弄清楚所研究的问题发生的一定时间和一定空间，把它当作一定的、历史发展的、特殊的事物来考察，这是毛泽东的历史方法的一个重要内容。在《中国革命战争的战略问题》中，他一开始就指出，"从时间的条件说，战争和战争指导规律都是发展的，各个历史阶段有各个历史阶段的特点，因而战争规律也各有其特点，不能呆板地移用于不同的阶段"。他认为一切战争指导规律，依照历史的发展而发展，依照战争的发展而发展，一成不变的东西是没有的。在考察人民是什么这个问题时，他也是首先把它放到一定的历史范围之内，用历史发展的观点来加以考察，而不是对它下一个适用于一切时代和一切国家的抽象的定义。在《关于正确处理人民内部矛盾的问题》中他又进一步写道："人民这个概念在不同的国家和各个国家的不同的历史时期，有着不同的内容。拿我国的情况来说，在抗日战争时期，一切抗日的阶级、阶层和社会集团都属于人民的范围，日本帝国主义、汉奸、亲日派都是人民的敌人。在解放战争时期，美帝国主义和它的走狗即官僚资产阶级、地主阶级以及代表这些阶级的国民党反动派，都是人民的敌人；一切反对这些敌人的阶级、阶层和社会集团，都属于人民的范围。在现阶段，在建设社会主义的时期，一切赞成、拥护和参加社会主义建设事业的阶级、阶层和社会集团，都属于人民的范围；一切反抗社会主义革命和敌视、破坏社会主义建设的社会势力和社会集团，都是人民的敌人。"毛泽东在这里是不是违反了思维的同一律，今天说东，明天说西，头脑不清楚呢？不是的，这是因为人民是个历史的概念，在一个时代、时期，人民的内涵是一回事；在另一个时代、时期，人民所指的是另一回事。毛泽东认为，任何事物在不同的时间具有不同的特征，事物在时间中是变化的。从历史方面考察事物，就是要着眼于事物在不同时间、不同历史阶段所具有的特点和其发展，反对静止的、抽象的、非历史的观点。

　　毛泽东从历史方面考察事物时，还注意考察现象发生的历史条件和历史根源。早在1929年6月14日致林彪的信中，他在谈到四军党内的错误观点时，就从历史条件、历史环境上作了深刻的分析。他说：我们是唯物史观论者，凡事要从历史和环境两方面考察才能得到真相。他认为，研究红军中的一些错误思想时，不能忘记红军的来源和他的成分；讨论到个人思想时，不能忘记他的出身、教育和工作历史，这是共产主义者的研究态度。① 在《学习和时局》中，他在谈到研究历史经验应取何种态度时指出："这次处理历史问题，不应着重于一些个别同志的责任方面，而应着重于当时环境的分析，当时错误的内容，当时错误的社会根源、历史根源和思想根源，实行惩前毖后、治病救人的方针，借以达到既要弄清思想又要团结同志这样两个目的。"我们党正是按照这

① 参见石仲泉、刘武生主编《毛泽东思想方法导论》，中央文献出版社1992年版，第32页。

种历史分析方法，对于党的历史特别是党在 1931 年年初到 1934
年年底的历史进行了科学的分析，才使全党在马克思列宁主义的
基础上团结起来。

　　毛泽东在揭示现象发生的历史条件时，特别注意时代特点的分
析。抗战时候，亡国论者搬出元朝灭宋、清朝灭明的历史证据，证
明小而强的国家能够灭亡大而弱的国家，而且是落后的灭亡进步
的。他们还搬出近代的英灭印度的故事，证明小而强的资本主义国
家能够灭亡大而弱的国家。针对这种情况，毛泽东提出了时代的特
点这个根据。他指出，抗日战争不是任何别的战争，乃是中日两国
在 20 世纪 30 年代进行的战争。从日本方面看，它已处于退步时
代，不但和英灭印度时期英国还处于资本主义的进步时代不同，就
是和二十年前第一次世界大战时的日本也不同。再则，当日本举行
战争的时候，它已经引起并还要更深地引起世界多数国家和多数人
民的反对。而中国方面，它已经不能和别的任何历史时期相比较。
它虽是弱国，但同时又处于历史上进步的时代，而这种进步，不是
普通一般的进步，不是像太平天国或辛亥革命那种进步，而是特有
的进步，具体表现在，它已经不是完全的封建国家，已经有了资本
主义、资产阶级和无产阶级，有了已经觉悟或正在觉悟的广大人
民，有了共产党及其领导下的中国红军和数十年革命的传统经验。
从国际条件看，中国在战争中不是孤立的，这一点在历史上是空前
的。亡国论者还搬出中国近代解放运动的失败史来证明"抗战必
亡""再战必亡"，毛泽东也用时代不同来答复。他指出，中国本
身、日本内部、国际环境都和过去不相同。中国近代无数解放运动
的失败都有其客观和主观的原因，但都不能比拟今天的情况。在今
天，虽然存在许多困难条件，然而战胜敌人的有利条件是很多的，
这些有利条件，历史上没有一个时候可与之相比，这就是抗日战争
必不会和历史上的解放运动同归失败的理由。毛泽东的这种历史分

析，已为实践证明是完全科学的、正确的。

注意事物发展的过程性和阶段性，也是毛泽东历史方法的一个重要内容。事物的发展都是一个过程。他认为事物发展过程的根本矛盾及为此根本矛盾所规定的过程的本质，非到过程完结之日，是不会消灭的；但是事物发展的长过程中的各个发展的阶段，情形又往往互相区别，因此，过程就显示出阶段性来。如果人们不去注意事物发展过程中的阶段性，人们就不能适当地处理事物的矛盾。用事物发展的阶段性观点考察中国革命，他得出了革命发展阶段性的结论。他在《五四运动》一文中指出，中国资产阶级民主革命的过程，如果从它的准备时期说起，就经过了鸦片战争、太平天国战争、甲午中日战争、戊戌维新、义和团运动、辛亥革命、五四运动、北伐战争、土地革命战争等好几个发展阶段。各个发展阶段各有若干特点。其中最重要的区别就在于共产党出现以前及其以后。然而就其全体看来，无一不是带了资产阶级民主革命的性质。在《新民主主义论》中他进一步明确指出，中国革命的历史进程，必须分为两步，其第一步是民主主义革命，其第二步是社会主义的革命，这是性质不同的两个革命过程。而所谓民主主义，现在已不是旧范畴的民主主义，不是旧民主主义，而是新范畴的民主主义，是新民主主义。毛泽东认为这就是中国革命的历史特点，谁不懂得这个历史特点，谁就不能指导这个革命到胜利。《关于若干历史问题的决议》中指出："虽然各次'左'倾路线所规定的革命任务，许多也还是民主主义的，但是它们都混淆了民主革命和社会主义革命的一定界限，并主观地急于要超过民主革命。"[1] 1956 年，毛泽东在《同音乐工作者的谈话》

---

[1] 毛泽东：《关于若干历史问题的决议》，《毛泽东选集》第 3 卷，人民出版社 1991 年版，第 972 页。

中指出，教条主义"说中国革命是民主革命，但是又要革一切资产阶级的命。照那样办，就搞错了，那就不是民主革命，而是社会主义革命了"①。党的一大起草的纲领，是个社会主义纲领。1958年，毛泽东看到这个纲领，批注道："不提反帝反封建的民主革命，只提社会主义革命，是空想的。"② 毛泽东关于中国革命分两步走的思想，是在一个落后的半殖民地、半封建国家中，独创性地运用和发展了马列主义不断革命论和革命发展阶段论思想，揭示了中国革命的必由之路，为全党和全国人民指明了前进的方向。

考察事物的全部发展过程，从中发现事物发展的规律性，也是历史方法的重要方面。他曾指出："到一个单位去了解情况，要了解运动的全过程，开始怎样，后来怎样，现在怎样，群众是怎么搞的，领导是怎么搞的，发生过一些什么矛盾和斗争，这些矛盾后来发生了什么变化，人们的认识有什么发展，从中找出规律性的东西。"③ 毛泽东在一系列有关文章中都提供了这种通观事物发展的全体从而发现事物发展的规律的典范。在《抗日战争胜利后的时局和我们的方针》中，对抗战胜利后国共两党的关系怎么样的问题，毛泽东从历史发展的全过程作了科学的解答："国民党怎么样？看它的过去，就可以知道它的现在；看它的过去和现在，就可以知道它的将来。"④ 毛泽东尖锐地指出，国民党在抗日战争前打了十年内战，在抗日战争中发动了三次大规模的反共高潮，

---

① 毛泽东：《同音乐工作者的谈话》，《毛泽东著作选读》下册，人民出版社1986年版，第748页。
② 转引自龚育之《毛泽东思想研究的新起点》，人民出版社1991年版，第51页。
③ 转引自《人民日报》1969年3月15日。
④ 毛泽东：《抗日战争胜利后的时局和我们的方针》，《毛泽东选集》第4卷，人民出版社1991年版，第1123—1124页。

蒋介石在抗战时的政策就是袖手旁观、等待胜利、保存实力、准备内战。为此，毛泽东提醒人们，蒋介石打内战的方针已定，我们对此要有清醒的认识和充分的精神准备。毛泽东的对历史发展全过程的分析使我党在中国面临两种命运大决战的历史转折关头，在复杂的国际国内环境中，能够保持清醒的头脑，警惕蒋介石的内战阴谋，坚持正确的革命方向，有力地推动了形势向着有利于革命和人民的方向发展。

从历史方面研究事物，是毛泽东的方法论的一个重要原则。早在《反对本本主义》中，他就把问题的历史作为调查研究的重要内容。他指出："你对于那个问题不能解决吗？那末，你就去调查那个问题的现状和它的历史吧！你完完全全调查明白了，你对那个问题就有解决的办法了。"① 在《中国共产党在民族战争中的地位》中，他强调，一切有相当研究能力的共产党员，都要研究马克思、恩格斯、列宁、斯大林的理论，都要研究我们民族的历史，都要研究当前运动的情况和趋势。他在谈到要研究中国的历史时说："今天的中国是历史的中国的一个发展；我们是马克思主义的历史主义者，我们不应当割断历史。从孔夫子到孙中山，我们应当给以总结，承继这一份珍贵的遗产。这对于指导当前的伟大的运动，是有重要的帮助的。"② 他的这一指示鲜明地表示出对事物作历史考察的必要性。对事物作历史的研究是毛泽东认识世界的一项重要内容，是毛泽东所历来重视的。

历史意识是马克思主义认识论和辩证法的固有因素。旧唯

---

① 毛泽东：《反对本本主义》，《毛泽东选集》第 1 卷，人民出版社 1991 年版，第 110 页。
② 毛泽东：《中国共产党在民族战争中的地位》，《毛泽东选集》第 2 卷，人民出版社 1991 年版，第 534 页。

物主义的一个重要缺点，就是它的非历史的观点，它不能把世界理解为一种过程，理解为一种处在不断的历史发展中的物质。这种非历史的观点在认识论上特别明显地表现为不了解主客观统一的辩证性质，不了解社会实践活动对于认识论的意义。甚至对马克思主义哲学原理比较熟悉的俄国马克思主义者普列汉诺夫也不能摆脱这种旧唯物主义的影响。毛泽东对此给予了深刻的批判。他在阅读有关哲学著作时写道："普列哈（汉——笔者注）诺夫以为主客统一带有与实践活动无关的直观性，这是因为他不了解辩证法的本质（对立统一法则），所以不能在辩证法上了解认识论，他的反历史主义是同费尔巴哈一样的。"① 在《实践论》中，他又从人的历史发展的角度深刻地阐明了辩证唯物主义的认识论与旧唯物论的本质区别，深刻地阐明了人的认识的历史性或辩证性，实现了认识论上的根本变革。毛泽东对唯物辩证法本身也采取了历史主义的原则。他在这个问题上完全赞同李达的观点。李达在《社会学大纲》中写道：我们在研究唯物辩证法的一般原理之时，必须站在历史主义的立场，说明唯物辩证法的孕育、诞生及其发展的过程，指出这个哲学实是人类认识史的总和与结论。毛泽东在这段话旁边写道："用历史主义看唯物辩证法的发生发展过程。"② 这深刻地表明了毛泽东对唯物辩证法的历史的理解。

历史主义的方法既是把握事物本质和规律的方法，也是总结历史经验的指导原则。它既是唯物的，又是辩证的。所谓唯物的，是说总结历史经验，要从历史的实际出发，要尊重历史事实。毛泽东说："马克思主义的历史观不是主观主义，应该找

---

① 《毛泽东哲学批注集》，中央文献出版社 1988 年版，第 20—21 页。
② 同上书，第 210 页。

出历史事件的实质和它的客观原因", "找到客观原因才能解释"。① 研究历史的目的是找到历史过程的"逻辑"或规律, 否则, 历史就变为不可理解的东西了。要总结经验、教训, 找到事物发展的规律, 就一点也不能离开历史实际。从历史实际出发, 就要全面地占有史料。史料的全面性是保证历史研究的客观性和科学性的基本条件。毛泽东认为, 研究中国共产党的历史, 就应该把党成立以前的辛亥革命和五四运动的材料研究一下。不然, 就不能明了历史的发展, 对于共产党的成立和以后的历史, 也就不能够说得清楚。他认为, 说到辛亥革命时, 如不说到当时国内国际的情形, 就不能说明革命的发生。同样, 不说明五四时代的政府是什么政府, 也不能说明五四运动和六三运动的发生。所以他提出, 对当时的重要政治文件, 像宣统皇帝退位的诏书, 袁世凯、段祺瑞政府的一些文件, 孙中山的几个重要宣言等, 都要研究。所谓辩证的, 是说全面的、历史的方法本质上就是马克思主义的辩证法。以历史全过程为研究对象, 就是"尊重历史的辩证法"②, 揭示历史过程的辩证运动。毛泽东把全面历史的方法称为"古今中外法"。就是说, 不仅要研究古今, 还要研究中外: "如果不把'外'弄清楚, 对于'中'也就不容易弄清楚。世界上没有这方面, 也就没有那方面。"③ 研究党史要研究国共双方, 研究当时的国共合作。如果只看共产党的宣言而不看国民党的宣言, 就不能了解当时的情形。我们自己的文件要看, 国民党的文件也要看, 国民党的好

---

① 毛泽东:《如何研究中共党史》,《思想方法工作方法文选》, 中央文献出版社 1990 年版, 第 215 页。

② 毛泽东:《新民主主义论》,《毛泽东选集》第 2 卷, 人民出版社 1991 年版, 第 708 页。

③ 毛泽东:《如何研究中共党史》,《思想方法工作方法文选》, 中央文献出版社 1990 年版, 第 214 页。

的文件要看，反共的文件也要看。他主张，为了有系统地研究中共党史，需要编两套材料：一种是党内的，另一种是党外的，两种材料都按年月先后编排，"两种材料对照起来研究，这就叫做'古今中外法'，也就是历史主义的方法"①。因此，历史主义的方法就是运用对立统一的观点分析历史过程的矛盾运动的方法，是辩证法在历史领域的运用。

马克思主义的历史方法不是思辨的历史主义，历史不是在已经发生的意义上去理解，历史之所以成为研究的对象，就因为它与现实有着内在的联系。从严格意义上说，现实是包含着过去、现时和未来因素的开放系统。因此，要正确地把握马克思主义的历史方法，重要的是处理好古与今、中与外的辩证关系。毛泽东的历史方法是基于实践的"古今中外法"，他一贯主张古为今用、洋为中用，保守主义和教条主义都是与科学的历史方法相背离的，"向古人学习是为了现在的活人，向外国人学习是为了今天的中国人"②。他在谈到向古代和外国学习的立足点时说："研究中国党史，应该以中国做中心，把屁股坐在中国身上。世界的资本主义、社会主义，我们也必须研究，但是要和研究中国党史的关系弄清楚，就是要看你的屁股坐在那一边，如果是完全坐在外国那边去就不是研究中国党史了。我们研究中国就要拿中国做中心，要坐在中国的身上研究世界的东西。"③ 这就是说，学习外国的经验要和中国的具体实际相结合。研究古代历史也是这样，1954 年冬，毛泽东与吴晗谈起《资治通鉴》这本书时，认为这本书写得好，

---

① 毛泽东：《如何研究中共党史》，《思想方法工作方法文选》，中央文献出版社 1990 年版，第 215 页。

② 毛泽东：《同音乐工作者的谈话》，《毛泽东著作选读》下册，人民出版社 1986 年版，第 752 页。

③ 毛泽东：《如何研究中共党史》，《思想方法工作方法文选》，中央文献出版社 1990 年版，第 215—216 页。

尽管立场观点是封建统治阶级的，但叙事有法，历代兴衰治乱本末毕具，我们可以批判地读这部书，借以熟悉历史事件，从中吸取经验教训。[①]

所谓历史的，就是具体的、分析的态度。要坚持全面历史的方法，就要对历史事件和历史事实贯彻唯物主义的批判精神。毛泽东在总结五四运动的成绩与不足时指出："那时的许多领导人物，还没有马克思主义的批判精神，他们使用的方法，一般地还是资产阶级的方法，即形式主义的方法。他们反对旧八股、旧教条，主张科学和民主，是很对的。但是他们对于现状，对于历史，对于外国事物，没有历史唯物主义的批判精神，所谓坏就是绝对的坏，一切皆坏；所谓好就是绝对的好，一切皆好。这种形式主义地看问题的方法，就影响了后来这个运动的发展。"[②] 所谓历史唯物主义的批判精神，就是对历史事件着重于当时环境的分析，对历史事实采取分析的态度，不要夸大或缩小，不要肯定一切或否定一切。毛泽东在对王明路线作了具体分析之后，指出："我们许多同志缺乏分析的头脑，对于复杂事物，不愿作反复深入的分析研究，而爱作绝对肯定或绝对否定的简单结论。"[③] 对具体情况作具体分析，是马克思主义最本质的东西，同时也是全面的历史方法的基本原则。

---

① 参见龚育之、逄先知、石仲泉《毛泽东的读书生活》，生活·读书·新知三联书店 1986 年版，第 208 页。

② 毛泽东：《反对党八股》，《毛泽东选集》第 3 卷，人民出版社 1991 年版，第 831—832 页。

③ 毛泽东：《学习和时局》，《毛泽东选集》第 3 卷，人民出版社 1991 年版，第 939 页。

第三节　逻辑的和历史的一致

逻辑的和历史的一致问题，是马克思主义辩证逻辑的一个基本问题。在这个问题上，毛泽东不仅继承了马克思主义辩证逻辑的传统，同时也有一些新的表述和发展。

逻辑的研究方式不过是摆脱了偶然性的历史研究方式，这是恩格斯在阐述逻辑方法和历史方法的相互关系时的一个基本观点，毛泽东继承了这一观点。恩格斯在介绍马克思的《政治经济学批判》时这样说过：首先应当对黑格尔的方法进行一番透彻的批判。黑格尔的思维方式不同于所有其他哲学家的地方，就是他的思维方式以巨大的历史感为基础。形式尽管是那么抽象和唯心，他的思想发展却总是与世界历史的发展紧紧地平行着，而后者按他的本意只是前者的验证。真正的关系因此颠倒了，头脚倒置了，可是实在的内容却到处渗透到哲学中。马克思使（黑格尔的）辩证方法摆脱了它的唯心主义外壳，并把辩证方法在使它成为唯一正确的思想发展方式的简单形式上建立起来。马克思对于政治经济学的批判就是以这个方法为基础的。接着，恩格斯对逻辑方法和历史方法进行了对比：历史方法的特点是随着现实的发展，它的好处是比较明确、比较通俗。缺点是由于历史常常是跳跃式地曲折前进的，因而势必要注意许多无关紧要的材料，而且还会常常打断思想的进程；此外会使工作永无止境。逻辑方法的特点是摆脱了历史的形式和起扰乱作用的偶然性，它的好处是：每一个要素可以在它的纯粹形态上、在它完全成熟而具有典范形式的发展点上加以考察。然而这种方式无非是历史的研究方式，不过是摆脱了历史的形式以及起扰乱作用的偶然性而已。"历史从哪里开始，思想进程也应当从哪里开始，而思想进程的进一步发展不过是历史过程在抽象的、理论上前后一贯的形式上的反映；这种反映是经过修正的，然而是按照现实的历史过程本身的规律修正的。"①

　　恩格斯的这些论述，深刻地阐明了逻辑的和历史的相互关系，毛泽东对此很是注意。还在延安时代，他就在《辩证法唯物论（讲授提纲）》中谈到"唯物辩证法怎样解决关于论理的东西与历史的东西之相互关系这个问题"。他援引当时翻译的恩格斯的话说："对于一切哲学家的思维方法来说，黑格尔思维方法的长处就在于横亘在根底面的极其丰富的历史感。他的形式虽说是抽象的唯心论的，然而他的思想的发展却常常是与世界历史的发展平行着的。历史常常在飞跃地错综地进行着。所以假若常常要依从历史的话，不但要注意许多不重要的材料，而且会不得不使思想行程中断。这时唯一适当的方法，就是论理的方法。然而这一论理的方法根本仍然是历史的方法，不过舍去了那历史的形态与偶然性罢了。"他还说，这种"论理发展与历史发展一致"的思想，是被马克思、恩格斯、列宁充分注意了的。从毛泽东的这些话来看，他对恩格斯关于逻辑方法和历史方法一致的思想早就注意到了，并作了一定形式的概括和总结。他主要抓住了恩格斯有关论述中的三点：（1）逻辑发展与历史发展是平行的；（2）历史方法包括对偶然性的考察；（3）逻辑方法从根本上说与历史方法是一致的，不过摆脱了历史的形态与偶然性而已。这些说明，毛泽东依据恩格斯的论述所理解的逻辑的和历史的一致，要比国内外一度流行的逻辑的和历史的简单一致的概念要深刻得多：逻辑方法

---

　　① 恩格斯：《卡尔·马克思〈政治经济学批判〉》，《马克思恩格斯选集》第2卷，人民出版社1995年版，第43页。

和历史方法是一致的，但同时存在一个本质差别，即历史的方法要考察偶然性，而逻辑的方法则摆脱了偶然性，这种差别也就是抽象和具体的差别，即历史方法由于要考察偶然性因而是具体的，而逻辑方法则是抽象的，它舍弃了历史的形态与偶然性，而抽象出历史现象中的本质和必然性。用毛泽东在《实践论》中的话来说，如果这种抽象符合列宁所说的条件："科学的抽象"，那么这种逻辑的东西乃是更深刻、更正确、更完全地反映历史现象的东西。

"逻辑是从历史中来的"，这是毛泽东所提出的关于逻辑和历史的相互关系的一个重要见解。毛泽东在阅读苏联《政治经济学》（教科书）的谈话中说：马克思主义要求逻辑和历史一致。思想是客观存在的反映，逻辑是从历史中来的。可以看到，毛泽东是根据思想是存在的反映而提出"逻辑是从历史中来的"，他是站在唯物辩证法的反映论的立场上来解决逻辑和历史的相互关系的问题的。他在《实践论》中具体阐明了这个问题：人们在社会实践中与客观外界相接触，开始是感性认识，随着社会实践的反复进行，这种感性认识的材料积累多了，于是就产生一个飞跃，发展到理性认识，形成了概念、判断和推理，造成了概念和理论的系统，即到达逻辑的认识。在延安时代的《辩证法唯物论》（讲授提纲）中，毛泽东进一步阐明了逻辑范畴是怎样从人的社会实践活动中产生出来。他说："论理学的范畴，是外的定在与活动之无数个别性的简约。""范畴就是分离的阶段，帮助我们去认识这一个网和网的结节点的。""人的实践活动，把人类的意识几十亿次反复不息地应用到各种各样的理论学式子里面，这样，这些式子就得到了所谓公理的意义了。"他认为上述列宁的那些话说明，"唯物辩证法的论理学的特点，不象形式论理学那样，把它的法则和范畴看成空虚的，脱离内容而独立的，对于内容无关的形式，也不象黑格尔那样，把它看成脱离物质世界而独立发展的观念要素，而是把它当作反映到和移植到我们头脑里，并且经过头脑加工制造过的，物质运动的表现去处理"。毛泽东的这些话表明，他是在人类实践的基础上，在唯物辩证法的反映论的基础上，唯物地解决了逻辑的和历史的关系问题。思维的逻辑体系是对客观现实的历史发展的反映。历史的东西是第一性的，是逻辑的客观基础；而逻辑的东西则是对历史的理论概括，是第二性的。因此，逻辑的方法只有以历史的方法为基础和前提，才能使逻辑的方法不至于变成脱离实际的纯粹抽象的逻辑推演，不至于变成主观主义的逻辑。恩格斯在阐述《资本论》的逻辑方法时就指出它的一个重要特征就是建立在历史的基础之上："我们看到，采用这个方法时，逻辑的发展完全不必限于纯抽象的领域。相反，它需要历史的例证，需要不断接触现实。因此这里插入了各种各样的例证，有的指出各个社会发展阶段上的现实历史进程，有的指出经济文献，以便从头追溯明确作出经济关系的各种规定的过程。"① 毛泽东对《资本论》的逻辑方法的历史基础给予了很高的评价。他在《辩证法唯物论》（讲授提纲）中说："用辩证法唯物论去解决论理的东西和历史的东西的相互关系的最好模范，首先要算马克思的资本论。资本论中包含了资本主义社会的历史发展，同时又包含了这一社会的理论发展。资本论所分析的，是把那资本主义社会的发生发展及消灭反映出来的各种经济范畴的发展的辩证法。这个问题解决的唯物论性质，在于他以物质的客观历史做基础，在于把概念和范畴当作这一现实历史的反映。资本主义理论和历史的一致，资本主义社会的论理学和认识论的一致，模范地表现在资

---

① 恩格斯：《卡尔·马克思〈政治经济学批判〉》，《马克思恩格斯选集》第2卷，人民出版社1995年版，第45页。

本论里面。"毛泽东自己也正是把逻辑认识建立在现实历史的基础之上，并贯彻于他的全部著作中。所谓毛泽东思想，正是把中国长期革命实践中的一系列独创性经验上升到逻辑的认识，也即用逻辑的方法加以整理改造而形成的关于中国革命的正确的理论原则和经验总结，这就是马克思列宁主义普遍原理和中国革命具体实践相结合的产物——毛泽东思想。

历史的东西要以逻辑的东西为指导，这是毛泽东在处理逻辑和历史的相互关系时的又一个注意点。他在阅读西洛可夫等的《辩证法唯物论教程》时对其中的一段话画了很多的杠杠，并在旁边写道"注意"："任何对象的历史，比较种种的偶然，是无限的丰富。按照一切细目追求对象的经验的历史，这就是意味着不立脚于历史过程之指导的根据而在论理上说明它，反而是为混乱的历史过程所支配。"①马克思在谈到逻辑和历史的关系时指出，人体解剖对于猴体解剖是一把钥匙，对现代资产阶级社会结构的逻辑把握是对古代社会进行"客观的理解"的钥匙。逻辑的东西是一种普照的光，"是一种特殊的以太"。毛泽东对这一点理解是很深的，他在谈到逻辑的东西对研究历史的作用时说："马克思讲过，首先研究近代社会，就容易理解古代社会。这是倒行的，却要快些。"②毛泽东一直强调要学会把马克思主义的理论应用于中国的具体环境，根据他们的理论来研究中国的历史实际和革命实际，要从理论上来思考中国的革命实践，也是这个意思。历史认识的主要任务，在于通过描述事件发展的具体历史过程来揭示事物发展的规律，这就必须要以理论、逻辑为指导才能办到。如果对历史认识不以逻辑为指导，那就会停留在对历史事件、过程的

---

① 《毛泽东哲学批注集》，中央文献出版社 1988 年版，第 440 页。

② 毛泽东：《同音乐工作者的谈话》，《毛泽东著作选读》下册，人民出版社 1986 年版，第 748 页。

经验认识的水平上，把历史认识变成历史现象和具体事例的简单堆积，无法把握历史发展的基本线索和历史发展的规律性，达不到历史认识的目的。马克思以前的历史研究就是由于局限于历史的方法，没有理论、逻辑的指导，所以只能是积累了片段收集来的未加分析的事实，描述了历史过程的个别方面，却不能发现历史发展的规律性。马克思的历史研究克服了这种局限性，把历史的方法和逻辑的方法结合起来，以逻辑和理论来指导历史研究，这样才把对社会历史的认识变成了科学。《资本论》就是由于马克思首先解决了一个与政治经济学本身无关的另外一个问题即应该用什么方法来对待科学，批判地处理了黑格尔的辩证法，把它改造成为唯物辩证法，并以这个方法为指导来整理材料，从而把堆积如山的实际材料总结为几点概括的、彼此相联系的思想，于是产生了《资本论》这部科学著作。毛泽东的一系列著作和毛泽东思想，正是运用马克思主义的理论、逻辑，把中国革命长期实践中积累起来的历史经验加以总结的结果，没有马克思主义理论的指导，毛泽东思想的产生是不可能的。庸俗的事务主义家看重经验而看轻理论，因而不能通观客观过程的全体，缺乏明确的方针。但是教条主义者在这个问题上也是错误的，因为他们不知道如何用理论来指导现实历史的研究。理论、逻辑对历史研究的指导作用，主要表现在它为考察历史过程和总结历史经验提供理论观点和逻辑框架、范畴，指出这一过程和那一过程间的内在联系，指出历史资料的各个层次间的连贯性，但它绝不提供可以适用于各个历史时期的药方和公式。毛泽东把逻辑、理论对历史研究的指导，通俗地概括为观点和方法的指导。毛泽东的一系列著作和毛泽东思想正是运用马克思列宁主义的立场、观点和方法，从理论上科学地解释和说明了中国的历史实际和革命实际中的种种问题而产生出来的。

　　逻辑方法和历史方法是相互渗透的。在实际研究过程中，这两种方法中的任何一种都不可能以纯粹形态而单独存在。不存在完全不包含逻辑方法的历史方法，也不存在完全不包含历史方法的逻辑方法。在实际运用过程中，常常是以一种方法为主，同时结合使用另一种方法，二者有机地结合。这在毛泽东那里表现得很明显。首先，逻辑方法渗透着历史的方法。毛泽东的一系列理论著作都包含着历史的分析，这特别集中地表现在他对事物矛盾的分析上。对事物矛盾的分析是逻辑的分析，它分析的是事物的关系和内部联系。但是毛泽东对事物矛盾的分析并不仅仅限于关系和联系，而且是同时分析事物矛盾的发展史。他认为，"新过程的发生是什么呢？这是旧的统一和组成此统一的对立成分让位于新的统一和组成此统一的对立成分，于是新过程就代替旧过程而发生。旧过程完结了，新过程发生了。新过程又包含着新矛盾，开始它自己的矛盾发展史"①。他认为分析"事物发展过程的自始至终的矛盾运动"，"这是研究任何事物发展过程所必须应用的方法"，中国共产党人必须学会这个方法，才能正确地分析中国革命的历史和现状，并推断革命的将来。他认为马克思在《资本论》中模范地作了这样的分析。他援引列宁的话说："马克思在《资本论》中，首先分析的是资产阶级社会（商品社会）里最简单的、最普通的、最基本的、最常见的、最平常的、碰到亿万次的关系——商品交换。这一分析在这个最简单的现象之中（资产阶级社会的这个'细胞'之中）暴露了现代社会的一切矛盾（以及一切矛盾的胚芽）。往后的叙述又向我们表明了这些矛盾和这个社会各个部分总和的自始至终的发展（增长与运动两者）。"②"这应该

---

　　① 毛泽东：《矛盾论》，《毛泽东选集》第 1 卷，人民出版社 1991 年版，第 307 页。
　　② 同上书，第 307—308 页。

是一般辩证法的……叙述（以及研究）方法。"① 毛泽东自己正是以《资本论》的这种矛盾分析方法为模样，将"事物发展过程的自始至终的矛盾运动"的分析贯穿于他的全部著作中，从而使他的逻辑分析总是贯穿着历史的分析。《实践论》可说是一个典型。这部著作首先分析的是认识和实践的关系，然后分析这种关系、矛盾的各个发展阶段，直至暴露出认识过程的总规律，即实践、认识，再实践、再认识，以至无穷。毛泽东关于中国革命的分析，关于战争的分析，以及其他等，也都是抓住矛盾的发展、矛盾的自始至终的运动进行分析。这样，毛泽东的逻辑分析就不只是抽象的、理论的分析，而是逻辑分析中渗透着历史的分析，给人们以现实感、历史感，这是毛泽东的理论著作之所以为广大人民群众所喜爱、理解、接受的一个原因。

历史方法中也渗透着逻辑方法。毛泽东的一些以历史方法为主的著作中，无一不渗透着逻辑的分析。毛泽东对历史的考察绝不是单纯地描述事实，更不是把大量的历史材料杂乱无章地堆积起来，而是在详细地占有历史材料的基础上，对历史进行分析和综合的研究，特别是运用矛盾分析方法对中国的历史实际和革命实际进行深入透彻的研究后，从中发现的历史发展的规律性。《湖南农民运动考察报告》就是一个典型。这篇著作是关于历史运动的报告，它主要是运用历史的方法，具体描述第一次国内革命战争时期湖南农民运动的开展情况。但是毛泽东并不是纯粹现象式的描述，而是抓住农村中地主阶级和农民阶级这个基本矛盾，描述农民怎样把主要攻击目标对准土豪劣绅、不法地主，旁及各种宗法的思想和制度，以及城里的贪官污吏、乡村的恶劣习惯，并

---

① 毛泽东：《矛盾论》，《毛泽东选集》第 1 卷，人民出版社 1991 年版，第 308 页。

阐明了农民造反的原因及其伟大意义，充分地估计了农民在中国民主革命中的作用，痛斥了党内外一切怀疑农民、责难农民的论点，热情地歌颂了农民运动，说农民运动好得很，并预言："很短的时间内，将有几万万农民从中国中部、南部和北部各省起来，其势如暴风骤雨，迅猛异常，无论什么大的力量都将压抑不住。他们将冲决一切束缚他们的罗网，朝着解放的路上迅跑。一切帝国主义、军阀、贪官污吏、土豪劣绅，都将被他们葬入坟墓。"①事实证明毛泽东的这个分析是完全正确的。历史显示了这篇报告中的那种不可战胜的逻辑力量。事实表明毛泽东的这篇历史著作可与马克思的《路易·波拿巴的雾月十八日》《法兰西内战》等著名的历史著作相媲美。恩格斯说这两篇著作卓越地显露出了马克思的惊人天才，"即在伟大历史事变还在我们眼前展开或者刚刚终结时，就能正确地把握住这些事变的性质、意义及其必然后果"。这些话对毛泽东《湖南农民运动考察报告》来说也是适合的。毛泽东的其他一些分析历史和现状的著作，诸如《井冈山的斗争》《抗日战争胜利后的时局和我们的方针》《目前形势和我们的任务》等，也都是这样，它们都不是仅仅描述历史事实，而是在历史的描述中充满逻辑的分析和力量。总之，毛泽东的逻辑方法中渗透着历史的方法、历史的方法中渗透着逻辑的方法，无论是理论著作还是历史著作，都是包含着两种分析：逻辑的和历史的。它们相互渗透、相互补充，共同完成认识客观世界的任务。

逻辑和历史的一致不仅表现在它们的相互依存和相互渗透上，而且还表现在它们的相互转化上。毛泽东的矛盾同一性原理已经阐明，矛盾着的双方，依据一定的条件，各向着其相反的方面转

---

① 毛泽东：《湖南农民运动考察报告》，《毛泽东选集》第 1 卷，人民出版社 1991 年版，第 13 页。

化，这对于逻辑的和历史的这对矛盾来说也是这样。无论是理论的还是历史的著作，毛泽东都善于使逻辑的分析和历史的分析适时地转换，生动地体现了逻辑的和历史的一致。以《实践论》为例。它是论述认识和实践、知和行的关系的，是一篇以逻辑方法为主的理论著作，同时它又是论述认识和实践、知和行的具体的历史的统一的，因而不可避免地包含着历史的方法。这篇文章开始是论述认识和实践的关系，认识对实践的依赖性，即实践是认识的基础、动力、标准和目的，这是逻辑分析；接着毛泽东描述了基于实践而发生的由感性认识到论理认识的推移运动，即描述认识的两个阶段——感性阶段和理性阶段，这是历史的分析；接着毛泽东又停下来论述感性认识和理性认识的辩证关系，批判哲学史上的唯理论和经验论、革命队伍中的教条主义和经验主义，指出它们从两个极端割裂了感性认识和理性认识的统一，这又是逻辑分析；接着毛泽东又把认识的前进运动推回到实践，描述从理性认识到实践这个"第二次飞跃"，论述实践对认识的检验和发展；最后毛泽东把人类的实践和认识作为无限发展着的历史过程来考察，深刻地揭示了人类认识发展的总规律，就是说，又归到理论的分析。逻辑的转化为历史的，历史的又转化为逻辑的，这样循环往复或者说波浪式地前进，逻辑的由于历史的例证而得到具体化，历史的由于逻辑的分析而得以深刻化，从而完满地达到了论述认识和实践的关系，它们的具体的历史的统一这个目的，充分地显示了这种把逻辑的和历史的有机地结合起来，夹叙夹议、史论结合的辩证思维方法的巨大优越性和力量。

第十二章 毛泽东方法论在新时期的
丰富和发展

"文化大革命"结束以后，我们的国家可以说是百废待兴、百业待举。如何对待毛泽东晚年的错误，如何纠正被林彪、"四人帮"搞乱了的思想路线，怎样正确地总结过去和开创未来，是摆在我们全党和全国人民面前的头等大事。在此历史转换的关键时刻，以邓小平为首的老一辈无产阶级革命家不负众望，带领全党和全国人民拨乱反正，重新恢复和发展了党的实事求是的思想路线，对以经济建设为中心的问题作了深入的理论思考，从我国的国情出发，作出了我国现在仍处在社会主义初级阶段的科学论断，并提出了建设有中国特色的社会主义的新命题。我们党据此制定了以经济建设为中心，坚持四项基本原则、坚持改革开放的基本路线及一系列的方针政策，从而开创了社会主义现代化建设的新局面。

鉴于上述，本章拟从三个方面来论述邓小平在新的历史时期是怎样恢复和发展了毛泽东的思想路线和思想方法，找到了一条建设有中国特色的社会主义的正确道路，从而带领全党和全国人民实现了第二次历史性飞跃的。

第一节　解放思想与第二次历史性飞跃

党的十一届三中全会以来，我们开始找到了一条建设有中国特色的社会主义道路，这是中国共产党人在把马克思主义与中国实践相结合的过程中，继找到中国新民主主义革命道路、实现第一次历史性飞跃之后的第二次历史性飞跃。第二次历史性飞跃的实现，是与党的十一届三中全会以来的思想解放运动分不开的。因此可以说，没有邓小平发动的这场思想解放运动，就不会实现第二次历史性飞跃。

一　解放思想与党的思想路线的恢复和确立

1976 年 10 月，粉碎"四人帮"的胜利，从危难中挽救了党，使我们国家进入了一个新的历史发展时期。当时，我们党面临着揭批"四人帮"的罪行，对"文化大革命"和以前的"左"倾错误进行全面的清理，重新确立马克思主义的政治路线，实行工作重点的转移，以及实行经济工作的调整、实施改革开放方针等一系列重大政治和经济任务。但是摆在头一条的则是完成指导思想上的拨乱反正，重新确立党的思想路线。在极"左"思潮盛行、个人崇拜、个人迷信严重束缚和禁锢着人们的头脑的时候，要想按照党的实事求是的思想路线，把工作中心转移到社会主义现代化建设的轨道上来，首先就必须解放思想，反对唯书、唯上的现代教条主义，用实践来检验和证明党的路线、方针和政策是否符合实际、是否正确。如果不能解放思想，不打破林彪、"四人帮"设置的种种精神禁锢，就不能真正恢复和确立党的实事求是的思想路线。为此，邓小平站在无产阶级立场上，怀着深沉的历史感和民族感，向全党郑重地提出了"解放思想，实事求是"的口号，获得了党和人民的拥护，揭开了新时期思想解放的序幕。具体地说，邓小平为恢复和确立党的实事求是的思想路线所作的努力，主要表现在以下几个方面。

（一）批判"两个凡是"，破除新的教条主义

粉碎"四人帮"以后，我们的国家进入了新的历史时期，当时我们党面临的艰巨任务是领导全党和全国人民不失时机地实现历史性的转变，就是果断地停止使用"以阶级斗争为纲"的错误口号，纠正"无产阶级专政条件下继续革命"的错误理论和错误路线，不失时机地把工作重心转移到社会主义现代化建设的轨道上来。但是当时担任党中央主席的华国锋不但没有纠正旧有的错误，反而推行了"两个凡是"的错误方针，在新的条件下，继续坚持毛泽东晚年的错误，用林彪、"四人帮"反革命集团制造的精神枷锁，继续禁锢人们的思想，致使党和国家的工作在粉碎"四人帮"以后的两年时间里，一直处于徘徊不前的困难局面。

在这一历史转变的关键时刻，邓小平以无产阶级革命家的胆略，第一个站出来以实事求是为武器，对"两个凡是"进行了批评。他在 1977 年 5 月的一次谈话中明确指出，"两个凡是"不符合马克思主义。1980 年 6 月，他在同胡耀邦等谈话中进一步揭露了"两个凡是"的错误实质："'两个凡是'的观点就是想原封不动地把毛泽东同志晚年的错误思想坚持下去。"[①]"两个凡是"同林彪的"句句照办"、"四人帮"的"永远按既定方针办"的思想是一脉相承的。邓小平高瞻远瞩，从党和人民的根本利益出发，同"凡是派"进行了针锋相对的斗争。他指出："'两个凡是'不

---

① 邓小平：《对起草〈关于建国以来党的若干历史问题的决议〉的意见》，《邓小平文选》第 2 卷，人民出版社 1994 年版，第 298 页。

行。……把毛泽东同志在这个问题上讲的移到另外的问题上，在这个地点讲的移到另外的地点，在这个时间讲的移到另外的时间，在这个条件下讲的移到另外的条件下，这样做，不行嘛！"① 邓小平的这一席话，从哲学的高度揭露了"凡是派"的做法从根本上违背了唯物辩证法。

邓小平对"两个凡是"的批判，是全党思想解放的先声，为恢复毛泽东思想的本来面目、重新确立实事求是的思想路线扫清了障碍。同时激励和鼓舞着人们冲破个人崇拜和教条主义的严重束缚，使我们党获得了新的活力。后来，遍及全国并产生了积极作用的关于真理标准问题的讨论，就是沿着邓小平指引的方向前进和发展的。

（二）支持真理标准的讨论

1978 年开始的全国范围内的真理标准大讨论，澄清了被林彪、"四人帮"和"凡是派"搞乱了的思想是非和理论是非，对于解放思想、重新恢复党的实事求是的思想路线，起了很大的作用。邓小平对这场讨论十分关注，并对真理标准的讨论作了高度的评价。他认为关于实践是检验真理的唯一标准问题的争论，实际上就是要不要解放思想的争论。在他看来，真理标准问题讨论的伟大意义同恢复党的思想路线密切相关。他指出："关于真理标准问题的争论，的确是个思想路线问题，是个政治问题，是个关系到党和国家前途和命运的问题。"② 他又说："思想路线不是小问题，这是确定政治路线的基础。正确的政治路线能不能贯彻实行，关键是思想路线对不对头。所以，不要小看实践是检验真理的唯一

---

① 邓小平：《"两个凡是"不符合马克思主义》，《邓小平文选》第 2 卷，人民出版社 1994 年版，第 38 页。
② 邓小平：《解放思想，实事求是，团结一致向前看》，《邓小平文选》第 2 卷，人民出版社 1994 年版，第 143 页。

标准的争论。这场争论的意义太大了，它的实质就在于是不是坚持马列主义、毛泽东思想。"①

邓小平之所以特别重视解放思想，是因为在他看来，解放思想是实事求是的必要前提。他说："解放思想，开动脑筋，实事求是，团结一致向前看，首先是解放思想。只有思想解放了，我们才能正确地以马列主义、毛泽东思想为指导，解决过去遗留的问题，解决新出现的一系列问题，正确地改革同生产力迅速发展不相适应的生产关系和上层建筑，根据我国的实际情况，确定实现四个现代化的具体道路、方针、方法和措施。"② 邓小平上述思想的正确性和重要性，已为中共十一届三中全会以来的实践所证明。

（三）实事求是地评价毛泽东同志的历史地位，完成指导思想上的拨乱反正

中共十一届五中全会为刘少奇同志平反的决定传达下去以后，在一部分人中间引起了思想混乱。有的反对给刘少奇平反，认为这样做违反了毛泽东思想；有的则认为，既然给刘少奇同志平反，这说明毛泽东思想错了。这说明，要全面恢复和确立"解放思想，实事求是"的思想路线，必须对新中国成立以来的历史有一个统一的认识，必须实事求是地评价毛泽东的历史地位，正确解决在新时期如何坚持和发展毛泽东思想这一历史性课题。从 1980 年 3 月到 1981 年 6 月，在中共中央酝酿起草《关于建国以来党的若干历史问题的决议》的过程中，邓小平对起草决议中所涉及的若干重大历史问题，提出了许多指导性的原则，对我们党在指导思想上完成拨乱反正起了重要作用。纵观邓小平对起草决议所发表的

---

① 邓小平：《思想路线政治路线的实现要靠组织路线来保证》，《邓小平文选》第 2 卷，人民出版社 1994 年版，第 191 页。

② 邓小平：《解放思想，实事求是，团结一致向前看》，《邓小平文选》第 2 卷，人民出版社 1994 年版，第 141 页。

九次谈话，其中最核心的一条，就是"确立毛泽东同志的历史地位，坚持和发展毛泽东思想"①。他认为，这不仅对起草决议，而且对全党的指导思想都是"最重要、最根本、最关键"②的一条。邓小平高度评价了毛泽东同志的历史功绩，指出他的最伟大的功绩是把马列主义的基本原理同中国革命的实际结合起来，找到了中国夺取革命胜利的道路。他的功绩是第一位的，他的错误是第二位的，他的错误是一个伟大的无产阶级革命家所犯的错误。对毛泽东晚年所犯的错误，不应掩饰，但要实事求是。对"毛泽东同志的错误，一定要毫不含糊地进行批评，但是一定要实事求是"③。事实证明，解放思想、实事求是是完成指导思想上的拨乱反正的必要条件。《关于建国以来党的若干历史问题的决议》体现了邓小平倡导的解放思想、实事求是的科学精神，对毛泽东晚年的错误既作了科学的分析和批判，又坚决地维护了毛泽东同志的历史地位、维护了毛泽东思想的指导作用，它起到了像1945年那次历史决议所起的作用。1979年，邓小平在一次讲话中，曾就解放思想对恢复党的思想路线的历史意义作了一个简要的总结，他说："就全国范围来说，就大的方面来说，通过实践是检验真理唯一标准和'两个凡是'的争论，已经比较明确地解决了我们的思想路线问题，重新恢复和发展了毛泽东倡导的实事求是、理论联系实际、一切从实际出发的思想路线。这是很重要的。"④我们从这里也可以看到邓小平所起的重要作用。

---

① 邓小平：《对起草〈关于建国以来党的若干历史问题的决议〉的意见》，《邓小平文选》第2卷，人民出版社1994年版，第291、297、303页。
② 同上书，第293页。
③ 同上书，第301页。
④ 邓小平：《思想路线政治路线的实现要靠组织路线来保证》，《邓小平文选》第2卷，人民出版社1994年版，第190页。

二　以解放思想为先导是新时期思想路线的重要特征

粉碎"四人帮"以后，思想战线的中心任务就是冲破教条主义、个人崇拜的束缚，重新确立党的实事求是的思想路线。邓小平说："三中全会确立了，准确地说是重申了党的马克思主义的思想路线。"① 他的那篇著名的《解放思想，实事求是，团结一致向前看》的讲话，实际上成了党的十一届三中全会的主题报告。正是在这个讲话中，他明确地用"解放思想，实事求是"八个字来概括党的思想路线。正如江泽民所说的，解放思想是一个法宝，是一个帮助我们在思想上和工作上永远保持蓬勃生机与活力的法宝。江泽民的话深刻地揭示了"解放思想"在新时期里恢复和发展党的实事求是思想路线过程中的地位和作用，值得我们细心地思索。

实事求是的思想路线是毛泽东提出的，从《反对本本主义》到《改造我们的学习》，实事求是的原则一以贯之。它的实质就是反对本本主义，反对一切脱离实际的"左"的和右的错误思想，主张一切从实际出发，主张"从斗争中创造新局面的思想路线"。解放思想是实事求是的题中应有之义。早在民主革命时期，毛泽东就多次指出，要放下包袱、开动脑筋，教导人们从"把马克思主义教条化、国际经验神圣化"的精神枷锁下解放出来。1958 年 3 月，他在成都会议上又号召要破除迷信，解放思想，要人们抛弃贾桂式的奴才相，打掉"自惭形秽"的自卑感。这表明，解放思想、实事求是是毛泽东一贯倡导的，是我们党的优良传统。从历史和逻辑相统一的角度来把握邓小平的理论和实践特点，可以使

---

① 邓小平：《坚持党的路线，改进工作方法》，《邓小平文选》第 2 卷，人民出版社 1994 年版，第 278 页。

我们对此有更深的理解。

在历史新时期里，邓小平明确地用"解放思想，实事求是"来表征党的思想路线，具有重大的理论和现实意义。解放思想，是从恢复党的思想路线的高度提出的一条重要指导原则，是从新中国成立以来思想领域斗争的历史实际中得出的一条重要结论。1992年年初，他在南方谈话中，号召全党思想更解放一点，改革开放的胆子更大一点，建设的步子更快一点。可以说，以解放思想为先导的思想路线和思维方式，是邓小平对毛泽东创立的实事求是思想路线的重要补充和发展。

邓小平开创的建设有中国特色的社会主义的理论和实践，首先是在反"左"的条件下形成和发展起来的。解放思想和实事求是是这个理论的精髓和哲学基础。中国的改革开放大潮是从解放思想开始的，解放思想和实事求是既是新时期改革开放的历史起点，也贯穿于改革开放的始终。只有不断地解放思想，才能在改革开放的新阶段的伟大实践中把实事求是原则贯彻到底。解放思想和实事求是是统一的。解放思想作为思想路线的重要概念，又有它的特定内涵。只有从理论和实践的结合上揭示解放思想和实事求是的联结和统一，才能在新时期里更好地把握和坚持党的思想路线。

首先，邓小平从思想路线和政治路线的最一般关系出发，阐述了解放思想是制定和贯彻政治路线的先导和前提。1978年12月，邓小平就已经指出："不打破思想僵化，不大大解放干部和群众的思想，四个现代化就没有希望。"[①] 这是在十一届三中全会前夕讲的，虽然工作重点的转移和党的政治路线的确立尚未形

---

① 邓小平：《解放思想，实事求是，团结一致向前看》，《邓小平文选》第2卷，人民出版社1994年版，第143页。

成决议，但四个现代化是政治路线的中心内容和目标则是明确的。1979 年 7 月，当政治路线确定之后，邓小平在总结工作重点长期不能转移到经济建设上来的教训时说：“不解决思想路线问题，不解放思想，正确的政治路线就制定不出来，制定了也贯彻不下去。”① 这就是说，“不解放思想，不实事求是，不从实际出发，理论与实践不相结合，不可能有现在的一套方法、政策，不可能把人民的积极性统统调动起来，也就不可能搞好现代化建设”②。最后，他得出结论说：“思想路线不是小问题，这是确定政治路线的基础。正确的政治路线能不能贯彻实行，关键是思想路线对不对头。所以，不要小看实践是检验真理的唯一标准的争论。”③

其次，进一步论述了解放思想是恢复实事求是思想路线的前提。“解放思想，开动脑筋，实事求是，团结一致向前看，首先是解放思想。只有思想解放了，我们才能正确地以马列主义、毛泽东思想为指导，解决过去遗留的问题，解决新出现的一系列问题，正确地改革同生产力迅速发展不相适应的生产关系和上层建筑，根据我国的实际情况，确定实现四个现代化的具体道路、方针、方法和措施。”④ 邓小平关于以解放思想为先导的讲话绝非即兴之言，而是为克服历史上“左”的路线及其造成的僵化、半僵化状态所采取的重大措施。他说：“从 1957 年到 1978 年，我们吃亏都

① 邓小平：《思想路线政治路线的实现要靠组织路线来保证》，《邓小平文选》第 2 卷，人民出版社 1994 年版，第 191 页。
② 同上。
③ 同上。
④ 邓小平：《解放思想，实事求是，团结一致向前看》，《邓小平文选》第 2 卷，人民出版社 1994 年版，第 141 页。

是在'左'。"① "几十年的'左'的思想纠正过来不容易，我们主要是反'左'，'左'已经形成了一种习惯势力。"② "我们党的十一届三中全会以来，着重反对'左'，因为我们过去的错误就在于'左'。"③ 事实表明，这种"左"的错误的影响所及是极为广泛深刻的。一个路线、一种观点尽管可以通过党的决议加以取消或停止使用，但它的影响却不是短时期内能够消除的。在我们的干部特别是领导干部中间，解放思想这个问题并没有完全解决。不少同志的思想还很不解放，脑筋还没有开动起来，也可以说，还处在僵化或半僵化的状态。很显然，解放思想的任务远未结束，今后，在一切工作中要真正坚持实事求是，就必须继续解放思想。认为解放思想已经到头了，甚至过头了，显然是不对的。所以，邓小平语重心长地号召人们都来做解放思想、开动脑筋的工作。

最后，从深层次上揭示了解放思想和实事求是的内在统一性。第一，解放思想和实事求是都是主张主观和客观相统一、理论和实际相结合的。毛泽东认为，理论联系实际、主观和客观具体的历史的统一的态度，就是"实事求是的态度"。他明确地说过："在人们的思想方法方面，实事求是和主观主义是对立的。"邓小平明确地说："解放思想，就是使思想和实际相符合，使主观和客观相符合，就是实事求是。"④ 这就指明了解放思想和实事求是两者互为依存的辩证关系，即要做到实事求是，就必须解放思想，

① 邓小平：《我国方针政策的两个基本点》，《邓小平同志重要谈话（1987年2月—7月）》，人民出版社1987年版，第43页。
② 邓小平：《吸取历史经验，防止错误倾向》，《邓小平同志重要谈话（1987年2月—7月）》，人民出版社1987年版，第28页。
③ 邓小平：《坚持社会主义必须摆脱贫穷》，《邓小平同志重要谈话（1987年2月—7月）》，人民出版社1987年版，第24页。
④ 邓小平：《贯彻调整方针，保证安定团结》，《邓小平文选》第2卷，人民出版社1994年版，第364页。

而解放思想本身必须体现实事求是的原则。第二，解放思想和实事求是都着眼于开创新局面。同毛泽东一样，邓小平也认为："解放思想，就是要运用马列主义、毛泽东思想的基本原理，研究新情况，解决新问题。"① 他提出的"三个面向"的思维方式集中到一点，就是要向前看。他指出："要向前看，就要及时地研究新情况和解决新问题。"② 第三，"左"和右都是主观脱离客观，超前或落后于客观进程。解放思想和实事求是一样，也是既要反"左"，又要反右。解放思想和实事求是一样，并没有过头的问题。但是，在解放思想时要防止以右反"左"或以"左"反右，要进行两条战线的斗争，注意一种倾向掩盖另一种倾向。此外，我们不仅要在思想上把解放思想和实事求是统一起来，尤其要在实践中把两者有机地结合起来。这就是邓小平一贯倡导的"胆子要大，步子要稳"。所谓胆子要大，就是要坚决地试、坚决地闯。所谓步子要稳，就是要走一步、看一步，在实践中及时总结经验，在目标和结果的动态反馈中及时地发现问题、解决问题。对的就坚持，不对的赶快改，新问题出来抓紧解决。当然，把解放思想和实事求是统一起来的客观基础是实践和坚持生产力标准，此问题我们准备留在后边再谈。总之，邓小平在新时期提出的解放思想和实事求是的指导原则，既是党的思想路线，也是思想方法，它们也是人们在实践中应当遵循的根本观点和根本方法。以解放思想为先导的实事求是思想路线具有鲜明的时代内容和特色，是推动和保证改革开放不断深入的思想保证，也是建设有中国特色的社会主义理论与实践的思想条件。

---

① 邓小平：《坚持四项基本原则》，《邓小平文选》第 2 卷，人民出版社 1994 年版，第 179 页。

② 邓小平：《解放思想，实事求是，团结一致向前看》，《邓小平文选》第 2 卷，人民出版社 1994 年版，第 149 页。

第二节　理论和实际结合的新篇章

1956 年，邓小平在会见国际青年代表团时，在回答"关于谁来决定国际古典的共产主义的原则中哪些适用于中国"这一问题时指出，毛泽东同志根据过去革命中失败和成功的经验，提出了马克思主义的普遍原理与中国革命的具体实践相结合的原则。邓小平并就如何坚持这个原则讲了三点意见：第一，"马克思列宁主义的普遍真理与本国的具体实际相结合，这句话本身就是普遍真理。它包含两个方面，一方面叫普遍真理，另一方面叫结合本国实际。我们历来认为丢开任何一面都不行"。第二，"这只是一个原则，原则的运用还会遇到许多具体问题"，"根据我们的经验，普遍真理与具体实际，二者结合很不容易"。第三，"一个国家的问题是多方面的，不论是革命时期还是建设时期，如何使马克思列宁主义与各个时期的具体情况相结合，这是一个需要不断解决的问题"[①]。邓小平是新时期中国改革开放的总设计师，他提出的有中国特色的社会主义理论，就是他一贯倡导的理论与实际相结合的产物。实事求是，一切从实际出发，理论联系实际，是这一理论的精髓和思想基础。因此，他在创立这一理论的过程中对理论和实际结合原则所作的深层思考，以及对其所阐述的重要理论观点，是我们党在历史新时期坚持和发展毛泽东的思想路线和思想方法的重要内容。

[①]　邓小平：《马列主义要与中国的实际情况相结合》，《邓小平文选》第 1卷，人民出版社 1994 年版，第 258 页。

一　学马列要精，要管用

邓小平在南方谈话中，再次强调了学习马克思主义理论的态度与方法问题，他提出："学马列要精，要管用。"这句话既讲了如何对待理论，又讲了理论和实际的结合问题。"学马列要精，要管用"的思想，同邓小平一贯倡导的学理论要着眼于体系、方法和在实践中发展理论等观点是一致的。这些思想对理论和实际相结合的原则赋予了新的时代内容。

（一）要把毛泽东思想当作一个完整的体系来学习

我们党历来十分重视马列主义、毛泽东思想的学习问题，但是由于有些人学习的态度和方法不对头，往往会出现背离甚至歪曲和割裂马列主义、毛泽东思想的情况。邓小平在总结了以往的经验教训之后，提出了毛泽东思想是一个完整体系的著名观点，精辟地论述了要完整地、准确地理解毛泽东思想，即应该把毛泽东思想当作一个体系来学习。他指出："毛泽东思想是个体系，是发展了的马克思主义。""要用毛泽东思想的体系来教育我们的党，来引导我们前进。""我们不能只从个别词句来理解毛泽东思想，而必须从毛泽东思想的整个体系去获得正确的理解。"① 邓小平从毛泽东思想是一个科学体系出发，把毛泽东思想同晚年的错误区别开来。他说："我们坚持的和当作行动指南的是马列主义、毛泽东思想的基本原理，或者说是由这些基本原理构成的科学体系。至于个别的论断，那末，无论马克思、列宁和毛泽东同志，都不免有这样那样的失误。但是这些都不属于马列主义、毛泽东思想

---

① 邓小平：《完整地准确地理解毛泽东思想》，《邓小平文选》第 2 卷，人民出版社 1994 年版，第 43、44 页。

的基本原理所构成的科学体系。"① 他认为，贯穿毛泽东思想整个体系的根本观点，就是实事求是，实事求是是它的精髓和实质。邓小平提出的"体系论"，既批判了林彪、"四人帮"的"句句是真理"的谬论，也批判了想原封不动地把毛泽东晚年的错误思想坚持下去的"两个凡是"的错误观点，同时又纠正了因毛泽东晚年犯了错误而否定整个毛泽东思想的错误言行。这对于我们党在新的历史时期，继承和发展毛泽东思想，指导我国社会主义现代化建设事业的发展，意义是十分深远的。

邓小平认为，对待马克思主义，我们"不能停留在个别论断的水平上"，而必须从整体上把握它的精神实质。"什么叫社会主义，什么叫马克思主义？我们过去对这个问题的认识不是完全清醒的。"② 所谓不是完全清醒的，就是指我们未能从总体上领会它的精神实质。他结合改革和建设的实践，围绕马克思主义最根本的观点作出了一系列科学的阐释。他指出："马克思主义最注重发展生产力。"③ "社会主义阶段的最根本任务就是发展生产力。"④ 他认为，毛泽东同志是伟大的领袖，中国革命是在他的领导下取得成功的。但是他有一个重大的缺点，就是忽视发展社会生产力。我们的经验有很多条，最重要的一条就是要从发展生产力的角度去理解社会主义。可见，只有从体系上完整准确地理解马克思主义，才能正确地理解它的个别部分和个别结论，才能避免陷入片面和误解。

---

① 邓小平：《坚持四项基本原则》，《邓小平文选》第2卷，人民出版社1994年版，第171页。
② 邓小平：《建设有中国特色的社会主义》，《建设有中国特色的社会主义》（增订本），人民出版社1987年版，第52页。
③ 同上。
④ 同上书，第52—53页。

（二）要坚持从毛泽东思想中学方法

邓小平等老一辈无产阶级革命家根据自己学习和运用马列主义、毛泽东思想的经验，特别强调要学习马克思主义哲学，也就是学习辩证唯物主义的思想方法和工作方法。邓小平在1981年3月26日同《关于建国以来党的若干历史问题的决议》起草小组负责同志谈话时，就从提高干部的思想方法和工作方法的高度，强调学习哲学的重要性。他说："现在我们的干部中很多人不懂哲学，很需要从思想方法、工作方法上提高一步。"[1] 时隔一日，即3月27日，他在同中国人民解放军总政治部领导同志的谈话中，又说："现在，有些人发议论，往往只看现象，原因是理论和实践都没有根底。只有打下根底，才能真正纠正错误，包括纠正'左'的和右的错误。"[2]

陈云在1987年7月17日同当时一位中央领导人谈话时，也特别强调应学习马克思主义哲学。他说："要把我们的党和国家领导好，最要紧的，是要把领导干部的思想方法搞对头，这就要学习马克思主义哲学。"[3] 他在谈了自己学习哲学的亲身感受后语重心长地说："总之，我个人的体会是：学习哲学，可以使人开窍。学好哲学，终身受用。希望能够组织政治局、书记处、国务院的同志都来学习哲学，并把这个学习看成是工作的一部分，也是自己的一项重要责任。"[4] 陈云认为，新中国成立以后我们一

---

① 邓小平：《对起草〈关于建国以来党的若干历史问题的决议〉的意见》，《邓小平文选》第2卷，人民出版社1994年版，第303页。

② 邓小平：《关于反对错误思想倾向问题》，《邓小平文选》第2卷，人民出版社1994年版，第382页。

③ 陈云：《身负重任和学习哲学》，《思想方法工作方法文选》，中央文献出版社1990年版，第490页。

④ 同上书，第492页。

些工作发生失误，原因主要是离开了实事求是的原则。因此，他认为，在党内、在干部中、在青年中，提倡学哲学，有根本的意义。现在我们的干部中很多人不懂哲学，很需要从思想方法、工作方法上提高一步。只有掌握马克思主义哲学，思想上，工作上才能真正提高。

邓小平认为，学习马克思主义、毛泽东思想，像林彪、"四人帮"那样断章取义地学"语录"不行，形式主义地要求大家都去读大本本也不行。他在南方谈话中说：长篇的东西是少数搞专业的人读的，群众怎么读？要都读大本子，那是形式主义的，办不到。我的入门老师是《共产党宣言》和《共产党ABC》。最近，有的外国人议论，马克思主义是打不倒的。打不倒，并不是因为大本子多，而是因为马克思主义的真理颠扑不破。实事求是是马克思主义的精髓。要提倡这个，不要提倡本本。我们改革开放的成功，不是靠本本，而是靠实践，靠实事求是。邓小平的谈话告诉我们，学习马克思主义、毛泽东思想，读他们的书，不在多，而在精，要真正读懂吃透，也就是说重要的是应该掌握马克思主义的科学方法。

（三）要用发展的观点来看待马列主义、毛泽东思想

1985年9月23日，邓小平在党的全国代表会议上的讲话中，除了再次强调学习马克思主义理论的重要性以外，还特别强调了要用发展的观点来对待马列主义、毛泽东思想，他说："现在我还想提出一个新的要求，这不仅是专对新干部，对老干部也同样适用，就是要学习马克思主义理论。或者会有同志问：现在我们是在建设，最需要学专业知识和管理知识，学马克思主义理论有什么实际意义？同志们，这是一种误解。马克思主义理论从来不是教条，而是行动的指南。它要求人们根据它的基本原则和基本方法，不断结合变化着的实际，探索解决新问题的答案，从而也发展马克思主义理论本身。"① 邓小平在多种场合强调要运用马克思主义的基本原理来研究新情况、总结新经验、创造新理论。他举例说，马克思、列宁从来没有说过农村包围城市，这个原理在当时世界上还是没有的。但是毛泽东同志根据中国的具体条件提出了这个原理。1978 年，当邓小平得知安徽农村搞起了包产到户后给予热情支持，他还进一步说，农业的路子要宽一些，思想要解放，只有老概念不解决问题，要有新概念。邓小平在谈到"一国两制"的构想时说，我们提出这个构想时，人们都觉得这是个新语言，是前人未曾说过的。后来他又说："这是个新事物。这个新事物不是美国提出来的，不是日本提出来的，不是欧洲提出来的，也不是苏联提出来的，而是中国提出来的，这就叫做中国特色。"② 这个构想在解决香港问题上起了决定性的作用，其原因就在于它既考虑到香港的实际情况，也考虑到了中国和英国的实际情况，因而是一个使三方面都能接受的一个创造。邓小平在谈到思想理论工作时指出："科学社会主义是在实际斗争中发展着，马列主义、毛泽东思想是在实际斗争中发展着。我们当然不会由科学的社会主义退回到空想的社会主义，也不会让马克思主义停留在几十年或一百多年前的个别论断的水平上。"③ 而不估计革命斗争的实际发展，不研究新情况，不提出新理论，就不可能成为马克思主义理论家。

---

① 邓小平：《在中国共产党全国代表会议上的讲话》，《建设有中国特色的社会主义》（增订本），人民出版社 1987 年版，第 126—127 页。

② 邓小平：《会见香港特别行政区基本法起草委员会委员时的讲话》，《邓小平同志重要谈话（1987 年 2 月—7 月）》，人民出版社 1987 年版，第 15 页。

③ 邓小平：《坚持四项基本原则》，《邓小平文选》第 2 卷，人民出版社 1994 年版，第 179 页。

二 理论联系实际的新视角

邓小平认为,要把马克思主义的普遍原理运用于中国,必须研究中国的特点。离开中国的特点,去硬搬外国的东西,普遍原理就不能实现。"马列主义、毛泽东思想的基本原则,我们任何时候都不能违背,这是毫无疑义的。但是,一定要和实际相结合,要分析研究实际情况,解决实际问题。按照实际情况决定工作方针,这是一切共产党员所必须牢牢记住的最基本的思想方法、工作方法。"① 他在谈到现代化建设必须从中国的实际出发时说:"因为中国有自己的特点,所以我们只能按中国的实际办事"②,即要根据我国的实际情况,确定实现四个现代化的具体道路、方针、方法和措施。按中国实际办事,就要认清历史条件的变化,抓住现阶段最重要的新情况、最重要的新问题。按邓小平的理解,从基本国情出发,从主要矛盾和中心任务出发、立足中国面向世界,就是在现阶段理论联系实际的新视角。

(一) 从实际出发,就要从基本的国情出发

毛泽东说:"认清中国社会的性质,就是说,认清中国的国情,乃是认清一切革命问题的基本的根据。"③ 解放后,毛泽东虽然正确地提出了社会主义社会的基本矛盾,又提出了要走中国式的工业化道路的思想,但由于他未能真切把握中国社会的本质特征,未能找准社会主义社会基本矛盾的集中表现即主要矛盾和中心任务。所以,他最终并未解决在中国如何建设社会主义的历史

---

① 邓小平:《在全军政治工作会议上的讲话》,《邓小平文选》第 2 卷,人民出版社 1994 年版,第 114 页。

② 邓小平:《吸取历史经验,防止错误倾向》,《邓小平同志重要谈话(1987 年 2 月—7 月)》,人民出版社 1987 年版,第 29 页。

③ 毛泽东:《中国革命和中国共产党》,《毛泽东选集》第 2 卷,人民出版社 1991 年版,第 633 页。

性课题。有鉴于此，邓小平多次提醒全党，一定要"真正摸准、摸清我们的国情和经济活动中各种因素的相互关系，据以正确决定我们的长远规划的原则"①。他特别指出了中国在现阶段的两个重要特点："一个是底子薄。帝国主义、封建主义、官僚资本主义长时期的破坏，使中国成了贫穷落后的国家。""第二条是人口多，耕地少。现在全国人口有九亿多，其中百分之八十是农民。"② 这种基本的国情是我们规划社会主义建设的客观依据和基本前提。后来，邓小平针对我国经济文化发展的不平衡性，又指出："中国是个大国，又是个小国。所谓大国就是人多，土地面积大。所谓小国就是中国还是发展中国家，还比较穷。"③ 在对中国基本国情深刻把握的基础上，我们党提出了关于社会主义初级阶段的理论。

社会主义初级阶段的理论，是对中国国情认识的系统化和理论化，标志着对基本国情认识的理性飞跃。这一理论指出了中国社会的最主要特点和最根本实际。初级阶段的理论不是"泛指"，而是"特指"，因而是对国情的深层次的把握。党的十三大报告对我国社会主义初级阶段的历史前提、基本特征、主要矛盾、中心任务和基本路线，都作出了科学的分析和概括。这是我们党对国情认识在理论上的最大突破，解决了建设有中国特色的社会主义的首要问题，成为我们考虑一切问题的出发点和立足点。

（二）从实际出发，就是从主要矛盾和中心任务出发

主要矛盾和中心任务是统一的，主要矛盾的转移是工作重心转移的客观根据。事实表明，抓住了事物的主要矛盾，才能做到

① 邓小平：《贯彻调整方针，保证安定团结》，《邓小平文选》第2卷，人民出版社1994年版，第356页。
② 邓小平：《坚持四项基本原则》，《邓小平文选》第2卷，人民出版社1994年版，第164页。
③ 邓小平：《革命和建设都要走自己的路》，《建设有中国特色的社会主义》（增订本），人民出版社1987年版，第81页。

情况明、决心大、方法对。党的十一届三中全会以后，邓小平总结了历史教训，纠正了对我国社会主要矛盾的错误认识，科学地阐明了我国社会的主要矛盾："我们的生产力发展水平很低，远远不能满足人民和国家的需要，这就是我们目前时期的主要矛盾，解决这个主要矛盾就是我们的中心任务。"① 以后，他又多次指出，社会主义阶段的最根本任务就是发展生产力，发展生产力不仅是社会主义的第一个任务，而且是压倒一切的中心任务，对此一定要死扭住不放，"其他一切任务都要服从这个中心，围绕这个中心，决不能干扰它，冲击它"②。邓小平不仅把发展生产力看作社会主义的基本原则，而且把它看作决定国家命运的千秋大业："能否实现四个现代化，决定着我们国家的命运、民族的命运。……社会主义现代化建设是我们当前最大的政治，因为它代表着人民的最大的利益、最根本的利益。"③ 从四个现代化出发，就是毛泽东一贯倡导的从群众的利益和需要出发、从实际出发。"你不抓住四个现代化，不从这个实际出发，就是脱离马克思主义，就是空谈马克思主义。"④

（三）从实际出发，不仅要立足中国，而且要面向世界

邓小平始终认为，要建立社会主义的大经济，就必须面向世界。他指出：经验证明，关起门来搞建设是不能成功的，中国的发展离不开世界。中国长期处于停滞和落后的状态，一个重要原因就是闭关自守。中国从近代以来有两次大的封闭，结果导致衰

---

① 邓小平：《坚持四项基本原则》，《邓小平文选》第2卷，人民出版社1994年版，第182页。

② 邓小平：《目前的形势和任务》，《邓小平文选》第2卷，人民出版社1994年版，第250页。

③ 邓小平：《坚持四项基本原则》，《邓小平文选》第2卷，人民出版社1994年版，第162—163页。

④ 同上书，第163页。

落了。他以此为鉴指出，现在的世界是开放的世界，开放是世界历史发展的规律，现在的世界突飞猛进地发展，我们要赶上时代，就必须向先进国家学习。他说，现在发展经济的目标明确了，"从何处着手呢？就是要尊重社会发展规律。我们确定搞两个开放：一个对外开放，一个对内开放。对外开放具有重要意义。任何一个国家要发展，孤立起来是不可能的，闭关自守是不可能的。要实现我们的第一步目标和第二步目标，不开放不行，不加强国际交往不行，不引进发达国家的先进经验、先进科学技术成果和资金不行。关起门来是不行的。这叫对外开放。对内开放就是改革"①。在这里，邓小平把两个开放称作"尊重社会发展规律"。所以，面向世界是从人类社会发展规律出发的重要方面。他提出的"面向现代化，面向世界，面向未来"的思维方式，就是着眼于事物的发展变化和本质趋势的思维方式，也是理论联系实际的新视野。

三 在"结合"观上的新突破

如上所述，邓小平在如何对待理论（学体系、学方法、着眼于发展）和怎样从实际出发（从基本国情出发、从主要矛盾和中心任务出发、从世界发展趋势出发）两个方面，都取得了毛泽东思想发展史上阶段性的新成果，都是极有创见的。这种对理论与实际结合的新思路结出了丰硕的成果，农村改革的兴起和经济特区的兴办，社会主义商品经济论和社会主义初级阶段论的提出，有中国特色的社会主义理论的逐步完善和党的基本路线的制定，以及党的第十四次代表大会提出的把发展社会主义市场经济作为

---

① 邓小平：《政治上发展民主，经济上实行改革》，《建设有中国特色的社会主义》（增订本），人民出版社 1987 年版，第 105 页。

经济体制改革的目标模式，无不体现出邓小平求实创新的思维性格和领导艺术。而所有这一切均应当归功于他的以实践为体、理论为用的体用观和基于实践的理论与实际具体历史的统一论。

早在 1978 年 6 月，邓小平在《在全军政治工作会议上的讲话》中，就提出了把实践作为理论和实际的结合点的重要思想。他在讲话中说，我们说的做的究竟能不能解决问题，问题解决得是不是正确，关键在于我们是否能够理论联系实际；而这样解决问题，究竟是否正确，还需要在今后的实践中来检验。① 这些话体现了他把实践作为理论和实际结合的基础和标准的观点。在南方谈话中，他进一步强调了实践对于认识、理论的基础和标准作用，他说：我们改革开放的成功，不是靠本本，而是靠实践，实践是检验真理的唯一标准。这表明，只有从实践出发，坚持实践第一的观点，我们才能真切地把握新时期以来关于理论和实际相结合的一系列论述的精髓。

第一，只有坚持"以实践为体、中西文化为用"的体用观，才能从根本上打破本本主义的束缚。中国历来有本本主义的传统，近代以来的中西体用之争，本质上是文化史观内部的争论，无论是"中体西用论"，还是"西体中用论"，都是就文化论文化。在马克思主义看来，人类的历史并不是从观念到观念的历史，而是实践和观念交互作用的历史，"这种历史观和唯心主义历史观不同，它不是在每个时代中寻找某种范畴，而是始终站在现实历史的基础上，不是从观念出发来解释实践，而是从物质实践出发来解释观念的形成"②。后来学术界提出了一种新看法，他们认为应

---

① 参见邓小平《在全军政治工作会议上的讲话》，《邓小平文选》第 2 卷，人民出版社 1994 年版，第 113—114 页。

② 马克思、恩格斯：《德意志意识形态（节选）》，《马克思恩格斯选集》第 1 卷，人民出版社 1995 年版，第 92 页。

当以马克思主义为体、中西文化为用。这种看法虽然包含部分的真理性，但从总体上看仍未摆脱就文化论文化的窠臼。就中国的现代化建设来说，如果我们不能走出就文化论文化的圈子，不摆正"本本"和实践的关系，我们就不能彻底打破一个时期以来盛行的本本主义僵化模式。邓小平在谈到实践是检验真理的唯一标准时说："一个党，一个国家，一个民族，如果一切从本本出发，思想僵化，迷信盛行，那它就不能前进，它的生机就停止了，就要亡党亡国。"① 这里所说的"本本"正是指马克思主义的本本。世界上的真理只有一种，就是从客观实际抽象出来又在客观实际中证明了的理论。实践在发展，马克思主义也要随实践的发展而发展。那种认为凡是马恩列斯说过的、上了书的，一律不能改，凡是老祖宗没有说过的，一律不能办的观点，本身就违反了马克思主义的基本原则。

第二，只有尊重实践，尊重群众的首创精神，才能把改革开放大业不断推向前进。社会主义事业是前无古人的伟大事业，改革开放是影响深远的第二次革命。要把有中国特色的社会主义事业推向前进，只从书本上找出路是行不通的，必须坚持实践第一的观点，大胆地闯，大胆地试。早在开办特区之初，邓小平就以伟大革命家的胆略提出：可以划出一块地方，叫作特区。陕甘宁就是特区嘛，中央没钱，要你们自己干，杀出一条血路来。在南方谈话中，他特别赞赏深圳人敢闯敢干的精神。他说，深圳的主要经验，就是敢闯。对于像股票、证券市场这样一些东西究竟好不好，是不是资本主义独有的东西，社会主义能不能用，允许看，但要坚决地试。试就是实践，就是让实践作出判断。大胆探索、

---

① 邓小平：《解放思想，实事求是，团结一致向前看》，《邓小平文选》第2卷，人民出版社1994年版，第143页。

勇于实践，在实践中开辟认识真理的道路，是邓小平一贯的主张。他在谈到《中共中央关于经济体制改革的决定》这一文件时说："这次的文件好，就是解释了什么是社会主义，有些是我们老祖宗没有说过的话，有些新话。我看讲清楚了。过去我们不可能写出这样的文件，没有前几年的实践不可能写出这样的文件。写出来，也很不容易通过。我们用自己的实践回答了新情况下出现的一些新问题。不是说四个坚持吗？这是真正坚持社会主义。"[①] 可见，没有一点闯的精神，就走不出一条新路，就干不出新的事业。

第三，一切以实践为准绳是勇于实践和善于实践的统一，这就是邓小平一贯倡导的实践标准。勇于实践是坚持实践标准的前提。"不冒点风险，办什么事情都有百分之百的把握，万无一失，谁敢说这样的话？一开始就自以为是，认为百分之百正确，没那么回事，我就从来没有那么认为。"要改变中国的落后面貌，要探索出一条适合中国特点的建设道路，必然会遇到许多艰难险阻。搞社会主义现代化，本身就是一项担风险的事业，没有一点胆略是不行的。所以，邓小平反复强调："改革开放胆子要大一些，敢于试验，不能象小脚女人一样。看准了的，就大胆地试，大胆地闯。"否则，就走不出一条新路，找不到一条自己应走的路。这是从战略上讲的，在战术上又要善于实践，要及时"总结经验，对的就坚持，不对的赶快改，新问题出来抓紧解决"。这两者的统一，就是"胆子还是要大，没有胆量搞不成四个现代化。但处理具体事情要谨慎小心，及时总结经验"[②]。他认为，只要坚持这种态度，就不会犯大的错误。

---

① 邓小平：《在中央顾问委员会第三次全体会议上的讲话》，《建设有中国特色的社会主义》（增订本），人民出版社1987年版，第78页。
② 邓小平：《吸取历史经验，防止错误倾向》，《邓小平同志重要谈话（1987年2月—7月）》，人民出版社1987年版，第29页。

　　要做到"走自己的路，建设有中国特色的社会主义"，首要的一条是摆正经典的"本本"和当代实践的关系，把有利于生产力的发展这个历史唯物主义的根本标准应用于社会主义历史实践本身。要从生产力标准出发，加深对社会主义的科学理解，加深对当代资本主义的再认识。坚持生产力标准，也是破除传统的旧观念的最锐利的思想武器。在传统观念中，"计划经济就是社会主义，市场经济就是资本主义"。要破除这些带有浓厚"革命"色彩的传统观念和思维定式，最好的办法就是坚持生产力标准。1985 年，邓小平在回答社会主义与市场经济的关系时说："社会主义和市场经济之间不存在根本矛盾。问题是用什么方法才能更有力地发展社会生产力。我们过去一直搞计划经济，但多年的实践证明，在某种意义上说，只搞计划经济会束缚生产力的发展。把计划经济和市场经济结合起来，就更能解放生产力，加速经济发展。"[①] 在南方谈话中，他再次明确指出："计划多一点还是市场多一点，不是社会主义与资本主义的本质区别。计划经济不等于社会主义，资本主义也有计划；市场经济不等于资本主义，社会主义也有市场。计划和市场都是经济手段。"[②] 从生产力标准出发提出发展社会主义市场经济，这是邓小平对科学社会主义学说的重要贡献。

　　事实证明，摆正本本和实践关系的重要方面，是处理好理论争论和实践判断的关系。有一些所谓姓"社"姓"资"的争论，不单是个理论问题，而且是个实践的问题。说到底，现实的实践

----

　　① 《会见美国时代公司组织的美国高级企业家代表团时的谈话》，《邓小平关于建设有中国特色社会主义的论述专题摘编》，中央文献出版社 1992 年版，第 96 页。

　　② 《邓小平同志在武昌、深圳、珠海、上海等地的谈话要点》，《邓小平关于建设有中国特色社会主义的论述专题摘编》，中央文献出版社 1992 年版，第 98 页。

是我们对理论和经验进行取舍的着眼点和标准。只有从实践需要出发，以实践为评价理论和经验的真理性的标准，才不会被传统观念捆住手脚，才不会被别人的经验牵着鼻子跑。邓小平针对目前实践的需要，提出眼下不搞姓"社"姓"资"的争论。不争论，是为了争取时间干。所谓"不争论"，并不是不辨理论是非，而是说不要脱离，干扰现实的实践去搞那些无谓的争论。"不争论"的目的是反对"本本主义"，主张把理论同实践标准统一起来。

第三节　党的实事求是思想路线的丰富和发展

毛泽东在反对主观主义，特别是反对教条主义的斗争中，写了《反对本本主义》《实践论》《矛盾论》《改造我们的学习》《整顿党的作风》等科学著作，总结了中国革命的经验教训，深刻阐述和发挥了马克思主义认识论，为我们党确立了一切从实际出发、实事求是、理论联系实际的思想路线。中国革命的胜利，从一定意义上说，就是实事求是思想路线的胜利。然而，从20世纪50年代后期开始，我们党就逐渐偏离了这条思想路线，结果造成了许多不应有的失误。到了"文化大革命"时期，党的实事求是的思想路线又遭到了林彪、"四人帮"的严重破坏，给党和人民造成了空前的灾难。

为了恢复党的实事求是的思想路线，我们党的老一辈无产阶级革命家作出了巨大的努力。在邓小平等老一辈无产阶级革命家的努力下，十一届三中全会以后的党中央，不仅恢复了党的实事求是的思想路线，而且在实践中发展了党的思想路线，自觉地把党的实事求是的思想路线与马克思主义唯物论、辩证法、认识论和唯物史观紧密地结合起来，使之获得了更加科学的理论形态。

一 党的思想路线的科学表述及其理论意义

当新时期开始时，我们党面临的主要问题，就是如何运用马克思主义和毛泽东思想的基本原理，解决新时期的路线、方针和政策，实现四个现代化的宏伟目标。在这个问题上，当时表现出两种倾向：一是党内"凡是"派的"句句照办"，无视历史条件的变化，坚持它的一切结论。二是社会主义实践中所遭到的挫折，尤其是"文化大革命"诱发了人们对马克思主义、毛泽东思想的怀疑，出现了"信仰危机"。这两个问题其实是一个问题，即在新的历史条件下如何继承和发展马克思主义。当邓小平受命于危难之中、担负起领导中国现代化的历史重任时，马克思主义和社会主义都面临着一场最严峻的挑战，这是我们党成立以来所遇到的一个崭新课题。在这个重大的课题面前，邓小平表现出了一个无产阶级革命家的非凡胆略和冷静的头脑，从彻底的唯物主义立场出发，明确提出必须以科学的态度对待马克思主义，必须重申和恢复党的实事求是的思想路线，并为此作出了极大的努力。

党的实事求是的思想路线，是由毛泽东在民主革命时期确立起来的。同是思想路线，由于历史条件不同，所遇到的新情况、新问题不同，运用这条思想路线解决问题的侧重点不同，就会显出个性化的特点，这种个性化特点其实就是邓小平对党的思想路线这一共性原则的丰富和发展。

善于运用党的思想路线来解决革命和建设中的重大问题，是邓小平在新时期里表现出来的卓越的领导艺术之一。他关于思想路线的一系列论述，不仅丰富和拓展了原有的内容，而且为我们把握他的理论和实践的特点提供了范例。要了解邓小平对思想路线的丰富和发展，离不开他的思想路线表述的丰富性的特点，这种丰富性体现了在不同时间、地点、条件下论述的针对性和具体问题具体分析的原则。例如，在党的十一届三中全会前后，他经常用"解放思想，实事求是"来概括党的思想路线，强调这两者之间的相互依存性。有时他又指出，我们党的思想路线就是"马克思主义的辩证唯物主义和历史唯物主义，也就是毛泽东同志概括的实事求是"①，其目的在于说明党的思想路线同它的理论基础的内在联系。他有时又用"研究新情况，解决新问题"来表述党的思想路线："三中全会的提法，叫研究新情况，解决新问题。"②此外，他还在不同的场合，分别强调了从实际出发、实事求是、理论联系实际、实践是检验真理的唯一标准是我们党的思想路线。其中，最突出的是他对实事求是的论述，更为集中、具体。据不完全统计，仅在《邓小平文选（1975—1982年）》和《建设有中国特色的社会主义》（增订本）这两本书中，他论及实事求是就有80多处。这些不同的表述在实质上是相同的，因为它们是围绕一个中心展开的，都是为了解决主观与客观、思想与实际、理论和实践这个基本问题。在党的十一届五中全会第三次会议上，他对党的思想路线作出了经典式的表述，他说："马克思、恩格斯创立了辩证唯物主义和历史唯物主义的思想路线，毛泽东同志用中国语言概括为'实事求是'四个大字。实事求是，一切从实际出发，理论联系实际，坚持实践是检验真理的标准，这就是我们党的思想路线。"③很显然，这一科学表述不是对以往内容的简单重复，它包容了中华人民共和国成立以来思想路线斗争方面的基本

① 邓小平：《政治上发展民主，经济上实行改革》，《建设有中国特色的社会主义》（增订本），人民出版社1987年版，第107页。
② 邓小平：《坚持党的路线，改进工作方法》，《邓小平文选》第2卷，人民出版社1994年版，第279页。
③ 同上书，第278页。

经验，适应了新时期我国现代化建设新的实践需要，标志着我们党在思想理论建设方面迈入了一个新的阶段。

像邓小平这样对思想路线问题从始至终予以关注，并在理论和实践的结合上作出重大发展，在马克思主义发展史上是罕见的。现在党的思想路线已经深入人心，它在建设有中国特色的社会主义理论和实践中的巨大作用已被越来越多的人所认识。但是，对邓小平这一举措在马克思主义发展史上的意义论及者尚少。人们往往注意他在科学社会主义方面的贡献和功勋，却忽略了他的思想路线学说对马克思主义发展的重要价值。我们之所以提出这个问题，因为它实质上涉及马克思主义的历史命运，邓小平重申并发展了实事求是的思想路线，其着眼点和落脚点也正在这里。1989年5月16日，邓小平在会见戈尔巴乔夫时指出："多年来，存在一个对马克思主义、社会主义的理解问题。从马克思以后一百多年，究竟发生了什么变化？在变化的条件下，如何认识和发展马克思主义？没有搞清楚。"[①] 接着，他谈了自己对马克思主义的理解。这是迄今为止，在马克思主义发展史上有关理解、解释理论方面的最杰出的一篇代表作，尤其是它主要围绕怎样以科学的态度对待马克思主义，怎样客观地、全面地认识、评价和发展马克思主义等问题展开的，就具有更重大的理论意义。同样，这篇讲话为我们进一步理解新时期以来他在思想路线方面的论述的深刻内涵提供了钥匙。下面，我们以这篇讲话为指导，概括地回顾了一下他的有关论述，这对于说明他对党的思想路线的丰富和发展是极为重要的。

第一，邓小平鲜明地提出了革命导师（包括毛泽东在内）一

---

① 《会见苏共中央总书记戈尔巴乔夫时的谈话》，《邓小平关于建设有中国特色社会主义的论述专题摘编》，中央文献出版社1992年版，第24页。

切结论的具体历史性，指出这是个重要的理论问题，是个是否坚持历史唯物主义的问题。邓小平以毛泽东为例说："他历来是按照不同的时间、地点、条件讲问题的。"① 因而，只有把握具体的历史条件，才能理解导师们对同样问题的论述何以在提法、分寸、着重点上不同的原因所在。抛开具体的历史条件，"把毛泽东同志在这个问题上讲的移到另外的问题上，在这个地点讲的移到另外的地点，在这个时间讲的移到另外的时间，在这个条件下讲的移到另外的条件下，这样做，不行嘛！"② 这里提出了一个重要的原则，即不能以教条主义的态度对待马克思主义，不能以革命导师"是否讲过"为唯一的模式并把它作为衡量今天的是非的标准。

第二，历史条件是变化的，不能用今天的条件去苛求马克思主义创始人。他指出："绝不能要求马克思解决他去世之后一百年、两百年、上千年所产生的问题。列宁同样也不能承担他去世以后五十年、一百年所出现的事情，不能要求他解决这些问题。"③ 我们是历史唯物主义者，看问题不能离开一定的历史条件，从马克思到列宁、从列宁到毛泽东，历史条件都发生了很大的变化，列宁和毛泽东都不是从书本里，而是从实际中找到了使革命成功的途径。这里，重要的是要用马克思主义的立场、观点、方法来分析问题、解决问题。马克思主义的活的灵魂，就是具体地分析具体情况。马列主义、毛泽东思想如果不同实际情况相结合，就没有生命力了。

第三，邓小平指出："什么叫高举？这是我们要回答的。"所

---

① 邓小平：《在全军政治工作会议上的讲话》，《邓小平文选》第 2 卷，人民出版社 1994 年版，第 118 页。

② 邓小平：《"两个凡是"不符合马克思主义》，《邓小平文选》第 2 卷，人民出版社 1994 年版，第 38 页。

③ 《会见苏共中央总书记戈尔巴乔夫时的谈话》，《邓小平关于建设有中国特色社会主义的论述专题摘编》，中央文献出版社 1992 年版，第 24 页。

谓高举，就是无论革命导师是否讲过，我们都要从实际出发，研究新情况，解决新问题。真正的马克思列宁主义者必须根据现在的情况，提出新的解决办法，新的问题就得用新办法来解决。"世界形势日新月异，特别是现代科学技术发展很快。现在的一天抵得上过去古老社会几十年或上百年。不以新的思想、观点去继承、发展马列主义，不是真正的马列主义者。"① 这就是说，把马克思主义同新的历史条件相结合，研究新情况、解决新问题，是把马克思主义中国化的根本途径，也是丰富和发展马克思主义的根本道路。如上所述，邓小平所说的对马克思主义的"理解问题"没有搞清楚，是指在变化了的条件下，如何认识和发展马克思主义的问题。换言之，我们不能要求马克思和列宁解决他们去世后产生的问题，对于那些在原有结论中无法找到答案而又不能回避的崭新课题，只能由当代的马克思主义者去解决。所以，邓小平反复重申的解放思想、实事求是的思想路线，实质上是研究新情况、解决新问题的路线。对新问题的解决不是靠本本，而是靠实践、靠实事求是。这就是他强调"真正的马克思列宁主义者必须根据现在的情况，认识、继承和发展马列主义"的本意所在。

二　党的思想路线各要素的逻辑结构

（一）实事求是是党的思想路线的核心

以深刻而完整的理论形态表现出来的党的思想路线，是由实事求是、一切从实际出发、理论联系实际和坚持实践是检验真理的标准这四个基本要素构成的。从理论结构上看，这四个基本要素是互相联系、互相贯通、互相补充的统一整体，但它又不是不

---

① 《会见苏共中央总书记戈尔巴乔夫的谈话》，《邓小平关于建设有中国特色社会主义的论述专题摘编》，中央文献出版社 1992 年版，第 24 页。

分主次的并列关系。根据毛泽东同志的科学表述，"实事求是"是唯物论、辩证法、认识论三者相统一的概括，它体现了主观和客观、理论和实践的具体的历史的统一，包含了一切从实际出发、坚持理论与实际相统一的原则、正确地把握事物发展规律等内容，因而是其他三个基本点的核心，但它并不能代替其他三个基本点。

在新的历史时期，邓小平在阐发党的思想路线时，又从多侧面揭示了实事求是在毛泽东思想和毛泽东方法论思想中的地位。首先，他明确指出实事求是是毛泽东哲学思想的精髓。他多次讲毛泽东同志之所以伟大，能把中国革命引向胜利，归根结底就是靠实事求是。我们要完整准确地理解毛泽东思想的体系，就要抓住它的实质，就要坚持实事求是的原则。这是用最简洁的语言指出了实事求是在毛泽东思想体系中的核心地位，无疑也指出了它在党的思想路线中的核心地位。其次，他又指明实事求是是毛泽东思想的唯物论基础。邓小平说："实事求是，是毛泽东思想的出发点、根本点。这是唯物主义。"[①] 这就是说，实事求是是马克思所创立的辩证的、历史的唯物主义的体现，是中国化的马克思主义。再次，邓小平还认为，实事求是是唯物论和辩证法的有机统一，是无产阶级世界观的基础。他指出，马克思和恩格斯创立了辩证唯物主义和历史唯物主义的思想路线，毛泽东同志用中国的语言概括为"实事求是"四个大字，"实事求是，是无产阶级世界观的基础，是马克思主义的思想基础。过去我们搞革命所取得的一切胜利，是靠实事求是；现在我们要实现四个现代化，同样

---

① 邓小平：《在全军政治工作会议上的讲话》，《邓小平文选》第 2 卷，人民出版社 1994 年版，第 114 页。

要靠实事求是"①，从而强调了实事求是思想路线在认识和改造世界中的指导作用。

邓小平的这些论述充分证明了实事求是确实是党的思想路线的核心。

（二）党的思想路线其他要素与实事求是的关系

我们说实事求是是党的思想路线的核心，并没有忽视党的思想路线其他三个基本要素的作用。那么党的思想路线其他三个基本要素与实事求是到底是什么关系呢？我们认为，其他三个基本要素是实事求是的不可缺少的补充和说明。

"一切从实际出发"是坚持实事求是的前提和基础。它要求我们想问题、办事情不是从本本出发，从主观想象出发，从官僚主义"意志"出发，而是从客观存在的基本事实出发，从人们的社会实践出发，去研究事物的具体特点及其变化发展的新情况、新问题，得出路线、方针、政策和办法来。因而坚持一切从实际出发，就是坚持认识论的唯物主义，就是坚持实践是认识的来源和基础的观点。把它作为党的思想路线的一项内容，表明这条路线是立足于唯物主义的基石之上的。

"理论联系实际"，是坚持实事求是的途径。唯物主义的认识起点，把我们引至面向实际的正确轨道。然而认识的真正任务，在于从"实事"即客观实际中去能动地"求"出"是"来，即寻求事物的规律性。在"求"是的各种能动的反映过程中，正确的理论指导和理论思维具有特别重要的作用。它可以使我们的认识由感性到理性、由具体到抽象、由个别上升到一般，又可以使我们的认识由抽象到具体、由一般理论化为具体实践，把一般和个

---

① 邓小平：《解放思想，实事求是，团结一致向前看》，《邓小平文选》第2卷，人民出版社1994年版，第143页。

别、共性和个性统一起来，从而使我们的认识发生质的飞跃。如果没有理论指导和理论思维，认识就只能停留在感性阶段，不能上升为理论认识，所以也就无法实现实事求是。但理论只有与实际相联系、马列主义的普遍原理只有与中国的具体实践相结合，才能起到这种作用。否则，理论再好，也是无济于事的。把这一原则纳入党的思想路线，对于我们反对和防止教条主义、经验主义具有重大意义。

"坚持实践是检验真理的标准"，是真正做到实事求是的最后归宿，或者也可以说是检验是否真正做到了实事求是的标准。从实际出发，理论联系实际所获得的理论认识，只有再回过头来用于指导实践或服务于实践，才能真正做到实事求是。由于历史条件和认识能力的限制，有一些认识可能是不完善的甚至是错误的。检验认识的正确与否，只有通过社会实践。在实践面前，正确的理论被证实，错误的理论会得到纠正。同时，又能在新的实践基础上，补充、丰富和发展已有的理论。把实践标准纳入党的思想路线，有利于我们解放思想、破除迷信、坚持真理、修正错误，确保党的路线、方针、政策的正确性。

总之，党的思想路线的四个基本点各有侧重、互相联系，完整地体现了认识发展的辩证过程。因而在理论结构上，它是一条更加完备、更加明确的思想路线。

三　从实践标准发展到生产力标准

邓小平不仅把"实践是检验真理的标准"纳入党的思想路线，而且还把这个标准推进到社会历史领域，进一步提出了生产力标准问题，从而更加深化了人们对党的思想路线的认识。他在1978年就指出："按照历史唯物主义的观点来讲，正确的政治领导的成果，归根结底要表现在社会生产力的发展上，人民物质文化生活的改善上。"① 后来又进一步指出："要以是否有助于建设有中国特色的社会主义，是否有助于国家的兴旺发达，是否有助于人民的富裕幸福，作为衡量我们各项工作做得对或不对的标准。"② 生产力标准问题的提出，表明我们党不仅把实事求是作为认识论的命题，而且作为历史唯物论的命题，把这两者有机地统一起来了。

毛泽东在《实践论》中指出：辩证唯物论的全部认识论，也就是辩证唯物论的知行统一观。认识的目的不仅在于正确地认识世界，更在于正确地改造世界。因而从认识论角度看，对于社会事物的认识不仅要弄清楚事实及其规律，而且还有一个如何评价的问题，即人们在改造世界的活动中怎样工作才是正确的。所以，认识论全过程的结构可分为两个层次，即认识世界和改造世界两个层次。前一个层次是一般事实认识，后一个层次是特殊的事实认识（价值关系的事实认识），即价值认识。实践标准是事实认识的客观标准，具有一般事实判断的功能；生产力标准是价值认识的客观标准，具有价值判断的功能。

我们知道生产实践是人类社会生存和发展的基础，是决定其他实践活动的最基本的实践。生产实践的目的和结果是发展生产力。既然实践检验就是用实践的过程和结果检验，那么生产力作为人类最基本的实践活动的结果，自然也是一种特殊的或具体的实践标准。

与"实践标准"相比较，这种特殊的具体的实践标准即生产力标准具有更深的层次和更丰富的内涵。因此我们认为，生产力标准的提出，是实践标准发展的合乎逻辑的必然结果，是实践标

① 邓小平：《高举毛泽东思想旗帜，坚持实事求是的原则》，《邓小平文选》第2卷，人民出版社1994年版，第128页。
② 邓小平：《各项工作都要有助于建设有中国特色的社会主义》，《建设有中国特色的社会主义》（增订本），人民出版社1987年版，第12页。

准在社会历史领域里的具体化。

在邓小平提出的生产力标准思想指导下，党的十三大为我们党制定了一条在社会主义初级阶段的基本路线，就是：领导和团结全国各族人民，以经济建设为中心，坚持四项基本原则，坚持改革开放，自力更生，艰苦创业，为把我国建设成为富强、民主、文明的社会主义强国而奋斗。人们通常把这条基本路线概括为"一个中心，两个基本点"。与此同时，党的十三大报告又明确指出：是否有利于发展生产力，应当成为我们考虑一切问题的出发点和检验一切工作的根本标准。从以经济建设为中心的角度来看，进行经济建设的直接目的是发展社会生产力，围绕这一中心的其他一切社会实践活动，归根结底也是为了发展社会生产力。检验我们的社会主义事业发展状况的关键，就看其是否促进了社会生产力的发展。在党的十一届三中全会以前的20多年里，我们只注重在生产关系上做文章，只注重搞意识形态领域里的革命，结果严重地影响和束缚了生产力的发展。党的十一届三中全会以来，我们党果断地实现了工作重心的转移，把发展生产力提到首位，使我国的社会生产力得到了迅速的发展。这一事实充分证明只有坚持生产力标准，才能真正坚持以经济建设为中心，才能保证实现社会主义的现代化。由于我们现行的生产关系和上层建筑中还存在着某些不适合生产力发展的环节和方面，所以我们才要进行经济体制和政治体制的改革。改革是生产力发展的需要，因而我们所制定的每项改革的方针、政策、措施、办法，都必须以是否能够促进生产力的发展作为衡量标准。这就是说，是否需要进行改革，要用生产关系和上层建筑是否适应生产力的状况来决定；怎样实施改革，要以是否有利于生产力的发展为出发点；衡量改革的成败，要以是否促进了生产力的发展为标准。

因此，就我们的各项工作而言，必须坚持生产力标准；所谓从实际出发，就是从中国现有的国情出发，从生产力发展的现有水平和需要出发来考虑一切问题，来安排我们的大政方针。只有完整准确地理解马克思主义关于生产力和生产力标准的原理，才能真正理解科学社会主义的理论，理解我们党提出的社会主义初级阶段的理论和"一个中心、两个基本点"的基本路线。

由此可见，把实践是检验真理的标准作为党的实事求是思想路线的重要组成部分，进而又把实践标准扩展到社会历史领域，提出了生产力标准，确实是我们党的思想路线不断完善和发展的主要标志。

邓小平是我国社会主义改革开放和现代化建设的总设计师，党的建设有中国特色社会主义理论是由他提出的，15 年来社会主义现代化建设的实践是在他的直接指导下进行的。邓小平尊重实践，尊重群众，时刻关注最广大人民的利益和愿望，善于概括群众的经验和创造，敏锐地把握时代发展的脉搏和契机，既继承前人又突破陈规，表现出了开辟社会主义建设新道路的巨大政治勇气和开拓马克思主义新境界的巨大理论勇气，对建设有中国特色社会主义理论的创立作出了历史性的重大贡献。这一历史性的贡献是与他始终坚持、丰富和发展党的思想路线分不开的。

附录一　论毛泽东的历史观*

历史和对历史的认识既有联系，又有区别。历史的东西，不管我们认识与否，它都会对现实发生影响。毛泽东是一位重要的历史人物，他领导的革命和建设，彻底重塑了中国的政治、经济和社会结构。所以，关于毛泽东的理论贡献和历史地位，仍然需要分析和探索。本文侧重谈谈毛泽东的历史观。

一　毛泽东历史观的转变

明清以降，正统的儒学地位下降，进入"后经学时代"，即由经学向史学的转变。哲学观念的变革，集中地表现为历史观的变革。历史观问题成为讨论的焦点，这是由中国社会的历史变局所决定的。近代以来，中国出现了天崩地裂般的社会变动和近乎亡国亡种的残酷现实，救亡图存和追求现代化的客观需求成为哲学观念变革的深层历史根据。

19 世纪末由严复、梁启超掀起的史学革命是一场历史观的革

＊ 本文为李景源 2013 年 12 月在中国社会科学院为纪念毛泽东同志诞辰 120 周年举办的 "毛泽东思想的继承与发展学术研讨会" 上所做的专题发言。后经修改，发表于《延边大学学报》（社会科学版）2015 年第 1 期。

命，它为唯物史观的传入奠定了思想前提。梁启超指出，史学是学术的大宗，中国要新生，必须革传统史学的命，"史界革命不起，则吾国遂不可救。悠悠万事，惟此为大！"① 他在论述史学的性质和宗旨时说，历史者，叙述人群进化之现象，求其公理公例者也。这无疑是说史学是研究人类社会进化规律的学问。值得关注的是，梁启超关于历史本质的理解在抽象的意义上与马克思主义有异曲同工之妙。马克思从科学的实践观出发，把历史定义为人的有目的的活动。而梁启超同样认为史学就是"记述人类社会赓续活动之体相，校其总成绩，求得其因果关系，以为现代一般人活动之资鉴者也"②。严复是全面翻译介绍西学的第一人，《天演论》一书从 1898 年问世，到 20 世纪 30 年代仍然再版，对近代中国的思想界发生了重大的影响。在"文化大革命"期间，毛泽东还提议干部读这本书。严复做这部书的目的，就是使生物进化论上升为社会进化论和文化进化论，把它升华为哲学世界观，使"进化"观念成为阐释历史的框架体系。

近代中国历史的主题是反帝反封建，如何完成这一历史任务，思想界争论很大。从历史发展的动力上看，一个最根本的问题是思想动机与思想背后的动因哪个方面更具有历史意义。进一步说，近代中国救亡图存是走"思想改造论"的路子还是通过革命实践走"社会改造论"的道路？马克思指出，其历史观"和唯心主义历史观不同，它不是在每个时代中寻找某种范畴，而是始终站在现实历史的基础上，不是从观念出发来解释实践，而是从物质实

---

① 易新鼎编：《梁启超选集》上卷，中国文联出版社 2006 年版，第 304 页。
② 李华兴、吴嘉勋编：《梁启超选集》，上海人民出版社 1984 年版，第 776 页。

践出发来解释观念的形成"①。恩格斯进一步指出，科学的实践观与唯物主义的历史观是内在统一的，马克思主义正是"在劳动发展史中找到了理解全部社会史的锁钥"，"自从历史也得到唯物主义的解释以后，一条新的发展道路也在这里开辟出来了"。② 如上所述，梁启超认识到历史是由人类世代更替的活动构成的，从活动中找到因果关系，把它升华为历史的公理和公例，就可以成为现代人活动的借鉴。问题是，他所理解的活动是抽象的精神性的活动，他把这种活动看作人们物质性活动的本体或本质。他说："凡活动，以能活动者为体，以所活动者为相。"③ 人的理智、情感和意志是能活动者，它们是发动活动和规定活动结果的东西，活动的过程和结果是活动的现象，它们是由活动的本体所决定的，活动的本体就是精神或人的内心，它们是人类活动和历史发展的原始动力。梁启超在《惟心》一文中，把"心"作为宇宙的本体，"物"不过是心的显现。他说："境者心造也。"④ "全世界者，全世界人类心理所造成。一社会者，一社会人之心理所造成。"⑤ "然则天下岂有物境哉？但有心境而已。"⑥ 有了这样的历史观，谭嗣同、梁启超等人提出了"心力说"和佛教救国论，即只有让国人明白"三界唯心"，视客观世界和我身为虚幻，才能激发人们"舍身救世"的精神。所以，救亡图存走思想改造路子的根源正在

---

① 马克思、恩格斯：《德意志意识形态（节选）》，《马克思恩格斯选集》第1卷，人民出版社1995年版，第92页。

② 恩格斯：《路德维希·费尔巴哈和德国古典哲学的终结》，《马克思恩格斯选集》第4卷，人民出版社1995年版，第258、228页。

③ 李华兴、吴嘉勋编：《梁启超选集》，上海人民出版社1984年版，第776页。

④ 易新鼎编：《梁启超选集》下卷，中国文联出版社2006年版，第570页。

⑤ 梁启超：《饮冰室文集之十七》，《饮冰室合集》第2册，中华书局1989年版，第2页。

⑥ 易新鼎编：《梁启超选集》下卷，中国文联出版社2006年版，第570页。

于这种心学历史观，这是支配中国几千年的内圣外王传统的变种。这种观念论的思路虽然包含有合理的成分，但它并没有触及社会问题的根本所在，因而无法解决中国的问题。李大钊运用唯物史观对观念史观进行了批评，他说："唯物史观就站起来反抗那些历史家与历史哲学家，把他们多年所推崇为非常重要的外部的社会构造，都列于第二的次序；而那久经历史家辈蔑视，认为卑微暧昧的现象的，历史的唯物论者却认为于研究这很复杂的社会生活全部的构造与进化，有莫大的价值。"①

历史观问题是世界观的核心，毛泽东世界观的转变实质是历史观的转变。在毛泽东的青少年时代，占统治地位的历史观是帝王史观和圣贤史观。中国传统文化精神在一定意义上就是"内圣外王"之道，过去把"内圣外王"之道看作儒家的人格理想，实际上"内圣外王"之道就是传统社会占统治地位的历史观，它是圣贤史观和帝王史观的核心理念。毛泽东在少年时期受儒家影响较大，他对斯诺讲，从 1902 年到 1908 年他读了六年孔夫子的书，信奉的就是"修齐治平"，追求的就是圣贤救世的理想。毛泽东在青年时期又受到梁启超思想的影响，认同他的心力说。毛泽东也曾写过一篇"心之力"的文章，受到杨昌济先生的赞扬。他以内圣为标准，评价孙中山、康有为和曾国藩，他认为这几个人都是英雄，但他最佩服的还是曾国藩，因为他是程朱理学的继承者，有桐城派后期领袖的声誉。在圣贤与帝王之间，他更看重圣贤。在他看来，"圣贤者百代帝王，帝王者一代圣贤"。1917 年 8 月，他寄给黎锦熙一封长信，认为凡事都要抓住"本源"，决心"将全幅工夫，向大本大源处探讨。探讨既得，自然足以解释一切"。

① 李大钊：《我的马克思主义观》，《李大钊全集》第 3 卷，人民出版社 2006 年版，第 6 页。

他把"本源"看作"宇宙之真理"，是本源在支配着社会历史的发展。他说："今吾以大本大源为号召，天下之心其有不动者乎？天下之心皆动，天下之事有不能为者乎？天下之事可为，国家有不富强幸福者乎？"毛泽东把本源落实到人心上面，从中依稀可见"心力说"对他的影响。以心力说为依据，他在信中明确提出，要改造中国与世界，就必须"从哲学、伦理学入手，改造哲学，改造伦理学，根本上变换全国之思想"①，追求的仍是当时占主导地位的"思想改造论"的路数。

列宁曾经说过，马克思和恩格斯"兼有学者和革命家的品质"②，他们既有参与和领导革命斗争的实践经验，又善于进行经验总结和理论创造，这两者的结合是他们创立新世界观的主观条件。与此相类似，毛泽东对哲学有很高的悟性和强烈的兴趣，在湘学的影响下又表现出强烈的实践理性和务实精神。早在1913年的《讲堂录》中，就记载了他对以实事求是为特征的湘学传统的认同。他在笔记中写下了这样的话："实意做事，真心求学"，"古者为学，重在行事"。③ 在1917—1918年写下的《〈伦理学原理〉批注》中，他进一步指出："伦理学之正鹄在实践，非在讲求"，"吾人须以实践至善为义务"。④ 在当时新民学会会员中流传着这样的评语："和森是理论家，润之是实际家。"⑤ 这

① 毛泽东：《致黎锦熙信》，《毛泽东早期文稿》，湖南出版社1990年版，第86页。
② 列宁：《什么是"人民之友"以及他们如何攻击社会民主党人？》，《列宁选集》第1卷，人民出版社1995年版，第83页。
③ 毛泽东：《讲堂录》，《毛泽东早期文稿》，湖南出版社1990年版，第581、586页。
④ 毛泽东：《伦理学原理批注》，《毛泽东早期文稿》，湖南出版社1990年版，第132、238页。
⑤ 李维汉：《新民学会和蔡和森同志》，《回忆蔡和森》，人民出版社1980年版，第29页。

表明，毛泽东重视实践的品格在青年时期就已显露出来，为人们所注意。1917 年暑假，他邀约同学以"游学"方式游历了长沙等五县农村，了解下层农民的生产和生活。1918 年春，又同蔡和森到浏阳等县农村进行实地考察。正是这些实践活动的体验使毛泽东把对"本原"的探求变为对"主义"的寻求和选择。

毛泽东世界观转变的时期，正是他对各种"主义"兼收并蓄的时期。五四运动前后，不仅有马克思主义在中国传播，而且杜威的实用主义、基尔特社会主义、克鲁泡特金的无政府主义、罗素的改良主义以及社会民主主义，也像潮水一般涌入中国。在此期间，毛泽东对各种学说都涉猎过，对有些学说不仅从理论上探讨，而且付诸实际去实行。对各种学说的兼收并蓄，使毛泽东的内心充满了矛盾。他在 1920 年 2、3 月间给周世钊、陶毅的信中说道："现在我于种种主义、种种学说，还都没有得到一个比较明了的概念。"① 正是这种认知结构中的内在矛盾推动着毛泽东进行理论和实践的双重探索，兴起于全国各地的工读互助团的破产，由他先后主编的《湘江评论》和《新湖南》周刊被查封，以及后来的"驱张"请愿运动未果和湖南自治运动的失败，使他认识到，所有这些主张都是理论上说得好听，事实上是做不到的。他在 1920 年 11 月给向警予的信中说："（我）已看透了。政治界暮气已深，腐败已甚，政治改良一途，可谓绝无希望。吾人惟有不理一切，另辟道路，另造环境一法。"② 所谓另辟道路，就是"从事于根本改造之计划和组织，确立一个改造的基础，

---

① 高凯、于玲主编：《毛泽东大观》，中国人民大学出版社 1993 年版，第 766 页。

② 毛泽东：《致向警予信》，《毛泽东早期文稿》，湖南出版社 1990 年版，第 548 页。

如蔡和森所主张的共产党"①。1921年1月21日毛泽东给蔡和森复信说："唯物史观是吾党哲学的根据"②，"你这一封信见地极当，我没有一个字不赞成"③。毛泽东后来回忆说，搞俄国式的革命，组织共产党，这是"山穷水尽诸路皆走不通了的"最后选择。毛泽东历史观的转变是中华民族思想变革的缩影，陈独秀在后来总结自己的思想转变时表示，自己也是从"举人、进士、状元郎"的个人追求转向了"康党、乱党、共产党"的救国道路。

二　把握毛泽东历史观的三个维度

唯物史观在中国的传播，不仅导致了人们的主导观念由"思想改造论"向"社会改造论"的转变，而且导致了诸如民众、阶级、社会结构（经济基础和上层建筑）等观念的流行，揭开了共产党人运用无产阶级宇宙观作为观察国家命运的序幕，这为我们分析毛泽东历史观转变的维度提供了坐标。

（一）毛泽东的群众观

严复和梁启超虽然提出了去君史、写民史、申民权的主张，但他们的心力说必然导致精英史观。梁启超说："世界者何？豪杰

---

① 1920年11月毛泽东对易礼容1920年6月30日致毛泽东、彭璜信的按语，见中国革命博物馆、湖南省博物馆编《新民学会资料》，人民出版社1980年版，第92页。

② 毛泽东：《致蔡和森》，《毛泽东书信选集》，人民出版社1983年版，第15页。

③ 同上。

而已矣，舍豪杰则无有世界。"① 从精英史观向民众史观的转变，对毛泽东来说是最刻骨铭心的。少年时代的毛泽东最感兴趣的是记述三皇五帝秦皇汉武这类的书，他从萧三手中借过一本《世界英杰传》，书中描写的华盛顿、拿破仑、彼得大帝等人的事迹深深触动了他。还书时他表示，中国也要有这样的人物。1911 年，他在学校墙上贴了一篇文章，提出一个救国方案，认为中国要有救，要请孙中山当总统，康有为做内阁总理，梁启超做外交部部长。由于受到英雄史观的影响，青年毛泽东认为，观察历史关键是看巨夫伟人，他们是时代的代表，其他人都是伟人的附属品。在寻求历史主体的问题上，从崇拜英雄豪杰到坚信人民大众，是革命实践活动和当时社会的政治腐败教育了他。辛亥革命后，袁世凯乘机当了总统，当时，民众把他看作神武人物，认为他就是中国的华、拿（华盛顿、拿破仑），但转瞬间却变成了人人切齿的曹、莽（曹操、王莽），对国人打击极大。毛泽东认识到，把中国的命运捆绑在所谓英雄和大佬的身上，中国是没有希望的。俄国的十月革命，使毛泽东认识到，民众的力量才是决定历史走向的根本动力。他在《民众的大联合（三）》中写道："天下者我们的天下。国家者我们的国家。"② 号召民众起来掌握国家的命运。

要改造中国，首先要解决的是历史发展的动力问题。人民群众的历史活动与少数英雄人物的业绩相比较，哪方面更具有历史意义？这是历史观必须解决的重大问题之一。1925 年 10 月，毛泽东站在湘江橘子洲头向历史发问："问苍茫大地，谁主沉浮？"此后，他用一生完满地交出了自己的答卷："人民，只有人民，才是

---

① 李华兴、吴嘉勋编：《梁启超选集》，上海人民出版社 1984 年版，第 100 页。

② 毛泽东：《民众的大联合（三）》，《毛泽东早期文稿》，湖南出版社 1990 年版，第 390 页。

创造世界历史的动力。"① 毛泽东以民众史观为原点，创造性地提出了新民主主义革命的总路线。他用民众史观来考察政治，明确指出，革命的政治是指阶级的政治、群众的政治，不是所谓少数政治家的政治。政治专门家们只是千千万万的群众政治家的领袖。同样的，人民群众也是革命战争的主体。毛泽东指出，中国革命是什么人去干呢？就是中国的老百姓。革命战争是群众的战争，只有动员群众才能进行战争，只有依靠群众才能进行战争。毛泽东对唯物史观的最大贡献是在群众史观方面，终其一生他都与圣贤史观、英雄史观进行斗争。1944 年 1 月，他在致杨绍萱、齐燕铭的信中说："历史是人民创造的，但在旧戏舞台上（在一切离开人民的旧文学旧艺术上）人民却成了渣滓，由老爷太太少爷小姐们统治着舞台，这种历史的颠倒，现在由你们再颠倒过来，恢复了历史的面目，从此旧剧开了新生面，所以值得庆贺。"② 针对英雄史观，他提出群众是真正的英雄，他给陕西葭县（1964 年 9 月，葭县改称佳县）县委的题词是："站在最大多数劳动人民的一面。"③ 共产党的路线就是人民群众的路线。针对圣贤史观，他提出六亿神州尽舜尧。1964 年，他写了一首词《贺新郎·读史》，其中写道："五帝三皇神圣事，骗了无涯过客"，"盗跖庄蹻流誉后，更陈王奋起挥黄钺"④。不仅再次批判了英雄史观，而且重申了自己的群众史观。即使在"文化大革命"中，他也对林彪、陈伯达鼓吹的"天才史观"给予了无情的批判。毛泽东一生中最得

① 毛泽东：《论联合政府》，《毛泽东选集》第 3 卷，人民出版社 1991 年版，第 1031 页。

② 毛泽东：《致杨绍萱、齐燕铭》，《毛泽东书信选集》，人民出版社 1983 年版，第 222 页。

③ 高凯、于玲主编：《毛泽东大观》，中国人民大学出版社 1993 年版，第 766 页。

④ 《毛泽东诗词选》，人民出版社 1986 年版，第 127—128 页。

意之笔就是"群众路线"四个字。

毛泽东说:"共产党的路线,就是人民的路线。"① 毛泽东把民众史观转变为共产党人的群众路线,全面地揭示了唯物史观就是马克思主义的认识论。所谓群众路线,概括地说就是:一切为了群众,一切依靠群众,从群众中来,到群众中去。群众路线中蕴含的领导和群众的关系,是社会历史观中的基本问题之一。把社会主体系统区分出领导和群众两个方面,把处理好两个主体间的关系视为解决主体和客体关系的前提与核心,这是毛泽东对唯物史观和认识论的重大贡献。毛泽东把群众路线视为根本的认识路线,其根据在于,社会实践始终是千百万人民群众的实践,认识来源于实践和认识来源于群众是统一的。人民群众作为认识主体是社会主体系统中的基本层次和基础层次。群众及其实践是直接经验的信息源,而领导和领导机关则是对其提供的原材料进行理论加工的"加工厂"。毛泽东指出:"任何英雄豪杰,他的思想、意见、计划、办法,只能是客观世界的反映,其原料或半成品只能来自人民群众的实践中。"② 群众和领导在感性认识和理性认识中起着不同的作用,"概念、判断的形成过程,推理的过程,就是'从群众中来'的过程",领导机关"把自己的观点和思想传达给别人的过程,就是'到群众中去'的过程",就是将领导机关加工成的产品"交由人民群众去考验"的过程。基于这种分析,毛泽东认为,马克思主义的认识论"简单地说,就是从群众中来,到群众中去"③。

---

① 毛泽东:《在〈解放日报〉改版座谈会上的讲话》,《毛泽东文集》第2卷,人民出版社1993年版,第409页。

② 毛泽东:《工作方法六十条(草案)》,《毛泽东文集》第7卷,人民出版社1999年版,第358页。

③ 毛泽东:《学习马克思主义的认识论和辩证法》,《毛泽东文集》第8卷,人民出版社1999年版,第324页。

人的认识过程除了从实践到认识、又从认识到实践之外，还表现为从个别到一般、又从一般到个别。毛泽东指出："这是两个认识的过程：一个是由特殊到一般，一个是由一般到特殊。"[①] 正如实践和认识的结合在群众路线中表现为领导和群众的结合一样，一般和个别的关系在群众路线中具体化为一般号召和个别指导相结合的过程，就是"从许多个别指导中形成一般意见（一般号召），又拿这一般意见到许多个别单位中去考验（不但自己这样做，而且告诉别人也这样做），然后集中新的经验（总结经验），做成新的指示去普遍地指导群众"[②]。一般和个别相结合的认识过程在群众路线中被具体化为"形成正确的领导意见"和"领导意见见之实行"的秩序和过程。总之，在唯物史观的框架内，领导和群众相结合、实践和认识相结合、个别和一般相结合，这三者是内在统一的，其实质是把个体的和领导的实践融入人民群众的社会实践之中，把领导者和领导机关的认识和人民群众的认识统一起来。群众路线不仅把唯物史观同认识论统一了起来，而且把唯物史观与认识过程的辩证法统一了起来。

（二）毛泽东的生产力观

生产力是社会发展的根本动力，这个观点是历史唯物主义的根本原理。其经典表达是马克思在《〈政治经济学批判〉序言》中作出的，具体表述是："无论哪一个社会形态，在它们所能容纳的全部生产力发挥出来以前，是决不会灭亡的；而新的更高的生产关系，在它存在的物质条件在旧社会的胎胞里成熟以前，是决

[①] 毛泽东：《矛盾论》，《毛泽东选集》第 1 卷，人民出版社 1991 年版，第 310 页。
[②] 毛泽东：《关于领导方法的若干问题》，《毛泽东选集》第 3 卷，人民出版社 1991 年版，第 900 页。

不会出现的。"① 这是历史唯物主义的一个核心观点，也是由马克思本人提出的生产力标准。生产力决定生产关系的科学原理是把握人类社会发展的钥匙，对一定历史条件下生产力与生产关系矛盾运动的分析，是马克思主义说明该社会经济、政治制度产生、发展和变革的根本依据。事实证明，马克思主义的唯物史观是无产阶级政党从事革命和建设的根本指导思想。

毛泽东终其一生都十分重视唯物史观及其方法论的研究，他对马克思主义的生产力原理的运用与发挥，主要表现在以下几个方面。

第一，毛泽东依据生产力原理明确指出，革命的目的就是为了解放生产力。1944 年 3 月，他在谈到马克思主义基本原理时说："我们搞政治、军事仅仅是为着解放生产力。学过社会科学的同志都懂得这一条，最根本的问题是生产力向上发展的问题。我们搞了多少年政治和军事就是为了这件事。马克思主义社会科学也主要是讲的这件事，讲生产力在历史上是如何发展起来的。"② 他在党的七大上所做的《论联合政府》的政治报告中，明确地提出生产力标准："中国一切政党的政策及其实践在中国人民中所表现的作用的好坏、大小，归根到底，看它对于中国人民的生产力的发展是否有帮助及其帮助之大小，看它是束缚生产力的，还是解放生产力的。"③ 从解放前夕到党的八大，毛泽东多次号召全党实现工作重心转向经济建设。在党的八大期间，毛泽东同外宾谈话谈到斯大林肃反的教训时说："客观形势已经发展了，社会已从这一

---

① 马克思：《〈政治经济学批判〉序言》，《马克思恩格斯选集》第 2 卷，人民出版社 1995 年版，第 83 页。

② 毛泽东：《关于陕甘宁边区的文化教育问题》，《毛泽东文集》第 3 卷，人民出版社 1996 年版，第 109 页。

③ 毛泽东：《论联合政府》，《毛泽东选集》第 3 卷，人民出版社 1991 年版，第 1079 页。

个阶段过渡到另一个阶段，这时阶级斗争已经完结，人民已经用和平的方法来保护生产力，而不是通过阶级斗争来解放生产力的时候，但是在思想上却没有认识到这一点，还继续进行阶级斗争，这就是错误的根源。"① 毛泽东关于唯物史观的这些精辟见解，为他的后继者邓小平等老一辈革命家实现工作中心的转移，奠定了思想基础。

第二，毛泽东明确指出，新的生产力是建立和巩固新社会的物质技术基础。1944 年 8 月，毛泽东在给秦邦宪的信中指出："民主革命的中心目的就是从侵略者、地主、买办手下解放农民，建立近代工业社会。"② "新民主主义社会的基础是机器，不是手工。我们现在还没有获得机器，所以我们还没有胜利。如果我们永远不能获得机器，我们就永远不能胜利，我们就要灭亡。现在的农村是暂时的根据地，不是也不能是整个中国民主社会的主要基础。由农业基础到工业基础，正是我们革命的任务。"③ 在这里，毛泽东结合中国的具体国情，清晰地阐明了生产力决定生产关系、经济基础决定上层建筑的基本原理。

第三，毛泽东以生产力发展为根据，全面论证了新民主主义社会要广泛发展资本主义的问题。毛泽东在党的七大上所做的报告里，几次提到不要怕发展资本主义的问题。他认为，中国共产党所要建立的新民主主义的经济，私人资本主义经济不但在其中占有应有的一席，而且应广泛加以发展。毛泽东明确指出："民族压迫和封建压迫残酷地束缚着中国人民的个性发展，束缚着私人资本主义的发展和破坏着广大人民的财产。我们主张的新民主主

---

① 《三中全会以来的重大决策》，中央文献出版社 1994 年版，第 22 页。
② 毛泽东：《致秦邦宪》，《毛泽东书信选集》，人民出版社 1983 年版，第 237 页。
③ 同上书，第 239 页。

义制度的任务，则正是解除这些束缚和停止这种破坏，保障广大人民能够自由发展其在共同生活中的个性，能够自由发展那些不是'操纵国民生计'而是有益于国民生计的私人资本主义经济，保障一切正当的私有财产。"① 毛泽东还解释了"有些人不了解共产党人为什么不但不怕资本主义，反而在一定条件下提倡它的发展"的问题，毛泽东回答说："拿资本主义的某种发展去代替外国帝国主义和本国封建主义的压迫，不但是一个进步，而且是一个不可避免的过程。它不但有利于资产阶级，同时也有利于无产阶级，或者说更有利于无产阶级。现在的中国是多了一个外国的帝国主义和一个本国的封建主义，而不是多了一个本国的资本主义，相反地，我们的资本主义是太少了。"② 毛泽东在党的七大上不止一次地强调要发展资本主义，其依据正是马克思的生产力标准，从生产力发展的角度看，资本主义是一种比封建主义更为优越的生产方式。在当时，明确提出发展资本主义，只有好处，没有坏处。

（三）毛泽东的阶级观

列宁在《卡尔·马克思》一文中说："马克思主义提供了一条指导性的线索，使我们能在这种看来扑朔迷离、一团混乱的状态中发现规律性。这条线索就是阶级斗争的理论。"③ 毛泽东自觉地接受了马克思主义的阶级分析方法，他把阶级斗争看作历史前进的动力，把以往几千年的文明史看成是阶级斗争的历史。他

---

① 毛泽东：《论联合政府》，《毛泽东选集》第3卷，人民出版社1991年版，第1058页。
② 同上书，第1060页。
③ 列宁：《卡尔·马克思》，《列宁选集》第2卷，人民出版社1995年版，第426页。

指出："阶级斗争，一些阶级胜利了，一些阶级消灭了。这就是历史，这就是几千年的文明史。拿这个观点解释历史的就叫做历史的唯物主义，站在这个观点的反面的是历史的唯心主义。"①很显然，马克思主义的阶级观在毛泽东的历史观中占有重要的地位。

毛泽东最初接受马克思主义关于阶级和阶级斗争的理论，大约是在1920年夏季。他后来回忆道："记得我在1920年，第一次看了考茨基著的《阶级斗争》，陈望道翻译的《共产党宣言》，和一个英国人作的《社会主义史》，我才知道人类自有史以来就有阶级斗争，阶级斗争是社会发展的原动力，初步地得到认识问题的方法论。可是这些书上，并没有中国的湖南、湖北，也没有中国的蒋介石和陈独秀。我只取了它四个字：'阶级斗争'，老老实实地来开始研究实际的阶级斗争。"②自从毛泽东接受马克思主义的阶级斗争理论并将其作为"认识问题的方法论"，他就把它作为最基本的思想方法来看待。在其长期的革命生涯中，在其对社会的认识和改造中，他总是把树立阶级和阶级斗争的观点放在十分重要的地位。他在《关于农村调查》一文中说："对立统一，阶级斗争，是我们办事的两个出发点"，"我们一定要把握住这方面的观点，这种观点，就是对立统一和阶级斗争"。③ 在1941年10月30日的思想方法问题的报告中，毛泽东也是把阶级分析方法作为与对立统一规律相提并论的基本的思想方法来看待的，他说：矛盾的统一与阶级斗争，一是辩证唯物论，一是历史唯物论，矛盾

---

① 毛泽东：《丢掉幻想，准备斗争》，《毛泽东选集》第4卷，人民出版社1991年版，第1487页。
② 毛泽东：《关于农村调查》，《毛泽东文集》第2卷，人民出版社1993年版，第378—379页。
③ 同上书，第380、381页。

的统一就是辩证法，辩证法运用在社会方面就是历史唯物论。全国解放后，在致友人章士钊的一封信中，他说："大问题是唯物史观问题，即主要是阶级斗争问题。"① 1956年，他在同外国代表团的谈话中说，我们党做农民工作，开始没有成功，因为那时是"从平面看农村，不是立体地看农村，就是说，不懂得用阶级观点看农村。后来掌握了马克思主义，才用阶级观点看农村"。毛泽东的上述认识是抓住了马克思主义的根本的。在马克思主义中，阶级分析方法确是历史唯物主义的一个基本点，它是同对立统一规律一样重要的方法。

毛泽东的阶级观是以马克思主义的经济分析为基础的，马克思和恩格斯认为，阶级是特定时代经济关系的产物，并由此科学地阐明了阶级和阶级斗争发生、发展和消亡同生产发展的一定历史阶段相联系。列宁根据马克思和恩格斯的一贯思想，给阶级下了一个完整的定义："所谓阶级，就是这样一些大的集团，这些集团在历史上一定的社会生产体系中所处的地位不同，同生产资料的关系（这种关系大部分是在法律上明文规定了的）不同，在社会劳动组织中所起的作用不同，因而取得归自己支配的那份社会财富的方式和多寡也不同。所谓阶级，就是这样一些集团，由于它们在一定社会经济结构中所处的地位不同，其中一个集团能够占领另一个集团的劳动。"② 列宁的这一定义深刻地揭示了阶级的基本特征，阶级其实就是一定生产关系的体现。毛泽东在一系列历史文献中，对马克思主义关于阶级和阶级斗争理论问题作出了重要贡献。

---

① 毛泽东：《致章士钊》，《毛泽东书信选集》，人民出版社1983年版，第602页。

② 列宁：《伟大的创举》，《列宁全集》第37卷，人民出版社1986年版，第13页。

第一，他反复强调在划分社会阶级时，要严格区分生活资料和生产资料，他指出："人们为着要生活，就要生产生活资料，例如粮食、衣服、房屋、燃料、器具等。人们为着要生产生活资料，就要有生产资料，例如土地、原料、牲畜、工具、工场等。"① 针对工作人员对生产关系和使用关系不加区分，将其都作为划分阶级的标准等问题，毛泽东致信刘少奇，从生产力和生产关系、生产关系和使用关系等方面，进一步阐述了阶级划分的标准问题。他写道："所谓生产力，是指劳动者和生产资料（亦称生产手段）两部分"，"所谓生产关系，是指人们对生产资料的所有关系，即财产的所有权关系。生产资料的使用，例如农民使用（租用）地主的土地，只是地主对于土地的所有关系的结果，这种所有关系表现为佃农对地主的隶属关系（人与人的关系），即是生产关系。过去许多同志在这个问题上犯了二元论（甚至是多元论）的错误，将生产关系和使用关系并列，又将生产资料与生活资料并列，作为划分阶级的标准，把问题弄得很糊涂，划错了许多人的阶级成分"。②

第二，毛泽东指出，调查研究的最基本方法是阶级分析方法，调查研究的真正目的是深入地把握社会的阶级构成及其相互关系，为革命制定正确的路线和政策。他指出："用马克思主义的基本观点，即阶级分析的方法，作几次周密的调查，乃是了解情况的最基本的方法。只有这样，才能使我们具有对中国社会问题的最基础的知识。"③ 1925 年年底至 1926 年 9 月，毛泽东先后发表了

---

① 毛泽东：《中国的社会经济形态、阶级关系和人民民主革命》，《毛泽东文集》第 5 卷，人民出版社 1996 年版，第 55 页。

② 毛泽东：《关于土地改革报告的修改》，《毛泽东文集》第 6 卷，人民出版社 1999 年版，第 63—64 页。

③ 毛泽东：《〈农村调查〉的序言和跋》，《毛泽东选集》第 3 卷，人民出版社 1991 年版，第 789 页。

《中国社会各阶级的分析》《中国农民中各阶级的分析及其对于革命的态度》《国民革命与农民运动》等文章，又在农民运动讲习所中主讲"农民问题"，从经济、政治和思想文化等方面理清了中国社会最基本的阶级关系。他指出，在经济方面受剥削最惨的就是农民，农民不仅受地主阶级重租、重息（高利债）的剥削，受土豪劣绅与贪官污吏的重捐、预征钱粮等项的盘剥，财政上军阀政府每年几万万元的消耗，90%也都是直接或间接从地主阶级驯制下的农民身上刮来的，自帝国主义侵入中国后，敲骨吸髓的各项赔款，最终也主要压在农民身上。帝国主义、买办阶级、军阀和乡村地主阶级组成了一个剥削同盟。地主阶级是这一同盟的社会基础。从政治方面看，"中国的政治，可说是地主阶级的政治"①，各级政府乃至军阀不过是乡村封建阶级的首领和代表。由此，他提出农民问题乃是民主革命的中心问题，中国革命实质上是农民革命，农民问题不解决，其他各阶级的问题也无法解决。毛泽东正是在对农村阶级关系结构乃至整个中国社会的基本阶级结构的分析中，找到了主要的敌人和主要的革命力量，找到了解决中国社会主要矛盾的突破口，看到了无产阶级领导下的农民革命在挖掉封建宗法社会的经济基础、改造中国整个社会的上层建筑结构中的巨大历史意义，抓住了把中国革命引向胜利的关键环节。尽管当时尚处于大革命时期，武装斗争和土地革命还未正式提到全党面前，但毛泽东对中国社会阶级结构的条分缕析，在逻辑上已蕴含着中国革命的重点在农村，走农村包围城市的道路是势所必然。

第三，正确理解中日间民族矛盾和国内阶级间矛盾的关系，坚持统一战线和阶级路线的内在一致性。在抗日战争时期，统一

① 《广州农民运动讲习所资料选编》，人民出版社 1987 年版，第 194 页。

战线教育和阶级教育的关系，始终是中共在制定路线方针政策中反复遇到的一个难点问题。党内的正确倾向与错误倾向的分歧，出现的"左"的和右的错误倾向，都与怎样对待和处理这两者的关系直接相关。皖南事变发生后，党内部分同志把它视为四一二事变和马日事变的重演，认为整个资产阶级已经或快要叛变了，工农小资产阶级的苏维埃时期又要到来了，提出要停止统一战线的教育和政策，用阶级教育代替之。针对这种倾向，他及时发电报指出，在现时提倡土地革命是非常错误的，这样将使我们党孤立起来。认为在统一战线教育以外另有所谓与统一战线教育相对立的阶级教育，在现时应该强调起来，而不知道统一战线教育即是阶级教育。在抗日战争时期，统一战线政策就是我们党的阶级政策，就是我们党用阶级观点立体地分析中国社会各阶级和阶层而制定的路线和政策，除此以外，并无所谓另外单独的阶级政策。①

三　全面的历史的方法论原则

毛泽东很早就意识到唯物史观是认识社会问题的方法论，他在《如何研究中共党史》一文中，进一步明确地提出，马克思主义的根本的方法"就是全面的历史的方法。我们研究中国共产党的历史，当然也要遵照这个方法"②。坚持真理与价值的统一，是唯物史观的基本方法论原则，是中国革命和建设取得胜利的关键

---

① 参见毛泽东《关于打退第二次反共高潮的总结》，《毛泽东选集》第 2 卷，人民出版社 1991 年版，第 784、785 页。
② 毛泽东：《如何研究中共党史》，《毛泽东文集》第 2 卷，人民出版社 1993 年版，第 400 页。

所在。不过，这需要分析和发挥。

在实践活动中，人们不仅要认识真理，而且要创造价值。真理和价值是人类活动的两个基本要素和尺度。马克思指出："动物只是按照它所属的那个种的尺度和需要来建造，而人懂得按照任何一个种的尺度来进行生产，并且懂得处处都把内在的尺度运用于对象；因此，人也按照美的规律来构造。"① 这就是说，动物的活动只有一个尺度，而人的活动则有两个尺度：一个是外在的尺度，即活动对象的本质和规律，它表现为认识和实践中的真理尺度；另一个是人的需要和目的，即价值尺度。在人的历史活动中，起作用的不仅有真理尺度，而且有价值尺度。真理尺度衡量人对事物的规律的把握程度，价值尺度则权衡事物对人的需要的满足程度。

马克思主义哲学立足于科学的实践观，深刻地阐明了真理与价值在人类历史活动中的统一，并把坚持这种统一作为唯物史观自身固有的本质要求，因而它是把科学性和革命性内在的结合在一起的理论学说。马克思主义哲学公开申明自己始终代表无产阶级和人民群众的根本利益，把实现人类的彻底解放作为根本的价值目标和历史使命。中国共产党作为马克思主义的政党，是以全心全意为中华民族的解放、振兴和发展为根本宗旨的，它内在地要求其理论和实践必须坚持真理和价值的高度统一。毛泽东思想是马克思主义理论同中国实际相结合的产物，是坚持真理和价值相统一原则的光辉典范，鲜明地体现在其理论结构并贯穿于其基本原理之中。

邓小平指出："毛泽东同志倡导的作风，群众路线和实事求是

---

① 马克思：《1844 年经济学哲学手稿（节选）》，《马克思恩格斯选集》第 1 卷，人民出版社 1995 年版，第 47 页。

这两条是最根本的东西。"① 那么，真理与价值相统一的原则是怎样融汇于群众路线和实事求是这两点的呢？众所周知，群众路线的核心是群众观点，群众观点即人民群众是历史的创造者的观点是唯物史观的根本点，群众路线的核心是历史观问题。毛泽东在《论合作社》一文中说："从群众中来，到群众中去，想问题从群众出发而又以群众为归宿，那就什么都能办好。"从群众出发就是从群众的利益和需要出发，就是从群众的愿望和觉悟程度出发。一切从人民的利益出发，一切向人民负责，这是共产党全部活动的根本宗旨，这是讲的价值观。群众路线也是共产党人的真理观，毛泽东说："群众的意见与经验一定要作为我们政策的基础。因为人民能教给我们许许多多的事情。我们的任务就是听从他们，学习并了解他们的经验、愿望、批评，确定他们所需要的东西的总和，再作为政策交还给他们。"站在唯物史观的高度，从价值观与真理观统一的角度来理解群众路线，是毛泽东的根本思路。毛泽东把马克思主义关于人民群众历史作用的原理运用于党的全部工作，从历史观的高度提出了群众主体论，从而找到了把价值观与真理观统一起来的主体承担者。毛泽东总是一方面强调"一切从实际出发"，另一方面强调"一切从人民的利益出发"，并坚持把这两者的一致性作为制定路线和政策的出发点。他还谆谆告诫全党：我们必须随时准备坚持真理，因为任何真理都是符合于人民利益的；我们必须随时准备修正错误，因为任何错误都是不符合于人民利益的。

实事求是是我们党的思想路线，它不仅是认识论和真理观，而且与历史观与价值观紧密相联。从唯物史观的高度来把握实事

---

① 邓小平：《完整地准确地理解毛泽东思想》，《邓小平文选》第 2 卷，人民出版社 1983 年版，第 45 页。

求是，"实事"既包括客观存在着的自然事物、地理环境这类的事实，也包括人们的需要、利益、理想的意图这样的事实。对于领导者来说，人民群众的需求和愿望，也是一个不以自身意志为转移的客观事实，需要领导者去科学地认识和正确地对待。只有从上述这两方面的"实事"出发，才能真正把握人类历史发展的规律。在社会历史领域，人们的需要、利益和价值选择本身并不是外在于历史必然性的东西。所以，"求是"既包括自然界固有的客观规律，也包括人类历史发展中的必然性，这种必然性是存在于人们的实践活动中的，包括人们的需要、利益、价值追求等主体要素同样构成历史必然性的重要方面。马克思曾经指出，人们为之奋斗的一切，都同他们的利益有关。[①] 坚持实事求是原则，实质上是从人的自觉的活动中探求隐藏在目的背后的"物质动因"，从人类世代相续的活动中把握推动历史前进的利益链条和价值选择。它告诉人们，需要及其价值尺度是人类历史发展因果联系中的必要因素。揭示历史必然性（即探求历史事实中的"是"）的过程，本身就包括梳理人在实践活动中是怎样将对象的尺度和人的价值尺度辩证统一的历史过程。所以，价值尺度作为人的活动的内在尺度，不仅包括在"实事"之中，而且包括在历史发展规律之中。实事求是的过程，是科学性和价值性相统一的过程。这个过程从起点到终点都包含了真理尺度和价值尺度的统一。换言之，唯物史观是把真理观和价值观统一起来的枢纽，只有站在唯物史观的高度，才能真正做到在实事求是过程中把两个尺度统一起来。

　　坚持真理观与价值观的统一是马克思主义哲学的本质特征，将这种统一自觉地运用于中国革命和建设的伟大实践中，是毛泽

---

　　① 参见《第六届莱茵省议会的辩论（第一篇论文）》，《马克思恩格斯全集》第 1 卷，人民出版社 1995 年版，第 187 页。

东运用和发挥唯物史观作出的重要贡献。

第一，坚持价值观与真理观的统一，是实现政治路线和思想路线统一的保证。中国共产党成立后，在制定中国革命的方略问题上，曾先后提出过三种方案，即超越民主革命阶段的"一次革命"论、固守旧民主革命模式的"二次革命"论和以毛泽东为代表提出的新民主主义论，只有后者才获得了成功。这三种方案的历史结局之所以不同，只有从价值观和真理观统一的角度才能给予科学的说明。价值目标只有建立在对历史客观法则把握的基础上才有可能实现；同样的，任何价值目标都同人们的利益相关，只有符合和代表人民群众的需要和意愿的价值目标，人民群众才能为之奋斗。历史必然性和人民群众需要、意愿的统一，是价值目标得以实现的根本前提。陈独秀是在"我们不是乌托邦的社会主义者"的口号下提出"二次革命"论的，他的失误在于无视中国的国情，机械地照搬欧洲资产阶级革命的旧模式。"一次革命"论的提出则是机械地搬用"十月革命"的模式，把中国错综复杂的阶级矛盾简单地纳入工人与资本家对立的公式中的产物，在主观上急于超越民主革命。历史经验证明，只有新民主主义论才抓住了中国近现代社会的主要矛盾，真正体现了历史方向与人民意愿的统一。王明路线与陈独秀的"二次革命"论的错误，不仅在于它们从根本上违反了人民意愿和利益，而且还在于它们不符合中国革命的发展规律。他们不懂得中国近现代社会的实际，方法论上体现为照抄照搬外国革命模式，像王明那种一切唯共产国际的决议、指示是从，"从决议中来，到决议中去"的思想路线，更是给中国革命造成了巨大的灾难。事实表明，错误的政治路线往往是以错误的思想路线为依托的。政治路线要解决奋斗目标问题，说到底是个价值观的问题；思想路线要解决思想方法问题，其实质则是个真理观问题。因此，新民主主义论与王明路线、陈独秀的"二次革命"论斗争的实质，从哲学历史观的角度看，就是要不要坚持真理观与价值观相统一的方法论原则的问题。

1941年，毛泽东曾对政治路线和思想路线的内在关系作过透彻的分析，指出，马克思说人和蜜蜂不同的地方，是人在活动之前早已有了活动的图样，我们搞中国革命也须先有中国革命的图样，"这些图样不是别的，就是我们在中国革命实践中得来的关于客观实际情况的能动的反映"①。1953年春，毛泽东在总结中国革命经验时说：1942年全党整风，才真正找到了一条根本的指导原则，也可以说是中国革命胜利的道路，这就是主观和客观相一致。② 对于这条原则，我们必须从价值观和真理观统一的角度去理解。主观和客观相一致，不仅是对认识的要求，更重要的还在于使价值目标的选择服从客观真理。

第二，把价值追求建立在真理追求的基础上，处理好长远目标和现行目标的关系。中国共产党成立后，党内在价值取向上的争论，集中表现在民主革命和社会主义革命的关系方面。由于不能正确处理这两者的关系而造成的价值目标选择的失误，是党内产生"左"的或右的倾向性错误的重要思想根源。毛泽东指出，由于中国革命的两重任务，即民主革命和社会主义革命都担负在中国共产党的肩上，所以"只有认清民主主义革命和社会主义革命的区别，同时又认清二者的联系，才能正确地领导中国革命"③。

毛泽东反复告诫全党要正确把握和处理"中国革命的现在阶段和将来阶段的关系"，是由于党在这个问题上付出过惨重的代

① 毛泽东：《驳第三次"左"倾路线（节选）》《毛泽东文集》第2卷，人民出版社1993年版，第344页。

② 薄一波：《尊敬和怀念——献给党诞生六十周年》，《人民日报》1981年7月3日第3版。

③ 毛泽东：《中国革命和中国共产党》，《毛泽东选集》第2卷，人民出版社1991年版，第652页。

价。王明路线的实质，是夸大资本主义在中国经济中的比重，夸大中国民主革命中反资产阶级斗争、反富农斗争和所谓"社会主义革命成分"的意义。在主观上是急于超越民主革命，结果使革命遭致严重的失败。有鉴于此，毛泽东明确指出，一切共产党人必须认真地为新民主主义革命而奋斗，如果轻视它或不准备为它付出自己的鲜血和生命，而又空谈什么社会主义，那就有意无意地背叛了社会主义。为了克服党内"左"倾空谈家的影响，毛泽东从真理观和价值观的统一上分析了两个革命阶段的关系："民主主义革命是社会主义革命的必要准备，社会主义革命是民主主义革命的必然趋势。"[①] 他认为，共产党人的唯一目的，就是为人民大众的根本利益而奋斗。"根本利益"不仅包括人民群众的长远利益，而且包括现实利益。离开了为人民群众的现实利益而奋斗，必然就会在根本利益上损害人民群众。就此而言，为人民群众的现实利益而斗争，本身就是必然和必然的统一、真理和价值的统一。基于这种认识，毛泽东提出了区分共产党人的最终理想和现行政策的极端重要性。他说，严肃地保持共产党人的纯洁性和保护有益的资本主义成分，是我们在抗日和建设民主共和国时期不可缺一的任务。在这个时期内，一部分共产党员被资产阶级所腐化是可能的，"我们必须和这种党内的腐化思想作斗争；但是不要把反对党内资本主义思想的斗争，错误地移到社会经济方面，去反对资本主义的经济成分"[②]。为此，他在《新民主主义论》中提出，应当把共产主义的思想体系和社会制度的宣传，同对于新民主主义的行动纲领的实践区别开来。

---

① 毛泽东：《中国革命和中国共产党》，《毛泽东选集》第 2 卷，人民出版社 1991 年版，第 651 页。

② 毛泽东：《〈农村调查〉的序言和跋》，《毛泽东选集》第 3 卷，人民出版社 1991 年版，第 793 页。

第三，从价值观与真理观的统一出发，自觉提出并解决党性和科学性的统一问题。解放后，毛泽东有一次在谈到《毛泽东选集》时说，这是血写的著作，《毛泽东选集》里的这些东西是群众教给我们的，是付出了流血牺牲的代价的。① 这血的代价，其中也包括由于党性和科学性的背离所付出的部分。

在党的历史上，用所谓党性来取代、践踏科学性而危害革命事业的例子是不少的。王明在"百分之百的布尔什维克化"的口号下，在政治上混淆民主革命和社会主义革命的界限，污蔑坚持正确路线的同志是"右倾机会主义"和"富农路线"；在组织上拉帮结派，对持不同意见的人进行"残酷斗争""无情打击"；在思想上攻击"理论联系实际"的原则是"狭隘经验论"，提出"凡是马恩列斯的话必须遵守，凡是共产国际的指示必须照办"的教条主义的公式，使革命人民付出了血的代价。为此，毛泽东指出，教条主义者"什么都学习俄国，当成教条，结果是大失败"，他们"革命办法没有搞对，党内关系没有搞对，使革命遭到了很大的损失"②。此外，毛泽东还对那种空喊革命、把政治和经济对立起来的"左"的空谈家作了深刻的批判。"左"的空谈家们不懂得经济工作是支持长期战争的基本条件，他们轻视经济工作，鄙视经济工作者，"见到谁谈经济建设，就要骂为'右倾'"③。对此，他深刻地指出："离开经济工作而谈'革命'，不过是革财政厅的命，革自己的命，敌人是丝毫也不会被你伤着的"，认为这些空谈家是"中了董仲舒们所谓'正其谊不谋其利，明其道不计其

① 董边、镡德山、曾自编：《毛泽东和他的秘书田家英》，中央文献出版社1989年版，第19页。
② 毛泽东：《同音乐工作者的谈话》，《毛泽东文集》第7卷，人民出版社1999年版，第79页。
③ 毛泽东：《必须注意经济工作》，《毛泽东选集》第1卷，人民出版社1991年版，第119页。

功'这些唯心的骗人的腐话之毒"①的结果。

党性和科学性虽然是两个不同的范畴，但在本质上它们又是相互联系和统一的，它们同是人民群众根本利益的集中体现。真正的党性原则之所以不同于"左"的或右的立场，就在于它是以承认科学性原则为前提的。如果混淆真理尺度和价值尺度的界限，用价值尺度等同和代替真理尺度，或者把两者对立起来，用价值尺度排斥、抹杀真理尺度，到头来只能是革自己的命。极"左"思潮在一定时期内所以能够践踏科学性，就是因为它带有革命色彩，惯于拿大帽子吓唬人。因此，必须用马克思主义的思想武器剥下它的假革命的面具。毛泽东指出，这种唱革命高调的人，大都是党性不纯或没有党性的人。他们往往是搞宗派活动的人，借革命以营私，破坏党和人民的利益以达到个人目的。表现在政治上的极"左"思潮是小资产阶级思想意识的反映，是小资产阶级所固有的狂热性和片面性的表现。从学风上看，他们多数是教条主义者，对马克思主义"虽然读了，但是消化不了"，只知生吞活剥地谈外国，靠背得烂熟的典章词句来吓人。毛泽东指出，对付这种人的"最尖锐最有效的武器只有一个，那就是严肃的战斗的科学态度。共产党不靠吓人吃饭，而是靠马克思列宁主义的真理吃饭，靠实事求是吃饭，靠科学吃饭"②。因此，肃清教条主义地对待马克思主义的恶习，的确是坚持党性和科学性统一的有效途径。而所谓"严肃的战斗的科学态度"说到底就是坚持真理观和价值观的统一，"左"的东西貌似革命、激进，而实际上，由于割裂了真理尺度与价值尺度的统一，其革命外衣下包藏的却是极不

---

① 毛泽东：《经济问题与财政问题（节选）》，《毛泽东文集》第2卷，人民出版社1993年版，第465页。

② 毛泽东：《反对党八股》，《毛泽东选集》第3卷，人民出版社1991年版，第835—836页。

合理、极不革命的价值目标。

　　价值观和真理观的统一总是具体的、历史的。全国解放后，指导思想上的"左"倾和经济建设上的急于求成，都曾经给党和人民的事业造成了损害，这个教训是沉痛的。在历史新时期里，以邓小平为代表的党的领导集体，站在历史唯物主义立场上，冷静地总结了正、反两方面的历史经验，全面恢复和发展了党的实事求是的科学思想路线。提出了"一个中心，两个基本点"的基本路线，在新的历史条件下恢复并发展了毛泽东关于价值观和真理观统一的卓越思想。建设有中国特色的社会主义理论既是引导人民团结奋斗的科学指针，也是中华民族在新时期的崭新价值体系。不言而喻，在新的历史条件下，坚持真理观与价值观的统一，对于我们坚持实事求是的思想路线，坚守社会主义核心价值体系，实现中华民族伟大复兴的中国梦，都是至关重要的。有鉴于此，全面总结我们党坚持真理观与价值观统一方面的历史经验，在理论上和实践上都具有重大意义。

附录二 论习近平的群众观[*]

习近平始终强调把学习掌握马克思主义理论作为看家本领，注意解决好世界观、人生观、价值观这个"总开关"问题。历史观是世界观的核心，是人生观和价值观的理论基础。群众观点是唯物史观的根本观点，坚持群众观点和群众路线是历史唯物主义的重要内容，是无产阶级政党的立党之本、执政之基、力量之源。

一 坚持人民是历史创造者的根本观点，尊重人民主体地位，发挥人民首创精神

毛泽东指出："人民，只有人民，才是创造世界历史的动力。"是否始终站在最广大人民的立场上，是区分唯物史观与唯心史观的分水岭，也是判断马克思主义政党的试金石。习近平指出，唯物史观是解决"为了谁、依靠谁、我是谁"问题的总开关，群众观点是历史唯物主义的根本观点。始终站在人民大众立场上，一切为了人民、一切相信人民、一切依靠人民，诚心诚意为人民谋

---

　　[*] 本文已发表于《中共福建省委党校学报》2016 年第 10 期，原标题为《习近平的群众观》。

利益。这是马克思列宁主义的根本出发点和落脚点，也是毛泽东思想、邓小平理论、"三个代表"重要思想以及科学发展观等重大战略思想的根本出发点和落脚点。始终站在人民大众立场上，始终不脱离、不动摇这个立场，这是共产党人掌握马克思主义世界观的重大问题，因而也是我们广大党员干部学习贯彻中国特色社会主义理论体系要解决好的重大问题。共产党员要守住自己的政治生命线，守住正确的人生价值观，就必须树立历史唯物主义的群众史观。

群众立场是决定我们党的性质的根本政治问题。马克思主义的政治观点中，占首位的是群众观点。讲政治，离不开人民群众，实现、维护和发展人民群众的利益，始终是我们党最大最重要的政治。坚持人民主体地位，全心全意为人民服务，是我们党同一切剥削阶级政党的根本区别。马克思和恩格斯在《共产党宣言》中从历史的人民性出发，进一步阐述了无产阶级革命运动的人民性："过去的一切运动都是少数人的或者为少数人谋利益的运动。无产阶级的运动是绝大多数人的、为绝大多数人谋利益的独立的运动。"无产阶级革命运动的人民性根源于历史的人民性，即人民群众是人类历史的创造者。承认人民群众是推动历史进步的主体，同历史唯物主义关于社会存在决定社会意识的原理是内在统一的。承认物质生产实践在人类社会发展中的决定性作用，就必须承认人民群众在社会历史发展中的主体作用。在历史发展中，人民群众的生产实践活动构成整个社会生活的基础。人民群众既是社会物质财富的创造者，也是社会精神财富的创造者，无论是在革命的年代还是在改革的年代，人民群众都是决定性的推动社会变革的力量。习近平指出，人民既是历史的创造者，也是历史的见证者；既是历史的"剧中人"，也是历史的"剧作者"。他关于人民在历史上的作用和地位的论述，既与唯心主义的英雄史观划清了界限，也与资产阶级的"人民主权论"划清了界限。

在马克思主义中国化的历程中，我们党依靠学习走向未来，以正在做的事情为中心，着眼于马克思主义理论的实际运用，着眼于对现实问题的理论思考，着眼于新的实践和新的发展。自觉运用历史唯物主义群众史观作为观察国家命运的工具，从人民群众是历史创造者这一根本观点出发，把坚持尊重社会发展规律与尊重人民主体地位统一起来，把为崇高理想奋斗与为最广大人民谋利益统一起来，把完成党的各项工作与实现人民愿望统一起来，在理论和实践的结合上，对马克思主义的群众观点作出了重要的发挥和发展。具体表现在以下四点：

（一）坚持人民主体地位，发挥人民首创精神

党的十八届五中全会首次提出以人民为中心的发展思想，反映了坚持人民主体地位的内在要求，彰显了人民至上的价值取向。习近平指出，着力践行以人民为中心的发展思想，体现了人民是推动发展的根本力量的唯物史观。"人民是创造历史的动力，我们共产党人任何时候都不要忘记这个历史唯物主义最基本的道理。"只有坚持这一基本原理，才能把握历史前进的基本规律和历史发展的总体趋势；只有按照历史规律办事，才能无往而不胜。坚持以人民为中心的发展思想，就要坚持人民主体地位，充分尊重人民所表达的意愿、所创造的经验、所拥有的权利、所发挥的作用。尊重人民首创精神，自觉拜人民为师，向能者请教，向智者问策，从群众中汲取无穷无尽的智慧和力量。紧紧依靠人民，广泛动员和组织人民投身到党领导的中国特色社会主义伟大事业中来。要践行以人民为中心的发展思想，就要把实现人民幸福作为发展的目的和归宿，做到发展为了人民、发展依靠人民、发展成果由人民共享。共同富裕，是马克思主义的一个基本

目标，也是自古以来我国人民的一个基本理想。在共产党的领导下，人民群众既是革命、建设和改革的主体，同时也是共享革命、建设和改革成果的主体。习近平指出，共享理念的核心是人民主体论，它包括四层内涵，一是全民共享，共享发展是人人享有，不是少数人享有。二是全面共享，全面保障人民在经济、政治、文化、社会、生态各方面的成果和权益。三是共建共享，共建的过程也是共享的过程。要充分发扬民主，广泛汇聚民智，最大激发民力，形成人人参与、人人尽力、人人都有成就感的生动局面。四是渐进共享，共享发展有一个从低级到高级、从不均衡到均衡的辩证过程。习近平指出，以人民为中心的发展思想，不是一个抽象、玄奥的概念，而要使它体现在经济社会发展的各个环节。要坚持人民主体地位，顺应人民群众对美好生活的向往，不断实现好、维护好、发展好最广大人民根本利益。要坚持深化改革、创新驱动，提高经济发展质量和效益，不断满足人民日益增长的物质文化需要。要坚持社会主义基本经济制度和分配制度，调整再分配调节机制，维护社会公平正义，使发展成果更多更公平惠及全体人民。

（二）做人民群众的全心全意的服务者

习近平指出："我们讲宗旨，讲了很多话，但说到底还是为人民服务这句话。我们党就是为人民服务的。中央的考虑，是要为人民做事。"[①] 毛泽东在解释共产党的根本宗旨时说："为群众服务，这就是处处要想到群众，为群众打算，把群众的利益放在第一位。这是我们与国民党的根本区别，也是共产党员革命的出发

[①] 习近平：《做焦裕禄式的县委书记》，中央文献出版社 2015 年版，第 24 页。

点和归宿。"^① 共产党的全心全意为人民服务的宗旨是建立在人民是历史的创造者的基本原理基础上的。习近平指出，马克思主义的群众观点使我们"进一步认识到人民是历史的创造者，我们党来自人民、植根人民，各级干部无论职位高低都是人民公仆，必须全心全意为人民服务"。我们党从最初起，就是为了服务于人民而建立的，我们的一切奋斗、努力和牺牲，都是为了人民群众的利益和解放，这是共产党人最大的光荣和使命。邓小平在《关于修改党的章程的报告》中指出，党的全部任务就是全心全意地为人民群众服务；党对于人民群众的领导作用，就是正确地给人民群众指出斗争的方向，帮助人民群众自己动手，争取和创造自己的幸福生活。共产党之所以能够领导人民群众，仅仅是因为它是人民群众的全心全意的服务者，它反映人民群众的利益和意志，并且努力帮助人民群众组织起来，为自己的利益而斗争。^② 历史归根结底是由人民群众创造的，我们党的执政能力和执政地位从根本上说都是来自人民。人民群众的拥护和支持，是我们党执政最牢固的政治基础和最深厚的力量源泉。习近平指出：全心全意为人民服务是我们党的根本宗旨，也是我们党区别于其他一切政党的根本标志。在革命战争年代，我们党能够赢得人民群众的衷心拥护，取得新民主主义革命的胜利，根本原因在于党以自己的实际行动证明自己是为人民的利益奋斗的。我们党在全国执政60年来，尽管经历过这样那样的曲折，但全心全意为人民服务的宗旨始终没有变。这使得我们党既赢得了人民群众的衷心拥护，获得了为人民利益不懈奋斗的强大动力，又使我们党从人民群众中汲取了夺取胜利的无穷智慧。

---

① 《论党性修养》，中共中央党校出版社2014年版，第169页。
② 参见《论党性修养》，中共中央党校出版社2014年版，第177页。

（三）永远保持同人民的血肉联系

习近平在纪念建党九十五周年的讲话中强调，要永远保持对人民的赤子之心。对人民赤胆忠心是习近平代表全党对人民的郑重承诺。老子在《道德经》中说："圣人恒无心，以百姓之心为心。"只有永保对人民的赤子之心，才能时时处处做到以百姓之心为心。永远信任人民，永远忠于人民，永远保持同人民群众的血肉联系，这是共产党人的根本政治立场。坚持这一根本政治立场，把这个立场一以贯之地落实和体现到党的全部理论和实践中，我们党就无往而不胜！

共产党人对人民赤胆忠心的理论基础是唯物史观，唯物史观是中国共产党进行革命、建设和改革的根本指导思想，是治国理政的理论基础。习近平指出，如何认识人民群众在历史上的作用，是社会历史观的重大问题。同历史唯心主义英雄史观相对立，历史唯物主义群众史观第一次彻底解决了这个重大问题，提出人民是历史的创造者。遵循历史唯物主义这一观点，我们党提出了群众路线，并把它作为党的生命线和根本工作路线。事实证明，我们党有许多优势，根本的一条是同人民群众保持血肉联系。政治问题，说到底，是党对人民群众的态度问题以及与人民群众的关系问题。我们党的根基在人民、血脉在人民、力量在人民。离开人民群众的拥护和支持，党的执政能力和地位就会成为无源之水、无本之木。能否始终保持党同人民群众的血肉联系，是对党的执政能力和执政地位最根本的考验。习近平多次强调，一个政党如果不能保持同人民群众的血肉联系，就会使党失去生命力，就会从根本上失去先进性。他在谈到党风廉政建设的重大意义时指出，我们党之所以能够取得新民主主义革命的胜利，带领人民建立了新中国，原因有很多条，其中重要一条是我们党始终保持同人民群众的血肉联系,最终"用延安作风打败西安作风"。作风的实质是党同人民群众的关系问题,作风问题关系人心向背、关系党的执政基础。对"四风"问题,必须下大气力惩治。如果"四风"问题蔓延开来又得不到有效遏制,就会像一座无形的墙把党和人民群众隔开,就会像一把无情的刀割断党同人民群众的血肉联系。60 年的实践证明,执政党的作风,关系党的生命,以密切党同人民群众的血肉联系为重点加强党的作风建设,是长期执政条件下党的建设一项重大而长期的任务。

(四) 把人民满意作为工作的根本标准

马克思主义群众观是一个综合性范畴,它是由若干观点构成的体系。人民群众既是历史的创造者,又是历史的评判者。唯物史观认为,人民是历史前进的推动者、坚持人民主体地位、把实现人民利益作为党的最高价值、全心全意为人民服务、始终以人民作为工作价值的最高裁决者,这几个方面是相互联系、相互补充的。把人民满意作为党的工作的根本标准,是落实人民主体地位、实现人民当家作主的重要的条件。同样地,以人民满意作为判断标准,内在地包含着党的一切工作都要体现人民意愿,都要以人民利益为重、以人民期盼为念。共产党的路线、方针、政策和发展理念为什么要以人民期盼为念?习近平指出,得民心者得天下,"民为邦本,未有本摇而枝叶不动者","天下之治乱,不在一姓之兴亡,而在万民之忧乐",我们共产党人必须有这样的情怀。中国共产党在中国执政就是要为民造福,而只有做到为民造福,我们党的执政基础才能坚如磐石。习近平的话表明,以人民期盼为念,以人民满意为标杆,直接与共产党的政治情怀和历史担当有关。他在中共中央政治局民主生活会上谈到中央领导集体的理想信念时说:"党和人民需要我们献身时,我们都要毫不犹豫挺身而出，把个人生死置之度外。我们都做不到，让谁去做？我们的一切都应该为了人民，没有自我，先公后私，克己奉公。"正是人民的期盼和标杆作用转化为共产党人奋斗的动力。怎样把人民的期盼化为工作的动力？习近平列举了两位伟人的事例来表达了他的志向。新中国成立初期，毛泽东给自己定下三条原则：念亲，但不为亲徇私；念旧，但不为旧谋利；济亲，但不以公济私。1973 年，周恩来总理陪同外宾到延安参观访问，看到当地群众贫困的生活情况，含着泪说：解放都这么多年了，延安经济还没有发展起来，人民生活还这么艰难，我作为国务院总理，对此负有直接责任，今天要当众做自我批评。习近平以伟人为榜样，近年来他先后到十多个省、自治区视察，看望那里的乡亲，所到之处目的只有一个，就是看真贫、知真贫。他在中央扶贫开发工作会议上强调，现在我们国家发展起来了，大多数群众生活条件好了，但不能忘了农村还有不少穷乡亲。从个体角度看，马克思主义中国化，就是一个化理论为担当、化理论为情怀、化理论为方法的过程。

二　以人民为中心，一切为了人民，
　　一切从人民利益出发

人民主体论是共产党人的历史观，也是共产党人的价值观，两者是相互融通、不可分离的。上一节侧重讲习近平的人民主体论的历史观内涵，这一节我们重点分析习近平的以人民为中心的价值理念。

（一）"一切为了人民"的价值观源于历史观

以人民为中心，一切为了人民，一切从人民利益出发，这是我们党执政理念的核心思想，这一思想深深地植根于历史唯物主义的群众史观之中。习近平在1990年5月写给宁德地直机关领导干部的临别赠言中说，"人民群众是人类历史发展的动力"。"中国共产党的性质决定了我们党的各级干部都是人民公仆，必须密切联系群众，党的宗旨就是全心全意为人民服务。人民群众是我们党的力量源泉，群众路线是我们党的根本工作路线。"① 这短短的几句话，深刻地揭示了唯物史观与共产党人价值观的内在联系。

从群众史观出发，习近平深入地论述了党与人民的血肉联系。他指出，我们党是靠宣传群众、组织群众、依靠群众起家，从胜利走向胜利的。坚持立党为公、执政为民，把实现好、维护好、发展好最广大人民的根本利益作为党的核心价值，始终保持党同人民群众的血肉联系，这是我们党领导改革开放和社会主义现代化建设不断取得胜利的一条根本经验。实践一再证明，"我们党的根基在人民、血脉在人民、力量在人民"②。如何理解后面这句话？首先，老百姓是共产党人的衣食父母，我们要一心一意为百姓做事。他说："对于我们共产党人来说，老百姓是我们的衣食父母。要像爱自己的父母那样爱老百姓，为老百姓谋利益，带老百姓奔好日子。"③ 他在讲话中曾多次引用河南内乡县一座古县衙的一副对联："得一官不荣，失一官不辱，勿道一官无用，地方全靠一官；穿百姓之衣，吃百姓之饭，莫以百姓可欺，自己也是百姓。"他认为，共产党人的爱民情怀要高于封建时代的官吏。其次，在

---

① 习近平：《摆脱贫困》，福建人民出版社1992年版，第208页。
② 《论党性修养》，中共中央党校出版社2014年版，第421页。
③ 《习近平谈治国理政》，外文出版社2014年版，第432页。

谈到权力的来源时，习近平指出："我们共产党人的权力无论大小，都是人民给的，也只能受命于人民，为人民谋利益。人民把权力交给了我们，我们在使用权力的时候就要让人民放心。"① 他多次强调，人民把权力交给我们，我们就必须以身许党许国、报党报国。他在中央政治局"三严三实"专题民主生活会上发表讲话，语重心长地说："我们的一切都应该为了人民，没有自我，先公后私，克己奉公。"最后，我们党的执政能力和执政地位从根本上说都来自人民。人民的支持和拥护，是党治国理政最牢固的政治基础和最深厚的力量源泉。离开人民的爱戴和拥护，党的执政能力和执政地位就会成为无源之水、无本之木。为此，习近平强调指出，共产党人要始终与人们心连心、同呼吸、共命运，始终依靠人民推动历史前进。要坚持问政于民、问需于民、问计于民，从人民伟大实践中汲取智慧和力量。人民群众是我们党的力量之源、执政之基，加强和改进党的建设，最重要最根本的就是坚持全心全意为人民服务的根本宗旨，始终把实现好、维护好、发展好最广大人民的根本利益作为党全部工作的出发点和落脚点，做到权为民所用、情为民所系、利为民所谋。

（二）自觉地将群众观点化为宗旨、立场、标准

一切为了人民、全心全意为人民服务是共产党的根本宗旨。邓小平在《关于修改党的章程的报告》中指出，共产党之所以能够领导人民群众，仅仅因为"它是人民群众的全心全意的服务者，它反映人民群众的利益和意志，并且努力帮助人民群众组织起来，为自己的利益和意志而斗争"②。在《干部的基本功——密切联系

---

① 习近平：《摆脱贫困》，福建人民出版社 1992 年版，第 29 页。
② 《论党性修养》，中共中央党校出版社 2014 年版，第 177 页。

群众》一文中，习近平详细地分析了确立宗旨对共产党人的重大意义。他通过美国学者费正清所提的问题，即国民党为什么会失去中国大陆这一问题，揭示了中国革命胜利的根本原因——中国共产党与广大人民群众存在的血肉联系。习近平在引述了黄炎培希望"中共诸君"找出一条新路，跳出历代统治者从艰苦创业到脱离群众的周期律的问题之后指出："毛泽东同志高度概括总结了中国共产党的理论和实践，提出了'全心全意为人民服务'这一庄严而伟大的号召，并把它作为我党的唯一宗旨写进党章之中。"①这一宗旨解释了共产党的性质和使命，我们党从最初起，就是为了服务于人民而建立的，我们党的一切努力、斗争和牺牲，都是为了人民群众的解放和幸福，这正是共产党人最大的光荣和最值得自豪的地方。

一切为了人民、全心全意为人民服务作为党的宗旨，体现了马克思主义政党最鲜明的政治立场。习近平指出，领导干部如何对待人民群众，是一个根本的立场问题、世界观问题、党性问题。要加强党的性质和宗旨教育，关键是引导党员干部自觉站在人民群众的立场上。所谓群众立场就是想问题办事情都要把实现人民群众的利益作为一切工作的出发点和落脚点。习近平指出："立场，是人们观察、认识和处理问题的立足点。这个立足点，从根本上讲是由人们的经济政治社会利益和地位决定的。"就利益而言，人民的利益就是党的利益，除了人民的利益之外，党再无自己的特殊利益。就地位而言，党的领导地位和执政地位也是由党群关系决定的。群众在我们心中的分量有多重，我们在群众心中的分量就有多重。一个政党、一个政权，其前途和命运最终取决于民心向背。始终站在人民立场上而不是站在少数人或个人

---

① 习近平：《摆脱贫困》，福建人民出版社 1992 年版，第 15 页。

的立场上说话办事，始终代表最广大人民群众的利益而不是代表某一部分人的利益，是决定人心向背、事业成败的关键。习近平指出，始终站在人民大众立场上，一切为了人民、一切相信人民、一切依靠人民，诚心诚意为人民谋利益，这是马克思列宁主义的根本出发点和落脚点，也是毛泽东思想、邓小平理论、"三个代表"重要思想以及科学发展观等重大战略思想的根本出发点和落脚点。

一切为了人民、全心全意为人民服务作为根本宗旨是党的一切理论和实践活动的根本目的，是党必须始终践行的根本政治要求。是否一切为了人民、是否一切从人民利益出发成为检验党的工作的根本标准。共产党人想事情、做工作，想得对不对、做得好不好，要有一个根本的衡量尺度。毛泽东说："共产党人的一切言论行动，必须以合乎最广大人民群众的最大利益，为最广大人民群众所拥护为最高标准。"习近平向全党多次强调邓小平同志关于必须把人民拥护不拥护、赞成不赞成、高兴不高兴、答应不答应作为衡量改革和一切事业根本标准的重要思想，他说："立党为公、执政为民是我们党的执政理念，是领导干部掌权用权的本质要求。领导干部无论官当多大、权有多重，都只有为人民服务的义务。而且官越大、权越重，为人民服务越应该作出成绩，越应该把人民群众利益放在行使权力的最高位置，把人民群众满意作为行使权力的根本标准。"① 他告诫领导干部要心存对群众的敬畏、手握党性的戒尺，"要经常问问自己，我们是不是在忙着与党的根本宗旨毫不相关的事情？有没有一心一意在为老百姓做事情？是不是在围绕党和国家中心任务而工作？古时候讲，食君之禄，忠

---

① 《论党性修养》，中共中央党校出版社 2014 年版，第 426 页。

君之事。现在就是要服务人民"①。只有做到心中有民，关注人民群众的所想、所盼、所急，才能从根本上杜绝蛮干乱干的"政绩"、急功近利的"政绩"、不切实际的"政绩"，把求真务实落到实处。

（三）实现宗旨要干在实处、走在前列

"空谈误国，实干兴邦。"习近平在为《摆脱贫困》一书所写的"跋"中说，"我是崇尚行动的。实践高于认识的地方正在于它是行动。"在怎样做到一切从人民的利益出发的问题上，他牢记毛泽东的至理名言，坚持调查开局、调研开路，凡事眼睛向下，先当学生，不耻下问，问计于基层、问计于群众，在实践中探索出一套切实可行的办法，把共产党的核心价值观落到实处。

落实为人民服务的宗旨，要牢固树立群众利益无小事的思想。习近平指出，群众利益无小事，群众的一桩桩"小事"，是构成国家、集体"大事"的"细胞"，小的"细胞"健康，大的"机体"才会充满生机与活力。对老百姓来说，他们身边每一件琐碎的小事，都是实实在在的大事，有的甚至还是急事、难事。如果这些"小事"得不到及时有效的解决，就会牵动他们的思想情绪，影响他们的生产生活。广大党员干部必须树立正确的群众观和政绩观，从群众最关心的具体事项入手，为群众诚心诚意办实事，尽力竭力解难事，坚持不懈做好事。实现好人民的利益不是抽象的，而是具体的。为民办实事不能停留在口号和一般要求上，必须具体地落实到关心群众生产生活的实际工作中去，带着深厚的感情帮助群众解决具体问题和实际困难，使广大群众真正成为现代文明

---

① 习近平：《做焦裕禄式的县委书记》，中央文献出版社 2015 年版，第 24 页。

成果的创造者和享有者。古往今来，许多有作为的"官"，都以关心百姓的疾苦为己任，党的干部是人民公仆，思想境界应该比封建士大夫高得多，一定要把群众的安危冷暖挂在心上，以"天下大事必作于细"的态度，抓实做细事关群众切身利益的每项工作，努力办实每件事，赢得万人心。① 2004 年春节前夕，他写了一副对联，上联是"高度关注民生系真情"；下联是"坚持为民谋利出实招"，横批是"求真务实"。这副对联反映出他对民众疾苦的关心和为民办实事的决心。

实现为人民服务的宗旨，要把有针对性的调查研究放在重要位置。习近平指出，基层是一切工作的落脚点，抓落实的重心一定要放在基层一线，各级领导干部都要坚持眼睛向下看、身子往下沉，深入群众开展调查研究，及时了解在上面难以听到的新情况新问题，掌握第一手资料以利于不断推进各项工作的落实。② 在宁德时，他提出信访接待下基层、现场办公下基层、调查研究下基层、政策宣传下基层的"四下基层"要求。到福州后，他建立了领导干部下访接待群众制度。后来他又在浙江大力推行这项制度，全省各级普遍建立了领导下访的长效机制。他指出，下访接待群众是考验领导干部能力和水平的大考场，来访群众是考官，信访案件是考题，群众满意是答案。下访制度变群众上访为领导主动下访，是一项一举多得的有益创举，一是从源头上减少了信访问题的产生；二是密切了干群关系，领导干部深入基层，面对面地开展群众工作，实打实地解决信访问题，拉近了干部与群众的距离；三是有效地维护了群众利益。下访是深化调查研究的重要形式，他强调要把领导

---

① 参见习近平《干在实处 走在前列——推进浙江新发展的思考与实践》，中共中央党校出版社 2006 年版，第 527 页。
② 参见《论党性修养》，中共中央党校出版社 2014 年版，第 426 页。

下访活动作为坚定理想信念、践行党的宗旨的一个有效途径，我们要使群众带着问题而来，怀着满意而归，真正把服务人民群众的目标要求落到实处。[①]

坚持以人民为中心的发展思想，实施脱贫攻坚工程。习近平说，党员干部心中要始终装着老百姓，千万要记住政府前面的"人民"两字。他在中央扶贫工作会议上强调，现在我们国家发展起来了，大多数群众生活条件好了，但不能忘了农村还有不少穷乡亲。"我说小康不小康，关键看老乡，关键看贫困老乡能不能脱贫。"扶贫开发工作一直让习近平念兹在兹、夙夜牵挂，扶贫事业成为他人生历程中从未忘却的实践，"40多年来，我先后在中国的县、市、省、中央工作，扶贫始终是我工作的一个重要内容，我花的精力最多。"他牢记党的性质和宗旨，一遍遍强调脱贫的意义。他在宁夏考察时表示："全国还有五千多万贫困人口，到2020年一定要实现全部脱贫目标，这是我当前最关心的事情。"他的足迹遍布中国绝大部分最贫困的地区，零距离体察民生疾苦。在他看来，扶贫开发不仅是重大的经济问题，而且是重大的政治问题，它直接关系到人民福祉、国家长治久安。各级领导干部要从巩固党执政的阶级基础和群众基础、从保持同人民群众的血肉联系的高度做好脱贫攻坚工作。消除贫困、改善民生、逐步实现共同富裕，是社会主义的本质要求，是我们党的重要使命。我们党领导广大农民"脱贫困、奔小康"，就是要让广大农民过上好日子。

总之，在习近平那里，党性和人民性、宗旨和立场、目标和标准在唯物史观和群众史观的基础上达到了和谐的统一。他的重

---

① 参见习近平《干在实处　走在前列——推进浙江新发展的思考与实践》，中共中央党校出版社2006年版，第543页。

要贡献是把历史唯物主义的群众观点化为党的立场、政治担当，以及个人的信念和境界。

三　从群众中来，到群众中去

习近平从我们党担负的伟大历史使命着眼，突出强调人民群众是历史创造者的基本原理，并将其运用于党的全部工作，提出了人民主体论和以人民为中心的发展观。在此基础上，习近平深化了党的群众路线的理论与方法，把历史观、价值观和认识论、方法论统一起来，把群众路线提升为党的思想路线。

（一）群众路线的基本问题

习近平指出，学习和掌握马克思主义方法，必须学习和掌握群众路线的工作方法。一切为了群众、一切依靠群众，从群众中来、到群众中去的群众路线，是马克思主义历史唯物主义基本原理在实践工作中的具体体现，也是我们党始终坚持的根本工作路线和根本工作方法。①

领导和群众的关系是群众路线的基本问题，处理好这两者的关系是做好一切工作的基本功。早在宁德工作期间，他在谈到贫困地区的发展需要什么样的条件时指出，千条万条，最根本的只有两条：一是党的领导；二是人民群众的力量。党的领导是通过具体的路线、方针、政策来体现的，而我们的干部是党的路线、方针、政策的具体执行者，干部只有到人民群众中去，并且同人民群众保持血肉联系的关系，才能使党的方针、政策得到更好的

① 参见《论党性修养》，中共中央党校出版社 2014 年版，第 425 页。

贯彻。更重要的在于，党的方针和政策是客观规律的认识和反映，而规律性的东西，正是蕴藏在广大群众的实践中。① 很显然，领导工作，就是领导群众的工作。党是凭借路线、方针和政策来领导的，而所有这一切从根本上说是从群众中来的，而领导的过程是使之再回到群众中去。领导和群众不是简单的主体和客体的关系，而是双主体的关系，它们两者构成一个认识和实践过程的主体系统。领导和群众间的关系构成了群众路线的基本问题，习近平的贡献在于指出了领导在与群众的矛盾中始终处于主要方面，这是我们党始终告诫党员干部要牢记群众路线的重要原因。他说："在领导和群众的矛盾中，如果领导方面是错误的，群众方面是正确的，毫无疑问，领导是主要矛盾方面；如果群众方面是错误的，领导方面是正确的，矛盾的主要方面也在领导，在于领导对群众的说服教育工作没有到位，在于领导的工作措施不适应于群众。"②

群众观点是贯穿群众路线的核心观点。习近平认为，要密切联系群众，最重要的是要坚持走群众路线。"走群众路线，首先要有一个群众观点。'诚于中者，形于外'，有了群众观点，密切联系群众才会成为自觉的行动。"③ 他在回答"怎样做焦裕禄式的县委书记?"这个问题时，强调要心中有党、心中有民、心中有责、心中有戒。这四个方面是内在统一的，心中要始终装着老百姓则是贯穿其余三个方面的红线。一方面，做一个县委书记，首先需要心中有党，"对党忠诚，是县委书记的重要标准。衡量一个县委书记当得

---

① 参见习近平《摆脱贫困》，福建人民出版社1992年版，第13、14页。
② 习近平：《干在实处　走在前列——推进浙江新发展的思考与实践》，中共中央党校出版社2006年版，第532页。
③ 习近平：《摆脱贫困》，福建人民出版社1992年版，第17页。

怎么样，可以讲很多条，但主要看这一条。'善莫大于作忠'"①。另一方面，心中有党是具体的不是抽象的，心中有党就要自觉地增强党性，"共产党的党性集中表现为全心全意为人民服务。马克思说，无产阶级只有解放全人类，才能最后解放自己。共产党是无产阶级的政党，党的性质决定了党的领导干部必须全心全意为人民服务。所以，谈领导者的修养，第一条就是要增强为人民服务的党性观念。这个观念没有树立起来，其他都无从谈起。增强为人民服务的党性观念，最有效的办法就是深入基层，深入群众。"② 他在另一处又说："我们强调的党性，包含着人民性的深刻内涵。我们党是代表人民利益的党，她没有独立于人民利益的自身利益。"③ 总之，如何对待人民群众，是坚持群众路线的核心。习近平认为，领导干部能否正确对待人民群众，是一个根本的立场问题、世界观问题、党性问题，各级领导干部要始终坚持马克思主义的群众观点和党的群众路线，自觉摆正与人民群众的关系。

（二）群众路线的认识论意义

群众路线既是党的根本的政治路线，也是党的根本的组织路线，既体现了党的根本宗旨和立场，也体现了党的根本的认识路线和工作方法。马克思主义的认识论是社会认识论，是以人民群众为实践主体的认识论。毛泽东指出："任何英雄豪杰，他的思想、意见、计划、办法，只能是客观世界的反映，其原料和半成品只能来自人民群众的实践中。" 所以，他突出地强调群众路线的认识论意义，认为马克思主义的认识论"简单地说，就是从群众

---

① 习近平：《做焦裕禄式的县委书记》，中央文献出版社 2015 年版，第 2页。
② 习近平：《摆脱贫困》，福建人民出版社 1992 年版，第 43 页。
③ 同上书，第 83 页。

中来，到群众中去"①。

习近平对群众路线中的群众观点和领导与群众关系的论述，丰富了马克思主义的认识论。在领导与群众的主体间的相互关系中，强调了领导在这一关系中的主导性以及人民群众在这一关系中的根本性和基础性，把个体的或领导者的实践融入人民群众的社会历史实践之中，把领导者和领导机关的认识和情感与人民群众的认识和情感统一起来。群众路线既体现了马克思主义的认识论和真理观，又体现了马克思主义的历史观和价值观。习近平在谈到群众路线和深入群众调查研究时，总是把这两者统一起来。一方面，他强调做任何事情都要从群众出发而又要以群众为归宿，把人民根本利益作为党的核心价值和落脚点；另一方面，他又强调到基层第一线去，向群众的实践请教，向人民寻求真理。在习近平那里，认识来源于群众与认识来源于实践是统一的，一切从群众出发与一切从实际出发也是统一的。2004年年初，胡锦涛在中央纪委第三次全会讲话中强调要求真务实，习近平以"求真务实"为内容写了一副春联，上联是"求客观真理之真"，下联是"务执政为民之实"，横批是"求真务实"。这副对联生动地体现了马克思主义真理观和价值观的统一。他在一次讲话中从四个方面阐明了落实"求真务实"的本质内涵，即贯彻立党为公、执政为民的本质要求，摆正同人民群众的关系，是坚持求真务实的根本准则；正确认识国情和省情，按照国情和省情制定政策和开展工作，是坚持求真务实的根本依据；认识规律、把握规律、遵循和运用规律，是坚持求真务实的根本要求；推进制度建设和创新，是坚持求真务实的体制保证。在这四条中，第一条讲的是价值观，第二、三

① 《论党性修养》，中共中央党校出版社2014年版，第421页。

条讲的是真理观，第四条则是把价值观与真理观统一的成果升华为程序、制度和体制，目的是保证党的价值目标和价值追求奠定在真理和规律追求的基础上。

习近平关于实事求是与群众路线本质关系的论述发展了党的思想路线。邓小平在谈到"完整地准确地理解毛泽东思想"时说："我认为，毛泽东同志倡导的作风，群众路线和实事求是这两条是最根本的东西。"群众路线是共产党人的历史观，也是其价值观和认识论。人民群众既是最基本的实践主体，也是最基本的价值主体和认识主体。所以，群众路线集中体现了我们党关于价值观与真理观相统一的原则。毛泽东在谈到群众路线和实事求是的关系时说："归根到底就是群众路线四个字。"主张把群众路线作为本质内容纳入实事求是的思想路线。群众路线既然是唯物史观的根本点，它也必然是实事求是的根本点。无论从理论上还是实践上，实行群众路线都是实事求是的根本保证。习近平全面地论述了实事求是同群众路线的本质联系，他指出："坚持实事求是，必须始终坚持一切为了群众、一切依靠群众，从群众中来、到群众中去的群众路线。群众路线是我们党的根本工作路线，它同党的实事求是的思想路线是相辅相成、在本质要求上完全统一的。正如江泽民同志指出的，真正掌握和实践了群众观点、群众路线，也就能真正掌握和实践历史唯物主义和党的实事求是的思想路线。从马克思主义认识论来看，坚持群众路线是坚持实事求是的认识和实践的基础。一方面，实事求是是在实践基础上认识世界的过程，这一过程要通过'从群众中来'才能实现。人民的伟大实践是认识的真正源泉。只有切实尊重人民首创精神，倾听人民呼声，反映人民意愿，及时发现、总结、概括人民创造的新鲜经验，才能获得正确反映客观规律的真理性认识，才能制定出符合客观规律的科学决策。另一方面，实事求是又是在实践基础上改造世界的过程，这一过程只有通过'到群众中去'才能实现。人民是历史的创造者，是改造世界的主体和力量源泉。党的奋斗目标与人民的根本利益、经济社会发展规律是根本一致的。马克思主义政党只有充分调动和发挥人民的积极性和创造性，才能实现自己的历史使命。这就必须把从群众中集中起来的意见、办法，拿到群众中去实践和验证，使正确的意见和真理性认识为群众所掌握，成为群众实践的思想武器，转化为改造世界的实际行动。所有这些说明，只有坚持群众路线，才能真正做到实事求是。我们要把坚持实事求是的思想路线与坚持从群众中来、到群众中去的根本工作路线紧密结合和统一起来，把对上级负责与对群众负责紧密结合和统一起来，坚持一切从人民根本利益出发，深入基层了解情况，深入群众听取意见，使各项决策和各方面工作符合实际情况、符合客观规律、符合人民意愿。这样，我们的工作，党和人民事业，就会无往而不胜。"① 这些论述是对党的思想路线本质内涵的重要拓展，从方法论的层面把历史观、价值观和认识论统一起来了。

（三）群众路线与调查研究

调查研究是把实事求是与群众路线融合为一的基础和桥梁。实事求是作为党的思想路线，是共产党人手中的最尖锐最有效的武器；群众路线作为党的根本工作路线，是共产党人永远立于不败之地的根本保证。调查研究既是坚持实事求是的基础性环节，也是落实群众路线的基础性环节，因而是把这两者结合起来的枢轴。

---

① 习近平：《坚持实事求是的思想路线》（2012 年 5 月 6 日），《学习时报》2012 年 5 月 28 日。

习近平指出，落实党的群众路线，"要把调查研究作为基本功，深入基层、深入群众、深入实际，了解情况、问计于民"①。共产党和老百姓是休戚与共、共存共荣的关系，要精心谋事、潜心干事，必须紧紧抓住调查研究这个环节，打通领导和群众相结合的通道。他说："调查研究是主观和客观结合的纽带，是谋事之基、成事之道、决策之要，历来为人们所称道。'耳闻之不如目见之，目见之不如足践之'、'纸上得来终觉浅，绝知此事要躬行'等千古名句，讲的都是这个道理。"② 习近平是如何理解问计于民是谋事之基、成事之道、决策之要的呢？

首先，调查研究是谋事之基。习近平说："群众的实践是最丰富最生动的实践，群众中蕴藏着巨大的智慧和力量。我们一定要认真贯彻党的群众路线，坚持从群众中来到群众中去，一切相信群众，一切依靠群众，一切为了群众。要解决矛盾和问题，就要深入基层，深入群众，拜群众为师，深入调查研究。"③ 他认为，调查研究是了解情况的过程，"无论是制定决策、还是实施决策，都离不开调查研究。只有通过调查研究，才能了解实际情况，总结基层经验，为作出正确决策创造条件，为检查决策的偏差和实施过程中的问题提供第一手材料"④。基于此，他多次强调，当县委书记一定要跑遍所有的村，当市委书记一定要跑遍所有的乡镇，当省委书记一定要跑遍所有的县市区。在正定工作时，他跑遍了所有的村；在宁德工作时，他到任 3 个月就走遍了 9 个县，后来又跑遍了绝大部分乡镇；到任浙江后，用一年多时间跑遍了全省

---

① 习近平：《做焦裕禄式的县委书记》，中央文献出版社 2015 年版，第 7 页。

② 习近平：《干在实处 走在前列——推进浙江新发展的思考与实践》，中共中央党校出版社 2006 年版，第 556 页。

③ 同上书，第 530 页。

④ 同上书，第 533 页。

90 个县市区；在上海仅 7 个月，他就跑遍了全市 19 个区县；到中央工作后，他的足迹遍及 31 个省区市。习近平在总结自己从事调查研究的体会时说："学会搞调查研究非常重要。领导干部要身入心入，不要蜻蜓点水，被表面现象所迷惑；要全面分析情况，见一斑而窥全豹，不要盲人摸象；要轻车简从，不要虚张声势，造成扰民现象。调查研究多了，基层跑遍、跑深、跑透了，我们的本领就会大起来，我们的认识就会产生飞跃，我们的工作就会做得更好。"① 正是调查研究为他指导工作和制定政策奠定了牢固的基础。

其次，调查研究是成事之道。执政党的作风关系党的生命、关系人心向背。毛泽东说："在全党推行调查研究的计划，是转变党的作风的基础一环。"② 习近平指出："调查研究是密切联系群众的重要途径，是加强党的作风建设的切入点和主要环节。"调查研究对于转变作风的基础性有两层含义。第一，调查研究是发扬党的求真务实的作风的有效载体，干部改进学风、文风、会风、改进工作作风，只有在大兴调查研究之风的基础上才有可能。第二，调查研究是以人民主体论为核心的三个环节和过程的统一，即它是认识国情的基本途径，是认识和把握事物规律的根本路径，是找到政策与实际结合点的主要方法。习近平在总结在浙江坚持调研开局、调研开路的经验和体会时说："几年下来，我几乎跑遍了浙江的山山水水，也跑深了与浙江广大干部群众的真切感情，并在实践中逐渐跑透了浙江的省情市情县情。"③ 跑遍、跑深和跑

① 习近平：《干在实处　走在前列——推进浙江新发展的思考与实践》，中共中央党校出版社 2006 年版，第 534 页。
② 毛泽东：《改造我们的学习》，《毛泽东选集》第 3 卷，人民出版社 1991 年版，第 802 页。
③ 习近平：《干在实处　走在前列——推进浙江新发展的思考与实践》，中共中央党校出版社 2006 年版，第 3 页。

透是相互联系的，跑遍是基础，跑深跑透是对跑遍的理性升华，是科学理性和价值理性的统一。基于这样的调查研究经历，才能深刻理解和把握党的根基在人民、党的血脉在人民、党的力量在人民、党的成败也在人民的历史结论。

最后，调查研究是决策之要。调查研究的过程是科学决策的过程，习近平突出强调要把调查研究贯穿科学决策全过程。调查研究是实事求是的中心环节，陈云指出："重要的是要把实际看完全，把情况弄清楚，其次是决定政策，解决问题。难者在弄清情况，不在决定政策。只要弄清了情况，不难决定政策。我们应该用百分之九十以上的时间去弄清情况，用不到百分之十的时间来决定政策。这样决定的政策，才有基础。"用毛泽东的话说："调查就象'十月怀胎'，解决问题就象'一朝分娩'，调查就是解决问题。"习近平指出："正确的决策，绝对不是一个人或者一堆人，不作调查研究，坐在房子里苦思冥想就能产生的，它要在人民群众改革发展的实际中才能产生。我们担负领导工作的干部，在对重大问题进行决策之前，一定要有眼睛向下的决心和甘当小学生的精神，迈开步子，走出院子，去车间码头，到田间地头，进行实地调研，同真正明了实情的各方面人士沟通讨论，通过'交换、比较、反复'，取得真实可信、扎实有效的调研成果，从而得到正确的结论。调查研究就像'十月怀胎'，决策就像'一朝分娩'。调查研究的过程就是科学决策的过程，千万省略不得、马虎不得。"① 习近平把调查研究作为群众路线的基础性环节的见解是十分深刻的。

---

① 习近平：《干在实处　走在前列——推进浙江新发展的思考与实践》，中共中央党校出版社 2006 年版，第 535 页。

四 密切联系群众，身入群众，心入群众

要坚持群众路线，密切联系群众，搞好调查研究，必须解决好干部和群众心理距离拉大的问题。习近平指出，共产党人对人民疾苦要有情怀，深入群众要带着心、动真情，要解决好"为了谁、依靠谁、我是谁"这个问题，拆除"心"的围墙，不仅要"身入"，更要"心入""情入"。事实表明，"情为民所系"是"权为民所用"、"利为民所谋"的重要心理基础。

（一）"心入"群众的前提是"心系"群众

所谓心系群众，就是做到心中有民，即心里装着人民、时刻想着人民、讲话贴近人民、奋斗为了人民。习近平在《做焦裕禄式的县委书记》一文中说，当好县委书记，必须始终做到心中有民。全心全意为人民服务是我们党的根本宗旨，县委书记是直接面对基层群众的领导干部，必须心系群众，为民造福。党员干部心中要始终装着老百姓，先天下之忧而忧，后天下之乐而乐，做到不谋私利、克己奉公。① 对老百姓"带着心、动真情"是习近平为党和人民矢志奋斗中体现出来的情感意志品质，它表现为坚定的信念、高度的责任感和坚强的意志。习近平的为民情怀，来源于他饱尝艰辛的特殊成长经历。7 年的农村生活、7 年的甘苦与共，这段与黄土高原纯朴乡亲摸爬滚打在一起、同吃同住同劳动的岁月，不仅让习近平和当地老百姓结下了深厚情谊，

---

① 参见习近平《做焦裕禄式的县委书记》，中央文献出版社 2015 年版，第 6 页。

也使他深切了解到什么是中国的农村、什么是老百姓的喜怒哀乐、什么是中国的基本国情。他对人民的深情和对脚下这片土地的担当，深深融入他的人生追求之中。群众，在他的心中有着最重的分量；基层，是他去的最多的地方。习近平多次要求广大党员干部要做到情为民所系，要培养和增强对人民群众的深厚感情，要求党员干部以先进人物为榜样，学习和树立五种崇高的情感。一要学习邓小平同志的情怀感。他说："我是中国人民的儿子，我深情地爱着我的祖国和人民。"二要学习雷锋同志的幸福感。他虽然只活了22年，但他说："什么是幸福？为人民服务是最大的幸福。"三要学习孔繁森同志的境界感。他有一句名言："爱的最高境界就是爱人民。"四要学习郑培民同志的责任感。他始终把"做官先做人，万事民为先"作为自己的行为准则。五要学习钱学森同志的光荣感。他把群众的口碑当作自己无上的光荣。只有学习和树立这五种崇高的情感，才能心里装着群众，凡事想着群众，工作依靠群众，一切为了群众，切实解决好"相信谁、依靠谁、为了谁"的根本政治问题，努力为人民掌好权、用好权。①

习近平提出的"心入群众"和"心系群众"具有很强的现实针对性。当前，干部与群众关系存在的主要问题是感情变化了，有的干部受拜金主义、享乐主义和极端个人主义的腐蚀，淡化、忘记甚至背离了执政为民的宗旨，与群众的关系越来越疏远，对群众的感情越来越淡薄，对老百姓的疾苦视而不见，引起群众的强烈不满。这里面既有一个如何做群众工作的问题，更有一个为什么人执政的问题。习近平曾批评个别干部不会说话，处于失语

---

① 参见习近平《干在实处 走在前列——推进浙江新发展的思考与实践》，中共中央党校出版社2006年版，第527—528页。

状态。"语言的背后是感情、是思想、是知识、是素质。不会说话是表象，本质还是严重疏离群众，或是目中无人，对群众缺乏感情。"① 干群关系说到底就是对群众的感情问题、情怀问题，如果不热爱人民，那就谈不上为人民而工作、而奋斗。所以，从感情入手来考察干群关系，是说到了事情的根柢处。阜平是晋察冀根据地的首府，聂荣臻元帅等老一辈革命家曾在阜平战斗和生活了十一年。聂帅对阜平非常关心，他讲过，阜平不富，死不瞑目。说到阜平老百姓生活依然贫困，聂帅掉了眼泪。习近平对聂帅怀有深厚感情，对实现聂帅的誓言怀有很深的情结。所以，党的十八大开过不久，他就亲赴阜平县考察扶贫开发工作，让革命前辈的富民理想得以实现成为他的使命。

习近平从情感入手解决干群关系问题，打通领导与群众相联系的情感通道，对于保持党的奋斗目标与人民利益的一致性具有重要意义。"心"是知、情、意的统一体，这三者是人的理想和信念的本体和基础。情感渗透理性因素，人的情感不仅发生于认识和实践过程，也会反过来对认识和实践过程产生重要影响。知、情、意作为调节人的活动的动力因素，体现了人的能动性。习近平重视人的心理结构对人的行为的影响，注重发挥领导干部的主观能动作用去关心群众、动员群众、组织群众，去更好地实现党的奋斗目标，这充分表明了习近平在贯彻群众路线过程中能自觉坚持历史辩证法。

（二）"心入群众"的价值

习近平指出，党员领导干部要真正站在人民大众立场上，首

---

① 习近平：《干在实处 走在前列——推进浙江新发展的思考与实践》，中共中央党校出版社 2006 年版，第 526 页。

先要对人民群众有真挚感情。在党长期执政的历史条件下，各级干部面临着进一步培养、巩固和增进同人民群众感情的问题。这些话的深刻内涵是什么呢？

首先，对群众有真挚感情，这是领导干部老实做人的情感基础。习近平说："对群众要满怀真情。领导干部如何对待人民群众，是一个根本的立场问题、世界观问题、党性问题，也是领导干部能不能老老实实做人的感情基础。"① 党员干部要对群众有真挚感情，缘于老百姓对共产党有很深的感情。习近平到革命老区考察扶贫开发工作，所到之处，老区人民说的都是生活一年比一年好，没有什么要求，"乡亲们心里只念着党和政府好，我很受感动。"正是这种党和群众之间的鱼水情深，使他认识到领导干部只有对人民群众满怀真情，才能从心里对得起广大群众。"将心比心"是习近平经常对广大干部讲的话，党员干部与老百姓的交往是心与心的交流和碰撞，人心换人心，四两换半斤，这是干群关系健康发展的铁则。习近平强调："要将心比心，换取真心，而不要掉以轻心。群众也好，领导也好，人的感情都是一样的，并不是群众的感情可以简单一点、群众的需求可以降低一点，要将心比心。要获得群众的信任，主要靠平时认认真真、仔仔细细地做好群众工作，临时抱佛脚，佛也不会慈悲。"② 只有心中装着群众，事事为人民打算，才能得到群众真心实意的拥护。

其次，"心入群众"是调查研究工作的首义。调查研究过程是心与心的碰撞，怀抱真情去倾听人民的呼声、了解人民的愿望，是领导干部应尽的责任和义务。习近平在《把心贴近人民》一文中指出："信访工作的首义，在于时刻把自己看成人民中的一员，

---

① 《论党性修养》，中共中央党校出版社 2014 年版，第 421 页。

② 习近平：《干在实处　走在前列——推进浙江新发展的思考与实践》，中共中央党校出版社 2006 年版，第 532 页。

把心贴近人民。"① 他举例说，党的好干部焦裕禄深入农村、深入生产，把群众冷暖安危放在心头，他带领县委委员到火车站看望逃荒的灾民；在大雪封门的时候还要求县委干部走出办公室到农民家里去体察灾情、解决问题；他一头钻进农民低矮的茅屋，坐在农民的床头，自称是农民的儿子。焦裕禄精神就是心中装着人民群众，唯独没有他自己的公仆情怀。所谓拆除"心"的围墙，就是以百姓之心为心，与人民心连心、心贴心。不断增进对人民群众的真挚感情，设身处地、换位思考，以群众的忧乐为忧乐，以百姓的疾苦为疾苦，切实为基层排忧解难，真心为群众办事谋利，才能得到群众的支持。

最后，民心是最大的政治，社情民意是观察政治问题的晴雨表。习近平的"民心观"有如下三层含义：第一，党来自人民、植根人民、服务人民，党的根基在人民、血脉在人民、力量在人民。失去人民的拥护和支持，党的事业和工作就无从谈起。党要继续经受住执政考验、改革开放考验、市场经济考验、外部环境考验，就必须始终密切联系群众。第二，得民心者得天下，失民心者失天下。"天下何以治？得民心而已！天下何以乱？失民心而已！"人民拥护和支持是党执政的最牢固根基。人心向背关系党的生死存亡。党只有始终与人民心连心、同呼吸、共命运，始终依靠人民推动历史前进，才能永远立于不败之地。只要我们牢记党的宗旨，密切联系群众，就一定能防止"塔西佗陷阱"，打破历代统治者从艰苦创业到脱离群众的"历史周期律"。第三，对共产党人而言，"热爱人民"应该成为他们的座右铭。习近平经常提到五六十年代福建东山县县委书记谷文昌，他一心一意为老百姓办事，当地老百姓逢年过节是"先祭谷公，后拜祖宗"。他在《在文艺

---

① 习近平：《摆脱贫困》，福建人民出版社 1992 年版，第 60 页。

工作座谈会上的讲话》中指出，有没有感情，对谁有感情，决定着文艺创作的命运。如果不爱人民，那就谈不上为人民创作。文艺工作者要想有成就，就必须自觉与人民同呼吸、共命运、心连心，欢乐着人民的欢乐，忧患着人民的忧患，做人民的孺子牛。这是唯一正确的道路，也是作家艺术家最大的幸福。

（三）以"信念是本、作风是形"为指导，将心系群众落到实处

党的十八大以来，我们党提出抓作风建设，反对形式主义、官僚主义、享乐主义，反对奢靡之风，找到了一个夯实党执政的群众基础的切入点。如果"四风"问题得不到有效遏制，就会像一座无形的墙把党和人民隔开，就会像一把无情的刀割断党同人民的血肉联系，其后果不堪设想。所以，习近平说，党的作风是党的形象，关系人心向背，关系党的生死存亡。作风问题本质上是党性问题，对共产党人来讲，能不能解决好作风问题，是衡量对马克思主义信仰、对社会主义和共产主义信念、对党和人民忠诚的一把十分重要的尺子。那么，究竟应该怎样解决作风问题、解决党员对党和人民的忠诚问题呢？

首先，解决"四风"问题，必须廉洁自律、筑牢思想防线，做到公私分明、一心为公、克己奉公。习近平认为，"身之主宰便是心"，古人说"一心可以丧邦，一心可以兴邦，只在公私之间尔。""不能胜寸心，安能胜苍穹？"在作风问题上，起决定作用的是党性，衡量党性强弱的根本尺子是公私二字。作为党的干部，就是要讲大公无私、公私分明、先公后私、公而忘私，只有一心为公、事事出于公心，才能坦荡做人、谨慎用权，才能光明正大、堂堂正正。作风问题，很多是因公私关系没有摆正产生的，都与公私问题有联系，都与公款、公权有关系。公款姓公，一分一厘

都不能乱花;公权为民,一丝一毫都不能私用。领导干部必须时刻清楚这一点,做到公私分明、克己奉公、严格自律。①

其次,解决"四风"问题,要标本兼治。治本,首先要从理想信念抓起。对马克思主义的信仰、对社会主义和共产主义的信念,是共产党人的政治灵魂,是共产党人经受住任何考验的精神支柱。坚定理想信念,坚守共产党人精神追求,始终是共产党人安身立命的根本。形象地说,理想信念就是共产党人精神上的"钙",没有理想信念,理想信念不坚定,精神上就会"缺钙",就会得软骨病。现实生活中,一些党员、干部出这样那样的问题,说到底是信仰迷茫、精神迷失。没有理想和信仰,不可能为党、为国家、为人民作出牺牲。只有理想信念坚定,用坚定理想信念炼就了"金刚不坏之身",干部才能在大是大非面前旗帜鲜明,在风浪考验面前无所畏惧,在各种诱惑面前立场坚定,在关键时刻靠得住、信得过、能放心。有了坚定的理想信念,干部才能坚持正确的政治方向,在胜利和顺境时不骄傲不急躁,在困难和逆境时不消沉不动摇,经受住各种风险和困难考验,自觉抵制各种腐朽思想的侵蚀,永葆共产党人的政治本色。

最后,从体制机制上破题,为作风建设形成长效化保障。作风建设和全面深化改革息息相关。许多问题,看起来是风气问题,往深处剖析又往往是体制机制问题。解决联系群众、服务群众"最后一公里"的问题,就有大量体制机制创新工作要做。作风建设是攻坚战,也是持久战。这么多年,作风问题我们一直在抓,但很多问题不仅没有解决,反而愈演愈烈,一些不良作风像割韭菜一样,割了一茬长一茬。症结就在于对作风问题的顽固性和反

---

① 参见《习近平关于党风廉政建设和反腐败斗争论述摘编》,中国方正出版社 2015 年版,第 79—80 页。

复性估计不足，缺乏常抓的韧劲、严抓的耐心，缺乏管长远、固根本的制度。一方面，信念是本，作风是形，本正而形聚，本不正则形必散。保持和发扬党的优良作风，坚定理想信念是根本。另一方面，党要管党、从严治党，靠什么管，凭什么治？就要靠严明纪律。毛泽东说我们党是"一个有纪律的，有马克思列宁主义的理论武装的，采取自我批评方法的，联系人民群众的党"，他特别把有纪律放在最前面，这不是偶然的，这是决定党能否坚持革命、战胜敌人、争取胜利的首要条件。干部出问题，都是因为纪律的突破。理想信念是"主心骨"，纪律规矩是"顶梁柱"，没有了这两样，必然背离党的宗旨，做人做事就会走偏走邪，思想就会百病丛生，人生就会迷失方向。严肃党内政治生活，任何时候都不能破纪律、坏规矩。

制度问题更带有根本性、全局性、稳定性，没有健全的制度，权力没有关进制度的笼子里，腐败现象就控制不住。如何靠制度更有效地防治腐败，仍然是我们面临的一个重大课题。治理一个国家、一个社会，关键是要立规矩、讲规矩、守规矩。要狠抓制度执行，扎牢制度篱笆，真正让铁规发力、让禁令生威。以刚性的制度规定和严格的制度执行，确保改进作风规范化、常态化、长效化，切实防止"四风"问题反弹，确保作风建设要求真正落地生根，使群众观点和群众路线在中国永放光芒。

参考文献

《毛泽东选集》第 1 卷，人民出版社 1991 年版。

《毛泽东选集》第 2 卷，人民出版社 1991 年版。

《毛泽东选集》第 3 卷，人民出版社 1991 年版。

《毛泽东选集》第 4 卷，人民出版社 1991 年版。

《邓小平文选》第 1 卷，人民出版社 1994 年版。

《邓小平文选》第 2 卷，人民出版社 1994 年版。

《习近平谈治国理政》，外文出版社 2014 年版。

习近平：《摆脱贫困》，福建人民出版社 1992 年版。

习近平：《干在实处 走在前列——推进浙江新发展的思考与实践》，中共中央党校出版社 2014 年版。

《毛泽东农村调查文集》，人民出版社 1982 年版。

《毛泽东书信选集》，人民出版社 1983 年版。

《毛泽东题词墨迹选》，人民美术出版社、档案出版社 1984 年版。

《毛泽东著作选读》上册，人民出版社 1986 年版。

《毛泽东著作选读》下册，人民出版社 1986 年版。

《毛泽东哲学批注集》，中央文献出版社 1988 年版。

《毛泽东早期文稿》，湖南出版社 1990 年版。

《陈云文选（1956—1985 年）》，人民出版社 1986 年版。

［美］埃德加·斯诺：《西行漫记》，董乐山译，生活·读书·新知三联书店 1979 年版。

董边等编：《毛泽东和他的秘书田家英》，中央文献出版社 1990
　　年版。

龚育之、逄先知、石仲景：《毛泽东的读书生活》，生活·读书·
　　新知三联书店 1986 年版。

《〈关于建国以来党的若干历史问题的决议〉注释本》（修订本），
　　人民出版社 1985 年版。

《光辉的五四》，中国青年出版社 1959 年版。

金冲及：　《毛泽东传（1893—1949）》，中央文献出版社 2004
　　年版。

《治党性修养》，中共中央党校出版社 2014 年版。

《瞿秋白选集》，人民出版社 1985 年版。

师哲：《在历史巨人身边（师哲回忆录）》，中央文献出版社 1991
　　年版。

石仲泉：《毛泽东的艰辛开拓》，中共党史资料出版社 1990 年版。

《思想方法工作方法文选》，中央文献出版社 1990 年版。

《田家英谈毛泽东思想》，四川人民出版社 1991 年版。

《五四时期的社团》（二），生活·读书·新知三联书店 1979
　　年版。

《新民学会文献汇编》，湖南人民出版社 1980 年版。

《"一大"前后》（二），人民出版社 1980 年版。

《张闻天选集》，人民出版社 1985 年版。

薄一波：《崇敬和怀念——献给党诞生的六十周年》，《红旗》
　　1981 年第 13 期。

石仲泉：《毛泽东思想方法论的历史透视——纪念中国共产党成立
　　七十周年》，《哲学研究》1991 年第 7 期。

唐宝林：《早期中国共产党人对革命理论的探索》，《浙江学刊》
　　1992 年第 2 期。

周世钊：《毛主席青年时期的几个故事》，《新苗》1958 年第 9 期。